SOCIÉTÉ

DES

ANCIENS TEXTES FRANÇAIS

CHRONIQUE DU MONT-SAINT-MICHEL.

CHRONIQUE

DU

MONT-SAINT-MICHEL

(1343-1468)

PUBLIÉE AVEC NOTES ET PIÈCES DIVERSES
RELATIVES AU MONT SAINT-MICHEL ET A LA DÉFENSE NATIONALE
EN BASSE NORMANDIE PENDANT L'OCCUPATION ANGLAISE

PAR

SIMÉON LUCE

TOME I

PARIS
LIBRAIRIE DE FIRMIN DIDOT ET Cie,
56, RUE JACOB, 56
—
M DCCC LXXIX

Reprinted with the permission of the Société des Anciens Textes Français

JOHNSON REPRINT CORPORATION JOHNSON REPRINT COMPANY LIMITED
111 Fifth Avenue, New York, N.Y. 10003 Berkeley Square House, London, W.1

Publication proposée à la Société le 13 juin 1877.

Approuvée par le Conseil le 18 juillet 1877 sur le rapport d'une commission composée de MM. Baudry, L. Delisle et J. de Laborde.

Commissaire responsable
M. J. DE LABORDE.

First reprinting, 1966, Johnson Reprint Corporation
Printed in the United States of America

A LA PATRIE NORMANDE

JE DEDIE CETTE PUBLICATION

INSPIRÉE PAR L'AMOUR PROFOND
DU PAYS NATAL

ET LE CULTE PIEUX
DE TOUTES SES GLOIRES

INTRODUCTION

Après l'incomparable épisode de Jeanne d'Arc, la merveille de notre histoire et l'expression sublime de l'âme du peuple de France au moyen âge, la résistance du Mont-Saint-Michel aux Anglais, pendant les trente-trois années que dura leur domination en Normandie, de 1417 à 1450, est certainement un des faits les plus saisissants et les plus glorieux de nos annales au XVe siècle. La première campagne de Henri V sur le continent est de 1415, mais le conquérant s'était alors contenté de prendre Harfleur ; son apparition n'avait été, pour ainsi dire, qu'un éclair bientôt suivi du coup de foudre d'Azincourt. Le 1er août 1417, le roi anglais débarquait devant Touques et reprenait, pour la poursuivre cette fois sans interruption et l'achever entièrement, l'œuvre, à peine ébauchée deux ans auparavant, de la conquête de la Normandie. Inaugurée par la prise du petit château de Touques, continuée par la reddition de Caen le 4 septembre 1417, de Cherbourg le 29 septembre de l'année suivante, de Rouen le 19 janvier 1419, de Gisors, huit mois plus tard, le 17 septembre, l'occupation du duché était consommée avant la fin de 1419. Cette seconde campagne où les talents militaires de Henri V avaient triomphé d'efforts parfois héroïques [1], mais toujours isolés [2], s'était prolongée pendant deux ans environ. Tel en fut le résultat que la domination anglaise, après avoir poussé en avant, du nord au midi, du couchant au levant, ses ondes victorieuses, finit par couvrir en quelque sorte la Normandie tout entière; et le roi de France, le débile Charles VI, n'aurait conservé dans cette grande province aucune parcelle de territoire, si ce flot de l'invasion n'était venu se briser, comme la mer montante lorsqu'elle se précipite sur les grèves d'Ardevon et de Beauvoir, contre le rocher du Mont-Saint-Michel.

Ce rocher escarpé dont la célèbre abbaye couronne le sommet était devenu, surtout depuis le milieu du xive siècle, une véritable place de guerre. Capitaines de cette place en même temps qu'abbés, les religieux qui s'étaient succédé à la tête du monastère pendant le règne de Charles VI, notamment les deux derniers, Pierre le Roy et Robert Jolivet, avaient rivalisé de zèle pour compléter les fortifications du Mont-Saint-Michel. Protégé ainsi par l'art et par la nature, isolé au milieu de grèves dangereuses que recouvre périodiquement le flux de la mer, entouré depuis des siècles de je ne sais quelle terreur religieuse, adossé au midi à la Bre-

---

1. A Caen, à Falaise, à Cherbourg, à Rouen.
2. « Dum singuli pugnant, universi vincuntur », a dit Tite Live. Voyez l'excellent mémoire de M. Léon Puiseux à qui nous empruntons cette heureuse citation (*Mém. lus à la Sorbonne*, année 1866, p. 325).

tagne dont la neutralité le couvrait d'une manière indirecte, un tel lieu devait être et fut réellement le dernier et inviolable boulevard de la défense nationale en Normandie. Quiconque aimait trop la terre natale pour se résoudre à s'en éloigner et abhorrait trop les conquérants pour se résigner à vivre sous leur joug, vint chercher au Mont-Saint-Michel un suprême refuge. Pendant toute la durée de l'occupation anglaise, la garnison du Mont ne cessa de se dresser en face des envahisseurs comme une protestation militante du patriotisme français et de l'honneur normand. En dehors même d'opérations militaires et de démonstrations offensives contre les nouveaux maîtres du Cotentin, le seul fait de la présence de cette garnison sur ce sommet tant convoité était comme un défi lancé perpétuellement aux Anglais d'Avranches, de Tombelaine, d'Ardevon, de Genest, de Pontorson, des Pas, qui ne pouvaient jeter un regard à l'horizon sans se heurter aussitôt à l'imprenable forteresse, point de mire de si nombreux, si acharnés et si impuissants efforts. Assiégés ou du moins bloqués sans relâche pendant vingt-six ans, depuis 1418 jusqu'à la trêve conclue entre Charles VII et Henri VI en 1444, les défenseurs du Mont-Saint Michel soutinrent victorieusement la lutte jusqu'au bout et se créèrent sur leur coin de rocher une petite Normandie qui leur rappelait la grande, devenue la proie de l'étranger.

Ils conservèrent les titres et les offices inhérents à l'administration du pays conquis, alors même que ces titres et ces offices ne répondaient plus à la réalité. Cela résulte de quelques-uns des documents dont nous publions ici le texte pour la première fois ; on y verra notamment que, pendant une certaine période de l'occupation, à côté du bailli anglais du Cotentin, du vicomte anglais d'Avranches, il y eut au Mont-Saint-Michel un bailli français du Cotentin et un vicomte français d'Avranches. Touchante fiction du patriotisme qui vous remet en mémoire ces beaux vers du poète :

> *Procedo, et parvam Trojam, simulataque magnis*
> *Pergama, et arentem Xanthi cognomine rivum*
> *Agnosco, Scœæque amplector limina portæ* [1].

On ne saurait nier, par conséquent, le vif intérêt qu'offre notre publication au point de vue patriotique. Au point de vue scientifique, l'importance d'un recueil où l'on a groupé les documents de toute nature qui peuvent servir à élucider l'un des épisodes les plus dramatiques de nos annales au xve siècle, n'est pas moindre et n'a pas besoin d'être démontrée. A le bien prendre, c'est l'application à l'étude de l'histoire de cette méthode du microscope dont l'emploi a renouvelé, dans ces dernières années, les branches les plus importantes des sciences naturelles. A l'exemple des anatomistes et des physiologistes contemporains qui s'efforcent de scruter dans ce qu'ils appellent une cellule tous les phénomènes de l'organisation humaine, nous avons essayé de composer un ensemble de documents où tout œil exercé pourra surprendre sur un théâtre restreint et nettement circonscrit la décomposition et la résurrection de la vie nationale sous le rè-

---

1. *Æneid.*, lib. III, vers 349 à 351.

gne de Charles VII. Nous disons la décomposition et la résurrection parce que, pour les peuples comme pour les individus, la vie n'est qu'un acheminement vers la mort, comme la mort elle-même n'est qu'une transition à une vie nouvelle.

Notre publication comprend deux parties bien distinctes : 1° une chronique inédite du Mont-Saint-Michel ; 2° des pièces diverses relatives à la défense nationale en basse Normandie pendant l'occupation anglaise. Nous allons dire successivement quelques mots de ces deux parties du présent volume.

I

La chronique du Mont-Saint-Michel commence en 1343 et finit en 1468 ; elle embrasse ainsi un peu plus que la seconde moitié du xive siècle et que la première moitié du xve. On peut la diviser en deux parties d'étendue à peu près égale, mais d'un caractère très-différent : la première partie, qui va de 1343 à 1448, n'est guère qu'un rapide sommaire où l'histoire d'une année n'est parfois représentée que par la mention d'un seul fait. La seconde partie, qui s'étend de 1448 à 1468, a un peu plus d'étendue que la première, et par suite le courant de la narration s'y déroule avec plus d'ampleur, puisque le récit de ces vingt années tient autant et même plus de place que le résumé écourté d'une période de plus d'un siècle.

L'auteur de cette chronique ne s'est pas fait connaître, mais il y a lieu de croire, suivant la conjecture émise à la fin du dernier siècle par la Porte du Theil [1], que nous avons ici des notes historiques prises par un ou plutôt par plusieurs religieux du Mont-Saint-Michel. Mille indices trahissent cette origine avec la dernière évidence. Ainsi, les événements relatifs à la basse Normandie et à cette partie de la Bretagne qui confine à la célèbre abbaye sont relevés avec un soin particulier que l'extrême concision, les nombreuses et importantes omissions dont le chroniqueur est coutumier, font encore ressortir. Charles VI va-t-il en pèlerinage au Mont-Saint-Michel au mois de février 1394, on n'a garde de passer sous silence cet incident dont il n'est fait aucune mention dans d'autres chroniques de la même époque beaucoup plus détaillées. En marge de la mention d'un duel qui eut lieu à Nantes en 1386 entre Robert de Beaumanoir et Pierre de Tournemine, on écrit les lignes suivantes : « Monseigneur Pierres fut abbé de ceans en cest an mil CCC IIII^{xx} VI [2] ». Or, le personnage qu'on désigne par cette périphrase familière et significative « l'abbé de ceans », c'est Pierre le Roy, né à Orval au diocèse de Coutances, successivement abbé de Saint-Taurin d'Évreux et de Lessay, qui fut élu en effet abbé du Mont-Saint-Michel en remplacement de Geffroi de

---

1. *Notices et extraits des manuscrits de la Bibliothèque du Roi*, Paris, 1789, in-4°, t. II, p. 302 à 314. La dissertation de la Porte du Theil, relative à la chronique que nous publions, fait partie d'un travail plus étendu où cet académicien a décrit successivement les divers articles contenus dans le manuscrit n° 5696 du fonds latin, à la Bibliothèque du Roi.

2. F° 59. Cf. p. 16 de notre édition.

Servon, mort le dernier février 1386 (a. st.). Plus loin, la mort de ce même Pierre le Roy est mentionnée à la date de 1410 (a. st.). Tandis que le chroniqueur consacre à peine une ligne ou un mauvais vers latin à rappeler les plus grands événements du règne de Charles VII, il n'oublie pas de mentionner qu'en 1420, le Couesnon, rivière qui se jette dans la baie du Mont-Saint-Michel, s'est détourné de son cours, et que, le 20 septembre 1421, l'église du Mont s'est écroulée. Plusieurs faits y sont datés, soit de la Saint-Aubert, c'est-à-dire du 18 juin, jour anniversaire de l'exhumation des restes de saint Aubert, évêque d'Avranches, trouvés miraculeusement au Mont en 966 [1], soit de la Saint-Michel d'octobre, en d'autres termes, du 16 octobre, en souvenir de la première apparition de l'archange saint Michel à saint Aubert qui aurait eu lieu en 708 [2].

Outre que ces deux fêtes sont particulières au diocèse d'Avranches, les annalistes du Mont-Saint-Michel devaient affectionner d'autant plus cette manière de dater que la Saint-Michel d'octobre et la Saint-Aubert rappelaient deux miracles dont l'un avait présidé à la fondation de leur abbaye et dont l'autre se rapportait à son vénéré fondateur. Enfin, les principaux faits de guerre dont les alentours de la célèbre abbaye et même l'Avranchin tout entier ont été le théâtre pendant l'occupation de la Normandie par les

---

1. La mort de saint Aubert est rapportée généralement au 10 septembre 723.

2. Dom Jean Huynes, *Histoire générale du Mont-Saint-Michel*, publiée par E. de Robillard de Beaurepaire, I, 12, 13, 40.

Anglais, de 1417 à 1450, sont racontés ici avec une prédilection marquée et presque toujours avec une précision chronologique et topographique que l'on ne retrouve pas dans les autres chroniques du xve siècle. Par exemple, à la date du jeudi 31 juillet 1438, on y mentionne en ces termes la capture faite par les Anglais de cent soudoyers de la garnison du Mont : « En cel an (1438), le derrain jour de juillet, les Anglois prindrent à Ardevon viron cent des gens a pié *de ceste place.* » Ailleurs, à la date du mercredi 15 octobre 1449, on lit que François, duc de Bretagne, au retour de son expédition en basse Normandie, vint loger avec les seigneurs de son armée « *en ceste ville du Mont Saint Michiel.* »

Après ces citations, il semblera peut-être superflu d'énumérer tous les arguments qui militent en faveur de l'opinion de la Porte du Theil et démontrent l'origine montoise de notre chronique. Qu'il nous suffise d'ajouter que ces arguments ont paru décisifs à notre savant maître, M. Léopold Delisle, dont le jugement fait autorité dans toutes les branches de l'érudition appliquée à l'histoire de France en général et de Normandie en particulier. L'auteur de l'*Histoire du château et des sires de Saint-Sauveur-le-Vicomte*[1] a appelé de nouveau l'attention sur cette chronique qu'il n'a pas hésité à désigner sous ce titre : *Chronique du Mont-Saint-Michel*[2] et à laquelle il n'a pas dédaigné d'emprunter sept pages reproduites littéra-

---

1. Paris, 1867, 1 vol. in-8.
2. P. 257.

lement et insérées dans le texte même de son livre [1]

La Porte du Theil a supposé que la fin de notre chronique, qui va de 1462 à 1468, n'était pas, comme la partie antérieure à la première de ces dates, l'œuvre d'un moine du Mont-Saint-Michel. « A cette année 1462 commence une nouvelle continuation, écrite d'une autre main et d'un autre caractère que ce qui précède ; et dans ce qui suit, on ne trouve plus aucune particularité relative au Mont-Saint-Michel. Il n'est pas même parlé du pèlerinage que le roi Louis XI fit en ce lieu après la reprise entière de la Normandie en 1465. Une pareille omission, jointe à l'observation que je viens de faire sur le changement d'écriture et de caractère, démontre presque évidemment que cette dernière partie de la chronique dont je donne ici la notice, est l'ouvrage d'un rédacteur différent de celui à qui on doit la partie qui embrasse depuis 1366 jusqu'en 1462, et même que ce nouveau rédacteur n'était pas, comme l'autre, un religieux du monastère du Mont-Saint-Michel. Mais vraisemblablement il était établi en Normandie ou en Bretagne, car il paroît n'avoir été instruit, du moins ne s'être occupé, que de ce qui se passa dans ces deux provinces [2]. »

Il est certain qu'à partir de 1462 l'écriture du manuscrit est d'une autre main que celle qui précède ; mais les chroniqueurs, au moyen âge comme de nos

---

1. P. 268 à 274. Un fragment très-court de la chronique du Mont-Saint-Michel, comprenant la partie du récit relative à Jeanne d'Arc, a aussi été publié en 1847 par M. Jules Quicherat. *Procès*, t. IV, p. 313 et 314.

2. *Notices et extraits*, II, 311.

jours, dictaient souvent leurs œuvres à des secrétaires, et l'on s'exposerait aux plus graves erreurs en supposant, à l'exemple de la Porte du Theil, que, toutes les fois que l'écriture change, l'on a affaire à un nouveau narrateur. Cette dernière partie contient d'ailleurs, quoiqu'en dise le savant académicien, plus d'une particularité relative au Mont-Saint-Michel. Non-seulement l'on a grand soin d'y relever la fidélité que les religieux gardèrent à Louis XI pendant la guerre du *Bien public,* mais encore on y trouve mêlée à l'histoire générale la mention suivante : « Eu dit an mil iiii^c lxiiii, le xxie jour d'aoust, mouryt messire Louys d'Estouteville, seigneur d'Estouteville, de Hambye, Bricquebec, Moyon, Chantelou, Gassé et Apillé, grant seneschal de Normandie et *gouverneur capitaine* de Rouen et *du Mont-Saint-Michel.*» Quel autre qu'un annaliste de la célèbre abbaye aurait consigné avec cette précision la date de la mort d'un guerrier qui avait été capitaine du Mont pendant trente-neuf ans, de 1425 à 1464? Du reste, un siècle environ après la date où s'arrête notre chronique, en 1572, le manuscrit unique qui a servi de base à la présente édition faisait encore partie de la bibliothèque du Mont-Saint-Michel, comme le prouve la mention suivante inscrite au verso du dernier feuillet : « L'an de grace mil v^c lxxii, resplendissoyt une estoyle *entre le Mont et Canquale* sy très grande qu'il senbloyt que ce fust la lune. Oncques jamays homme vivans n'en vit de pareillez, et etoyt unne chose mervileuse que de la voyr en telle façon. » Si cette observation astronomique, dont nous garantissons du reste moins que personne l'exactitude, n'avait pas échappé à l'attention de la Porte du Theil, sans aucun doute ce critique sagace y aurait vu comme nous la preuve que la chronique, dont il a donné le premier une si consciencieuse analyse, est dans son entier l'œuvre des religieux du Mont-Saint-Michel.

Nous disons l'œuvre des religieux, et non pas d'un religieux, car il y a tout lieu de supposer que les éléments qui sont entrés dans la rédaction de cette chronique ont été recueillis par divers auteurs. Ainsi, quoique quelques-unes des notes relatives au règne de Charles V semblent émaner d'un contemporain très-bien informé, notamment celles qui se rapportent à la campagne de Normandie en 1378, il n'en est pas moins probable qu'elles ont dû être, nous ne dirons pas classées, mais plutôt brouillées après coup par quelqu'un qui ne savait pas le premier mot de l'histoire de cette période. Autrement, on ne s'expliquerait pas certaines fautes de chronologie vraiment grossières, comme l'avènement de Charles V mentionné après la chevauchée du duc de Lancastre en France, ou encore les principaux événements des huit dernières années de ce règne placés dix ans avant leur date réelle. D'ailleurs, bien que le texte ne se compose guère que de simples notes mises sans art à la suite les unes des autres, la manière du rédacteur n'est cependant pas partout la même. A ce point de vue, la partie de notre chronique qui va depuis la bataille d'Azincourt en 1415 jusqu'au siège du Mont-Saint-Michel par les Anglais en 1434, offre une particularité curieuse. L'auteur de cette partie, qui était sans doute un moine bel esprit, pour faire parade de son érudition et de son talent poétique, a intercalé de place en place au milieu de sa prose de greffier un vers latin mnémonique destiné à célébrer chaque grand événement et à en rappeler le souvenir. C'était le temps où le Pogge et d'autres grands humanistes inauguraient brillamment en Italie la renaissance de la poésie et des lettres latines. Sous cette influence, le versificateur en titre de la cour de Charles VII, Jacques Milet, venait de composer nombre de poëmes, sans compter des épitaphes qui étaient hélas! des poëmes [1]. Notre versificateur est un émule de Jacques Milet avec moins de verve et plus de solécismes, et l'on sent à peine en le lisant qu'un souffle de renaissance commence à nous arriver d'Italie par-dessus les Alpes, tant le froid de nous ne savons quelle barbarie scolastique semble avoir glacé ce souffle au passage.

Sauf cette bizarre intercalation de vers latins mnémoniques, la première moitié du texte que nous publions, qui nous donne le résumé fort tronqué, il est vrai, de plus d'un siècle, puisqu'elle va de 1343 à 1447, cette première moitié, disons-nous, offre un caractère assez uniforme, et il y faut chercher, pour n'être pas déçu, d'arides annales plutôt qu'une chronique proprement dite. La seconde moitié, au contraire, comprend seulement une période de vingt années, de

---

[1]. Pour se faire une idée juste de la poésie latine en France au xve siècle, il suffit de lire l'une des œuvres les plus vantées de Jacques Milet, l'épitaphe d'Agnès Sorel. Voici le premier vers de ce chef-d'œuvre :

Fulgor Apollineus rutilantis luxque Dianae, etc.

1448 à 1468. Ici, la narration, sans cesser d'être succincte, prend tout-à-coup un certain développement qu'elle n'avait pas auparavant, et l'on ne peut douter un seul instant que le chroniqueur n'ait été le contemporain et parfois même le témoin oculaire des événements qu'il a racontés. L'expédition de François, duc de Bretagne, et d'Arthur de Richemont dans l'Avranchin, le Bessin et le Cotentin en 1449 et 1450 est le premier épisode écrit dans cette nouvelle manière, et c'est ce que nous avons encore aujourd'hui de plus exact sur la glorieuse campagne qui consomma l'expulsion des Anglais de la basse Normandie. L'auteur couronne le récit de cette campagne par une réflexion où il laisse percer pour la première fois ses sentiments personnels : « Et ainxi fut le païs delivré des Anglois qui par l'espace de XXXIII ans l'avoient occupé, et fut toult recouvert par force. Car a chascune ville faillit mettre siege, et les mettre en tel neccessité que il lour convenoit se rendre ou mourir. *Dieu leur doint courage de jamès n'y revenir!* »

Le récit de la guerre, dite du *Bien public,* termine notre chronique. L'auteur s'est attaché principalement à raconter les faits dont la Normandie a été le théâtre, et il nous donne, à ce point de vue, certains renseignements qu'on ne trouve pas ailleurs. Cette partie de son œuvre ne se recommande pas seulement par les faits nouveaux qu'elle contient, mais encore par l'esprit qui l'anime. On y voit clairement que, si la plupart des grands seigneurs et des membres du haut clergé de Normandie se laissèrent entraîner dans la ligue du *Bien public,* en revanche le menu peuple de cette province, notamment dans le Cotentin, l'Avranchin et la région de Mortain, prit ouvertement parti pour Louis XI contre ses adversaires [1].

Le texte de cette édition est établi d'après le manuscrit n° 5696 du fonds latin, à la Bibliothèque Nationale, le seul exemplaire de la Chronique du Mont-Saint-Michel qui ait été signalé jusqu'à ce jour. Ce manuscrit, longuement décrit et même analysé en détail au siècle dernier par la Porte du Theil, est un in-folio, relié en parchemin blanc, contenant 68 feuillets paginés au recto ou 136 pages à deux colonnes. La chronique du Mont-Saint-Michel est le dernier des ouvrages contenus dans le manuscrit 5696. L'écriture de cette chronique, qui va du feuillet 57 verso au feuillet 68, est du xve siècle, tandis que celle des fragments d'ouvrages ou opuscules qui précèdent, est du xive siècle. Voici l'indication sommaire de ces opuscules :

1° Fragment de l'Histoire de la guerre de Troie, par Guido de Colonna (lib. XXXII à XXXV [2]).

---

[1]. Dans une lettre de rémission datée de Montargis et octroyée par Louis XI en juillet 1466 à un certain nombre de ses sujets de basse Normandie qui avaient commis, à titre de revanche, quelques excès contre leurs voisins les Bretons, on lit que, « pour resister à la mauvaise et dannable entreprinse d'aucuns noz subgetz qui s'estoient eslevez et rebellez contre nous, nous eussions ordonné faire venir par devers nous en nostre bonne ville de Paris certain nombre de nos subgetz du bailliage de Coustentin, de la conté de Mortaing, et des vicontés de Caen, Vire et Avranches, pour nous servir contre les dis rebelles et desobeissans, ce que nos dis subgetz firent voulentiers. » *Arch. Nat.*, sect. hist., JJ 194, n° 170.

[2]. Ms. lat. 5696, f° 1 à 7 v°; la Porte du Theil, *Notices*, II, 231 à 256.

INTRODUCTION

2° Lettre adressée en 1226 par le pape Honorius III à l'empereur Frédéric [1] II.

3° Lettre sans date adressée par Boniface VIII au clergé de France [2].

4° Lettre adressée en 1327 par les Romains au pape Jean XXII [3].

5° Histoire du royaume des Deux Siciles de 1250 à 1276, par Salla ou Saba de Malespina [4].

6° Diatribe de 132 vers latins, divisés en 33 quatrains rimés, contre l'empereur Louis de Bavière [5].

7° Trois lettres du pape Innocent III adressées, la première à Philippe-Auguste, la seconde aux princes d'Allemagne, la troisième à Jean sans Terre [6].

8° Lettre adressée en 1340 par Édouard III, roi d'Angleterre, au pape Benoît XII [7].

9° Abrégé de la chronique française de Guillaume de Nangis et de sa continuation jusqu'à l'avènement de Philippe de Valois [8].

Entre la fin de cet abrégé et le commencement de notre chronique, les feuillets 56 v° et 57 r° ont été laissés en blanc [9].

---

1. Ms. lat. 5696, f° 8 v° à 10; la Porte du Theil, *Not.*, 256 à 269.
2. *Ibid.*, f° 10; *id.*, *Not.*, 270 à 272.
3. *Ibid.*, f° 10 r° et v°; *id.*, *Not.*, 273 à 276.
4. *Ibid.*, f° 10 v° à 37 (le f° 38 a été laissé en blanc); *id.*, *Not.* 277.
5. *Ibid.*, f° 39 ; *id.*, *Not.*, 278.
6. *Ibid.*, f° 39 v° à 41 ; *id.*, *Not.*, 279 à 289.
7. *Ibid.*, f° 41 v°; *id.*, *Not.*, 290.
8. *Ibid.*, f° 42 à 56 ; *id.*, *Not.*, 291 à 302.
9. Un de ces hommes de bien qui entretiennent en province le culte désintéressé des bonnes études, M. Laisné, ancien principal du

II

Quel que soit l'intérêt de la chronique du Mont-Saint-Michel, nous croyons que les pièces diverses publiées à la suite de cette chronique sont plus importantes encore. Nous les avons choisies et annotées de telle sorte que l'on y trouvera, nous l'espérons du moins, tous les éléments d'une histoire du Mont-Saint-Michel et de la basse Normandie pendant l'occupation anglaise. Cette histoire, nous nous proposons, si Dieu nous donne vie et santé, de l'écrire un jour; et

collège d'Avranches et président de la Société archéologique de cette ville, après avoir projeté la publication de la Chronique du Mont-Saint-Michel, avait généreusement renoncé à son projet en notre faveur; il vient de mourir au moment où nous écrivions ces lignes. Nous avons également à cœur de nommer et de remercier ici un autre compatriote, le savant et obligeant M. Dubosc, qui nous a si libéralement ouvert ces archives de la Manche dont il a été le conservateur pendant plus de quarante ans. Personne n'aime plus, personne ne connaît mieux notre cher Cotentin que ce vaillant archiviste arraché à ses travaux et cloué depuis près d'une année sur son lit par un accident cruel. Enfin, nous remercions de tout cœur nos frères d'Alsace et de Lorraine restés fidèles à la France. Nous leur devons, en partie du moins, l'idée d'entreprendre cette publication. Ce que nos ancêtres du xvᵉ siècle ont enduré d'humiliations, de vexations et de souffrances de tout genre sous le joug anglais, nous l'avons mieux compris, nous l'avons plus vivement senti lorsque les malheurs récents de notre pays nous ont fait le témoin des angoisses de tant d'exilés, et nous avons cru rendre à leur constance un hommage indirect en rassemblant pieusement les monuments de la résistance patriotique des Normands nos pères.

comme d'ailleurs nous nous sommes efforcé de montrer dans les notes l'intérêt qu'offrent nos documents au point de vue de l'histoire, soit générale, soit locale, ce que nous pourrions dire ici ferait double emploi avec le commentaire perpétuel dont nous avons accompagné, toutes les fois que cela nous a paru utile, le texte de chaque pièce. Ce texte est, en outre, précédé d'une analyse succincte qui en donne la substance. Qu'il nous suffise d'y renvoyer le lecteur. Il n'y a pas une de ces pièces, les érudits compétents le verront de prime abord, qui n'apporte quelque fait nouveau ou ne rectifie quelque erreur accréditée; et c'est en les étudiant dans leur ensemble qu'on parviendra à se représenter sous son véritable jour la situation militaire, administrative, économique de la basse Normandie sous la domination étrangère. Une table et un glossaire termineront le second volume et compléteront notre publication.

Agon, au Carouge, 6 août 1879.

CHRONIQUE
DU
MONT-SAINT-MICHEL

L'an mil III^c XLIII, fist le roy venir xv deniers a troys [1].

L'an mil III^c XLVI, le dit roy Phelippe combatit contre les Angloys à Cressy [2], et y fut l'oriflambe portée. L'un et l'autre moult de gens y perdy, mès toutes fois le roy de France fut desconfit et s'enfouyt a Amyens. Et de Crecy le roy d'Engleterre se partit et alla assegier Kaleys qui bien se tint ung an et plus [3].

L'an XLVII, le roy Phelippe et Jehan son filx, duc de Normendie, assemblérent grans gens pour devoir lever

---

1. Allusion à la célèbre ordonnance de Philippe VI de Valois rendue à Paris le 22 août 1343 (*Ordonn.*, II, 183 à 186). Six ans avant la promulgation de cette ordonnance, en 1336, ce roi avait tellement affaibli la monnaie qu'en 1342 le sou ne contenait plus que 15 grains d'argent. En 1343, Philippe revint à la forte monnaie, mais pour peu de temps. Il y eut alors les deux tiers de perte sur ce que l'on possédait en argent, parce que les gros tournois de saint Louis, qui valaient auparavant 3 sous 9 deniers, furent mis à 15 deniers tournois. Les autres monnaies furent diminuées à proportion.

2. Cette bataille fut livrée le samedi 26 août 1346 à Crécy (auj. Crécy-en-Ponthieu, Somme, arr. Abbeville).

3. Édouard III, roi d'Angleterre, mit le siége devant Calais le 3 septembre 1346, et les assiégés se rendirent le vendredi 3 août de l'année suivante : le siége avait duré par conséquent onze mois.

le dit siege [1], mès en la fin il convint rendre la place au dit roy d'Angleterre Edouart.

En cel an, fut la bataille a la Roche Darien [2] en Bretaigne, et la fut prins le duc de Bretaigne, c'est assaver Charles de Bloys et plusieurs de ses barons.

L'an mil iii^c xlviii, fut la grant mortalité [3].

L'an mil iii^c xlix, le dit roy Phelippe espousa la rayne Blanche, fille du roy de Navarre [4].

L'an mil iii^c l [5], mourut le dit roy Phelippe.

Après que le dit roy Phelippe fut trespassé, fut roy de France Jehan son filz qui estoit duc de Normendie.

L'an mil iii^c liii, le roy de Navarre, par mauvès conseil, fist mourir le connestable de France, Charles d'Espaigne a Leigle [6]. Et la commencérent les rumours, doulours et meschiefs qui puys ont esté en royaulme de France. Et adonc le roy Jehan fist traitier au dit roy de Navarre, qui par le congié du roy alla a Paris et se excusa, et furent d'acort [7]. Et adonc furent assises les terres ensuivant au dit roy de Navarre, c'est assaver la

---

1. Philippe de Valois, arrivé à Sangatte près Calais le vendredi 27 juillet 1347, décampa le jeudi 2 août. Le lendemain, la ville de Calais ouvrit ses portes aux Anglais.

2. Cette bataille se livra le 20 juin 1347 à la Roche-Derrien (Côtes-du-Nord, arr. Lannion).

3. Le chroniqueur veut parler de la fameuse peste de 1348. Voyez sur cette peste les documents indiqués dans notre édition des *Chroniques de J. Froissart*, IV, xxxviii, note 4, et en outre l'ouvrage intitulé : *Histoire de la peste noire* (1346-1350), par A. Philippe, Paris, in-8, 1853.

4. Philippe VI épousa en secondes noces Blanche de Navarre, fille de Philippe III, roi de Navarre, et de Jeanne de France, par contrat passé à Brie-Comte-Robert le 29 janvier 1350 (n. st.).

5. Le dimanche 22 août.

6. Charles d'Espagne fut assassiné le 6 janvier 1354.

7. Les lettres de rémission, octroyées à Charles II, roi de Navarre et comte d'Évreux, sur le fait du meurtre du connétable Charles d'Espagne, furent entérinées au Parlemeent en séance du roi, le 4 mars 1354.

viconté de Biaumont [1], la baronnie de Breteuil [2], la baronnie de Conches, la viconté d'Orbec et la viconté de Ponteaudemer, la viconté de Valongnez et de Karenten, en recompenssasion de LX mille livres de rente qu'il prenoit sur les cofres du roy, tant pour le mariage de sa femme que pour le retour de la conté d'Espaigne [3].

En l'an mil III^c LIIII [4], le dit roy de Navarre, a grant compaignée de gens d'armes, vint arriver à Cherbourc. Quant le roy de France le sceut, il envoia devers luy plusieurs seigneurs qui le menérent à Paris. Et lors out bon acort entre les deux roys. Et s'en retourna le dit roy de Navarre, et la royne de Navarre demoura avec la royne de France.

Iceluy roy Jehan out IIII filz de la contesse de Boullongne [5] qui avoit esté femme du filz aisné du duc de Bourgongne, c'est assaver Charles le Ve qui après luy fut roy, le duc d'Anjou, le duc de Bourgongne et le duc de Berry.

1. Beaumont-le-Roger, Eure, arr. Bernay.
2. Breteuil-sur-Iton, Eure, arr. Évreux.
3. Le traité, qui est analysé ici d'une manière fort inexacte, est le traité conclu à Valognes le 10 septembre 1355, confirmé par le roi Jean à Paris le 24 de ce mois (Secousse, *Recueil de pièces sur Charles II, roi de Navarre*, 582 à 596). Beaumont, Breteuil, Conches et les autres villes citées appartenaient depuis longtemps au roi de Navarre qui autorisa le roi de France à mettre un châtelain à Évreux, Pont-Audemer, Cherbourg, Gavray, Mortain, Avranches et Carentan. Le roi de Navarre réclamait 120,000 écus. Le roi Jean lui en accorda 100,000, moyennant quoi les deux princes se donnèrent une quittance réciproque de tout ce qu'ils pouvaient se devoir l'un à l'autre.
4. C'est au mois d'août 1355, et non en 1354, que le roi de Navarre débarqua à Cherbourg.
5. Jean, alors duc de Normandie, eut les quatre fils dont les noms suivent, non de Jeanne de Boulogne sa seconde femme qu'il épousa le 19 février 1350 (n.st.), mais de sa première femme Bonne de Luxembourg mariée à Melun en mai 1332 et morte en l'abbaye de Maubuisson le 11 septembre 1349.

En l'an mil iii^c lv, le roy d'Angleterre Edouart fist une chevauchée en Picardie [1]. Et sy tost comme le roy de France le sceut, il alla a l'ancontre, luy et le roy de Navarre, a grant gent, et le parsuyrent jucquez a Kalès. En cel an, le roi de Navarre fut fait lieutenant en Bretaigne. Et la sepmaine de devant Pasques, le duc de Normendie donna a disner au roy de Navarre et a grant foison de chevaliers. Et la le roy vint et fist prendre le dit roy de Navarre et plusieurs aultres dont aucuns furent mors et les aultres menez en Chastelet [2]. Dont monseigneur Jehan de Friquans se partit sans congé et s'en alla devers le roy d'Angleterre. Et le roy de Navarre fut mené en Picardie et gardé en ung chastel longuement.

En l'an mil iii^c lvi, monseigneur Phelippe de Navarre et plusieurs aultres vindrent a Chierbourc, et la fut monseigneur Godefroy de Harcourt. Et lors le dit Phelippe fist deffier le roy de France [3]. Et adonc commensa la guerre qui puys dura longuement, quant le dit Phelippe alla querir le duc de Lencastre qui a grans gens vint en Costentin [4] et de la se partit et alla lever le siege qui estoit a Ponteaudemer des gens du roy de France. Et de la se partirent le dit duc et le conte Phelippe et le duc de Bretaigne, et chevauchérent jucquez a Verneil [5] et prindrent la tour et la ville. Et de

---

1. Sur cette chevauchée d'Édouard III en Boulonnais et en Artois et la marche du roi Jean à la rencontre de son adversaire au mois de novembre 1355, voyez les notes de notre édition des *Chroniques de J. Froissart*, V, liii à lvii.

2. L'arrestation du roi de Navarre eut lieu à Rouen le mardi 5 avril 1356.

3. Godefroi de Harcourt fit hommage à Édouard III et le reconnut roi de France le 18 juillet 1356.

4. La descente de Henri de Derby, duc de Lancastre, dans le Cotentin eut lieu au mois de juin 1356.

5. Auj. Verneuil-sur-Avre, Eure, arr. Évreux.

la se partirent bien en haste, quar le roy de France avoit asssmblé grant ost pour venir sur eulx, lesquieulx se partirent de Costentin et allérent mettre le siege a Renez[1] en Bretaigne. Et monseigneur Phelippe s'en alla en Angleterre parler au roy Edouart et faire hommage et aliance au dit roy.

En l'an mil III^c LVI[2], fut la bataille[3] a deux lieues de Potiers ou le roy Jehan fut prins et plusieurs aultres chevaliers et escuyers par le prince de Gales, ainsné filz de Edouart, roy d'Angleterre. Quant le roy Jehan fut prins, la terre trembla. En ce temps, retourna Phelippe[4] d'Angleterre et vint en Bessin et print Usigny[5] et Creuly[6] et alla jucquez devant Chartres. Et de la alla parler au duc de Lencastre, qui estoit au siege devant Renez, le requerant que il luy rendist le chastel et la ville d'Avrenches que ses gens avoient prins sur ung chevalier de Navarre, lequel chastel fut rendu au dit messire Phelippe[7].

---

1. Henri, duc de Lancastre, mit le siége devant Rennes du 2 octobre 1356 au 5 juillet 1357.

2. La bataille de Poitiers se livra sur le plateau de Maupertuis (auj. la Cardinerie, lieu dit de la commune de Nouaillé, Vienne, arr. Poitiers, c. la Villedieu, à 2 lieues au sud-est de Poitiers), le lundi 19 septembre 1356.

3. Après le mot bataille, le manuscrit ajoute : *de Cocherel*. L'erreur est tellement grossière qu'on ne peut l'attribuer qu'à une distraction du scribe.

4. Il s'agit ici évidemment de Philippe de Navarre dont le chroniqueur a mentionné quelques lignes plus haut le passage en Angleterre. On lit dans le manuscrit : *le roy Phelippe*, et l'addition de ces mots : *le roy*, provient sans doute d'un copiste ignare.

5. Isigny, Calvados, arr. Bayeux.

6. Creuilly, Calvados, arr. Caen.

7. Ce fait curieux n'est relaté que par notre chronique, mais il n'en est pas moins très-vraisemblable. Richard « Cholle, connétable de la garnison d'Avranches, et Guillaume de Tuttebery, anglois, receveur d'Avranches », sont mentionnés dans des lettres de rémission accordées le 16 août 1357 par Robert de Clermont, sire

Le dit roy Jehan, prisonnier, comme dit est, paia moult grant finance et toute fais mourut en Angleterre.

En ce temps, fut delivré par les trois Estas le roy de Navarre et s'en vint a Mante et d'ilec a Paris et parla au roy Charle qui encore estoit duc de Normendie et roygent le royaulme. En l'an LVII, le roy de Navarre fut delivré par les trois Estaz[1].

En l'an LVIII, le roy de Navarre vint devant Paris o grant compaignée de Navarrois, d'Anglois et aultrez. Monseigneur le roygent fist très bien garder la ville. Et adonc fut mort le prevost des [marchands[2]] et grant foison des plus grans bourgeois de Paris, pource qu'ilz avoient porté le fait du roi de Navarre et des Anglois. Et lors le roy de Navarre se retira et print plusieurs forteressez eu royaulme.

En l'an LIX, le roy de Navarre fist sa pais avecq le roygent[3] et se departit d'avec monseigneur Thomas de Hollande, Anglois.

En l'an mil III^c LX, le roy d'Angleterre Edouart, le prince de Galez et le duc de Lencastre chevauchérent jucquez devant Paris[4]. Et adonc fut la grant famine. Et s'en retourna le dit roy par le Neufbourc la ou le roy de

---

de Bosmont, maréchal et lieutenant du duc de Normandie, à Colin Talevaz, clerc, de la paroisse de Bacilly. Arch. Nat., JJ 89, n° 181.

1. Charles II, dit le Mauvais, roi de Navarre, détenu au château d'Arleux, fut mis en liberté par Jean de Picquigny le mercredi 8 novembre 1357. La veille, c'est-à-dire le mardi 7, Robert le Coq, évêque de Laon, avait fait réunir de nouveau à Paris les États généraux.

2. Au lieu de *marchands*, on lit dans le manuscrit *mareschaulx*.

3. Le traité de paix dont il s'agit ici fut conclu à Pontoise le mercredi 21 août 1359.

4. Débarqué à Calais le mercredi 30 octobre 1359, Édouard III assiégea Reims du mercredi 4 décembre suivant au dimanche 1er janvier 1360 et se tint devant Paris, en l'hôtel de Chanteloup lez Arpajon, du mardi 11 mars au lundi 6 avril 1360.

Navarre parla a luy, et par Honnefleu[1] s'en alla en Angleterre, et le roy de Navarre a Chierbourc. Les Anglois demourérent en Costentin, qui prindrent un hostel nommé Aroudeville[2] et un aultre apellé Garnetot[3]. Celuy an, Navarrois mistrent le siege a Aroudeville et le prindrent.

L'an mil iii^c lxiiii, commensa a regner Charles le quint, ainsné filz du roy Jehan[4].

L'an dessus dit[5], le roy de Navarre alla en Angleterre parler au roy et s'en retourna en France, et fist sa paix avecques le roy de France a Vernon et luy fist hommage de ses terres du royaulme.

L'an mil iii^c lx[x]iii[6], fut la bataille de Toulouse ou les Anglois furent desconfiz par les gens monseigneur d'Anjou. L'an dessus dit, le duc de Lencastre et le duc de Bre-

---

1. Notre chroniqueur est ici plus exact que le rédacteur des Grandes Chroniques qui dit, par erreur, qu'Édouard III s'embarqua à Harfleur. Voyez notre édition des *Chroniques de J. Froissart*, VI, page vii, note 3.

2. Auj. Éroudeville, Manche, arr. Valognes, c. Montebourg.

3. Auj. château de la commune de Rauville-la-Place, Manche, arr. Valognes, c. Saint-Sauveur-le-Vicomte.

4. Dans le ms. lat. n° 5696, f° 58 v°, 1re col., cet alinéa est placé, sans doute par une erreur du scribe, à la suite des deux alinéas suivants.

5. Quoique nous ayons cru devoir rétablir cet alinéa à sa vraie place, il reste encore une lacune. De l'avènement de Charles V en 1364, on passe tout à coup au voyage de Charles, roi de Navarre, en Angleterre, qui eut lieu en septembre ou octobre 1370, et à la paix de Vernon conclue à la suite de l'entrevue des deux rois de France et de Navarre dans cette ville le 29 mars 1371 (n. st.). Secousse, *Recueil de pièces*, p. 316.

6. Il y a ici dans le manuscrit, tel qu'il nous est parvenu, une lacune de neuf ans, de 1364 à 1373. Le copiste du manuscrit n° 5696, comme s'il eût voulu combler cette lacune, a placé dix ans avant leur date réelle tous les événements compris entre 1373 et 1380. Nous avons rétabli entre crochets le chiffre romain x qui restitue ces faits à leur place véritable.

taigne et plusieurs aultres descendirent a Kaleis et allèrent tout du lonc du royaulme de France et firent moult de maulx, mès le bon Bertran du Glesquin, connestable de France, les tint si court qu'il convint par force de fain qu'il en mourut sans nombre. Le duc de Lencastre se retrait a Bordeaulx a pou de gens [1].

L'an dessus dit, monseigneur Pierres de Navarre vint en France devers le roy et fut lieutenant de son pére et se gouvernoit par Ferrando [2].

En l'an mil III^eLx[x]vi, le pappe Gregore alla a Romme et la mourut [3]. Et lors commensa la division de l'eglise, et dient aucuns que ce fut par le cardinal d'Amiens [4]. Et fut esleu ung archevesque du Bar et fut nommé Urbain [5]. Et après ly fut esleu le cardinal de Genéve et fut nommé Clement [6]. L'an dessus dit, le duc de Bretaigne alla en Engleterre, et fut la duchié mise en la main du roy et baillée en garde a trois des barons de Bretaigne, c'est assaver a monseigneur Bertran, connestable de France, monseigneur de Rohan et monseigneur de Clisson.

1. La chevauchée de Jean, duc de Lancastre, et de Jean, comte de Montfort et duc de Bretagne, à travers la France, eut lieu pendant la seconde moitié de 1373.

2. Dans la chronique n° 3416 du fonds Joursanvault, aujourd'hui conservée au British Museum, on lit la mention suivante presque identique à celle de notre chronique : « En l'an III^eLxxiiii, Mgr Pierron de Navarre vint en France devers le roy et fut lieutenant de son pére ; mès toutefois il se gouvernoit par Ferrando en toutes choses. » Cité par M. Vallet de Viriville, *Bibl. de l'École des Chartes*, VIII, 113.

3. Grégoire XI, neveu de Clément VI, après avoir séjourné à Avignon depuis le jour de son sacre le 5 janvier 1371, rentra à Rome le 17 janvier 1377 et y mourut le 27 mars 1378.

4. Jean de la Grange, évêque d'Amiens et cardinal, l'un des plus ntimes conseillers de Charles V.

5. Urbain VI, auparavant archevêque de Bari, élu pape à Rome le 9 avril 1378.

6. Clément VII, auparavant Robert de Genève, successivement évêque de Thérouanne, puis de Cambrai, élu à Fondi le 21 septembre 1378 par 15 des cardinaux qui avaient élu Urbain VI.

L'an lx[x]vii, monseigneur Charles de Navarre vint en France[1] o grant nombre de chevaliers et escuyers et aultrez entre lesquieux estoit Jaquet de Ruix lequel fut prins a Corbeil[2] et mené a Paris. Et monseigneur Charles alla devers le roy a Cenliz, et en la parfin le roy le fist arrester et partie de ceulz qui estoient avecques luy, par especial Ferrando. Et fut amené le dit monseigneur Charles devant Bretueil au siege qui estoit devant, que monseigneur le connestable tenoit, lequel chastel fut prins. Monseigneur Pierres de Navarre, qui estoit dedens, fut meney devers le roy[3].

Et de la monseigneur de Bourgoigne et monseigneur de Bourbon et monseigneur le connestable allérent devant Bernay lequel fut prins[4]. Et avec ce furent prins Beaumont et Orbec. Monseigneur l'admiral alla devant

---

1. Pierre de Navarre, comte de Mortain, second fils de Charles le Mauvais, arriva de Navarre en Normandie un peu avant le 8 juillet 1376 (Bibl. Nat., Quittances, XXII, 1771); mais Charles de Navarre, comte de Beaumont, ne vint rejoindre son frère cadet que vers le mois de mars 1378.

2. Jacquet de Rue, chambellan du roi de Navarre, fut arrêté par ordre de Charles V et amené prisonnier à Corbeil le 25 mars 1378 (n. st.).

3. Le siége fut mis devant Breteuil (auj. Breteuil-sur-Iton, Eure, arr. Évreux) dès le lundi 12 avril 1378, par les ducs de Bourgogne et de Bourbon et Charles de Navarre; et ce château n'était pas encore tombé au pouvoir des Français le 5 mai suivant. La prise de Breteuil doit être peu postérieure à celle de Beaumont-le-Roger, qui eut lieu le 6 mai, ainsi qu'il résulte de lettres de rémission accordées par le comte de Harcourt et Bureau, sire de la Rivière, et datées de Beaumont le 6 mai 1378 (Arch. Nat., JJ 112, n° 344). Comme le dit avec raison le chroniqueur, on trouva dans cette place Pierre de Navarre, comte de Mortain, second fils de Charles le Mauvais.

4. Pierre du Tertre, l'un des principaux conseillers du roi de Navarre en ses possessions de Normandie, rendit la tour de Bernay, le lundi 19 avril 1378, à Philippe, duc de Bourgogne, et à Bertrand du Guesclin. Secousse, *Recueil de pièces sur Charles II*, p. 404 et 405.

Pontaudemer et l'assega [1]. Et mes aultres seigneurs allérent en Costentin et monseigneur Charles avecques eulx, et leur fut rendu Carenten et Valongnez [2]. Et de la allérent [a] [3] Avrenchez qui leur fut rendu.

Et puis allérent a Renieville [4] et fut prins et le capitaine mort. Et d'ilec allérent a Gavrey, et mistrent le siege devant et les engins, et y eut ung grant assault. Et en la fin le chastel se rendit a monseigneur Charles, et le dit monseigneur Charles le rendit au roy [5]. Et d'ilec allérent a Mortaing, et y fut mis le siege qui dura longuement qui fut prins [6]. Et après Tinchebray [7] se rendit. Et d'ilec monseigneur Charles alla a Ponteaudemer ou

---

1. Le siége de Pont-Audemer fut spécialement commis à Jean de Vienne, amiral de France, dès la première quinzaine d'avril 1378. Toutefois, cette place ne se rendit que le 13 juin suivant, à Bertrand du Guesclin. Secousse, *Recueil*, p. 447.

2. Ces deux forteresses se rendirent à Philippe, duc de Bourgogne, à Charles de Navarre et à Bertrand du Guesclin. La reddition de Carentan est du 25 avril 1378, et celle de Valognes du lendemain 26 avril. Philippe, duc de Bourgogne, était encore à Valognes le 28 avril (Arch. Nat., JJ 113, n° 78).

3. Il y a lieu de croire que Bertrand du Guesclin occupa Avranches le 29 avril 1378, car un certain nombre d'hommes d'armes à la solde du connétable firent montre le dit jour dans cette ville.

4. Régnéville, Manche, arr. Coutances, c. Montmartin-sur-Mer. Le 1er juin 1376, Gomez Lorenz était capitaine de cette place pour le roi de Navarre. (Bibl. Nat., Quitt., XXII, 1788).

5. Assiégé par du Guesclin, dès les premiers jours de mai 1378 et certainement avant le 5 de ce mois, le château de Gavray (Manche, arr. Coutances) se rendit le 31 mai.

6. Après avoir mis le siége devant Gavray le 5 mai, Bertrand du Guesclin fit une chevauchée devant Mortain où un acte mentionne sa présence à la date du 20 mai, « le connestable de France estant et tenant le siége devant le chastel de Mortain ». Martin Paullet, capitaine de Mortain pour le roi de Navarre, rendit le château à Bertrand moyennant le payement de 2.000 francs d'or.

7. A la fin d'avril 1378, Bertrand du Guesclin acheta de Jean de Picquigny, écuyer, les château et châtellenie de Tinchebrai (Orne, arr. Domfront).

monseigneur l'admiral tenoit le siege, lequel chastel fut rendu au dit monseigneur Charles; et il le rendit aux gens du roy [1]. Et après allèrent a Evreux qui leur fut rendu [2], et après a Pacy [3], a Nogent le Roy [4], Ennet [5], Yvry [6], Bretueil, Nonnencourt [7] qui leur furent renduz. Et ainsi mistrent tout en la main du roy.

L'an dessus dit, furent abatuz XVI des chasteaulx au roy de Navarre, c'est assaver Avrenchez [8], Gavrey, Mortaing, Tinchebrey, Orbec, Ponteaudemer, Berney, Beaumont le Rogier, Bretueil, Nonnencourt [9], Evreux, Pacy, Ennet, Nogent et Breval [10]. Et VI en demoura, c'est assaver Conches, Renieville, Carenten, Valongnes et Chier-

---

1. La reddition de Pont-Audemer est, comme nous l'avons dit plus haut, du 13 juin 1378.

2. La reddition d'Évreux doit être antérieure au 30 juin 1378, jour où Charles V accorda des lettres de rémission à Barradaco de Barrante, né en Navarre, « lequel a procuré et conseillié de tout son povoir à mettre le chastel d'Evreux en noz mains. » Arch. Nat., JJ 113, n° 18. Secousse, *Recueil*, p. 438.

3. La reddition de Pacy (Pacy-sur-Eure, arr. Évreux) doit être du mercredi 30 juin 1378. Le château fut rendu par Ligier d'Orgessin, capitaine pour le roi de Navarre (Arch. Nat., JJ 113, n° 16; Secousse, *Recueil*, n° 18, p. 438 et 439).

4. Auj. Nojent, Eure-et-Loir, arr. Dreux.

5. Auj. Anet, Eure-et-Loir, arr. Dreux.

6. Auj. Ivry-la-Bataille, Eure, arr. Évreux, c. Saint-André.

7. Nonancourt, Eure, arr. Évreux.

8. Par acte daté de Beauté-sur-Marne le 14 juillet 1378, Charles V donna l'ordre de démolir les forteresses de Pont-Audemer, Orbec, Breteuil, Rugles, Mortain, Avranches et Gavray (Arch. Nat., K 51, n° 34). A Mortain, les travaux de démolition commencèrent le 8 août et finirent le 24 du même mois.

9. Par un autre acte daté de Senlis le 2 septembre 1378, Charles V donna l'ordre d'abattre les châteaux de Pacy, Anet et Nonancourt (Arch. Nat., K 51, n° 36).

10. Pierre de Saint-Martin, capitaine de Bréval (Seine-et-Oise, arr. Mantes, c. Bonnières) pour le roi de Navarre, rendit ce château peu avant le 29 juillet 1378. (Arch. Nat., JJ 113, n° 74; Secousse, *Recueil*, p. 444 et 445.)

bourc. Et l'iver ensuivant, monseigneur le connestable mist le siege a Chierbourc[1], et la fut le dit monseigneur Charles[2], monseigneur de Clisson, monseigneur l'admiral, monseigneur Dammartin et plusieurs aultres chevaliers et escuyers. Au dit siege fut prins monseigneur de Longueville, frére de monseigneur le connestable[3], monseigneur Guillaume Crespin, sire de Mauny[4], et aultres par les Anglois. Et adonc le siege fut levé, je ne scey par qui. Et lors demoura garde de la frontiére pour le roy monseigneur Guillaume des Bordes[5].

1. L'investissement de Cherbourg commença dès le mois de juillet 1378, car des lettres de rémission de Charles V, datées du Bois de Vincennes le 29 juillet de cette année, mentionnent le cri fait que « chascun ostast ses biens d'environ Chierebourg ». (Arch. Nat., JJ 115, n° 87; Secousse, *Recueil*, p. 443.) — Le 1ᵉʳ août 1378, Charles, roi de Navarre et comte d'Évreux, engagea Cherbourg pour trois ans à l'Angleterre à la condition que Richard II lui fournirait, chaque année, pendant 4 mois, 500 hommes d'armes et 500 archers qui le serviraient à leurs frais (Rymer, VII, 201). Une garnison anglaise vint, en vertu de cette convention, occuper Cherbourg où un acte en signale la présence dès le mois d'octobre 1378 (Arch. Nat., JJ 113, n° 260; Secousse. *Recueil*, p. 450 et 451). A la date du 3 décembre de cette année, Bertrand du Guesclin était logé à l'abbaye de Cherbourg et Gui Chrestien, bailli de Rouen et de Gisors, ordonnait de payer dix charpentiers qui avaient travaillé à mettre cette abbaye en bon état de défense.

2. Le 3 novembre 1378, Jean le Franc payait 80 livres parisis pour un achat de vins fait par ordre de Charles de Navarre, « pour mener au siége devant Chierebourc » Arch. Nat., K 326, f° 2.

3. Olivier du Guesclin, sire de la Roche Tesson, banneret, fut fait prisonnier par les Anglais peu après le 17 novembre 1378, jour où il fit montre à Valognes avec 8 chevaliers bacheliers et 48 écuyers (Dom Morice, *Preuves*, II, 390.)

4. Ce Mauny, qui appartenait alors aux Crespin, est un ancien fief situé en Saint-Nicolas-d'Attez, Eure, arr. Évreux, c. Breteuil.

5. Guillaume Guenaut, seigneur des Bordes, qui fut plus tard chambellan de Charles VI et gardien de l'oriflamme. L'ancien fief et château de Bordes ou des Bordes était situé à Pressigny-le-Petit, Indre-et-Loire, arr. Loches, c. du Grand-Pressigny.

L'an mil III^c LX[x]VIII, fut la bataille de la Hogue le jour Saint-Martin d'estey [1], et la fut prins mon dit sire des Bordes et plusieurs aultres. Après vint monseigneur l'admiral [2] pour tenir la frontiére a Montebourc qui fut depuys et tantost desenparey et vint tout a Carenten.

En l'an mil III^c LX[x]IX, alla refreschir le chastel de Lehon [3].

L'an dessus dit, le bon connestable monseigneur Bertran mourut en Languedoc [4] et fut aporté a Paris et enterré a Saint Denys. Icest roy Charles quint eut deulx filz, Charles qui fut roy après luy; le second out nom Louys, qui fut duc d'Orleens, qui fut tué a Paris.

L'an mil III^cIIII^{xx}, Charles VIe commensa a regner, et cel an fut couronné a Rains. Et assez tost après les frontiéres de Normendie furent muées, et y furent mis monseigneur de Hambuye [5], monseigneur de la Fertey [6] et monseigneur de Torigny [7].

1. La fête de Saint-Martin d'été ou, comme dit Froissart, de Saint-Martin le Bouillant se célèbre le 4 juillet. L'engagement où Guillaume des Bordes fut fait prisonnier eut lieu, par conséquent, le 4 juillet 1379. C'est par erreur que notre chronique rapporte cet événement à l'année 1378.

2. Par acte daté de Montargis le 16 juillet 1379, Charles V retint Jean de Vienne, amiral de France, à 400 hommes d'armes de crue et à 100 francs d'état par mois de crue, en sus de ses gages ordinaires. Jean de Vienne passa en revue les hommes d'armes à sa solde, à Avranches le 2 juillet, à Montebourg le 19 juillet, à Carentan le 18 septembre 1379 (Dom Morice, *Hist. de Bretagne*, Preuves, II, 408).

3. Côtes-du-Nord, arr. et c. Dinan. Les démêlés provoqués par l'essai de réunion de la Bretagne à la Couronne, qui remplirent l'année 1379, ne sont représentés dans notre chronique que par cette mention incomplète et insignifiante.

4. Bertrand du Guesclin mourut au siège mis devant Châteauneuf-de-Randon (Lozère, arr. Mende), le vendredi 13 juillet 1380.

5. Guillaume Paynel, ch^{er} banneret, sire de Hambye (Manche, arr. Coutances, c. Gavray).

6. Le sire de la Ferté était maréchal de Normandie.

7. Hervé de Mauny, ch^{er} banneret, neveu à la mode de Bretagne de

L'an mil iii^c iiii^{xx} et ung, le premier jour de may, devant Chierbourc furent prins plusieurs Anglois par monseigneur Nicole Paynel [1] en la forest de Briz [2].

L'an mil iii^ciiii^{xx}ii, se rebellérent les communes contre le roy et ne voulloient paier les aindes du roy, tant en France que par toult le royaulme et en Languedoc et especial en Flandres. Et pour celuy an, viron la Sainte Katherine [3], le roy alla en Flandres, et la une femme portoit la baniére des Flamans; en la fin, y[l] furent desconfiz, et la fame morte.

Assez tost après, les Flamans partirent de Gand et vindrent a l'encontre du roy a Rosebec [4], et estoit leur capitaine monseigneur Phelippe d'Autevelle; et la fut la bataille, et furent les Flamens desconfis et mors bien xxii^m, et leur capitaine mort. Et de la le roy retourna a Paris et le mist en grant obeissance et Rouen auxi et les aultres qui se estoient rebellez.

L'an dessus dit, les Anglois descendirent en Flandres et prindrent plusieurs villes et tuérent bien x mille Flamans. Lors le roy assembla le grigneur ost que roy qui eust onc esté en France puys cent ans, comme l'en disoit; et fist tant par le conseil de ses oncles de Berry, de Bourgoigne et de Bourbon que les Anglois furent desconfiz sans coup ferir et s'en allérent en Angleterre [5].

Bertrand du Guesclin, sire de Torigni (auj. Torigni-sur-Vire, Manche, arr. Saint-Lô).

1. Nicole Paynel s'était déjà distingué sous Charles V, car ce prince, par acte daté de Melun le 23 novembre 1377, lui avait fait don de 500 francs d'or.

2. Brix, Manche, arr. et c. Valognes.

3. 25 novembre.

4. Auj. Roosbeke-sur-Swalm, Belgique, prov. Flandre orientale, arr. Audenarde, c. Hoorebeke-Sainte-Marie, à 27 kil. de Gand. La bataille se livra le 27 novembre 1382.

5. Cette seconde expédition de Charles VI en Flandre eut lieu en 1383. Le 16 août de cette année, le jeune roi donna rendez-vous à ses troupes à Arras et rentra en Flandre avec une armée aussi nom-

L'an dessusdit, le roy se maria a la fille du duc de Baviére [1], rouge dont il out III filz et IIII filles. Les deux premiers filz moururent ains que leur pére. Le IIIe [2], nommé Charles, fut roy après luy. La premiére fille, nommée Ysabel [3], fut mariée au roy d'Angleterre, nommé Richart, celuy que le duc de Lencastre fist mourir. La IIe fille fut mariée au duc de Bretaigne [4], la IIIe nonnain a Poycy [5]. La IIIIe [6] fut longuement sans marier jucquez ad ce que le roy d'Angleterre vint en Normendie qui l'espousa, et eut nom Katherine [7].

breuse que celle de Roosebeke. Il força les Anglais à battre en retraite, et une trève fut conclue à Leulinghem le 26 janvier 1384.

1. Isabeau de Bavière, fille d'Étienne II, dit le Jeune, duc de Bavière, et de Thadée Visconti, dite de Milan, sa première femme, fut mariée à l'âge de 14 ans à Amiens, le 17 juillet 1385.

2. Charles VII n'était que le cinquième fils de Charles VI et d'Isabeau de Bavière. Charles, né le 25 septembre 1386 et mort le 28 décembre de la même année; Charles, né le 6 février 1392 et mort le 13 décembre 1401; Louis, duc de Guyenne, né le 22 janvier 1397 et mort le 18 décembre 1415; Jean, duc de Touraine, né le 31 août 1398 et mort le 5 avril 1417, étaient les aînés du futur Charles VII qui naquit le 21 ou le 22 février 1403. Charles VI et Isabeau eurent douze enfants.

3. Isabelle de France, née le 9 novembre 1389 et mariée à Richard II par le traité passé à Paris le 9 mars 1396, n'était que la seconde fille de Charles VI et d'Isabeau de Bavière. L'aînée était Jeanne de France, née le 14 juin 1388 et morte en 1390. V. Vallet de Viriville, *Bibl. de l'École des Chartes*, XIX, 473 à 492.

4. Jeanne de France, née le 24 janvier 1391, mariée à Jean VI, duc de Bretagne, le 19 septembre 1396 et morte à Vannes le 26 septembre 1433.

5. Marie de France, née le 24 août 1393, religieuse à Poissy, morte le 19 août 1438.

6. Notre chroniqueur se trompe. La cinquième fille de Charles VI et d'Isabeau de Bavière, ne fut pas Catherine, mais Michelle de France, née le 10 ou 12 janvier 1395, mariée en juin 1409 à Philippe dit le Bon, duc de Bourgogne, morte sans enfants à Gand en 1422.

7. Catherine, la sixième fille de Charles VI et d'Isabeau de Bavière, née le 27 octobre 1401, mariée le 2 juin 1420 en l'église Saint-Jean de Troyes à Henri V, roi d'Angleterre, dont elle eut Henri VI. Re-

L'an mil III^c IIII^{xx} VI [1], fut la bataille devant le duc a Nantes entre monseigneur Robert de [Beaumanoir] [2] et monseigneur Pierres de Tournemine, et fut le dit monseigneur Pierres deconfit en champ. L'an dessus dit, en out ung aultre a Paris devant le roy entre monseigneur Jehan de Carrougez et monseigneur Jaques le Gris, et fut le dit Jaquez desconfit et mort en champ [3].

En l'an dessus dit [4], out un grant debat entre le duc de Bretaigne et monseigneur de Clisson, connestable de France, et de fait le duc le fist prendre et mettre en prison a Vennes. Et par force le tint tant qu'il luy rendit touz ses chasteaux et touz ceux de Jehan de Blois que le dit connestable tenoit en sa main et cent mille frans qu'il paia au duc.

L'an dessus dit, monseigneur Robert de Guitey [5] as-

mariée secrètement à Owen Tudor, elle en eut Edmond Tudor, comte de Richemont, père de Henri VII. Elle mourut en 1438.

1. On lit en marge la note suivante dont l'écriture est du xve siècle : « Monseigneur Pierres (sous-entendu : le Roy) fut abbé de ceans en cest an mil CCC IIII^{xx} VI.» F° 59.

2. Le scribe a écrit par erreur *Beauvoir*. Ce duel, provoqué par l'assassinat de Jean, sire de Beaumanoir, frère aîné de Robert de Beaumanoir, eut lieu à Nantes le jeudi 20 décembre 1386. Le procès-verbal de ce combat singulier, contenant la description détaillée des armes offensives et défensives, est le document le plus précieux que nous connaissions pour l'histoire du costume militaire à la fin du xive siècle. Dom Morice, *Hist de Bretagne*, Preuves, II, 498 à 511.

3. Jacques le Gris, écuyer, était accusé de viol commis sur la personne de la dame de Carrouges (Orne, arr. Alençon). Le samedi 15 septembre 1386, le Parlement accorda le gage de bataille, et le duel eut lieu le samedi après Noël 29 décembre suivant près de Saint-Martin des Champs. Jacques le Gris eut le dessous et fut traîné au gibet. Cf. le *Grand parangon des nouvelles*, édit. de 1869, p. 46 à 57.

4. La convention imposée par Jean, duc de Bretagne, à Olivier, sire de Clisson, est du 27 juin 1387 (Dom Morice, *Preuves de l'histoire de Bretagne*, II, 540 à 542).

5. Le 1er novembre 1391, messire Robert de Guitté (Côtes-du-Nord, arr. Dinan, c. Saint-Jouan-de-l'Isle), fit montre à Saint-Malo avec un autre chevalier, 10 écuyers et 6 arbalétriers (*Ibid.*, 576 et

sembla grant compaignie, tant de France que de Bretaigne, et prindrent Saint Malou qui estoit lors en la main du duc.

L'an dessus dit, Jehan de Bretaigne fut delivré par monseigneur de Clisson, connestable, qui luy presta lx mille frans et de lx mille bailla obligacion. Et tantost, viron Noel, vint en Bretaigne et le connestable o grant nombre de gens d'armes et y out grande meucion de guerre; mès le duc se mist en la volenté du roy en toutez chossez. Et leva le siege de devant Rostelain[1] qu'il y tenoit et rendit en la main du roy touz les chasteaux de Jéhan de Bretaigne et de monseigneur le connestable et l'argent a l'ordonnance du roy[2].

En cel an, out ung parlement a Paris, et y fut fait l'accord du duc et de monseigneur de Clisson, connestable, et de Jehan de Bretaigne, et s'en alla le duc en Bretaigne.

L'an dessus dit, se fist une armée a Harfleu de viii galéez et aultre navire, et en fut chief monseigneur Jaquez de Montmor[3] avec l'admiral d'Espaigne.

L'an dessus dit, fut fait l'acort du duc de Bretaigne et du conte de Longueville, et demoura la Guierche[4] au duc

---

577). Par une bulle datée d'Avignon le 3 juin 1394, le pape Clément VII céda Saint-Malo au roi de France (*Ibid.*, 626 à 629).

1. Rostrenen, Côtes-du-Nord, arr. Guingamp.

2. Le 20 juillet 1388, Charles VI pris pour arbitre prononça un jugement sur les différends entre le duc et le sire de Clisson. Dom Morice, *Preuves de l'hist. de Bretagne*, II, 552 à 555.

3. Ce Jacques de Montmor avait commandé, en 1372, avec son frère Morelet, une expédition navale sur les côtes du Poitou dont nous publierons le compte dans nos *Documents inédits relatifs à Bertrand du Guesclin*.

4. Auj. la Guerche-de-Bretagne, Ille-et-Vilaine, arr. Vitré. C'est sans doute à l'occasion de cette vente de la Guerche à Jean, duc de Bretagne, que Charles VI, par acte daté de Paris en septembre 1391, confirma l'échange fait par Bertrand du Guesclin de sa seigneurie

par xvi mille frans que le duc paia au conte et l'aquitta devers la duchesse du Bar[1] le douayre de Longueville, et auxi l'aquitta envers madame de Laval[2] pour son douaire de monseigneur le connestable Bertran.

L'an mil iii^c iiii^{xx} xiii, le roy de France fut au Mont Saint Michiel en pelerinage[3] et y fonda une chapelle de cent livrées de rente.

L'an mil iii^{c}iiii^{xx}xvi, fut la journée de Hongrie[4] la ou furent monseigneur de Bourgoigne et moult grant quantité de chevaliers et escuyers du royaulme de France que ilz perdirent. Environ ce temps, le roy alla au Mans[5] ou il repceut la maladie qui luy dura jucquez a la fin.

En ce temps, Henry, duc de Lencastre, fist mourir le roy Richart d'Angleterre et fist tant qu'il fut roy d'Angleterre après ly. Et Ysabel, que le dit Richart avoit espousée, s'en revint en France, qui puys fut fame au filz monseigneur le duc d'Orleens dont dessus est faite mencion[6].

L'an mil iii^{c}vii, monseigneur le duc d'Orleens, frère

---

du Thuit contre celle de la Guerche appartenant à Jean, comte d'Alençon. Hay du Chastelet, *Hist. de Bertrand du Guesclin*, p. 466.

1. Iolande de Bar, veuve de Philippe de Navarre, comte de Longueville, n'avait cessé de protester, pendant toute la durée du règne de Charles V, contre la donation du comté de Longueville à Bertrand du Guesclin.

2. Jeanne de Laval, seconde femme de Bertrand du Guesclin.

3. Deux actes, émanés de Charles VI, sont datés du Mont-Saint-Michel le 15 février 1394 (n. st.). *Ordonn.*, VII, 590 et 591. *Arch. Nat.*, JJ 145, n° 369.

4. Allusion à la victoire remportée par les Turcs à Nicopolis le 28 octobre 1396.

5. Le premier accès de folie dont le roi Charles VI fut atteint, en traversant la forêt du Mans, remonte au 5 août 1392.

6. Isabelle de France, la seconde des filles de Charles VI et d'Isabeau de Bavière, mariée en premières noces le 9 mars 1396 (n. st.) à Richard II, revenue en France au mois d'août 1401, se remaria à Compiègne le 29 juin 1406 à Charles, comte d'Angoulême, puis duc d'Orléans.

du roy dessus dit, fut tué a Paris le jour Saint Clement [1] et fut de par monseigneur de Bourgoigne. En cel an, fut le grant yver.

L'an mil iiii^cviii, monseigneur de Bourgoigne fut au Liege ou il fist mourir bien xxviii mille Legeois [2].

L'an mil iiii^cix fut le concile a Pise la ou fut esleu Alixandre quint [3], et lors cessa la division et le cisme de l'eglise, qui estoit commencée viron l'an mil iii^cLx[x]vi.

L'an mil iiii^cx, trespassa le dit pape Alexandre [4] eu moys de moy, après lequel fut esleu pappe Jehan XX[III]^{me} [5]. En cel an, mourut monseigneur l'abbé du Mont, Pierre le Roy [6]. En celuy an, fut la grant chierté.

L'an mil iiii^cxii, le duc de Clarence [7] descendit es Hogues, a bien viii mille ou plus, le xe jour d'aoust, et traversa la basse Normendie et s'en retourna par Bordeaulx en Angleterre.

L'an mil iiii^cxv, le roy d'Angleterre [8], fils de Henry duc

---

1. Le jour Saint Clément, c'est le 23 novembre. Jean sans Peur, duc de Bourgogne, fit assassiner, le 23 novembre 1407, Louis, duc d'Orléans, rue Vieille du Temple, à peu de distance de l'hôtel Barbette habité par la reine Isabeau de Bavière.

2. D'après la chronique de Pierre Cochon, la bataille se livra le 21 septembre 1408 devant Tongres (auj. Belgique, prov. Limbourg, à 20 kil. de Hasselt), et il y périt de 28,000 à 30,000 Liégeois.

3. Alexandre V, nommé auparavant Pierre Philarge, né d'une pauvre famille de l'île de Candie, fut élu pape à l'âge de 70 ans, le 26 juin 1409.

4. Alexandre V mourut à Bologne le 3 mai 1410.

5. Jean XXIII fut élu pape à Bologne le 17 mai 1410.

6. Pierre le Roi, né à Orval (Manche, arr. Coutances, c. Montmartin-sur-Mer), abbé du Mont-Saint-Michel de 1386 à 1411, mourut à Bologne le 11 février 1411 (n. st.).

7. Thomas, duc de Clarence, descendu à Saint-Vaast-de-la-Hougue (Manche, arr. Valogne, c. Quettehou) le 10 août 1412, était venu au secours des Armagnacs qui l'avaient appelé à leur aide contre les Bourguignons.

8. Henri V, roi d'Angleterre, avait succédé à Henri IV mort le 20 mars 1413.

de Lencastre, vint devant Harfleu et y mist le siege et luy fut rendu ; et en s'en retournant vers Kaleez fut parsuy de la grigneur partie des nobles de cest royaulme qu'il desconfist [a] Agincourt [1], laquelle desconfiture fut nommée la mauvaise journée, quar monseigneur d'Alençon, de Breban, de Bar, le comte de Nevers y moururent et plusieurs aultres. Monseigneur d'Orleens, Monseigneur le duc de Bourbon, monseigneur le comte de Richemont et moult d'autres y furent prins : laquelle journée d'Agincourt et plusieurs autres choses qui sont advenues depuys l'en pouroit savoir aisement par certains vers fasans mencion de chascune chose particulierement, mès il est a noter que les lettres, qui font nombre, enseignent en quel an telle chose advint :

HeV ! nIMIs [2] oCtobrI GaLLos ConfregIt AgInCoVrt.

C'est pour saver en quel an la dicte journée fut, ce fut l'an mil IIII^{c}xv [3].

L'an mil IIII^{c}xvII, la vigille Saint Lorens [4], yceluy roy d'Angleterre retourna en Normendie et descendit a Toque près Caen et print assez tost après la ditte ville de Caen :

---

1. Azincourt, Pas-de-Calais, arr. Saint-Paul-sur-Ternoise, c. le Parcq. Cette bataille se livra le vendredi 25 octobre 1415.

2. La Porte du Theil avait lu : *In mense.* (*Notices et extraits des manuscrits de la Bibliothèque du Roi*, 1789, t. II, p. 306.)

3. La Porte du Theil fait suivre la citation de ce passage de la réflexion suivante : « J'avoue que je ne suis pas en état de marquer précisément celles des lettres de ce vers qui formeroient effectivement la date de 1415. » Nous imprimons en grandes capitales, outre les majuscules, les lettres M, C, L, X, V, I, qui constituent le chronogramme contenu dans chaque vers.

4. La veille Saint-Laurent, c'est le 9 août. Par lettre datée de son château de Touques (Calvados, arr. et c. Pont-l'Evêque), le 9 août 1407, Henri V écrivit à la commune de Londres pour lui annoncer la prise du château de Touques qui le rendait maître de la vicomté d'Auge. Delpit, *Documents français en Angleterre*, p. 219.

InICIens[1] PardVs CadoMI LoCa VIrgIne[2] LedIt.

En cel an, mourut le pape Jehan[3] et après fut le pape Martin[4].

L'an mil iiii^cxviii, Rouen fut prins par le dit roy d'Angleterre[5]. En cest an xviii, se partit de Paris monseigneur le Daulphin qui depuys fut roy et fut enporté entre braz[6], et adonc fut la grant murtrerie a Paris :

SUb Iano CaLCat VI RothoMagI LoCa PardUs.

Il y mourut bien xxx mille personnes de fain, tant tindrent longuement pour garder leur loyaulté.

L'an mil iiii^cxix, monseigneur le duc de Bourgoigne[7],

---

1. La Porte du Theil avait lu : *Inricus*.
2. La Vierge est celui des douze signes du zodiaque qui correspond au mois d'août. Henri V mit en effet le siége devant Caen le 18 août 1417. Après une résistance héroïque, cette ville fut prise d'assaut le 4 septembre 1417. Le château ne capitula que le 17 septembre.
3. Le pape Jean XXIII fut déposé au concile de Constance, le 29 mai 1415. Jean XXIII mourut le 22 novembre 1419.
4. Jean XXIII se démit volontairement du pontificat à Florence le 13 mai 1419 dans les mains de Martin V qui avait été élu pape au concile de Constance le 11 novembre 1417.
5. Le 29 juillet 1418, Henri V commença le blocus de Rouen. Le siége dura près de six mois, et les assiégés y perdirent cinquante ou soixante mille âmes. Henri V fit son entrée dans la capitale de la Normandie le 20 janvier 1419. La ville de Gisors, défendue par Lionnet de Bournonville, capitula le 11 et se rendit le 17 septembre 1419. A cette dernière date, le château tenait encore (*Bibl. Nat.*, quitt., t. 52, n° 5419). Cherbourg était devenu anglais le 29 septembre 1418. Toutes les autres places de basse Normandie, sauf le Mont-Saint-Michel, s'étaient aussi rendues. Falaise, assiégé le 1er décembre 1417, avait capitulé le 20 et s'était rendu le 2 janvier 1418.
6. Le dimanche 29 mai 1418, jour de l'entrée des Bourguignons à Paris et du massacre des Armagnacs, Tanneguy Duchâtel, prévôt de Paris, emporta demi-nu dans ses bras le jeune Dauphin, depuis Charles VII, alors âgé de quinze ans, pour le soustraire aux envahisseurs.
7. Le dimanche 10 septembre 1419, Jean sans Peur, duc de Bour-

qui avoit fait tuer monseigneur d'Orleens, fut ausi tué en septembre :

SIC dVCe, BVrgVndI, septeMbrí, Cede CaretIs!

En cel an mesmes, le duc de Bretaigne fut prins par le conte de Paintievre, et tantost après les gens du duc firent tant qu'il destruirent toutes les forteresses :

FLent oCVLIs, MedIo febrVI[1], BrItones, dVCe Capto.

L'an mesmes, le jour Saint Aubert[2], les Françoys prindrent sur les Anglois d'assault Avrenches et l'endemain auxi Pontorson.

L'an mil iiii^cxx, la riviére de Caynon[3] passa et courut lonc temps entre le Mont et Tumbelaine. En ce mesme an, monseigneur le comte d'Aubmalle vint au Mont Saint Michiel le premier jour de may[4] et print possession de par le roy de la capitainerie de la place.

gogne, fut tué sur le pont de Montereau par des hommes d'armes de l'escorte du Dauphin.

1. *Februi* est une licence poétique pour februarii ou februario. Jean VI, duc de Bretagne, fut en effet pris dans un guet-apens par Olivier de Blois, comte de Penthièvre, vers le milieu de février 1419 ou 1420 (n. st.).

2. Le jour Saint-Aubert, c'est le 18 juin. Cette reprise d'Avranches et de Pontorson par les Français, le 18 juin 1419, n'a pas été mentionnée par les historiens de Charles VI. C'est dans le cours de cette même campagne que le fameux Ambroise de Loré (Orne, arr. Domfront, c. Juvigny) reprit aux Anglais Beaumont-le-Vicomte (Sarthe, arr. Mamers) et fut fait chevalier.

3. Le Couesnon est une rivière qui prend sa source à Saint-Pierre-des-Landes (Mayenne), passe à Antrain et Pontorson et se jette dans la baie du Mont-Saint-Michel après un cours de 90 kilomètres.

4. Ce fut le départ de Robert Jolivet, à la fois abbé et capitaine du Mont-Saint-Michel, qui quitta son abbaye pour aller faire sa soumission à Henri V, roi d'Angleterre, devenu régent de France en vertu du traité de Troyes, ce fut, disons-nous, le départ de Robert Jolivet qui donna lieu à la nomination de Jean de Harcourt, comte d'Aumale, comme capitaine du Mont-Saint-Michel. Dès le 21 mai 1420, Robert avait quitté son abbaye puisque, dans un procès-verbal,

En cel an, le roy de France et dame Katherine furent baillez au roy d'Angleterre, en may [1].

L'an mil iiii^cxx [2], le duc de Clarence, o grant partie des nobles d'Angleterre, fut desconfit et mort à Baugié en Vallée :

Mors apVd AndegaVIs Vos InfICIt, AngLICe CLarens!

L'an mil iiii^cxxii, mourut le roy d'Angleterre :

Cor VVLt septeMber [3] VICennIs CLaVdere Pardo.

En cel an, deceda semblablement le roy Charles VIme, roy de France :

SeXtVs obIt KaroLVs oCtobrI [4] peCtore CLeMens.

dressé à cette date, de la prise de possession par le comte d'Aumale d'un certain nombre de joyaux de l'église du Mont-Saint-Michel, on mentionne « l'absence de l'abbé dudit lieu ». L'abbé renégat ne tarda pas à recevoir le prix de sa défection. Par acte daté du siège devant Melun le 29 octobre 1421, Henri V, roi d'Angleterre, héritier et régent de France, donna l'ordre de mettre entre les mains de Robert tous les biens et revenus du Mont-Saint-Michel (*Neustria pia*, p. 393). Quant à Jean de Harcourt, il prend déjà, dans l'acte en date du 21 mai dont il vient d'être question, le titre de « lieutenant du roi et du régent, ayant la garde des abbaye, forteresse et ville du Mont-Saint-Michel. » Voyez le n° V de nos *Pièces diverses*.

1. Allusion au traité de Troyes, promulgué le 21 mai 1420, et stipulant le mariage de Henri V avec Catherine de France, fille de Charles VI et d'Isabeau de Bavière.

2. Le samedi saint 22 mars 1421, Thomas de Lancastre, duc de Clarence, frère de Henri V, fut battu et tué à Baugé (auj. chef-lieu d'arr. de Maine-et-Loire, entre Beaufort et la Flèche) par une petite armée franco-écossaise sous les ordres de Jean Stuart, comte de Buchan.

3. Henri V mourut au bois de Vincennes le lundi 31 août 1422, âgé de 35 ans et 26 jours. Par conséquent, notre chroniqueur se trompe en rapportant au mois de septembre la mort du roi anglais.

4. On lit dans le manuscrit *october*, et nous avons cru devoir corriger ce solécisme. Chales VI mourut de la fièvre quarte dans son hôtel de Saint-Paul le 21 octobre 1422, âgé de 54 ans.

En cel an, monseigneur d'Aubmalle gaigna a Montagu [1] sur les Anglois.

Anno Domini millesimo quadringentesimo vigesimo primo, ecclesia ista, cunctis illesis, cecidit in vigilia Sancti Mathei [2].

L'an mil iiii^cxxi[ii] [3], le iii jour de juillet, fut né monseigneur le dauphin, nommé Louys.

En cel an, monseigneur d'Aubmalle desconfist le sire de la Pole et viron mil v^c Anglois en sa compaignie a la Gravelle :

AngLorVM pVLLos ContrIVIt LIbra [4] GraVeLLe.

En cel an [5], les Anglois vindrent a Tumbelaine, le

---

1. Le château de Montagu, dont on voit encore aujourd'hui les ruines, était situé dans la paroisse de Montanel (Manche, arr. Avranches, c. Saint-James), à un kilomètre au sud-est de l'église et à l'entrée des gorges septentrionales de la forêt de Blanchelande. Cette seigneurie, appelée aussi le fief de la grande verge d'Argouges, était le chef-lieu d'une châtellenie dont relevaient Sacey, Vessey, Boucey, Argouges, Carnet et Montanel. Comte de Guiton-Villeberge, *Mém. de la Société d'archéologie d'Avranches*, IV, 329.

2. La veille de Saint-Mathieu correspond au samedi 20 septembre 1421. Les auteurs du *Gallia Christiana* (XI, 528) ont constaté à cette date, peut-être d'après notre chronique, l'écroulement du chœur de l'église du Mont-Saint-Michel. La reconstruction de ce chœur ne fut commencée qu'en 1450 par les soins du cardinal Guillaume d'Estouteville, abbé commendataire du Mont-Saint-Michel.

3. La date de 1421, qu'on lit dans le manuscrit, doit provenir d'une distraction du scribe. Louis Dauphin, depuis Louis XI, fils de Charles VII et de Marie d'Anjou, naquit à Bourges le 3 juillet 1423.

4. La Livre (balance) est celui des signes du zodiaque qui correspond au mois de septembre. William Pole, comte de Suffolk, fut en effet battu à la Gravelle (Mayenne, arr. Laval, c. Loiron) ou plutôt à la Brossinière, le 26 septembre 1423, par Jean VIII de Harcourt, comte d'Aumale, capitaine du Mont-Saint-Michel.

5. Ces mots se réfèrent à la date de 1423, année où se livra le combat de la Brossinière. D'après ce passage, les Anglais auraient occupé Tombelaine (rocher haut de 140 mètres situé au milieu des

xı^{me} jour de febvrier, et le fortifiérent mervoilleusement pour tenir les gens du Mont en subjecion ; mès les gens de la garnison du Mont leur firent plus de dommage et a mer et a terre, comme a gaigner leurs vesseaulx, affondrer les aultres et aultrement, qu'il ne firent a ceulx du Mont.

Environ ce temps ou au devant, il estoit venu une grande armée d'Escoce [1], bien x^m, la ou estoit le connestable d'Escoce, le comte de Boucan qui puys fut connestable de France [2], et moult d'aultres vaillans gens de guerre, a l'ainde du roy de France, qui moult vaillament se portérent en gardant leur loyaulté au roy nostre sire.

L'an mil ıııı^{c}xxıııı, le xvıı^{me} jour d'aoust, les Anglois gaignérent la journée de Verneul, la ou fut prins monseigneur d'Alenson [3] et plusieurs aultres, et fut le jour

---

sables, à 3 kil. environ au nord du Mont-Saint-Michel, où l'on avait construit un prieuré), le 11 février 1423. Cette occupation est certainement postérieure à 1420, année où l'influence des marées, détournant le Couesnon de son cours ordinaire, fit passer pendant quelque temps cette rivière entre le Mont et Tombelaine, de sorte que les Anglais d'Avranches purent fortifier à loisir ce dernier point sans être incommodés par la garnison française du Mont-Saint-Michel. Elle est même postérieure au 27 juillet 1422, jour où les religieux du Mont-Saint-Michel déclarèrent prendre, avec le consentement de Jean le Juif, prieur de Tombelaine, 3000 de plomb qui devaient être affectés tant à des citernes qu'à d'autres constructions, en s'engageant à rendre ce plomb ou à en rembourser la valeur audit prieur. Voyez le n° XIV de nos *Pièces diverses*.

1. En janvier ou février 1421, quatre à cinq mille Écossais, envoyés au secours du dauphin, débarquèrent à la Rochelle sous la conduite du comte de Buchan, de Jean Stuart de Darnley, cousin du comte, connétable des Écossais, et d'Archibald Douglas, comte de Wigton.

2. Jean Stuart, comte de Buchan, fut fait connétable de France du 1er au 5 avril 1421, en récompense de la victoire qu'il avait remportée sur les Anglais à Baugé le samedi 22 mars précédent.

3. Jean II, duc d'Alençon, celui que Jeanne d'Arc appelait « le beau duc », était, à titre de comte du Perche, seigneur de Verneuil (Verneuil-sur-Avre, Eure, arr. Évreux). Fait prisonnier dans la

des Octaves Saint-Lorens [1]. Monseigneur le connestable, c'est assaver le conte de Boucan, monseigneur d'Aubmalle [2] et moult d'aultres de France et d'Escoce y moururent:

FIt prope VernoLIVM LaVs angLICa CaVda LeonIs [3].

En ce mesme an, les Anglois mistrent une bastille devant le Mont-Saint-Michel [4], a Arde-

---

journée du 18 août 1424, le duc d'Alençon ne fut mis en liberté qu'en 1427, après avoir payé une forte rançon aux Anglais.

1. Comme la Saint-Laurent tombe le 10 août, le 18 de ce mois se trouve être en effet le jour des Octaves.

2. Outre Jean Stuart, comte de Buchan, connétable de France, et Jean VIII de Harcourt, comte d'Aumale, les Français perdirent à Verneuil Archibald Douglas, duc de Touraine; James, son fils; les comtes de Tonnerre et de Ventadour; Guillaume, le dernier des vicomtes de Narbonne de la maison de Lara.

3. Allusion au Lion, celui des signes du zodiaque qui correspond au mois de juillet.

4. Dès le 24 et le 26 août 1424, presque au lendemain de leur victoire à Verneuil, on voit les Anglais s'apprêter à mettre le siége devant le Mont-Saint-Michel. Jean, duc de Bedford, régent de France, confia la direction des opérations à l'un de ses favoris, Sir Nicolas Burdett, chevalier, bailli du Cotentin pour le roi d'Angleterre, grand bouteiller de Normandie. La mort du comte d'Aumale, qui venait d'être tué à Verneuil, privait de son chef la garnison du Mont; mais Jean de la Haye, baron de Coulonces (Calvados, arr. et c. Vire), capitaine de Mayenne, appelé par Jean Gonault, vicaire général de l'abbaye depuis le départ de Robert Jolivet en 1420, vint au secours des assiégés. Les garnisons anglaises des places du Cotentin, notamment celles de Coutances, de Saint-Lô, d'Avranches, de Cherbourg, de Régnéville, du Pont-d'Ouve et du Parc-l'Évêque, fournirent des détachements qui prirent part au siége. D'un mandement de Bedford daté de Rouen le 26 août 1424, il résulte que le total des forces assiégeantes s'élevait alors à 130 hommes d'armes auxquels on avait adjoint un nombre proportionnel d'archers; et comme il y avait toujours, dans le système militaire anglais de cette époque, 3 archers par homme d'armes, et qu'en outre chaque homme avait un *coustilier* et un serviteur, on voit que les Anglais avaient affecté spécialement au blocus du

von [1], le xviie jour de septenbre, laquelle y fut jucquez au xxiiiie jour de febvrier l'an mil iiii^cxxvii, que les Anglois mesmes ardirent et desenparérent, seullement pour paour des Françoys qui venoient devant eulx.

L'an dessus dit, en ce mesme mois [2], le jour Saint Michiel, les Anglois assiegérent par mer le Mont Saint Michiel, qui s'en fuyrent ains qu'il fut iiii jours.

L'an mil iiii^cxxv, les dis Anglois mistrent de rechief siege a la mer devant le dit Mont, o grant force de navirez, desquieulz Lorens Hauldain [3] estoit capitaine, qui furent combatuz par monseigneur d'Auzebosc [4], monsei-

Mont-Saint-Michel 780 combattants (n°s XXX et XXXI des *Pièces diverses*).

1. Manche, arr. Avranches, c. Pontorson. D'après un mandement de Nicolas Burdett, en date du 23 décembre 1424, on commença la construction de la bastille d'Ardevon le 13 septembre de cette année (n° XXXIX). Dès le 12 novembre, Burdett, capitaine de cette bastille, y faisait montre de 20 lances et de 60 archers à cheval (n° XXXIX).

2. Le 24 septembre 1424, Bertin Entwessall, écuyer, lieutenant en Normandie du comte de Suffolk, amiral, chargé d'assiéger par mer le Mont-Saint-Michel, fit montre devant cette place pour un mois avec 28 hommes d'armes, 84 archers et 24 mariniers (*Bibl. Nat.*, ms. fr. n° 14546, f° 8).

.3 Laurent Haulden, écuyer anglais, était capitaine de Tombelaine. Nicolas Burdett ayant été fait prisonnier par la garnison du Mont avant le 12 mai 1425, Laurent Haulden prit le commandement en chef des forces assiégeantes sous la haute direction de Robert Jolivet, qui s'intitulait « conseiller et commissaire du roi d'Angleterre en la Basse Marche de Normandie pour le recouvrement de la place du Mont Saint-Michel ». (N°s XLVI à XLIX des *Pièces diverses*.) A la date du 13 juin suivant, Jean Helmen, écuyer, était lieutenant de la bastille d'Ardevon au lieu et place de Nicolas Burdett resté entre les mains des Français ; il avait sous ses ordres 43 hommes d'armes et 102 archers à cheval. Le blocus effectif du Mont, commencé le 12 septembre 1424, durait depuis dix mois et un jour, à la date du 13 juin 1425 (n° L).

4. Louis d'Estouteville, seigneur d'Auzebosc (Seine-Inférieure, arr. et c. Yvetot), fils aîné de Jean II, seigneur d'Estouteville, alors prisonnier en Angleterre, où on le retenait captif depuis la bataille

gneur de Beaufort [1], les bourgois de Saint Malou et plusieurs aultres chevaliers, escuyers et aultres :

MaCLoVII PardIs dat VVLnera CanCer [2] In VadIs.

L'an mil IIII^{c}XXVI, les François et des Bretons fortifièrent Pontourson la ou les Anglois mistrent tantost le

d'Azincourt. Au commencement de mars 1425, Charles VII avait nommé capitaine du Mont-Saint-Michel Jean, surnommé le bâtard d'Orléans, comte de Mortain, vicomte de Saint-Sauveur, seigneur de Valbonnais, grand chambellan de France, l'illustre guerrier qui devait devenir si populaire sous le nom de Dunois ; mais celui-ci, après avoir approvisionné et ravitaillé la place et avoir reçu le serment de fidélité des hommes d'armes de la garnison, avait délégué ses pouvoirs à un brave chevalier bas-normand, à Nicole Paynel, seigneur de Bricqueville (N°s XLV et LIII des *Pièces diverses*), qui ne tarda pas à le remplacer tout-à-fait lorsqu'il fut entraîné, le 3 août 1425 (N° XL), dans la disgrâce où le président Louvet, son beau-père, tomba dès les premiers mois de cette année. Le 26 octobre suivant, Nicole Paynel lui-même fut invité à remettre ses pouvoirs à Louis d'Estouteville (N° LIII). Nommé par Charles VII capitaine du Mont le 2 septembre 1425 (N° LII), Louis d'Estouteville conserva cette charge jusqu'à sa mort qui eut lieu le 21 août 1464.

1. Briand de Chateaubriand, V^e du nom, chevalier banneret, sire de Beaufort, du chef de son père Bertrand Ier du nom, et du Plessis Bertrand, du chef de sa mère Thiphaine du Guesclin, fille unique et seule héritière de Pierre du Guesclin en qui s'éteignit la branche aînée de cette illustre maison, Briand de Chateaubriand avait passé dès le 7 décembre 1423 une transaction avec Geoffroi de Malestroit, ch^{er}, sire de Combourg et de Derval, ainsi qu'avec Raoul, sire de Coetquen, pour secourir le Mont-Saint-Michel dont les Anglais avaient entrepris de faire le siège. Il porta secours aux assiégés à la tête d'une flottille armée à Saint-Malo. Briand de Chateaubriand avait adopté les armes de sa mère, c'est-à-dire celles des du Guesclin de la branche aînée, les mêmes, sauf la brisure, que celles du connétable de Charles V. Sur l'importance de la flotille armée en course par la garnison française du Mont-Saint-Michel avec le concours des habitants de Saint-Malo, voyez les n°s XVII, LI, LVI et LXVI des *Pièces diverses*.

2. Le Cancer est celui des signes du zodiaque qui correspond au mois de juin.

siege [1]. Et pour empeschier le dit siege, le baron de Couloncez et plusieurs aultres chevaliers et escuyers, tant de France que de Bretaigne, se ordonnérent moult notablement au Mont Saint Michiel : toutez foiz y furent desconfiz a la Gueintre [2] le jeudi absolu, et y mourut le dit baron [3].

L'an dessus dit, les Bretons fortifiérent Saint Jame de Bevron [4], qui y furent desconfiz et mis en fuyte par les Anglois. Et la estoit monseigneur le connestable, c'est assaver Arthur, frére du duc :

DespICIt arMorICos BeVro sVb PIsCIbVs [5] arCVs.

L'an mil iiii^{c}xxvii, les Anglois mistrent le siege a Montargis qui y furent desconfiz :

1. Ce siége de Pontorson par les Anglais est postérieur de près d'un an à la défaite des Français à Saint-James de Beuvron, racontée dans l'alinéa suivant. Grâce à une aide spéciale de 50,000 livres votée par les États, Richard de Beauchamp, comte de Warwick, put assiéger Pontorson, du 27 février au 8 mai 1427, à la tête d'un corps d'armée composé de 600 hommes d'armes et de 1,800 hommes de trait, en tout 3,500 combattants.
2. La Gueintre est le nom d'une petite rivière qui se jette dans la baie du Mont-Saint-Michel, entre Huynes et Courtils.
3. Cet avantage aurait été remporté, d'après notre chroniqueur, le jeudi saint 17 avril 1427 (n. st.). Le chef de la troupe anglaise victorieuse dans cette rencontre était lord Thomas Scales. La chronique n° 3416 du fonds Joursanvault, conservée aujourd'hui au British Museum, ajoute : « Et pour ce que le dit baron de Coulonces portoit les floquars a sa devise, le dit seigneur de Scalles les porta toujours depuis en signe de vaillance, et lessa les seraines qu'il portoit en precedent. » Cité d'après M. Vallet de Viriville, *Bibl. de l'École des Chartes*, VIII, 112.
4. Les Bretons ne venaient pas pour fortifier Saint-James, mais pour mettre le siége devant cette place alors occupée par les Anglais.
5. Le signe des Poissons correspond au mois de février. Toutefois, la déconfiture d'Arthur, comte de Richemont, devant Saint-James, due à une panique qui s'empara de troupes novices recrutées de la veille, n'eut lieu que le mercredi 6 mars 1425 ou 1426 (n. st.).

CIrCa MontargIs VoLVens Leo[1] LILIa IVVIt.

L'an mil iiii^cxxviii, le vi^e jour de mars[2], la Pucelle vint au roy :

PLaVsa sVbIt FranCos sVb PIsCIbVs[3] aLMa PVeLLa.

L'an mil iiii^cxxxix, la ditte Pucelle leva siege qui estoit devant Orleens la ou il avoit des plus diverses bastillez et aultres fortificacions qui fussent de tout le temps de ceste guerre :

ECCe PVeLLa VaLens GeMInIs[4] IVVat AVreLIanos.

En cel an, la ditte Pucelle print Jargeau ou estoit le conte de Suforc et ses deux frères et plus de v^c Anglois, et fut le xixme[5] de juing. Le sabmedy ensuivant,

1. Le Lion est celui des signes du zodiaque qui correspond au mois de juillet. C'est, en effet, au commencement du mois de juillet 1427, que les Anglais, sous les ordres de Richard de Beauchamp, comte de Warwick, et de William de la Pole, comte de Suffolk, vinrent mettre le siège devant Montargis ; mais c'est seulement le 5 septembre suivant que le bâtard d'Orléans et Étienne de Vignoles (auj. hameau de la commune de Castera-Vignoles, Haute-Garonne, arr. Saint-Gaudens, c. Boulogne), dit la Hire, forcèrent l'ennemi à lever le siége.
2. Cette date, ramenée à notre manière actuelle de compter, où l'année commence, non à Pâques, mais le 1er janvier, est parfaitement exacte et ne se trouve que dans notre chronique. Partie de Vaucouleurs le 25 février, Jeanne d'Arc, après onze jours de trajet, arriva à Chinon, où résidait alors Charles VII, le 6 mars 1429. Ici commence le court fragment publié par M. Jules Quicherat. *Procès de Jeanne d'Arc*, t. IV, p. 313 et 314.
3. Le signe des Poissons correspond au mois de février.
4. Le signe des Gémeaux correspond au mois de mai. Les Anglais levèrent le siége d'Orléans à la suite de l'assaut infructueux livré le 7 mai 1429.
5. C'est le dimanche 12 juin, et non le 19 de ce mois, que la Pucelle prit d'assaut Jargeau (Loiret, arr. Orléans) où elle fit prisonniers le comte de Suffolk et Jean de la Pole, son frère. Un autre frère du comte, Alexandre de la Pole, perdit la vie dans cette affaire.

elle vint a Beaugencé[1] ou il avoit grant force d'Anglois qui se rendirent a elle auxi tost. Item, icel sabmedi jour Saint Aubert[2], elle parsuyt le sire de Tallebot, Scalles et aultres Anglois bien quatre mille qui furent desconfiz, et le dit Tallebot prins a Patey :

Ista PUeLLa, feraM, CanCro[3] fUIt a Pate VICtrIX.

L'an dessus dit, la ditte Pucelle mena couronner le roy Charles VII⁰ a Rains qui fut couronné le xvii⁰ jour de juillet[4] :

Grata PVeLLa, sCIo, KaroLI seXtI bone nate,
ReMIs ad saCra te sIstIt et In IVLIo.

Le roy et elle firent de grans conquez et s'en retournérent droit a Tours et Chinon et es marches d'iceluy pais dont la Pucelle se partit et retourna es Françoys qui estoient en pais de France et la fut prinse des Bourgoignons a Compiegne l'an mil iiii⁰ xxx :

NVnC CadIt In GeMInIs[5] BVrgVndo VInCta PVeLLa.

1. Beaugency, Loiret, arr. Orléans.
2. Les Anglais, sous les ordres de John Talbot, de Thomas Scales, de John Ffastolf, furent mis en déroute par la Pucelle à Coinces (Loiret, arr. Orléans, c. Patay), près Patay, le samedi 18 juin 1429. Plus de deux mille Anglais furent tués. Talbot et Scales furent faits prisonniers. Ffastolf seul réussit à opérer sa retraite en bon ordre dans la direction d'Étampes et de Corbeil. Le saint Aubert, dont la fête se célèbre le 18 juin et ne figure pas sur la plupart des martyrologes, est saint Aubert, évêque d'Avranches, mort le 10 septembre 723. Le 18 juin est l'anniversaire du jour où les restes de ce prélat furent trouvés comme par miracle au Mont-Saint-Michel où il avait été apporté après sa mort. La mention, plusieurs fois répétée, de cet anniversaire, particulier au diocèse d'Avranches, est un des nombreux signes qui trahissent l'origine montoise de notre manuscrit.
3. Le signe du Cancer correspond au mois de juin.
4. Le dimanche 17 juillet 1429, Charles VII, après avoir été fait chevalier par Jean, duc d'Alençon, fut sacré roi de France en présence de la Pucelle dans l'église Saint-Denis de Reims par Regnauld de Chartres, chancelier de France, archevêque-duc de Reims.
5 Nous avons déjà dit que le signe des Gémeaux correspond au

Les Bourgoignons, qui avoient prins la ditte Pucelle, la vendirent aux Anglois[1].

L'an dessus dit, les François gaignérent une grande journée en Languedoc sur le prince d'Orenge et aultres Bourgoignons, viron le jour Saint Barnabé[2] :

IVVenIs CInCtVM Vos Cassat, orengICe prInceps!

En cel an, la Hyre gaigna Louviers[3].

En cel an, le xxve jour d'octobre[4], le conte de Vandosme et le mareschal de Bousac levérent et desconfirent le siege que tenoient Anglois et Bourgoignons devant Compaigne :

IVXta CoMpendos oCtobrI LILIa VInCVnt.

En l'an dessus dit, le xixe jour de mars[5], Anglois et

---

mois de mai. C'est, en effet, le mercredi 24 mai 1430 que Jeanne d'Arc fut livrée aux Bourguignons qui assiégeaient Compiègne, peut-être à l'instigation de Georges de la Trémouille, par Guillaume de Flavy, créature de Georges, chargé par Charles VII de la défense de la place assiégée.

1. Le 21 novembre 1430, Jeanne d'Arc fut livrée aux Anglais par Jean de Luxembourg, qui reçut en échange une somme de 10,000 livres, votée par les États de Normandie. Jeanne arriva à Rouen le 28 décembre suivant.

2. C'est précisément le 11 juin 1430, jour de la Saint-Barnabé, que les Français, sous les ordres du jeune Raoul de Gaucourt, de Humbert de Groslée, sénéchal de Lyon, et du mercenaire castillan Rodrigo de Villa-Andrando, comte de Ribadeo, remportèrent sur Louis de Chalon, prince d'Orange et sire d'Arlay, la bataille d'Anthon (Isère, arr. Vienne, c. Meyzieu).

3. L'occupation de Louviers par Étienne de Vignoles, dit la Hire, eut lieu dès le mois de décembre 1429, et non en 1430. Vallet de Viriville, *Histoire de Charles VII*, II, 238.

4. Louis de Bourbon, comte de Vendôme, et Jean de Brosse, seigneur de Boussac et de Sainte-Sévère, maréchal de France, délivrèrent Compiègne assiégé par les Bourguignons depuis le 20 mai 1430, du 24 au 28 octobre de cette année.

5. Lagny avait été repris aux Anglais entre le 26 août et le 7 septembre 1429. De nombreux actes, d'accord avec ce passage de notre

Bourgoignons furent desconfiz a Lengny bien mille et v^c

L'an mil iiii^c xxxi, le penultime jour de may [1], les Anglois ardirent la Pucelle qu'ilz avoient achatée des Bourgoignons. Cel jour mesmes, les Anglois assegérent Louviers ou il furent bien demy an [2], et ilz perdirent moult de leurs gens.

En l'an mil iiii^c xxxii, les Anglois mistrent le siege a Saint Celeri [3] ou ilz furent desconfiz, et fut viron le moys de may.

---

chronique, mentionnent le siége de Lagny par les Anglais à la fin de mars 1431 (n. st.).

1. Cette date est parfaitement exacte. Jeanne d'Arc fut brûlée à Rouen sur la place du Vieux-Marché le mercredi 30 mai 1431.
2. Le lendemain même du supplice de la Pucelle, les Anglais mirent le siége devant Louviers où la Hire réussit à se maintenir pendant cinq mois; mais, ce hardi partisan ayant été fait prisonnier dans une sortie, les Anglais rentrèrent en vainqueurs dans Louviers, le 25 octobre 1431 (*Arch. Nat.*, sect. hist., JJ 175, n°s 46, 148, 245, 293. K 63, liasse 13, n°s 26 et 27). Le 22 juillet 1431, Robert de Willoughby, comte de Vendôme et de Beaumont-sur-Oise, sire de Willoughby, de Mondoubleau (Loir-et-Cher, arr. Vendôme) et de Beaumesnil (Eure, arr. Bernay), datait une lettre de rémission *du siége devant Louviers* (JJ 175, n° 132).
3. Sans doute Saint-Ceneri-le-Gérei (Orne, arr. et c. ouest d'Alençon), au confluent de la Sarthe et du Sarthon, où l'on voit les ruines d'un château et une forge dite *Forge de la bataille*. Une lettre de rémission, datée d'Argentan le 15 décembre 1431 et mentionnant l'occupation, par les Français, de « Saint-Senerin le Geré » et des parties de Gennes, du Bois (JJ 175, n° 116), permet d'identifier sûrement le Saint-Celeri ou Celerin des chroniques avec Saint-Ceneri-le-Gérei. Le célèbre Pierre de Brézé, alors jeune écuyer, fut fait chevalier à la prise de cette place qui se rendit aux Français vers le milieu de 1429. Pendant la seconde moitié de cette année, à la suite des premiers exploits de la Pucelle et du sacre de Charles VII à Reims, Aunou près de Séez (JJ 175, n° 19), Sainte-Suzanne (JJ 175, n° 370), Laval, dans le Maine, Bonsmoulins (Orne, arr. Mortagne, c. Moulins-la-Marche), Chailloué (Orne, arr. Alençon, c. Séez) et plusieurs autres places de cette région avaient été reprises par les Français. Robert de Willoughby, lieutenant du roi

En celuy an et moys, fut né le segond filz du roy nommé Jaquez [1].

L'an et moys dessus dit, les Anglois mistrent le siege a Lengny dont ilz se partirent a leur grant deshonneur [2].

En ce temps, le pape Martin trespassa,

Après lequel fut Eugenius [3].

L'an xxxiii, le concile de Balle commença [4].

L'an mil iiii^cxxxxiiii, le lundi de Quasimodo [5], une grant partie de ceste ville du Mont fut arse.

L'an dessus dit, le sire de Secalles [6], a compaigne de

d'Angleterre et du duc de Bedford ès basses marches de Normandie, dont on constate la présence à Falaise (*Bibl. Nat.*, quitt., t. 64, n° 1692), à Argentan (JJ 175, n°s 210, 211, 116, 119) et à Avranches (JJ 175, n° 122) de la fin de novembre 1431 à mars 1432, fit une chevauchée en avril et mai de cette dernière année pour le recouvrement des places perdues deux ans auparavant.

1. Jacques de France, né en 1432, mourut à Tours le 2 mars 1438 (n. st.).

2. Le 1er mai 1432, le siége fut mis de nouveau par les Anglais devant Lagny et levé par le duc de Bedford entre le 10 et le 20 août suivant.

3. Martin V mourut à Rome dans la nuit du 20 au 21 février 1431 et eut pour successeur Eugène IV, élu pape le 3 mars suivant.

4. Par un mandement daté de Bâle le 30 avril 1433, les évêques de Bretagne sont convoqués au concile. Dom Morice, *Preuves*, II, 1256.

5. Lundi 5 avril 1434.

6. Thomas, sire de Scales, qui donna l'assaut au Mont-Saint-Michel le 17 juin 1434, fut repoussé avec perte par la garnison du Mont sous les ordres de Louis d'Estouteville et blessé, mais non tué, dans cette rencontre, était alors capitaine de Domfront (*Arch. Nat.*, K 63, n° 34) sous John Fitz-Alan Maltravers, comte d'Arundel, que Bedford avait nommé lieutenant général du roi d'Angleterre « pour faire la guerre dans les pays entre la Seine, la Loire et la mer », du 1er juin 1433 au 1er mai 1434 (*Arch. Nat.*, K 63, n° 245). Sir John Ffastolf était, à la même époque, capitaine d'Alençon (K 63, n° 283). Le comte d'Arundel fut nommé duc de Touraine le 8 septembre 1434.

bien viii mille Anglois et aultres, mist le siege devant le Mont Saint Michiel ou il amena de plus divers abillemens qui eussent esté de tout le temps de ceste guerre et batit la ville et le fenil de canons, bombarde et aultre trait. Et après y donna ung assault, et fut le xviie jour de juing la ou il morut, comme l'en disoit, et au devant du dit assault et en s'en retournant bien [1]..., sans qu'il mourust nul des gens de la place ne qu'il en y eust guerez de blecez, qui est chosse que l'en pourroit dire miraculeuse ; et de la s'en retournèrent marriz et confus, la mercy Dieu et de monseigneur saint Michiel qui a toujours gardé et garde la place :

Pardos IVgVLaVIt CanCro, MIChaeL, tVa VIrtVs.

Après cela, les dis Anglois, voians qu'ilz ne povaient aultre chose faire, mistrent une bastille a Ardevon [2] la ou elle avoit aultrefais esté, et fut le jour de la Magdalaine qui y fut jucquez a la feste Sainte Agnès [3] que les diz Anglois ardirent et desemparèrent, de paour de monseigneur d'Alençon [4] qui venoit et vint de fait a Avranches et a eulx, s'ilz ne s'en fussent allez.

1. Il y a ici une lacune dans le manuscrit.
2. Manche, arr. Avranches, c. Pontorson. Par acte daté de Rouen le 19 août 1434, Henri VI fit grâce à Guillaume Cresswell, Anglais, âgé de trente ans, qui, environ la Madeleine dernièrement passée (22 juillet 1434), « se feust parti de la bastille d'Ardevon en la compaignie de Guillaume Fouques, Thomas Choudelay, Thomas Bardal, ou ilz avoient esté en la compaignie de nostre amé et feal ch[er] Thomas, seigneur de Scales et autres, pour le fait du siege du Mont Saint Michiel. » Voyez nos *Pièces diverses*, à cette date. — Outre cette bastille d'Ardevon et celle de Tombelaine dont le capitaine avait alors pour lieutenant Maikyn Eflangowich (ii 175, n. 350), les Anglais élevèrent une troisième bastide aux Pas (Manche, arr. Avranches, c. Pontorson), au sud d'Ardevon, sur le chemin de Pontorson à Avranches (Dom Huynes, II, 123, note 2).
3. 21 janvier 1435.
4. Les villages du Bessin, en se soulevant, et Jean II, duc d'Alençon, en occupant l'abbaye de Savigny (auj. Savigny-le-Vieux, Man-

En cel an mesmes, les Anglois firent armer le peuple de Normendie [1].

En celuy an, fut le plus grant yver qui fust de memoire de homme, quar il mourut tant d'oyseaulx, de bestes et de poissons que ce fut mervoilleuse chosse.

L'an mil IIII^c xxxv, le cardinal de Cipre [2] et le cardinal de la Croix [3] traictérent de paix entre le roy et monseigneur de Bourgoigne tant et tellement que [a] Arraz [4] en Picardie l'acort fut fait.

L'an dessus dit, les Boemez, qui avoient tenu de grans

---

che, arr. Mortain, c. Le Teilleul) près de Saint-Hilaire-du-Harcouet, opérèrent une diversion très-utile au dégagement du Mont-Saint-Michel. *Arch. Nat.*, K 63, n° 34^{16}.

1. Aucun historien du règne de Charles VII n'a mis en lumière ce fait capital. Tandis que Pierre de Brézé, secondé par l'influence alors toute-puissante d'Agnès Sorel, eut à lutter pendant dix ans avant d'obtenir l'organisation des francs archers, les Anglais n'avaient pas craint d'appliquer, dès 1434, cette organisation à la Normandie, province récemment conquise. A vrai dire, la célèbre ordonnance du 28 avril 1448 (*Ordonn.*, XIV, 1), l'une des causes des succès militaires de la fin du règne de Charles VII, ne fut que l'adoption heureuse, quoiqu'un peu tardive, de la création anglaise mentionnée par notre chroniqueur. Dès le 1er dimanche d'avril 1434, les paroissiens de Besneville (Manche, arr. Valognes, c. Saint-Sauveur-le-Vicomte) furent convoqués en assemblée générale pour « eulx abiller en estat de defence pour resister contre noz ennemis qui pardessus la mer povoient ou porroient legierement descendre ou dit pais, se guet, garde et resistence n'y estoient faictes. » Auprès du cimetière de tous les villages furent établies, dès lors, des buttes de terre, véritables champs de tir, où les paroissiens valides étaient tenus de s'exercer tous les dimanches au tir de l'arc (*Arch. Nat.*, JJ 175, n° 309). Voyez, à cette date, nos *Pièces diverses*.

2. Hugues de Lusignan, fils de Janus, roi de Chypre, cardinal, délégué du concile de Bâle.

3. Nicolas Albergati, cardinal de Sainte-Croix, légat du Saint-Siége.

4. Le traité d'Arras, date de la réconciliation entre Charles VII et Philippe le Bon, duc de Bourgogne, fut signé le 21 septembre 1435.

errours contre la fay, se revoquérent au concille de Balle qui lors tenoit et s'en revindrent a nostre fay.

L'an dessus dit, environ Noel, les François recouvrérent Dieppe [1], Harfleu [2], Meulenc [3], Houdenc, le Boys de Vincennes [4], Corbeil et moult d'aultres forteresses en France.

L'an dessus dit, le duc de Bedefort [5] mourut.

En cel an mesmes, le tiers filz de France fut né et a nom Phillippe après monseigneur de Bourgoigne. Environ ce temps, vint nouvelles que la Pucelle estoit encore vive et qu'elle estoit mariée a ung chevalier nommé monseigneur Robert de Ahemaises [6].

L'an mil IIII^c xxxvi, tantost après Pasques [7], Paris fut

---

1. Charles des Marais reprit Dieppe aux Anglais le 28 octobre 1435.

2. Les Français reprirent Harfleur à la fin de décembre 1435 en même temps que Fécamp, Montivilliers, Tancarville et la plupart des places du pays de Caux.

3. Le 24 septembre 1435, le jour même où Saint-Denis s'était rendu par capitulation aux Anglais, les Français s'emparèrent du pont fortifié de Meulan.

4. Le 19 février 1436, les Français prirent possession du Bois de Vincennes et de Beauté-sur-Marne; ils occupèrent aussi, dans le courant de ce mois, Brie-Comte-Robert et Corbeil.

5. Jean, duc de Bedford, régent de France pour son neveu Henri VI, mourut au manoir de Chantereine près Rouen le 14 septembre 1435, à l'âge de quarante-huit ans. Isabeau de Bavière mourut à Paris, à l'hôtel Saint-Paul, le 26 septembre 1435, quinze jours seulement après Bedford.

6. Claude, la plus connue des fausses Pucelles avec celle du Mans, se montra pour la première fois, le 20 mai 1436, à la Grange-aux-Ormes près Saint-Privat, puis fut présentée à des seigneurs de Metz et se maria en novembre de la même année à un chevalier lorrain nommé Robert des Armoises.

7. En 1436, Pâques tomba le 8 avril. Les Français, sous les ordres d'Arthur, comte de Richemont, de Jean de Villiers, dit le maréchal de l'Ile-Adam, de Jean, bâtard d'Orléans, rentrèrent dans Paris le vendredi 13 avril 1436.

recouvrey et mis en la subjecion de son souverain seigneur.

En cel an, Jehan de la Roche et monseigneur de Loheac et monseigneur de Bueil vindrent a Grantville et l'emparérent [1], mès trestost se partirent honteusement.

En celuy an, viron la Saint Jehan, monseigneur le Daulphin espousa la fille du roy d'Escoce [2].

En cel an, le premier lundy de jullet, fut la grande gresille qui destruit tout la ou elle chaït, qui estoit grosse, telle y avoit, comme ung [euf] de geline.

L'an mil iiii^{c}xxxvii, viron la Saint Martin d'yver, le roy se mist sus et print Montreul ou fault Yonne [3]. Et tantost après Montargis [4] fut recouvert et achaté par ar-

1. Jean de la Roche, André de Lohéac et Jean de Beuil occupèrent Granville (Manche, arr. Avranches) et s'y fortifièrent au commencement du mois de mai 1436. Le 26 mai de cette année, Hue Spencer, écuyer, bailli de Cotentin pour le roi d'Angleterre, qui résidait au château de Régnéville (Manche, arr. Coutances, c. Montmartin-sur-Mer), fit payer 37 sous 6 deniers à Martin Doublet, messager, pour être allé le 12 mai de Coutances à Caen porter à sir John Ffastolf des lettres closes de Richard Harrington, chevalier, bailli de Caen, et du lieutenant de Coutances « contenant qu'ilz avoient eu nouvelles par le lieutenant et vicomte d'Avranches que celui qui se dit duc d'Alençon, Charles d'Anjou et le comte de Pardiac, ennemis du roy nostre sire, se devoient joindre avec *les sires de Loheac, la Roche, de Bueil et autres adversaires, qui estoient venus a Granville, aveques autres nouvelles d'iceulx ennemis estans au dit Granville, lesquelz faisoient fortifficacions entour leur logis.* » Voyez, à cette date, nos *Pièces diverses*.

2. Le mariage de Louis Dauphin, depuis Louis XI, et de Marguerite d'Écosse eut lieu à Tours, dans la cathédrale de Saint-Gacien, le 25 juin 1436.

3. Assiégé par Charles VII en personne, le château de Montereau-faut-Yonne se rendit le 22 octobre 1437. Le 12 novembre suivant, le roi de France, absent de Paris depuis dix-neuf ans, fit son entrée solennelle dans la capitale de son royaume.

4. Montargis se rendit par composition au commencement de 1438.

gent de François l'Arragonnais [1], nepveu de Perrinet Grasset.

En cel an, le dit Grasset, qui avoit fait plus de grief au roy et a son party que Bourgoignon qui fust en monde et tenoit la Cheritey sur Laire [2] et plusieurs aultres forteresses, fist son acort au roy et tantost après mourut.

L'an xxxviii, le jour Saint George [3] après Pasques, fist le grant vent qui ardit tout par ou il passa.

En cel an, le derrain jour de juillet [4], les Anglois prindrent a Ardevon viron cent des gens a pié de ceste place. En celuy an, fut le bel aoust.

En celuy an, viron Noel, Dreux et Chevreuse furent mis en l'obeissance du roy par le capitaine de Dreux et se tourna françois.

L'an mil xxxix, viron le moys de juillet, les Grecs, les Armeniens et les Russiens se reduyrent a nostre foy, qui avoient tenu moult de opinions contre l'eglise romaine.

En cel an mesme, ceulx du concille de Basle procedérent contre le pape Eugene jucquez a le desposer [5] et esleurent en pappe le duc de Savoie, [6] mès le roy de France tint tousours la partie Eugene.

En cel an, viron la grant Saint Michiel, Jehan de la Roche vint emparer Pontourson, et monseigneur

---

1. François de Surrienne, dit l'Aragonais, oncle de Rodrigue Borgia qui devint pape en 1492 sous le nom d'Alexandre VI, marié à Étiennette de Grèseville, nièce et pupille de Perrinet Grasset.
2. La Charité-sur-Loire, Nièvre, arr. Cosne.
3. 23 avril 1438.
4. Les Anglais d'Avranches et de Tombelaine remportèrent cet avantage à Ardevon le jeudi 31 juillet 1438.
5. Les évêques réunis à Bâle déposèrent Eugène IV le 22 juin 1439, le jour même où ce pape signait le décret d'union des Églises latine et grecque.
6. Amédée VIII, duc de Savoie, élu pape à Bâle le 5 novembre 1439, fut couronné le 24 juillet 1440, prit le nom de Félix V et fut reconnu seulement par quelques États secondaires de l'Allemagne.

du Bueul, Saint Jame de Bevron; et moult tost après monseigneur le connestable et monseigneur d'Alenczon vindrent après. Et tous ensemble mistrent le siege devant Avrenches le jour Saint André [1]. Et firent les François une grande destrousse sur les Anglois la ou fut prins Bertin et plusieurs aultres. Toute fois, toute la compaignie se partit de devant Avrenches, et ne fut point prinse, et lessérent les bonbardes et aultres canons de ceste place et desemparérent Pontourson et Saint Jame. [2] Et incontinent après, le sire de Scales fortifia Gavrey [3] et Grantville [4] ou Jehan de la Roche se cuydoit logier.

1. 30 novembre 1439. Le siége, mis devant Avranches à cette date par Arthur, comte de Richemont, connétable de France, Jean II, duc d'Alençon, Jean de Beuil et Jean de la Roche, à la tête d'environ six mille hommes, était déjà levé le 27 décembre suivant. Charles VII, qui se trouvait alors à Angers, témoigna un vif mécontentement de cet insuccès aux principaux chefs de l'expédition. Il l'attribua en partie à la « coquinaille », femmes, pages, varlets, bonne seulement à détruire le peuple, que les combattants avaient, selon l'usage, traînée après eux, et il ordonna de réduire désormais chaque cavalier à trois chevaux par lance et les archers à trois chevaux pour deux archers. G. Gruel dans Petitot, VIII, 512 et 513.

2. Ce passage de notre chronique est heureusement complété par le fragment suivant de la chronique n° 4316 du fonds Joursanvault, conservée depuis 1839 au *British Museum* : « Et après ces choses faites, monseigneur de Bueil, lieutenant du duc d'Alenchon, qui avoit emparé la ville de Saint Jame de Bevron, la desempara et fist bouter le feu dedens et se retrait lui et ses gens a la ville et au chasteau de Sainte Suzenne que, pendant le temps qu'il avoit esté au dit lieu de Saint Jame, il avoit gaingnyé par le moyen d'aucuns Englès qui lui vindrent et mistrent ses gens dedens. » (*Bibl. de l'École des Chartes*, VIII, 112, art. de M. Vallet de Viriville). En juillet 1440, Guichard de Vallée était capitaine de la garnison française de Sainte-Suzanne, à la tête de trente-cinq lances. (*Arch. Nat.*, JJ 176, n° 32.)

3. Gavray, Manche, arr. Coutances. Cette forteresse, qui avait été en partie démolie par l'ordre de Charles V en 1378, commandait le cours de la Sienne et la route de Coutances à Avranches.

4. Ce qu'on appelle à Granville le Roc n'avait pas été jusqu'alors un centre de population, et l'on n'y avait encore élevé aucunes

En l'an mil iiii^{c}xl, eu moys d'aoust, les Anglois mistrent le siege a Harfleu, et en la fin leur fut rendu. Et tantost après, les François reparérent Louviers et Conches.

En cel an, viron Noel, monseigneur d'Orleens fut delivré, qui avoit esté prins [a] Agincourt, a la mauvaise journée.

L'an xli, eu moys de may, le roy vint a Creel [1] et le print. Et de la vint a Pontaise qu'il print d'assault[2], et y out moult grant nombre d'Anglois mors, et prins plus de mil. En yceluy an, Evreux fut prins d'eschelle [3].

---

constructions privées. On y avait bâti seulement une église sous l'invocation de Notre-Dame, et cette église était, de vieille date, le but de l'un des pèlerinages les plus vénérés de la basse Normandie et les plus fréquentés, surtout par les marins de ces parages. En 1439, les Anglais, comprenant la parti qu'il y avait à tirer, pour compléter au nord le blocus du Mont-Saint-Michel, de ce promontoire escarpé, y créèrent un centre de population et y élevèrent des fortifications (*Arch. Nat.*, sect. hist., jj 177, n°s 164 et 165).

1. Creil (Oise, arr. Senlis) était au pouvoir des Anglais depuis le 20 juin 1434, jour où Georges, bâtard de Senneterre (auj. la Ferté-Senneterre, Loiret, arr. Orléans), capitaine de cette forteresse pour Charles VII, l'avait rendue par composition à Jean, sire de Talbot, de Furnival et de Walford, lieutenant de Henri VI et son capitaine général en l'Ile-de-France (*Arch. Nat.*, jj 175, n° 313). Creil fut repris par les Français, après sept ans et quatre jours d'occupation, le 24 juin 1441.

2. Pontoise, investi du 3 au 6 juin 1441, fut pris par Charles VII en personne, à la suite d'un assaut général, le vendredi 29 septembre suivant, le jour de la fête de saint Michel. Charles VII, comme pour témoigner sa reconnaissance à ce saint à la protection duquel il se croyait redevable de son succès, par lettres datées de Paris le 17 octobre 1441, prit alors sous sa protection spéciale l'église, l'abbaye, la forteresse et la ville du Mont qu'il investit de toutes les prérogatives de la sauve-garde royale accompagnée de garde-gardienne.

3. Évreux fut repris aux Anglais le 15 septembre 1441 par Pierre de Brézé, seigneur de la Varenne, sénéchal du Poitou, Jean de Brézé, frère de Pierre, et Robert de Floques, dit Floquet (jj 176, n° 383). Floquet fut nommé en récompense bailli et capitaine de

L'an mil iiii^cxlii, le roy alla a la journée de Tartas [1] qui estoit a rendre aux Anglois, ou les combatre a la vigille Saint Jehan Baptiste. Et avoit bien en la compaignée du roy et de monseigneur le Daulphin iii^m lances de vi a vii^m archiers et de iii a iiii mille arbalestriers et moult d'aultres la ou les Anglois ne vindrent point, et par tant delivra la ville et les ostages. Et de la vint a Saint Sever, qui est le cap de Gascoigne, qu'il print d'assault. Et deux jours après vint mettre le siege devant Ax [2], une moult forte cité, et la se vint rendre au roy moult de grans seigneurs.

Le jeudy i^{me} jour d'aoust, le roy fist donner l'asault au boulevert de la cité, et y estoit monseigneur le Daulphin en personne. Et fut prins le dit boullevert et le premier portal de la ville. Et après fut prinse la ditte cité et moult d'aultres citez, villez et forteressez [3]. Après s'en

la ville ainsi reconquise, et Pierre de Brézé reçut en don les châteaux de Nogent-le-Roi, d'Anet, de Breval et de Montchauvet (JJ 177, n° 94). Poton, seigneur de Sainterailles (auj. Xaintrailles, Lot-et-Garonne, arr. Nérac, c. Lavardac), bailli du Berry, premier écuyer de corps et maître de l'écurie du roi, qui avait participé à la prise d'Évreux, faillit tout compromettre et provoqua une insurrection des habitants de cette ville par ses excès et ceux des *écorcheurs* placés sous ses ordres. Par acte daté de Saumur le 23 décembre 1441, Charles VII fit grâce à un certain Jean Charretier que Poton avait institué « butinier du butin après la prinse de la ville d'Evreux » JJ 176, n° 390.

1. Landes, arr. Mont-de-Marsan, c. Saint-Sever. Tartas, qui s'était rendu par capitulation aux Anglais à la fin de 1441, après six mois de siége, devait, en vertu de cette capitulation, rester entre les mains des assiégeants après le 20 juin 1442, si, dans cet intervalle, Charles VII n'arrivait pas au secours de la place assiégée avec des forces supérieures. Au jour dit, Charles VII parut devant Tartas avec 1600 combattants et recouvra ainsi cette ville (JJ 179, n° 15).

2. Auj. Dax, Landes.

3. Cette campagne se termina par le siége de la Réole qui se rendit le 8 décembre 1442.

retourna pardesa Et envoia monseigneur le Daulphin a Dieppe que les Anglois avoient assiegé et mis deux mervoilleusez bastilles garnies de canons, de trait et des meilleurs gens Tallebot, que mon dit seigneur print d'assault [1].

En cel an XLII, le jeudi VIIIe de novembre, fut prins Grantville sur les gens du sire de Scalles, d'eschelle [2].

1. Le 15 août 1443, Louis Dauphin força Talbot à lever le siége mis par le capitaine anglais devant Dieppe dès le mois de novembre 1442 (JJ 176, n°s 247, 314). Sur les exploits des marins de Dieppe, voyez aux Archives Nationales le registre coté X 4800 f° 235 et 236.

2. Le jeudi 8 novembre 1442, les Français, sous les ordres de Geoffroi de Couvran et d'Olivier de Bron ou de Broons, envoyés par le connétable Arthur de Richemont, reprirent aux Anglais, non-seulement le vieux Granville, représenté à peu près aujourd'hui par la ville basse, mais encore la ville haute ou le Roc que l'ennemi avait occupé et fortifié, comme nous l'avons dit plus haut, en 1439 (JJ 177, n°s 164 et 165). Vers le 25 décembre 1442, le roi d'Angleterre manda à Andrieu Ogard, chevalier, et à Simon Morhier, l'un de ses trésoriers, de se transporter, en compagnie de l'évêque de Bayeux (le fameux Pierre Cauchon que Henri VI opposait à Zenon de Castiglione), son conseiller, et de Gui de la Vilette, son général conseiller sur le fait des aides, « vers les marches du lieu de Grantville, de present detenu et ocupé par noz ennemis et adversaires, pour illec communiquer avecques nostre amé et feal conseillier et seneschal de Normandie, le sire de Scalles, et autres capitaines estans en sa compaignie, sur le fait de la resistence et deboutement de noz diz ennemis et recouvrement de la place d'icellui lieu de Grantville. » Arch. Nat., K 67, n° 21 ^{5}. — Thomas, sire de Scales, sénéchal de Normandie pour Henri VI, servit du 15 août au 29 novembre 1443 en la frontière de Granville à la tête de cinquante-une lances à cheval et de trois cent dix-huit archers (K 67, n° 218). Une flottille fut armée à Jersey et à Guernesey, dès le mois de janvier 1443, pour bloquer Granville du côté de la mer (Mém. de la Soc. d'archéologie d'Avranches, IV, 248). Cette levée de boucliers n'aboutit à aucun résultat, et Granville resta français. En 1446, Jean de Lorraine, que Charles VII qualifie son « amé cousin », était capitaine de la garnison. Au mois de mars de cette année, le roi de France exempta des aides pour la guerre quiconque viendrait demeurer en la place de Granville JJ 177.

L'an mil IIII^cXLIII, le duc de Sumarcet[1] descendit es Hogues o grosse compaignée et alla, en faisant moult de maulx, jusquez à la Guierche[2] qu'il print et puys s'en retourna en Normendie.

En cel an, monseigneur le Daulphin alla en Guyenne et print la conté d'Armignac[3].

En l'an mil IIII^cXLIIII, les trévez furent prinsez entre les deux princes de France et d'Angleterre[4]

En iceluy an, monseigneur l'abbé Robert du Mont trespassa a Rouen le xviie jour de jullet[5], qui donna moult de beaulx ornemens et calicez et aultres chosses au dit lieu du Mont.

En l'an mil IIIIx^cLVII, la raine de France[6] vint au Mont en pelerinage le xxe jour de juing.

L'an[7] mil IIII^cXLVIII, le lundy au matin vigille de la

n° 164), et il y fonda deux foires et un marché le samedi de chaque semaine (JJ 177, n° 165).

1. Au commencement d'août 1443, Jean de Beaufort, duc de Somerset, capitaine d'Avranches et de Tombelaine, descendit à Cherbourg à la tête d'un corps d'armée (*Arch. Nat.*, K 68, n° 19).

2. Auj. la Guerche-de-Bretagne, Ille-et-Vilaine, arr. Vitré. Dans le cours de cette chevauchée, qui eut lieu au commencement de décembre 1443, le duc de Somerset mit à composition Beaumont-le-Vicomte (Sarthe, arr. Mamers). *Arch. Nat.*, K 67, n° 21⁶.

3. Louis Dauphin fit la guerre à Jean IV, comte d'Armagnac, et occupa, au nom du roi son père, toutes les places du Commingeois, du Rouergue et de l'Armagnac, en mars et avril 1444.

4. Ce traité de trèves fut signé à Tours le 20 mai 1444.

5. Robert Jolivet, né à Montpinchon (Manche, arr. Coutances, c. Cerisy-la-Salle), qui avait succédé le 18 juin 1411 à Pierre le Roy comme abbé du Mont-Saint-Michel, mourut à Rouen le 17 juin 1444 et fut enterré dans l'église paroissiale de Saint-Michel de cette ville (*Gall. Christ.*, XI, 528).

6. La reine Marie d'Anjou, femme de Charles VII, vint en pèlerinage au Mont-Saint-Michel et y fit ses dévotions, du lundi 19 au 25 juin 1447, en compagnie de la princesse Éléonore d'Écosse et de plusieurs ducs et duchesses.

7. Ici commence l'extrait de la chronique du Mont-Saint-Michel

Nostre Dame marcesque [1], vint nommé sire Françoys l'Arragonnois tenant le party des Anglois, en sa compaignie bien quatre ou cinq cens Anglois, conprins ce que encore duroient les tréves d'entre le roy nostre sire et le roy d'Angleterre, esquelles estoient comprins le duc de Bretaigne et le duc de Bourgoigne : iceulx Angloys prindrent d'eschelle sur le duc de Bretaigne la ville de Foulgierez, pourquoy les dittes tréves furent rompues. Et dedens six sepmaines après, Floquet, capitaine françoys, print sur les diz Anglois le Pont de l'Arche [2]; item, bientost après Conches [3], parquoy les Anglois s'esbahyrent, pour ce que ilz cuidoient que les François eussent prins le Pont de l'Arche pour faire rendre la ville de Foulgieres. Et en cel temps, le roy envoia par tout son royaulme faire savoir aux garnisons que certaine partie se rendist a Louviers et Evreux qui pour lors et au devant des dittes tréves estoient franchoises; l'autre partie se rendist es marches de Bretaigne, connestable et aultres plusieurs du party du roy, qui furent illecques de-

que notre savant maître, M. Léopold Delisle, a publié dans son *Histoire du château et des sires de Saint-Sauveur-le-Vicomte*, Valognes, 1867, in-8, p. 268.

1. La Notre-Dame marcesque ou en mars, c'est l'Annonciation. La prise de Fougères par François de Surienne, dit l'Aragonais, eut lieu en effet le lundi 24 mars 1449 (n. st.), veille de l'Annonciation. Dom Morice, *Preuves de l'histoire de Bretagne*, II, 1475.

2. Du 7 au 22 avril 1449, Floquet, bailli d'Évreux et l'un des conservateurs des trèves, aidé de Jacques de Clermont, fit une tentative contre la ville de Mantes occupée par les Anglais (Dom Morice, *Preuves*, II, 1475); et le 16 mai suivant, il s'empara par surprise de Pont-de-l'Arche où lord William Falconbridge, l'un des plénipotentiaires du roi d'Angleterre, fut fait prisonnier *(Ibid.,* 1477).

3. Conches-en-Ouche, Eure, arr. Évreux. Avant le 28 juin 1449, Conches et Gerberoy (Oise, arr. Beauvais, c. Songeons) tombèrent au pouvoir des Français *(Ibid.,* 1477 et 1478).

puys la prinse de Foulgieres [1] jucquez à l'entrée du duc en Normendie. Et entretant furent prins les chasteaulx de Saint Jame de Bevron [2] et de Mortaing qui avoient esté reparez par les Anglois durant les tréves.

Item, pendant le temps du siege de Foulgieres, furent prins les chasteaux de Condé sur Noireau [3] et de Thury [4], partie d'emblée et partie de force, par les gens des garnisons de Mortaing et de Thorigney [5].

1. François, duc de Bretagne, et le connétable Arthur de Richemont, entrèrent en campagne pour reprendre Fougères (*Arch. Nat.*, JJ 179, n°˙ 327 et 354) en avril et mai 1449. Dès le 3 mai, ils avaient mis le siège devant Avranches où ils firent donner toute l'artillerie de Bretagne (Dom Morice, *Preuves*, II, 1445 et 1446). Cette ville n'était défendue que par une garnison de cent soixante à deux cents Anglais, et le 12 de ce mois, François, duc de Bretagne, donna à Pierre de la Marzelière, chevalier, son chambellan, la maison sise ès faubourgs d'Avranches, qui avait appartenu à « Jehan Lampet, lors capitaine d'ilecq. » *Ibid.*, 1520 et 1521.

2. Auj. Saint-James, Manche, arr. Avranches. Les travaux de fortification, exécutés par les Anglais à Saint-James et à Mortain depuis la trève conclue à Tours le 20 mai 1444, avaient été considérés par le Conseil du roi de France comme une violation de cette trève; et le 20 juin 1449 à la conférence de Saint-Ouen, Guillaume Cousinot s'en plaignit au nom de Charles VII (*Ibid.*, 1464 et 1465). Les négociations entre les ambassadeurs français et anglais furent rompues à l'abbaye de Bonport le 4 juillet (*Ibid.*, 1506 à 1508), et les Français surprirent Verneuil le 19 de ce mois. D'un autre côté, un traité d'alliance offensive et défensive entre François, duc de Bretagne, et Charles VII avait été signé à Rennes dès le 17 juin précédent (*Ibid.*, 1451 à 1454) et confirmé par le roi de France aux Roches-Tranchelion en Touraine (rendez-vous de chasse dans la forêt de Crissay) le 27 du même mois (*Ibid.*, 1510). Les Bretons, comme nous l'avons vu, étaient déjà entrés en campagne par le siège de Fougères et d'Avranches. Ils s'emparèrent de Saint-James, du 12 au 18 août 1449.

3. Calvados, arr. Vire.

4. Thury-Harcourt, Calvados, arr. Falaise.

5. Torigni ou Torigni-sur-Vire, Manche, arr. Saint-Lô

L'an mil iiii^cxlix, le sabmedy vi^e jour de septembre, Franchois, duc de Bretaingne [1], vint au Mont Saint Michiel a heure de vespres avecques grant compaignée de seigneurs, nobles et aultres gens d'armes comme Artur, connestable de France, le conte de Laval, le seigneur de Loheac [2], mareschal de France, son frére Jacques, monseigneur frére du conte de Saint [3] Pol. Louys, sire d'Estouteville, capitaine du Mont Saint Michiel, pour lors y estoit. Item, avecques estoient plusieurs barons de Bretaigne, comme de Malestroit, de la Hynaudoie, de Quintin, de Thorigny, le sire de Bousac et plusieurs aultres chevaliers et escuyers, laquelle compaignée loga entre les riviéres [4]. Lequel duc et compaignée se partirent le lundi [5] matin a vi heures et allérent logier a Grantville et environ, et avecques luy, le dit sire d'Estouteville et de Briquebec son fils segond [6], et laissa son fils ainsné, monseigneur de Moyon [7], son lieutenant au

---

1. Par acte daté de Dinan, le 4 septembre 1449, François II, duc de Bretagne, avait institué son frère, Pierre de Bretagne, lieutenant général dans le duché pendant son absence (Dom Morice, *Preuves*, II, 1514).

2. André de Laval, seigneur de Lohéac et de Rais, fait chevalier à l'âge de douze ou, selon une autre version, de seize ans au combat de la Brossinière le 26 septembre 1423 et créé maréchal de France en 1439, en remplacement de Pierre de Rieux, seigneur de Rochefort.

3. Jacques de Luxembourg. Louis de Luxembourg, comte de Saint-Paul, frère aîné de Jacques, opérait alors dans la haute Normandie à la tête d'un corps d'armée.

4. Par ce mot *les rivières*, il faut entendre les trois rivières principales : la Sélune, la Sée et le Couesnon, qui viennent se jeter dans la baie du Mont-Saint-Michel.

5. Lundi 8 septembre 1449.

6. Jean d'Estouteville, sire de Bricquebec (Manche, arr. Valognes), second fils de Louis, sire d'Estouteville, et de Jeanne Paynel.

7. Michel d'Estouteville, sire de Moyon (Manche, arr. Saint-Lô, c. Tessy), fils aîné de Louis, sire d'Estouteville, et de Jeanne Pay-

dit Mont. Et le dimenche devant [1] fut chargie et envoyée par la mer la bonbarde et plusieurs aultres canons et artillerie du Mont a descendre au dit Grantville, pour porter devant Coustances que tenoient les Anglois ou arriva la compaignée le mercredy x^e jour du dit moys. Et le vendredy ensuivant [2] fut rendue au roy de France Charles en la main des diz seigneurs. Et adoncques les diz seigneurs, le dit jour, mirent ung capitaine en la ditte ville et allérent devant Saint Lo. Et en iceluy jour s'en-

---

nel. On ne connaît ni la date précise du mariage de Louis d'Estouteville et de Jeanne Paynel, ni celle de la naissance de leur fils aîné, mais ces deux faits doivent être postérieurs au 26 octobre 1425, jour où Nicole Paynel, père de Jeanne Paynel, lieutenant du bâtard d'Orléans dans la capitainerie du Mont, fut invité par le roi Charles VII à remettre ses pouvoirs à son futur gendre institué capitaine en remplacement dudit bâtard. Le mariage de Louis d'Estouteville avec l'unique héritière de toutes les branches des Paynel, semble avoir eu lieu antérieurement au 17 novembre de cette même année 1425, puisque dans un acte, en date de ce jour, le nouveau capitaine du Mont prend pour la première fois le titre de *sire de Moyon*. (Voyez le n° LIX de nos *Pièces diverses*.)

1. Le dimanche 7 septembre 1449.
2. Vendredi 12 septembre 1449. Cette date est parfaitement exacte. La grosse bombarde dont le chroniqueur vient de parler fut dressée dans le jardin des Jacobins, et aussitôt les habitants, qui étaient restés toujours français de cœur aussi bien que tout le pays d'alentour (témoin ce pauvre « cousturier » ou tailleur d'habits de Notre-Dame-de-Cenilly qui déclarait, en 1432, aux gardiens de la porte de Coutances, où il était allé un lundi au marché, que, quoiqu'il eût été fait prisonnier deux fois par les Armagnacs, il les aimait mieux que les Anglais et le roi Charles plus que Henri d'Angleterre (voyez le n° XCIV de nos *Pièces diverses*); et aussitôt, disons-nous, les habitants déclarèrent qu'ils voulaient ouvrir leurs portes aux assiégeants. Le traité de capitulation, daté du 12 septembre 1449, a été publié par M. Léopold Quenault (*Recherches sur la ville de Coutances*, 2e édit., p. 20 à 23). Jean de Castiglione, évêque de Coutances depuis le 1er septembre 1444, prêta serment de fidélité à Charles VII le 3 novembre 1449 *Gall. Christ.*, XI, 892.

fuirent les Anglois du chasteau de Chantelou [1], ouquel, après ce, le dit sire d'Estouteville envoia gens pour le garder.

Après ce que le dit vendredy fut partie l'avantgarde pour aller devant Saint Lo ou estoit dedens sire Bertin [2] Antoesil, chevalier anglois, lors bailly de Costentin, la ditte ville se rendit le lundi ensuyvant [3], et avecques ce le chasteau de la Motte [4] l'Evesque. Adoncques se departit l'ost dont les uns allèrent devant Thorigney [5], devant Hambuye [6], devant [la Haie] du Puys [7], devant Pi-

1. Manche, arr. Coutances, c. Bréhal. Le fief de Chanteloup appartenait à Louis, sire d'Estouteville, du chef de sa femme Jeanne Paynel, dont le père, Nicole Paynel, en était seigneur. Quant aux seigneuries beaucoup plus importantes de Hambye, de Bricquebec et de Moyon, Nicole Paynel ne les avait recueillies par héritage qu'après la mort de ses deux frères aînés, Guillaume VII du nom, et Fouques Paynel IV du nom. Grâce à cette extinction des autres branches des Paynel, la fille unique de Nicole, déjà dame de Gacé (Orne, arr. Argentan) et d'Appilly (château situé en Saint-Senier-sous-Avranches, Manche, arr. et c. Avranches) du chef de sa mère, Jeanne de Champagne, Jeanne Paynel, disons-nous, était devenue la plus riche héritière de basse Normandie.

2. Ce Bertin avait succédé à Hue Spencer, qui était encore bailli du Cotentin pour le roi d'Angleterre à la fin de 1448.

3. Lundi 15 septembre 1449. Cette date est confirmée par un acte, daté *de Saint Lo le 16 septembre 1449*, en vertu duquel François Ier, duc de Bretagne, reconnaît avoir retenu Pierre de la Marzelière avec quinze lances et vingt archers (Dom Morice, *Preuves*, II, 1514).

4. Château de la commune de Saint-Ébremond-de-Bon-Fossé (Manche, arr. Saint-Lô, c. Canisy). Cette Motte était une maison de campagne des évêques de Coutances, et remontait probablement à l'évêque saint Laud qui a donné son nom au chef-lieu du département.

5. Torigni-sur-Vire, Manche, arr. Saint-Lô.

6. Hambye, Manche, arr. Coutances, c. Gavray.

7. La Haye-du-Puits, Manche, arr. Coutances. On lit dans le ms. : *l'abbaye* du Puits. Le château de la Haye-du-Puits et probablement aussi celui de Laulne et la bastille de Beuzeville se rendirent à Odet d'Aydie et à Robin Malortie, écuyer, de la suite de

rou [1], devant Coulonbiéres [2] et devant Regnieville, qui furent toulx rendus devant le vendredy ensuivant, sauf Regnieville qui fut rendue le vendredy [3] ensuivant.

Lors se rasemblèrent a Saint Lo en conseil, et le vendredy xxvime jour de septembre allérent devant Carenten. Et le jeudy precedant [4] prindrent certains capitaines et compaignons du Bois le chasteau du Hommet [5]. Et après ce que le dit siege fut devant Carenten, n'y furent que

---

Pierre de Brézé (*Arch. Nat.*, JJ 179, n° 273; Blondel, p. 97; J. Chartier, II, 125; Mathieu d'Escouchy, I, 202).

1. Manche, arr. Coutances, c. Lessay. Par acte daté de Montils-lez-Tours le 16 mars 1451 (n. st.), Charles VII confia à Louis, sire d'Estouteville, la garde du château de Pirou, pris sur les Anglais, jusqu'à l'issue du procès pendant entre le sire du Hommet, d'une part, et Thomas Dubois, chevalier, au sujet de la propriété du dit château (*Arch. Nat.*, K 68, n° 47.

2. Calvados, arr. Bayeux, c. Trévières.

3. Le vendredi 19 septembre 1449. Après la prise de Coutances et de Saint-Lô, André de Laval, sire de Lohéac et de Rais, maréchal de France, à la tête de sa compagnie renforcée d'un certain nombre de bourgeois de Coutances, alla mettre le siège devant le château de Régnéville qui, de 1436 à 1448, avait été la résidence habituelle de Hue Spencer, bailli du Cotentin pour Henri VI, sans doute à cause du petit port placé là à l'embouchure de la Sienne, par où ce fonctionnaire pouvait se tenir en communication facile et constante avec les îles anglaises de Jersey et de Guernesey. Régnéville capitula le 19 septembre, quatre jours après Saint-Lô et sept jours après Coutances. Quatre mois environ après la reddition de cette place, le 24 janvier 1450, Charles VII récompensa André de Laval en le nommant capitaine et gardien du château de Régnéville (Anselme, *Hist. généal.*, VII, 72).

4. Le jeudi 25 septembre 1449.

5. Auj. le Hommet-d'Arthenay, Manche, arr. Saint-Lô, c. Saint-Jean-de-Daye. Le château du Hommet ne fut pas pris par des troupes régulières, mais par des paysans révoltés qui s'étaient réfugiés de vieille date dans le bois des Landes, sur les bords de la Lôque, dans le bois du Hommet, sur la rive droite de la Therette, et dans la forêt de Neuilly, sur la rive droite de l'Elle et de la Vire, d'où ils inquiétaient les garnisons anglaises du Hommet, de Saint Lô et de Carentan.

jucquez au mardy ensuivant [1], ouquel jour se rendirent, ou estoient six ou sept vins Anglois qui s'en allérent chascun ung baston peley de seut [2] en leur main. Les Pons d'Ouve [3] ydonc furent prins d'assault, le chasteau de Nully [4] par composicion et aussy Lausne [5]. Après lequel jour entra partie dudit ost ou clos Costentin, et dès au devant y avoient esté plus de iii mille hommes.

Et lors s'en retourna le duc, le connestable, le sire d'Estouteville et aultres plusieurs a Coustances ou furent jucquez au lundy ensuivant [6]. Et entretant les gens d'armes, qui estoient eu dit clos de Costentin, prindrent par composicion la ville de Valongnes [7]. Et lors furent mandez hastivement pour venir a Gavrey ou mistrent le siege

---

1. Le mardi 30 septembre 1449. Le 2 octobre, c'est-à-dire le surlendemain de la reddition de Carentan, Arthur, comte de Richemont, seigneur de Parthenay, connétable de France, était encore dans cette forteresse d'où il a daté un traité de capitulation accordé aux habitants de Neuilly-l'Évêque (*Arch. Nat.*, JJ 185, n° 64. Par acte daté de Rouen en novembre 1449, Charles VII accorda aux bourgeois de Carentan la restitution de tous les biens dont ils jouissaient avant leur soumission, nonobstant tous dons qui auraient pu en être faits à d'autres (*Ordonn.*, XIV, 74).

2. Ce mot est encore usité aujourd'hui dans le patois normand, pour désigner le sureau.

3. Les Ponts-d'Ouve sont aujourd'hui un hameau de Saint-Côme-du-Mont, Manche, arr. Saint-Lô, c. Carentan.

4. Auj. Neuilly, Calvados, arr. Bayeux, c. Isigny. On disait ordinairement, au moyen âge, Neuilly l'Évêque, parce que cette seigneurie appartenait aux évêques de Bayeux. On a vu plus haut que le traité de capitulation accordé par Richemont aux habitants de Neuilly est daté de Carentan le 2 octobre 1449. La prise de Neuilly a été mentionnée par Thomas Basin dans un passage où le très-savant éditeur de la chronique de l'évêque de Lisieux a lu « Milleyum, castrum episcopi Bajocensis », au lieu de « Nulleyum » qui est la bonne leçon. Thomas Basin, éd. Jules Quicherat, I, 222.

5. Laulne, Manche, arr. Coutances, c. la Haye-du-Puits.

6. Lundi 6 octobre 1449.

7. Le traité de capitulation de Valognes est resté inconnu jusqu'à ce jour et, par conséquent, on ne connaît pas la date exacte de la

le dit lundy en la compaignie du dit connestable. Et ne partit point le duc de Coustances de cy atant que Gavrey fut prins par composicion le sabmedy ensuivant xime jour d'octobre [1].

Lors le lundy ensuivant partit le duc et toult [2] [son ost] pour aller devant Vire, et au soir arrivérent a Villedieu la ou furent toult l'endemain a tenir conseil pour nouvelles qui leur vindrent qu'ilz voussissent aller devant Foulgieres pour secourre le siege qu'avoit premier mis messire Pierres de Bretaigne [3], frére segond du dit duc, en la compagnie de plusieurs barons du pais, le dimenche vme jour d'octobre. Et yceluy mercredy [4], passa l'ost devant Avrenchez et vindrent logier entre les riviéres [5], et la signourie en ceste ville du Mont Saint Michiel. Après disner, partit le duc et le connestable, et allérent logier a Entraing [6].

reddition de cette ville aux Français, mais cette reddition eut lieu certainement peu après celle de Carentan, c'est-à-dire pendant la première quinzaine d'octobre 1449. Valognes se rendit sans doute à Abel Rouault, écuyer poitevin, frère du fameux Joachim Rouault. Il est certain du moins qu'Abel Rouault fut mis à la tête de la garnison française de cette forteresse.

1. Le siége de Gavray (Manche, arr. Coutances) avait duré, par conséquent, six jours. Le capitaine anglais, André Trolloppe, ne se rendit qu'après une résistance désespérée (Blondel, p. 102 à 107; J. Chartier, II, 126; Mathieu d'Escouchy, I, 203 et 204).

2. Nous n'avons pas besoin de faire remarquer combien cette orthographe est défectueuse, mais nous la conservons parce qu'elle trahit peut-être un nouveau scribe, sinon même un nouveau rédacteur de cette partie de la chronique conservée dans le ms. 5696.

3. Avant de s'éloigner de ses états, François Ier avait institué son second frère, Pierre de Bretagne, son lieutenant dans le duché pendant son absence.

4. Mercredi 15 octobre 1449.

5. Ces riviéres sont la Sée, la Selune et le Couesnon qui se jettent dans la baie du Mont-Saint-Michel. Le chroniqueur veut dire que le gros de l'armée vint camper près du confluent de ces riviéres, tandis que les chefs s'allèrent loger au Mont-Saint-Michel.

6. Antrain ou Antrain-sur-Couesnon, Ille-et-Vilaine, arr. Fougères.

Et monseigneur d'Estouteville partit le vendredy[1] après eulx a aller au dit lieu ou l'atendoient. Le dit jeudy[2], les gens d'armes arrivérent devant Foulgieres et y furent jucquez au jeudy[3] cinq^me jour de novembre, pendant lequel temps furent moult travaillez de guerre, de l'artielerie de dens et de grant mortalité d'espidemie, par quoy furent contraings de donner composicion aux Anglois qui s'en allérent avecques leurs chevaulx et hernois et ung petit paquet devant ou derriere d'eulx. Et dont après se departit l'ost, chascun a sa garnison et lieu jucquez a certain temps, pour eulx refreschir, eulx et leur hernois, qui estoit granment endommagé[4].

Item, après la prinse du Pont de l'Arche et de Conches, s'asemblérent bien viii^c Anglois a Ponteaudemer, pour frapper sur les François, et incontinent que les diz François le sceurent, eulx estans dedens le dit lieu de Ponteaudemer, et la que mors que prins furent bien vii^c, et la ville prinse d'assault, et eulx estans dedens. Ce fut le mardy devant la feste de Nostre Dame my aoust[5]. Des

---

1. Le vendredi 17 octobre 1449.
2. Le jeudi 16 octobre.
3. Il y a ici une erreur, sinon sur le quantième, au moins sur le jour de la semaine correspondant à ce quantième. En 1449, comme l'a déjà fait remarquer M. Léopold Delisle (*Hist. du château de Saint-Sauveur*, p. 271, note 5), le 5 novembre tomba un mercredi et non un jeudi.
4. Les assiégés n'avaient pas moins souffert que les assiégeants. Aussi, le duc François Ier exempta, par acte daté de Dinan le 12 décembre 1449, les habitants de Fougères du payement des tailles et subsides (Dom Morice, *Preuves*, II, 1515 et 1516).
5. Mardi 12 août 1449. Investi le 8 août par un corps d'armée placé sous les ordres de Jean, bâtard d'Orléans, et de Pierre de Brézé, sénéchal de Poitou, Pont-Audemer se rendit le 12 de ce mois. Par acte daté de cette ville le 21 août 1449, Jean, bâtard d'Orléans, comte de Dunois et de Longueville, grand chambellan de France et capitaine général sur le fait de la guerre, fit payer trente livres tournois à Jean Doucereau, secrétaire de Pierre de Brézé, qui avait préservé de la destruction les archives de Pont-

signeurs de France y estoient le conte de Saint Pol, le conte de Dunois, sire Pierres de Braisé, seneschal de Poitu, et Floquet avecques plusieurs aultres capitaines. Lors après ce allèrent devant Lisieux le vendredi ensuivant [1], et le dimenche [2] d'après l'evesque du dit lieu fist la conpossicion et se rendy aux François, et la estoit monseigneur de Brainville.

Item, le vendredi l'endemain du jour Saint Michiel d'octobre [3], les dis François entrérent dedens la ville de Rouen par conposicion, le roy estant a Sainte Katherine de Rouen [4] qui ung pou devant avoit esté prins. Eu chasteau de Rouen et palais lors estoient Emond, duc de Sommerchet, le sire de Tallebot et leurs femmes et enfans qui se rendirent par composicion. Le dit Sommerchet, pour soy en aller, rendit Chasteau Gaillart [5], Cau-

---

Audemer pendant le siége de cette place forte par les Français (*Arch. Nat.*, K 68, n° 35).

1. Le vendredi 15 août.

2. Le dimanche 17 août. Le traité de la capitulation de Lisieux, négocié par Thomas Basin, évêque de cette ville, est daté, non du dimanche 17 août, mais du samedi 16 août 1449 (Thomas Basin, *Chronique*, éd. de M. J. Quicherat, IV, 174).

3. La Saint-Michel d'octobre la « Saint-Michel du Péril » de la *Chanson de Roland*, selon la remarque judicieuse et neuve de M. Léon Gautier, fête particulière aux diocèses d'Avranches et de Coutances, est l'anniversaire de la première apparition de l'archange à saint Aubert qui aurait eu lieu le 16 octobre 708. La date donnée par notre chroniqueur correspond, par conséquent, au vendredi 17 octobre. C'est, en effet, la date du traité de capitulation conclu entre Charles VII et les bourgeois de Rouen; mais le premier contingent de troupes françaises n'entra dans cette ville que le 19 octobre 1449.

4. Charles VII ne quitta Pont-de-l'Arche et n'occupa avec de l'artillerie la hauteur de Sainte-Catherine que le 19 octobre.

5. Le Château-Gaillard (situé aux Andelys, Eure) ne fut point cédé en vertu d'une convention. Assiégé par Charles VII en personne le lundi 29 septembre 1449, ce château fut réduit à capituler par Pierre de Brézé le 23 novembre suivant.

debec, Arques, Tanquerville [1], Montivilier et quarante mille salus, et debvoit rendre Honnefleu [2]. Il s'en vint a Caen, sa femme et ses filles, et lessa en hostage le dit Tallebot, son propre et seul filz et le filz de sa femme [3].

Lors après mist le roy le siege a Herfleu a qui les Anglois dedens le nombre de xviii^c le rendirent, les feries de Noel [4] ensuivant, dont les ungs s'en allérent en Angleterre et les aultrez vindrent a Caen. Et a Honnefleu, depuys viron le viiime jour de janvier, le roy fist mettre le siege par Floquet qui eult charge de ii^c lances et avecques luy les frans archiers et aultres capitaines du nombre de cinq a vi^m hommes. Le roy adonc bailla a monseigneur le duc d'Alençon le signeur de Erval et Poton chargé de ii^c lances, pour aller mettre le siege a Fresnay [5], qui refurent mandez pour aller a Honnefleu ou estoient de vii a viii^c Anglois qui se rendirent le xvime jour de febvrier, après ce qu'il avoient esté bien xv jours en composicion.

Durant le siege de Harfleu, furent destroussez bien ii^c Anglois, et quarante de la garnison de Vire, qui venoient de courir de Mortaing. Ce fut fait par Jouachim Rouault [6], messire Geffray de Couvren [7] et Denisot.

1. Tancarville, Seine-Inférieure, arr. le Havre, c. Saint-Romain.
2. Honfleur, Calvados, arr. Pont-l'Évêque. Somerset promit, en outre, de rendre Lillebonne.
3. Le sire de Roos, fils d'un premier lit de la duchesse de Somerset. Le duc de Somerset quitta Rouen le 4 novembre et Charles VII fit son entrée solennelle dans cette ville le 10 novembre 1449.
4. Par féries de Noël, il faut entendre les jours de la semaine qui suit Noël. Assiégé le 8 décembre 1449 par Charles VII, Dunois, Pierre de Brézé et les frères Bureau, Harfleur se rendit dans les derniers jours de ce mois, puisqu'une lettre du roi, en date du 1er janvier 1450, informa l'archevêque de Rouen de la prise de cette place.
5. Fresnay-le-Vicomte, Sarthe, arr. Mamers.
6. Joachim Rouault avait servi sous Richemont dans l'expédition de basse Normandie et avait été placé à la tête de la garnison de Saint-Lô après la prise de cette ville.
7. Geoffroi de Couvran était capitaine de Coutances.

Après la prinse de Valongnez et de Carenten, il descendit en Costentin une armée d'Angleterre qui mistrent le siege a Valongnes et l'eurent par composicion [1]. Et de la, en cuydant aller a [Bayeux] et a Caen aux aultres Anglois, il furent chevauchés par monseigneur de Cleremont [2], ainsné filz de monseigneur de Bourbon, qui les tint tant que Artur de Bretaigne, connestable de France, fust venu. Et quant le dit connestable fut arrivé a Fourmygnye [3], les Anglois y furent desconfis, et y en mourut en champ trois mille vıı^cʟxxııı [4], et d'aultres

1. Débarqué à Cherbourg à la tête de deux à trois mille hommes vers la mi-mars 1450, Thomas Kyriel força Abel Rouault à lui rendre Valognes dès le 27 du même mois. Le 1er avril 1450, Abel Rouault et Arthur de Montauban, bailli du Cotentin, avaient appelé en toute hâte à leur secours François Ier, duc de Bretagne, Prégent de Coetivy, amiral de France, André de Lohéac, maréchal de France, enfin Arthur de Richemont, connétable de France, qui se trouvait alors à Messac (Ille-et-Vilaine, arr. Redon, c. Bain). Comme le mandat de payement délivré en faveur des deux messagers à cheval, envoyés en Bretagne par le bailli du Cotentin, est daté du 1er avril 1450 avant Pâques, « selon l'usage du diocèse de Coutances », et que l'usage dont il est ici question consistait dans la substitution de Noël à Pâques comme date du commencement de l'année, c'est par erreur que l'acte analysé dans les lignes qui précèdent a été rapporté au 1er avril 1451 (Jules Tardif, *Monuments historiques, cartons des rois*, p. 479, n° 2388).

2. Jean de Bourbon, comte de Clermont, marié par contrat du 23 décembre 1446 à Jeanne de France, l'aînée des filles de Charles VII et de Marie d'Anjou, avait été nommé, au commencement de 1450, lieutenant général en basse Normandie.

3. Formigny, Calvados, arr. Bayeux, c. Trévières. La bataille se livra devant ce village le mercredi 15 avril 1450.

4. Ce chiffre est emprunté à un bulletin officiel, rédigé sur le champ de bataille, dont M. Delisle a retrouvé et publié un fragment (*Hist. du château de Saint-Sauveur*, p. 273, note 2). Ce document se termine ainsi : « Somme qu'il y a des mortz ııı^mvıı^cʟxxııı, et des prisonniers de douze a quatorze cens, ainsi que l'om les a peu conter ». Quatre jours après la bataille de Formigny, par lettre datée de Saint-Lô le dimanche 19 avril, Prégent de Coëtivy,

plusieurs en la poursuyte. Et plusieurs furent prisonniers, et n'y mourut pas vi hommes des gens du roy de France.

En l'an mil iiii^c cinquante, viron le commencement de juing [1], le duc de Bretaigne, acompaigné des dessus nommez, vint devant Avrenches, et la furent bien xv jours et firent batre de grosses bonbardez. Et en la fin les Anglois s'en allérent par composicion le xiime jour de juing, chascun un baton en sa main.

Et auxi tost après, le xvie du dit moys, les Anglois de Tumbelaine lessérent la place au duc et ses dis gens, et en portérent leurs biens.

amiral de France, transmettait à son ami Pierre de Carné, seigneur de la Touche, la nouvelle de la victoire de Formigny. Pierre de Carné faisait partie du corps d'armée qui avait mis le siége devant Caen et se trouvait alors sous les murs de cette ville. Prégent ajoutait que, le lendemain lundi 20 avril, ils devaient quitter Saint-Lô pour aller mettre le siége devant Vire, et que Charles VII avait mandé par Floquet qu'il fallait envoyer Dunois avec 500 lances mettre le siége devant Avranches (Dom Morice, *Preuves*, II, 1521).

1. Il doit y avoir ici une erreur de date. La reddition d'Avranches au roi de France eut lieu, non en juin, mais au plus tard le 12 mai 1450 (*Ibid.*, 1520). C'est ainsi qu'il faut préciser la date du traité par lequel Charles VII, qui se trouvait alors à Argentan, accorda aux habitants d'Avranches, nouvellement soumis à son obéissance, la confirmation de leurs priviléges et la paisible jouissance de leurs biens et possessions (*Ordonn.*, XIV, 91). Cette reddition se fit certainement avant le 13 mai, date de la nomination de Louis, sire d'Estouteville, capitaine du Mont-Saint-Michel, comme capitaine et gouverneur d'Avranches (*Mém. de la Société d'archéologie d'Avranches*, IV, 238). Quant à François, duc de Bretagne, qui avait fait étrangler son frère Gilles de Bretagne le 25 avril de cette année, on sait qu'il arriva au Mont-Saint-Michel cinq semaines environ après cet attentat, le dimanche 31 mai, fête de la Trinité. Il y demeura huit jours pendant lesquels il fit dire des messes pour le repos de Gilles. C'est alors que, d'après une tradition populaire, un cordelier aurait ajourné le duc fratricide à comparaître devant Dieu au bout de quarante jours pour rendre raison du meurtre de son frère (Dom Huynes, *Hist. du Mont-Saint-Michel*, II, 52).

Et lorsque le dit siege d'Avrenchez estoit, fut mis par ces gens du roy le siege a Bayeux [1] et fut battu de bonbardez. Et s'en allérent les Anglois par composicion, chascun ung baton en sa main, comme ilz s'en estoient allez d'Avrenchez et de Carenten.

En celuy an, viron le commencement du dit moys de juing, les gens du roy vindrent devant Caen, et après le roy s'aproucha et vint au siege [2]. Et la estoit le gouvernant, et se rendirent au roy et s'en allérent avecques leurs biens le primier jour de juillet.

Après fut mis le siege a Faloise [3] et a Danfront [4], toult a une fais par les gens du roy, qui furent tost renduz.

Et de la toulx ensemble s'en allérent a Chierbourc [5] qui

---

1. Bayeux capitula le 16 et se rendit aux Français le 21 mai 1450. Par acte daté d'Argentan en mai 1450, Charles VII accorda aux habitants de Bayeux, nouvellement soumis à son obéissance, l'abolition de tous délits antérieurs et les rétablit dans tous les droits, franchises et priviléges dont ils jouissaient avant l'occupation anglaise (Ordonn., XIV, 93).

2. Charles VII, après avoir résidé à Argentan au moins jusqu'au 19 mai (Arch. Nat., K 68, n.° 41), puis à Alençon, à Essai et à Carentan, partit de cette dernière ville vers le 5 juin 1450, afin de diriger en personne le siége de Caen. Le roi était logé à l'abbaye d'Ardenne (en Saint-Germain-la-Blanche-Herbe, Calvados, arr. et c. Caen) le 25 juin (Ordonn., XV, 508). Par acte daté de Caen le 24 du même mois, Edmond de Beaufort, duc de Somerset, traitant pour le roi d'Angleterre, conclut avec Jean, comte de Dunois, traitant pour le roi de France, une convention relative à la reddition de Caen. En vertu de cette convention, le duc de Somerset devait évacuer la ville le 1ᵉʳ juillet, s'il n'était secouru auparavant (K 68, n.° 45). Charles VII fit son entrée solennelle dans la capitale de la basse Normandie le 6 juillet 1450.

3. Du 6 au 13 juillet 1450, Charles VII assiégea en personne Falaise qui capitula le 10 et se rendit le 20 du même mois.

4. Domfront, assiégé le 13 juillet, se rendit le 2 août 1450.

5. Arthur, comte de Richemont, connétable de France, avait fait des préparatifs pour mettre le siége devant Cherbourg dès la fin de juin 1450, car, par acte daté de Caen le 30 de ce mois, il donna ordre au vicomte d'Avranches d'assembler un certain nombre de

estoit toute la derraine place de Normendie a recouvrer,
qui fut tant batu que les Anglois le rendirent le xiime jour
du moys d'aoust l'an mil iiii^c cinquante [1]. Et ainxi fut
le pais delivré des Anglois qui par l'espace de xxxiii ans
l'avoient occupé, et fut toult recouvert par force. Car a
chascune ville faillit mettre siege, et les mettre en tel
neccessité que il lour convenoit se rendre ou mourir. Dieu
leur doint courage de jamès n'y revenir !

Après le conquest et recouvrement du pais de Normendie, ainxi fait par le roy Charles VIIe, roy de France,
il envoia son armée en Guyenne, qui estoit occupé des
Anglois passé avoit iii^c ans, qui par leur vaillance et
grande diligence, par sieges, assauls et batement de places recouvrèrent toult yceluy pais, tant que en l'an
mil iiii^{c}lii toute la duché fut recouverte et mise en
l'obeissance du roy de France [2]. Et fut la ville de
Baionne la derrainiere recouverte [3], ou il advint ung biau

charpentiers et de maçons pour les employer au siége de Cherbourg
occupé par les Anglais (K 68, n° 43). Jacques Cœur, en prêtant à
Charles VII 60,000 livres pour le recouvrement de Cherbourg
(*Bibl. Nat.*, cabinet des titres originaux, au mot Cœur), les frères
Gaspard et Jean Bureau, par l'emploi heureux et vraiment nouveau
qu'ils surent faire de l'artillerie, contribuèrent en première ligne
au succès de l'entreprise. Toutefois, un assaut, livré avant la fin de
juillet, coûta la vie à l'amiral Prégent de Coëtivy et au brave
Tugdual de Kermoisan, dit le Bourgeois.

1. Cette date est parfaitement exacte. Cherbourg se rendit et fut
évacué par les Anglais le mercredi 12 août 1450. On trouvera
parmi les *Pièces diverses* publiées par ordre chronologique à la
suite de la *Chronique du Mont-Saint-Michel*, l'acte de capitulation
conclu entre Arthur, comte de Richemont, et Jean de Bourbon,
comte de Clermont, d'une part, et Thomas Gower, écuyer, capitaine
de Cherbourg, de l'autre, lequel acte fut ratifié par Charles VII à
Écouché pendant la seconde quinzaine du mois d'août 1450 (*Arch.
Nat.*, JJ 185, n° 75).

2. Jean, comte de Dunois, fit son entrée solennelle à Bordeaux
le 29 juin 1451.

3. Assiégée le 6 août 1451, la ville de Bayonne se rendit par
traité à Jean, comte de Dunois, le 20 du même mois.

miracle. C'est assaver que, le jour que il se rendirent, une nue noire y vint entour l'eure de my jour, en laquelle avoit une grande croix blanche qui se tint sur la ditte ville par l'espace d'un grant quart d'eure, qui estoit signifiance que Dieu vouloit que yceluy pais fust rendu a celuy qui portoit la croix blanche, a qui il estoit de droit et de rayson, puysque Dieu y envoiet les ensaignes de France. Et par tant il ne demoura aux Englois, en l'an mil III^{c}LII, en toute France, que la ville de Caleys.

Mès, environ ung an après, les bourgois de Bordeaulx, qui n'estoient pas encor bons françois, envoièrent en Angleterre et firent tant que Tallebot avecques une grande armée d'Angleterre vindrent au dit lieu de Bordeaulx et luy rendirent la ville [1]. Et conquesta yceluy Tallebot plusieurs villes en yceluy pais.

Mès bientost après le roy envoia son armée, et mistrent le siege a une ville nommée Castillon [2]. Et quant Tallebot le sceut, il vint luy et toulx les Anglois et Gascons que il peult trouver, et entra dedens la ville a ung ser. Et l'endemain au matin [3] il vindrent assaglir les François qui s'estoient fortifiez en leur siege. Aux quieulx François Dieu ayda en tel maniere que ilz desconfirent les dis Anglois et Gascons qui estoient plus en nombre de la moitié que les François. Et y mourut le dit Tallebot [4] et des Anglois et des Gascons sans nombre.

1. Talbot, à la tête de quatre à cinq mille Anglais, rentra dans Bordeaux le 22 octobre 1452.

2. Auj. Castillon-sur-Dordogne, Gironde, arr. Libourne. Le corps d'armée, envoyé par Charles VII et placé sous les ordres des maréchaux de France, de Jean Bureau et de Joachim Rouault, mit le siége devant Castillon le 13 juillet 1453.

3. La bataille de Castillon fut livrée le mardi 17 juillet 1453.

4. Jean, lord et vicomte Lisle, fils de Talbot et de sa seconde femme Marguerite Beauchamp, fille du comte de Warwick, fut tué aux côtés de son père, et cette double mort a inspiré à Shakespeare, dans son *Henri VI*, (acte IV, scène 7) la fameuse apostrophe de Talbot devant le cadavre de son fils. C'est que Talbot fut

Et lors furent reboutées et recouvertez toutez les dittes villes de Guyenne et mises toutes en la main du roy de France en l'an mil iiii^c cinquante et quatre.

En l'an mil iiii^c cinquante et viii, la duchié d'Alenczon fut attribué[e] et unie a la couronne de France, pour ce que Jehan d'Alenczon [1], qui estoit duc du pais d'Alenczon, avoit commis crime, en tant qu'il avoit voulu faire venir les Anglois en Normendie et en France, pour conquerir le pais.

En yceluy temps, estoit monseigneur le daulphin nommé Louys, ainsné filz du roy Charles VIIme, en Bourgoigne avecques le duc de Bourgoigne, la ou il s'en estoit fuy, pour crainte et doubte de son pére, dès l'an precedent, qui estoit l'an mil iiii^c lvii. Et estoit debat entre eulx par les mauvais rappors des serviteurs des deux princes.

En l'an mil iiii^clix [2], se meut guerre en Angleterre entre le duc d'Iorch qui se disoit her du roy Richart, que le duc de Lencastre fist tuer pour estre roy, contre le filz du roy Henry de Lencastre, conquereur en France, nommé ausssi Henry de Lencastre. Et y eut en yceluy an moult de debatz et de batailles par entre eulx.

Eu dit an mil iiii^c cinquante neuf, monseigneur de Calabre [3], filz du roy de Cecile, duc d'Angeou, alla a Gen-

---

au xve siècle, comme Chandos l'avait été au siècle précédent, le héros le plus populaire de l'Angleterre.

1. Arrêté à Paris le 27 mai 1456 dans son hôtel de l'Étoile, rue Saint-Antoine, Jean II, duc d'Alençon, fut condamné à mort le 10 octobre 1458. On lui fit grâce de la vie, mais ses possessions, et notamment le duché d'Alençon, furent confisquées.

2. La lutte armée entre le prétendant Richard, duc d'Yorck, dont la marque distinctive était la rose blanche, et le roi Henri VI, de la maison de Lancastre, dont les partisans portaient la rose rouge, cette lutte armée avait commencé dès 1452. Charles VII prit parti pour Henri VI, marié à Marguerite d'Anjou.

3. Jean de Lorraine, fils de René d'Anjou, capitaine du roi de France à Gênes.

nez, acompaigné de monseigneur de Castillon et de plusieurs gens d'armes que le roy Charles VIIme leur bailla pour ainder aux Genetaoys [1] contre le duc de Millon [2] et contre les Venissiens. Depuys se partit de Gennez et s'en alla en Cecille pour conquerir le royaulme et la duché de Calabre que son pére avoit perdue contre le roy d'Arragon qui l'avoit sur luy conquise. Et l'occupoit ung bastard du dit roy d'Arragon que le pappe avoit legitimé a tenir le dit royaulme après la mort de son pére contre le droit des heritiers. Et fut le duc de Calabre repceu des contes et barons et firent guerre au dit bastard en celuy an et en l'an mil IIII^cLX [3], tant que il ne demoura au bastard que Naples, Gayette [4] et une aultre ville eu dit païs, qui n'obeissent au dit duc de Calabre. Et en l'an mil IIII^cLXI, fut le dit bastard mys en grant neccessitey et eust perdu le païs, sy n'eust esté le dit pappe Pius [5] qui luy aindoit de l'argent de l'Eglise a soustenir sa mauvaise cause.

En l'an mil IIII^cLX, le debat du roy Henry de Lencastre et du duc d'Yorch se renforça en telle maniere que, en la fin d'yceluy an, en moins de trois moys, ilz eurent plus de VI journées en guerre. Et mourit tant de noblesse d'Engleterre que mervoilles. Et le duc d'Yorch y mourit [6] et ducs et contes, barons et seigneurs grant nombre, et de gens de guerre et de menu peuple sans nombre. Et dura ycelle grande guerre jucquez eu mois de may l'an mil IIII^cLXI, et y eut le roy Henry du pire pour yceluy an.

1. Génois.
2. Milan.
3. Par acte daté de Tours le 5 juin 1460, Charles VII assigna à son beau-frère, René d'Anjou, 55,000 livres pour recouvrer la Sicile.
4. Gaëte.
5. Énéas Piccolomini, élu pape le 27 août 1458 sous le nom de Pie II, avait donné l'investiture du royaume de Naples à D. Ferdinand, bâtard d'Alfonse d'Aragon.
6. Le 24 décembre 1460, Marguerite d'Anjou, femme de Henri VI, gagna la bataille de Wakefield sur Richard, duc d'Yorck, qui fut tué dans l'action.

En l'an mil iiii^clxi, le filz du duc d'Yorch, nommé Edouart, se fist couronner en roy d'Angleterre [1]. Et luy obeyrent ceulx d'Angleterre, et ceulx de Gallez obeyrent au roy Henry. Et se retira le roy Henry, luy, sa femme et son filz prince de Galles, en Escosse, et jouysset de Gallez. Et Edouart s'en alla a Londres ou il estoit obey en Angleterre.

En yceluy an mil iiii^clxi, mourit [2] Charles VIIme, roy de France, qui avoit esté en sa jonesse debouté par les Bourgoignons et par les Anglois presque hors de tout son royaulme, lequel en la fin, comme dit est, le recouvra toult excepté la ville de Callois, et recouvra Guyenne dont ses predecesseurs n'avoient jouy par l'espace de plus de iii^c ans. Cestuy roy tint bonne justice en son temps et fist pramatique sension [3] voulant que les ordinaires donnassent les benefices, chascun en sa collacion, et que les benefices qui se doibvent faire par election se esleussent selon droit, et ayma l'Eglise et fist moult de bien eu royaulme, et regna depuys la mort du roy Charles VIme son pére, qui mourit l'an mil iiii^cxxii, jucquez au dit an mil iiii^clxi.

En celuy an mil iiii^clxi, commensa a regner et fut couronné roy Louys X[I]^{me} de ce nom, roy de France. Et s'en vint de Bourgoigne en France après la mort du roy Charles VIIme son pére et fut couronné a Rains [4]. Et puys fist son entrée a Paris, acompaigney du duc de Bourgoi-

---

1. Édouard IV, fils du duc d'Yorck, fut proclamé roi d'Angleterre à l'âge de dix-neuf ans, le 5 mars 1461.
2. Charles VII mourut à Mehun-sur-Yèvre le 22 juillet 1461.
3. La Pragmatique Sanction fut donnée à Bourges, sous le pontificat d'Eugène IV et pendant la tenue du concile de Bâle, le 7 juillet 1438.
4. Louis XI, né le 3 juillet 1423 à Bourges, fut sacré à Reims le 15 août 1461 par l'archevêque Juvénal des Ursins. Le chroniqueur le désigne toujours sous le nom de Louis X, classification erronée qu'on retrouve chez d'autres écrivains de la fin du xve siècle.

gne, du duc d'Orleens, de monseigneur de Charolois, filz du dit duc de Bourgoigne, du duc de Bourbon et des contes et barons et seigneurs, tant et si grandes pompes que oncquez mès n'avoit esté memoire qu'on eust fait sy très pompeuse entrée de ville comme fut celle de Paris a celle fois.

Eu dit an mil IIII^cLXI [1], le dit roy Louys XIme cassa la Pramatique Sanction que son pére avoit du conseil de toultz les estaz de son royaulme ordenée sans les estatz, et auxi cassa gaigez de v^c lances de gens de guerre que son pére avoit ordenez a garder les villes de dessur la mer par toult son royaulme, c'est assaver en Guyenne, Poitou et Normendie. Et restitua a Jehan d'Alenczon [2] la duché d'Alenczon qui avoit esté confisquée et unye a la couronne de France, par jugement des pers de France, pour la forfaiture du dit Jehan d'Alenczon qui avoit cuydé faire venir les Anglois en France. Et semblablement restitua au conte d'Arminac [3] la conté du dit lieu qui avoit esté appliquée au demaine du roy pour ses demerites.

Eu dit an mil IIII^cLXI, ledit roy Loys maria sa seur Magdalaine [4] au filz au conte de Fouys auquel filz, a cause de sa mére, appartenoit le royaulme de Navarre. Et maria une sienne fille au filz du duc de Calabre, filx du roy de Cecile. Et fist le mariage de la fille monseigneur le duc d'Alanczon et du filx ainsné de Laval, filx du conte de Laval.

1. Le 27 novembre.
2. Par acte daté de Tours le 11 octobre 1461, Louis XI remit Jean II, duc d'Alençon, en possession de ses biens confisqués (Anselme, III, 268 à 270).
3. Le 11 octobre 1461, Louis XI accorda des lettres d'abolition à Jean, V du nom, comte d'Armagnac, condamné au bannissement par arrêt du 14 mai 1460.
4. Madeleine de France, sœur puînée de Louis XI, fut mariée à Gaston de Foix, prince de Viane, vicomte de Castelbon, par contrat passé à Lescar le 16 janvier, ratifié à Saint-Jean-d'Angély le 1er février et accompli le 7 mars 1462 (n. st.).

Eu dit an, le roy Louys alla a Bordeaulx et eu royaulme de Navarre, ou la, luy et le roy d'Arragon occupant le dit royaulme de Navarre, fist appointement tel que le dit roy d'Arragon delessa le royaulme de Navarre au filz du conte de Fouyes [1] dessus dit, et se consenty que après sa mort il fust roy d'Arragon. Et a celle cause le roy Louys luy bailla gens d'armez pour ainder au dit roy d'Arragon a se deffendre des Castelains [2] qui luy fesoient guerre [3].

En l'an mil IIII^{c}LXII, le dit roy Louys vint en Normendie et fut repceu a Rouen le plus ponpeusement de jamès et fut en pluseurs villes de la ditte duchié. Et le xxvime jour d'aoust, eu dit an, fut au Mont Saint Michiel, acompagné de monseigneur Charles, duc de Berry, son frére, du prince de Navarre filz monseigneur le conte de Fouyes, du prince de Pymont, filz monseigneur de Calabre, du conte de Boullongne, du conte de la Marche et de plusieurs autres seigneurs. Et s'en retourna du dit Mont le xxviiie jour du dit moys d'aoust et alla couchier a Avrenchez et donna et mist en offrende en l'autel de monseigneur saint Michiel six cens escuz.

En iceluy an mil IIII^{c}LXII, le dit roi Louys envoia des gens d'armes au roy d'Arragon qui estoient luy et la roigne assiegés des Castelains. Et y fut le conte de Fouyes et plusieurs signeurs. Et levérent le dit siege et

---

1. Gaston, IVe du nom, comte de Foix et de Bigorre, vicomte de Béarn, pair de France, avait épousé, par contrat du 22 décembre 1434 confirmé le 30 juillet 1436, Éléonore de Navarre et d'Aragon, fille de D. Juan II, roi d'Aragon, et de Blanche, reine de Navarre, sa seconde femme. Le fils du comte dont il est question ici est Gaston de Foix, prince de Viane, beau-frère de Louis XI.
2. Catalans.
3. Le 12 avril 1462, Louis XI, étant à Bordeaux, prêta aussi 300,000 écus à D. Juan II, roi d'Aragon, moyennant la cession du Roussillon et de la Cerdagne que ce dernier s'était réservé la faculté de racheter.

conquirent la conté de Rousillon, qui avoit esté aultre fais du royaulme, en quoy est la ville de Parpignen. Et firent les dis gens d'armes grant guerre aux Castelains, de quoy le roy d'Espaigne voulit rompre les aliances d'entre luy et le roy de France, disant que, selon le contenu des dittes aliances, le roy de France ne debvoit ayder au roy d'Arragon son adversaire, ne le roy d'Espaigne au roy d'Engleterre adversaire du roy de France. Toutez fois, en fin et conclusion, par bons moyens ilz assemblérent ensemble à Dacs[1], en la fin de Bordelois, es marches d'Espaigne, ou furent de nouveau les dittes aliances d'entre les roys de France et d'Espaigne confermées tout de nouveau.

En l'an mil IIII^cLXIII, le dit roy Louys desgaiga du duc de Bourgoigne Saint Gangou[2], Hostun[3] et Langres, la conté d'Ausseure[4], la chastelainie de Bar sur Saine, la garde de l'abbaie de Luxu[5], les villes, chasteaux et prevostez de Peronne, Montdidier et Roye, Saint Quentin, Corbie, Amyens, Abeville, la conté de Ponthieu, Saint Riquier, Creveceur, Alleux[6], Mortaigne[7] et aultres villes estantes sur la riviére de Somme, plusseurs aultres villes et seignouries plus a plain desclairées en l'apointement fait a Aras[8] entre le roy Charles VIIme et le dit duc de Bourgoigne. Lesquelles villes, contés et seignouries le dit roy Charles engaiga au dit duc de Bourgoigne en la

---

1. Auj. Dax, Landes, arr. Mont-de-Marsan. Cette entrevue entre Louis XI et D. Enrique IV, roi de Castille et de Léon, eut lieu sur la rive française de la Bidassoa au milieu du mois d'avril 1463.
2. Auj. Saint-Gengoux-le-Royal, Saône-et-Loire, arr. Mâcon.
3. Autun.
4. Auxerre.
5. Luxeuil, Haute-Saône, arr. Lure.
6. Arleux ou Arleux-du-Nord, Nord, arr. Douai.
7. Mortagne, Nord, arr. Valenciennes, c. Saint-Amand-les-Eaux.
8. Par le traité d'Arras, le 21 septembre 1435.

somme de quatre cens mille vieulx escuz, pour la mort
de feu duc de Bourgoigne qui fut tué a Montereul faut
Yonne. Et le dit roy Louys les desgaiga et mist hors de la
main du dit duc de Bourgoigne au dit an mil quatre
cens LXIII [1].

En l'an mil IIII^{c}LXI, LXII et LXIII, fut grant mortalité en
Bretaigne, en Angou, en Maine et en la Basse Normendie.

En l'an mil IIII^{c}LXIIII, l'iver fut grant, si grant n'avoit
esté passez estoient XXX ans, et furent les neefz [2] plus grandes qu'on ne les avoit veues de memoire de homme.

Eu dit an mil IIII^{c}LXIIII, le XXIe jour d'aoust, mouryt
messire Louys d'Estouteville, seigneur d'Estouteville [3],
de Hambye, Bricquebec, Moyon, Chantelou, Gassé et
Apillé [4], grant seneschal de Normendie [5] et gouverneur
capitaine de Rouen et du Mont Saint Michiel.

1. La commission donnée pour le rachat est du 21 août 1463. Le
payement fut fait en deux fois, et les deux quittances du duc de
Bourgogne sont datées l'une du 12 septembre, l'autre du 8 octobre
de la même année. Enfin, la remise aux commissaires délégués par
le roi de France des terres engagées eut lieu le 1er novembre 1463
(Lenglet-Dufresnoy, *Commines*, II, 394 et 395).
2. Les neiges, *nives*.
3. Auj. Estouteville-Écalles, Seine-Inférieure, arr. Rouen, c. Buchy. Louis d'Estouteville avait hérité de cette seigneurie vers
1436, après la mort de son père Jean II. Il possédait en outre,
comme nous avons déjà eu l'occasion de le dire, les seigneuries de
Hambye, de Bricquebec, de Moyon, de Chanteloup et d'Appilly,
situées aujourd'hui dans le département de la Manche, du chef de
sa femme Jeanne Paynel qui lui avait aussi apporté en dot le fief
de Gacé, actuellement commune du département de l'Orne. Jeanne
Paynel elle-même tenait ces deux derniers fiefs de sa mère Jeanne
de Champagne, fille unique de Jean de Champagne, seigneur d'Appilly, et d'Agnès du Merle, dame de Gacé.
4. Auj. Appilly, château situé en Saint-Senier-sous-Avranches,
Manche, arr. et c. Avranches.
5. Louis, seigneur d'Estouteville, était en outre grand bouteiller
de France, au moins depuis le 28 mars 1443 (Anselme, *Hist.* gé-

Eu dit an mil iiii^{c}lxiiii, il eut ung pou de contradicion et malcontentement entre le roy Louys et le duc de Bourgoigne et le filz du dit duc de Charolais, et toutefois en celuy an n'y eut point de guerre entre eulx.

Eu dit an mil iiii^{c}lxiiii, eut grant esmocion de guerre entre le dit roy Loys et le duc de Brethaigne, pour ce que le roy demandoit au duc la regale des eglises cathedrales de sa duchié et que aussi le duc ne meist plus en ses lettres par la grace de Dieu ne ne feist monnoie blanche. Et demande aussi le roy la ville de Foulgieres et celle de Saint Malo et la conté de Nantes et plussieurs aultres chosses. Et furent envoiés de par le roy et de par le duc, d'une part et d'aultre, plussieurs enbassades. Et eu mois de febvrier estoit l'apointement fait a Poitiers et acordé. Et debvoit aller le duc devers le roy, mès monseigneur Charles, duc de Berry et frére du roy, s'en partit d'avecques le roy viron le iiii jour de mars [1]. Et s'en ala au duc en Bretaigne mal comptent du roy, pour ce qu'il n'avoit pas assez grande pension du roy pour tenir son estat et n'avoit son partage comme frére segond du roy. Et fist le

---

néal., VIII, 581). Il ne laissa que deux fils, Michel et Jean d'Estouteville. C'est de Louis d'Estouteville que le patriote Robert Blondel a tracé ce beau portrait rapporté à tort par M. Jules Quicherat à Jean d'Estouteville, sire de Torcy, grand maître des arbalétriers (éd. de Thomas Basin, I, 216, note 8) : « Potens et consultus propositique tenax, heros d'Estouteville, generosis et materna sorte locupletissimis duobus ejus liberis illustratus, exercitatissimos bello, neminem supra, commilitones, qui tot labores, tot, per mare et terram, pericula, *pro sacratissimæ rupis Sancti Michaelis conservatione*, tulerunt, cum Britonum exercitu adjunxit. » Blondel, *Assertio Normanniæ*, l. III, c. 1.

1. Odet d'Aydie, ancien capitaine de Charles VII, destitué par Louis XI, qui enleva à Poitiers Charles, duc de Berry, avait été envoyé au roi par le duc de Bretagne le 2 mars 1465. Odet profita, pour opérer cet enlèvement, d'une absence de Louis XI qui était allé en pèlerinage à Notre-Dame du Puy, en Anjou. Thomas Basin, *Hist. des règnes de Charles VII et de Louis XI*, édition J. Quicherat, II, 99, note 2.

dit duc de Berry aliance o monseigneur de Bourbon [1] lequel s'en partit semblablement de la court du roy et s'en ala a Bourges pour faire aliance pour monseigneur de Berry et en Bourbonnois et assembler gens d'armes. Et tindrent les dis pais de Berry et de Bourbon avecques monseigneur de Berry. Le roy, qui estoit a Poitiers, envoia a Partenay, laquelle ville se voulut rebeller. Toutez fois, quant ilz virent la personne du roy, ilz obeirent. Et envoia aussi par toutes les bonnes villes de son royaulme et aux grans signeurs et capitaines, pour savoir lesquieulx luy obeiroient et lesquieulx ne luy vouldroient obeir.

Monseigneur de Bourbon print eu dit mois de mars monseigneur de Croissole [2], grant seneschal de Poitou, et monseigneur du Trainel [3] qui avoit esté chancelier du roy Charles VIIme et ung nommé Darioles [4] et les fist mener a Luxon [5] en Bourbonnois. Et commensa a faire guerre au roy le dit monseigneur de Bourbon et print aussi le grant seneschal du.... [6], qui venoit du pais de Provence au roy qui estoit a Saumur.

En la fin du mois de mars, eu dit an, le duc de Bretaigne mena monseigneur de Berry de Nantes a Ancenis et droit a Angiers et jucquez a la Roche au Duc [7]. Le roy en ouyt des nouvelles et cuyda rompre chemin entre Bre-

---

1. Jean II, duc de Bourbon.
2. Louis, seigneur de Crussol.
3. Guillaume Jouvenel des Ursins, seigneur de Trainel (Aube, arr. et c. Nogent-sur-Seine), nommé par Charles VII chancelier de France le 16 juin 1445, avait été désappointé de sa charge en 1461 et remplacé par Pierre de Morvilliers.
4. Maître Pierre d'Oriolle, qui devint chancelier de France le 26 juin 1472.
5. Auj. Lusson, château de la commune d'Aubinges (Cher, arr. Bourges, c. les Aix-d'Angillon).
6. Il y a ici un mot laissé en blanc dans le manuscrit.
7. Le duc de Bretagne et le roi de Sicile eurent une conférence à la Roche-au-Duc dans les premiers jours d'avril 1465 (*Mélanges*, publiés dans la collection des documents inédits, II, 211).

taigne et Angiers aux dessus dis, mès le duc de Bretaigne en fut adverty et soudainement s'en retourna et monseigneur de Berry a Nantes.

Le xxv⁰ jour d'apvril l'an mil iiii^cLXV, partit le roy Louys dessus dit de Tours o viiie lances et s'en alla a Bourges pour faire guerre au duc de Bourbon qui tenoit Berry et son pais. Et se rendit tout le pais de Berry en l'obeissance du roy, excepté la ville de Bourges que le roy lessa desobeissante et passa oultre en Bourbonnois. Et envoia devant luy a Saint Amand Lallier [1], le sire de la Barde [2], le bailly de Rouen [3], Salezart [4] et les gens du seneschal de Poitou qui le prindrent d'assault et xii hommes d'armes et bien xxii hommes de guerre a pié qui estoient eu dit Saint Amand. Et x aultres hommes d'armes qui estoient en la ditte place s'enfuyrent o monseigneur de Charlus au chasteau de Monront [5].

Après la prinse de Saint Amand, les gens du roy assiegérent Monront, bien forte place, et ne tint que ung jour, et l'endemain, ixme jour de moy, eu dit an mil iiii^cLXV, fut rendue au roy. Après la prinse de Monront, les gens du roy allérent a Monluxon [6] qui fut rendu au roy le lundi xiiie jour du dit mois de moy. Le jeudi ensivant, xvime jour du dit mois, partirent les gens d'armes du roy a aller a Herisson [7] qui fut rendu au roy.

Eu mois de juing ensivant mil iiii^cLXV, monseigneur de Charoleis, filz aisné de Bourgoigne, se partit de Bourgoigne avecques viron xv^m Bourgoignons et vint jucquez a

---

1. Saint-Amand-Lallier est aujourd'hui une section de Saint-Amand-Mont-Rond (Cher).

2. Jacques d'Estuer, seigneur de la Barde.

3. Guillaume II Cousinot de Montreuil, bailli de Rouen depuis la reddition de cette ville en novembre 1449.

4. Jean de Salazar.

5. Auj. Mont-Rond, section de Saint-Amand-Mont-Rond.

6. Auj. Montluçon (Allier).

7. Hérisson (Allier, arr. Montluçon).

Saint Denis en France, et estoit ovecques luy le conte de Saint Pol [1] et le bastard de Bourgoigne [2] et plusieurs aultres seigneurs. Et les chevaucha toult leur chemin Joachin Rouault, mareschal de France [3], ovecques viii^{xx} lances jucquez a Paris en metant tousjours en alant devant eulx gens d'armes es places ou ilz devoient passer.

Eu dit moys de juing, les Bretons firent une grant armée de environ x ou xii^m dont estoient les principaulx chiefs monseigneur de Berry, frére du roy, le duc de Brethaigne acompaignés du bastard d'Orleens, de Jehan de Lorreine, du sire de Loheac et plusieurs seigneurs, le tout aux despens du duc de Bretaigne. Et au commencement du moys de juillet, partirent de Brethaigne, pour aller droit a Paris, et prindrent leur chemin a passer a Bouchemaine [4] près d'Angiers. Et de la tirérent a Chasteaudun dont estoit sire le bastard d'Orleens [5] et ne furent point combatuz ne empeschés aux passages par monseigneur le conte du Maine [6] que le roy avoit fait son lieutenant general, et luy avoit ordonné viii^c lances pour garder les dis Bretons de passer en France.

Le roy estant en Bourbonnois eu moys de juing, vindrent a luy les seigneurs de Nemours [7], d'Alebret [8] et le comte d'Arminac [9], eulx fesans fors pour monseigneur de Bourbon, pour traiter d'apointement. Et eu commence-

---

1. Louis de Luxembourg, comte de Saint-Pol.
2. Sans doute Antoine, dit le grand bâtard de Bourgogne.
3. Joachim Rouault avait été fait maréchal de France aussitôt après l'avènement de Louis XI, par lettres données à Avesnes en Hainaut le 3 août 1461.
4. Maine-et-Loire, arr. et c. Angers.
5. Jean, bâtard d'Orléans, avait été créé par Charles VII comte de Dunois et vicomte de Châteaudun le 21 juillet 1439.
6. Charles d'Anjou, comte du Maine.
7. Jacques d'Armagnac, duc de Nemours.
8. Charles, II du nom, sire d'Albret, comte de Dreux et vicomte de Tartas.
9. Jean V, comte d'Armagnac.

ment du moys de jullet, devant Rion, furent prinses tréves entre le roy et les dis seigneurs durantes jucquez au xvme jour d'aoust. Et par ce moyen rendit le roy les placez qui avoient esté prinses en Bourbonnois, et furent les prisonniers, tant d'un costé que d'aultre, renduz.

Quant le roy eut prins les dittes trévez, il se partit de Bourbonnois et s'en ala a Orleens mettre entre les Bourgoignons, qui estoient près Paris, et les Bretons, qui estoient a Chasteaudun, et manda au conte du Maine que luy et son armée de viii^c lances se allassent mettre en la ville de Chartres, qui ainssi le firent.

Le xve jour du dit moys de jullet mil iiii^{c}LXV, le dit roy Loys partit d'Orleens pour aller a Paris et combatre les Bourgoignons qui estoient a Montlehery[1] et au Port Saint Clou[2], entre Paris et Orleens. Et semblablement partit le dit conte du Maine de Chartres, le dit jour, pour se rendre au roy. Et se joingnyrent ensemble le roy avecques mille lances et le dit conte ovecques viii^c lances, l'endemain xvi^e jour de juillet, au matin, a deux heures de Montlehery. Et la fist le roy ses ordonnances pour combatre les dis Bourgoignons. Et ordonna que les viii^c lances du dit conte feroient l'avantgarde, et le roy ovecques mille lances feroit la bataille. Les capitaines de l'avantgarde estoient le sire de la Barde, Guarguesalle[3], Floquet[4], le sire du Lau[5], le sire de Montauban[6], Gieffroy la Hyre,

1. Montlhéry (Seine-et-Oise, arr. Corbeil, c. Arpajon).
2. Auj. Saint-Cloud (Eure-et-Loir, arr. et c. Châteaudun).
3. Jean de Guarguesalle, originaire du Dauphiné, seigneur de Coulaines et de Bocé, avait été institué premier écuyer de corps et grand maître de l'écurie de Louis XI en 1461, aussitôt après l'avènement de ce prince à la couronne.
4. Robert de Floques, dit Floquet, sire de Floques (Seine-Inférieure, arr. Dieppe, c. Eu), nommé bailli d'Évreux après la prise de cette ville le 15 septembre 1441, chevalier et chambellan du roi, maréchal hérédital de Normandie.
5. Antoine du Lau, sénéchal de Guyenne.
6. Jean de Montauban, accusé d'avoir étouffé, en 1450, Gilles de

les gens du conte de Boullongne [1] et les gens du dit conte du Maine. En chascune compaignée avoit cent lances. Et o le roy estoient les gens de monseigneur d'Alenczon, messire Pierres de Broisé [2], Malortie, Poisson de Riviére, Salezart et plusieurs aultres capitaines.

Le dit xvime jour de jullet, les gens de l'avantgarde du roy trouvérent les Bourgoignons en bataille au devant d'eulx viron auprès de Montlehery a la descente d'une montaigne. Et comme les gens du roy aprouchérent des dis Bourgoignons, les dis Bourgoignons firent descharger leur artielerie qu'ilz avoient la assortée et tuérent plusieurs chevaulx et aucuns gens de ce premier tret de canons et couleuvrines, environ x heures estoit. Non obstant, les gens du roy se mistrent en bataille devant les dis Bourgoignons. Et après vint le roy et la bataille, qui plus loing que la ditte avantgarde se tindrent des dis Bourgoignons. Et envoia le roy querir son artielerie qui estoit a troys lieues de luy. Et ariva mestre Gerault [3], mestre canonnier d'icelle, environ deux heures après medy ; et lorsqu'il eut tiré contre les dis Bourgoignons, ilz partirent a fraper sur ceulx de l'avantgarde du roy. Et comme ilz aprouchiérent d'icelle, ceulx qui portoient les enseignez

---

Bretagne dont il était le gardien, nommé à l'avènement de Louis XI amiral de France et grand maître des eaux et forêts en remplacement de Jean de Beuil et du comte de Tancarville (Thomas Basin, éd. J. Quicherat, II, 19 et 20).

1. Bertrand de la Tour, dauphin d'Auvergne et comte de Boulogne.

2. Pierre de Brézé, né vers 1410 près de Saumur, seigneur de la Varenne et de Brissac, fait chevalier par le comte du Maine devant Saint-Céneri, sénéchal d'Anjou en 1437, sénéchal de Poitou en 1440, comte d'Évreux et chambellan du roi en 1441, membre influent du Grand Conseil de la fin de 1443 à 1450, capitaine et châtelain de Rouen le 10 novembre 1449, grand sénéchal de Normandie en septembre 1450.

3. En 1462, ce maître Girault, qualifié maître artilleur, avait servi dans l'artillerie de l'armée de Catalogne à la tête d'une batterie de douze canons amenés de Saint-Jean-d'Angély.

des capitaines du roy tournérent le dos. Et s'enfuyrent ceulx de la ditte avantgarde meschantement, sans coup ferir. Et en tuérent les Bourgoignons de cent a vi^{xx} des gens du roy entre lesquieulx fut tué messire Pierre de Broisé, qui estoit parti de la bataille d'ovecques le roy pour cuyder rallier les gens de la ditte avantgarde. Et fut tué aussi Floquet et le sire de Creully [1]. Quant le roy vit que son avantgarde estoit en fuyte, il fist entrer la bataille sur les dis Bourgoignons, et estoit environ trois heures après medy. Et combatireut si bien toute jour contre les Bourgoignons qu'il en demoura en champ de xiii a xv^c de mors, et y furent tuez plusieurs chevaliers et escuyers, et s'enfuyrent de iiii a v^m de Bourgoignons.

Et furent prins les seigneurs de Crevecuer, de Ymeris, de Miraumont, de Plahmours et plusieurs aultres seigneurs. Et furent tuez les dis Bourgoignons qui s'en fuyrent du Montlehery, plusieurs tant es vignes que es bois, par les gens de Joachin [2], des gens de Paris et des gens du pais. Et s'en vint couchier le roy iceluy jour a Corbeil.

Le jeudy xviiie jour du dit moys [3], le roy entra en Paris ou il fut repceu notablement. Les Bourgoignons, qui estoient a Montlehery, se retirérent a Estampes [4] ou la vindrent a eulx monseigneur de Berry, le duc de Bretaigne et leur armée, et y furent environ ung moys ensemble. Et de la s'en vindrent mettre autour de Paris, tant a Saint Denis que au Bois de Vincenne, a Saint Mor des Fossez et au Pont [5].

Les dis Bourgoignons et Bretons venuz entour Paris,

---

1. Creully (Calvados, arr. Caen).
2. Joachim Rouault.
3. La bataille de Montlhéry se livra le mardi 16 juillet 1465. Thomas Basin n'a pas mentionné ce séjour de Louis XI à Paris, le jeudi 18, avant son départ pour Rouen. Basin, éd. J. Quicherat, II, 122.
4. Le 19 juillet.
5. Charenton-le-Pont (Seine, arr. Sceaux).

le roy se partit de Paris[1] et vint a Rouen pour assembler les Normans a luy venir ainder contre les dessus dis, qui puys s'en retourna a Paris[2], les Normans après o si grant nombre qu'ilz requirent au roy de donner bataille aux Bourgoignons. Et mist le roy garnisons en ses villes, au dessoubz et au dessus des Bourgoignons et Bretons, et par toulz les pons et passages, en telle maniere que les vivres leur faillirent. Et sy n'eust esté que le roy estoit trahy de cieulx en qui il se fiet et que les dis ducz de Berry et de Bretaigne et Charoleys avoient atiré a eulx toute la plus grant part des nobles du royaume, il leur eust convenu s'enfuir villainement; mès par les bons ouvriés qui conduysoient l'oeuvre, fut trouvé maniere de faire tréves entre le roy et les dis seigneurs, durant lesquelles les dis ducz et seigneurs s'avitaillérent et trouvérent aliance o ung nommé Loys Sorbier, lieutenant de Joachin Rouault, qui leur bailla par trahison la ville de Pontoise, viron la fin du moys de septembre[3].

Et le xxviie jour du dit moys, la dame de Mauny[4] et l'evesque de Baieux[5] baillérent au dit duc de Berry la ville de Rouen, et partant eurent les dis ducz les passages pour avitaillier leur ost. Pour quoy, fut le roy contraint de faire composicion o[6] eulx, a leur voulloir, telle

1. Le 10 août.
2. Le 28 août.
3. Le 21 septembre.
4. Jeanne du Bec Crespin, veuve de Pierre de Brézé, dame de Mauny (auj. hameau de Saint-Nicolas-d'Attez, Eure, arr. Évreux, c. Breteuil). Jeanne accusait Louis XI d'avoir fait assassiner Pierre de Brézé par ses propres soldats à la bataille de Montlhéry. Elle obtint plus tard grâce pour sa trahison, et les lettres de rémission qui lui furent accordées ont été publiées par Lenglet-Dufresnoy. *Commines*, II, 566.
5. Louis de Harcourt, évêque de Bayeux et patriarche de Jérusalem, fils naturel de Jean VIII de Harcourt, comte d'Aumale.
6. En patois bas-normand, o s'emploie encore aujourd'hui au sens de la proposition *avec*.

qu'il ensuit [1], c'est assavoir que monseigneur de Berry auroit la duchié de Normendie entiere avecques certaine pension, sur laquelle duchié il fourniroit de v^c lances pour la garde de son pais aux despens du pais; item, que monseigneur Charoleis auroit les contez de Boullongne et de Guyenne pour luy et ses hoirs masles et les places et pais desgaigés et le bailliage de Vermandays a sa vie et deux cens mille escus a paier en quatre ans; item, que monseigneur de Bourbon seroit gouverneur de Guyenne et capitaine de Bordeaulx et sire de la duchié d'Auvergne avecques cent lances et deux cens mille escus, tant pour le mariage de madame sa femme que pour la reconpense du dommage qui avoit esté fait en son pais; item, que monseigneur de Calabre [2] auroit les places de Vaucouleur [3], Monteclére [4] Mouxon [5] et Espinat [6], es marches de Lorrenne, et cent mille escus, et luy debvoit ainder le roy a conquester la cité de Mès; item, que monseigneur de Saint Pol seroit connestable de France et conte de Guyse; item, que monseigneur de Dunois seroit remis en toutes ses seigneuries et seroit desdommaigé des biens qui avoient esté prins en ses maisons, et sy auroit ses pensions; item, que monseigneur d'Armignac auroit une seigneurie appellée le Franc Pas [7] qui appartient au roy et vault xii^m livres de rente et auroit cent lances: item, que monseigneur de Nemours auroit cent lances et certaine reconpense et

---

1. Louis XI signa deux traités : l'un à Conflans, le 5 octobre 1465, avec le comte de Charolais; l'autre à Paris, le 27 octobre suivant, avec les autres princes confédérés. *Ordonn.*, XVI, 378.

2. Jean d'Anjou, duc de Calabre et de Lorraine.

3. Vaucouleurs, Meuse, arr. Commercy.

4. Monteclair, château situé à Andelot, Haute-Marne, arr Chaumont, démoli sous Louis XIII.

5. Mousson, Meurthe. arr. Nancy, c. Pont-à Mousson.

6. Épinal, Vosges.

7. La situation de ce fief nous est inconnue.

seroit gouverneur de Champaigne ou de l'Isle de France.
Item, monseigneur d'Allebret auroit toutes les terres du
chasteau du Buz [1], lesquelles terres tenoit le sire de
Kandal [2], pour reconpense seroit gouverneur de Roussillon. Item, monseigneur du Bueul [3] seroit admiral de
France avecques cent lances et ses cappitaineries et pensions comme devant. Item, monseigneur de Loheac [4]
seroit mareschal de France et auroit cent lances et sa
pension comme devant. Item, du duc de Bretaigne n'estoit point ordonné, ne semblablement de Jehan mon seigneur [5], du conte de Dammartin [6] ne de plusieurs aultres.

Incontinent les choses dessus dittes verballement
acordées du roy, toutes les villes de Normendie se tournérent devers le duc de Berry, frére du roy, et en eult
yceluy sire pocession par gens de par luy eu moys d'octobre de toutes les places de la ditte duchié, excepté des
places et villes de Vernon, Gaillart, Louviers, le Pont
de l'Arche, Faloise, Chierbourg et le Mont Saint Michiel. Pour lesquelles rendre, le roy, contraint a ce faire,
envoia le sire de Maupas [7], son commissaire, pour les
delivrer et baillier au sire de Saint Symon, commissaire

---

1. Auj. la Teste-de-Buch, Gironde, arr. Bordeaux.
2. Jean de Foix, comte de Candalle (auj. château situé dans la commune de Doazit, Landes, arr. Saint-Sever, c. Mugron) et de Benauge (auj. château situé dans la commune d'Arbis, Gironde, arr. la Réole, c. Targon), captal de Buch.
3. Jean de Beuil, dépossédé en 1461 de l'office d'amiral de France au profit de Jean de Montauban, auteur ou plutôt l'un des auteurs du roman de chevalerie intitulé le *Jouvencel*.
4. André de Laval, sire de Lohéac et de Rais, suspendu de sa charge de maréchal de France par Louis XI, en 1461.
5. Ces mots « Jean mon seigneur » ne désigneraient-ils pas Jean d'Estouteville, devenu capitaine du Mont-Saint-Michel et de Tombelaine après la mort de son père Louis? (Anselme, VIII, 91.)
6. Antoine de Chabannes, comte de Dammartin.
7. Jean du Mesnil-Simon, seigneur de Maupas, conseiller du roi et sénéchal de Limousin sous Charles VII.

du sire de Charoleys, lequel avoit charge de les baillier au commissaire du dit sire de Berry.

Et avoit tenu la place de Grantville pour le roy comme les dessus dittes, mès meschantement fut rendue par aucuns qui estoient dedens la ditte place au devant que les dis commissaires du roy, de Charoleis et du duc de Berry, y vensissent. Et obeirent les dittes places, Vernon, Gaillart, Louviers, le Pont de l'Arche, Fallaise, aus dis commissaires du roy et luy rendirent les villes. Et le Mont Saint Michiel et Chierbourg dissimulèrent, pour saver plus a plain de la volenté du roy.

Le duc de Bretaigne, avecques son armée qu'il avoit de Bretons amenérent le dit duc de Berry de Paris jucquez a sainte Katherine de Rouen ou fut prins terme de faire son entrée en son [duchié] [1], le xxve jour de novembre eu dit an mil iiii^c lxv. Et eu dit lieu de Sainte Katherine du Mont de Rouan conceuprent une envie les gens du duc de Berry et les Normans contre le duc de Bretaigne et ses gens pour le gouvernement du pais de Normendie, dont le duc de Bretaigne, pour le service qu'il avoit fait au dit duc de Berry, demandoit la plus part pour pourvoir ses gens qui avoient servi au dit duc de Berry contre le roy.

Et par especial demandoit les cappitaineries et offices de la Basse Normendie, c'est assavoir du bailliage de Caen et du bailliage de Costentin. Et les gens du dit duc de Berry et les Normans, considerans que ce n'estoit pas le profit du pais, trouvérent de tirer hors de la main du dit duc de Bretaigne du dit lieu de Sainte Katherine le dit duc de Berry, et le firent entrer en la ville de Rouen le dit xxve jour de novembre [2].

---

1. Lacune d'un mot dans le manuscrit.
2. Cette cérémonie eut lieu le 10 décembre 1465, d'après le régistre capitulaire de l'église de Rouen. Th. Basin, éd. J. Quicherat, II, 147, note 1.

Quant le dit duc de Bretaigne vit que l'en luy avoit osté le dit duc de Berry, luy et ses gens s'en allérent au Pont de l'Arche, et de la esperisit au dit duc de Berry qu'il vousist parler a luy pour prendre congié de luy. Lesquieux ducz assemblérent au Port Saint Ouen [1] et prindrent congié l'un de l'autre. Et se partit le duc de Bretaigne pour s'en venir en son pais, passant par les villes et places de la duchié de Normendie ou le dit duc de Berry avoit mandé que on le laisast entrer et que on luy feist grant chiére, et s'en vint a Caen et de Caen a Bayeux.

Pour le malcontentement que le dit duc de Bretaigne eult a Sainte Katherine de Rouan d'avoir esté vilipendé par les gens du duc de Berry et par les Normans, et que aussi le roy avoit ses gens d'armes en Maine et en Anjou, et assembloit gens de touz costez pour faire guerre en Bretaigne, le dit duc de Bretaigne envoia devers le roy hastivement ung homme luy faire savoir que, s'il luy plaisoit, il vouloit avoir avecques luy aliance.

Pour laquelle chose, le roy envoia devers le dit duc de Bretaigne son admiral, sire de Montauban, et son mareschal, Joachim Rouault, qui trouvérent le dit duc a la ville de Bayeux le xiie jour de decembre, les quieux prindrent aliance de par le roy ovecques le dit duc. Et fist rendre le dit duc de Bretaigne toutes les places de Caen, Bayeux, Saint Lo, Avrenches, Coustances, Carenten, Vire, Valongnes, Gavrey, que ses gens avoient fait rendre au dit duc de Berry. Et le Mont Saint Michiel et Chierbourg, qui tousjours avoient tenu d'o [2] le roy, se

---

1. Auj. hameau de la commune de Gouy, Seine-Inférieure, arr. Rouen, c. Boos.

2. Cette locution *d'o*, dont l'usage s'est conservé dans le patois bas-normand, est composée de la préposition *de*, avec élision de *e*, et de *o* employé, comme nous l'avons plus haut, au sens de *avec*.

desclairérent de rechief estre au roy et non au dit duc de Berry.

La ditte aliance prinse par les dis admiral et mareschal avecques le dit duc de Bretaigne, le dit mareschal, acompaigné de Anthoine de Chabennes, comte de Dammartin, duquel le roy avoit esté paravant malconpntent qui par ce moien fist son acort et eult charge du roy de gens de guerre, allérent devers le roy qui estoit a Orleens, pour le faire venir en Nomendie pour recouvrer la ditte duchié, lequel envoia monseigneur de Bourbon, qui estoit de son aliance, a Evreux que il mist en l'obeissance du roy et Vernon semblablement. Et envoia le dit comte de Dammartin a Harfleu qu'il mist en l'obeissance du roy. Et s'en vint le roy a Falaise qu'i[l] trouva obeissante a luy, et s'en vint a Caen ou vint a lui le dit duc de Bretaigne viron la feste de Noel [1], et envoia a Honnefleu [2], Lisieux qui se rendirent au roy.

Et en la fin du mois de decembre se partit le roy d'ovecques le dit duc de Bretaigne et s'en alla a Ponteaudemer, et de Ponteaudemer alla mettre le siege a Louviers, puis après au Pont de l'Arche [3] qui tantost luy furent renduz. Et paravant ceulx de Diepe et de Caudebec vindrent faire l'obeissance au roy. Et generallement toultes les places obeirent au roy, excepté Rouan ou estoit le dit duc de Berry et la ditte place de Grantville, avant le viiie jour de janvier mil iiiic lxv [4].

Et le baillif de Costentin, ovecques les nobles et francs archiers du bailli de Costentin, alla mettre le siege devant la ditte place de Grantville.

Le xe jour de janvier, eu dit an mil iiiic lxv, ceulx de

1. Le 23 décembre 1465. *Ordonn.*, XVI, 448.
2. Honfleur.
3. Louis Sorbier, le même qui avait livré Pontoise au comte de Charolais, livra, par une nouvelle trahison, Pont-de-l'Arche à Louis XI, le 9 janvier 1466.
4. Le 8 janvier 1466 (n. st.).

Rouan envoiérent devers le roy au Pont de l'Arche pour faire oposicion et appointement de rendre la ville de Rouan au roy [1]. Le dix viie jour du dit mois, les dessus dis de Rouan obeyrent au roy, et fut prendre possession monseigneur de Bourbon, monseigneur de Cresot [2], seneschal de Poitou, et plusieurs aultres seigneurs.

Et se partit de la le dit duc de Berry et s'en vint au duc de Bretaigne a Honnefleu ou y furent certains jours. Et de la vindrent a Caen ou furent faictes plusieurs ouvertures de la part du roy au dit duc de Berry de luy baillier pais pour son partage, tant du Daulphiné, de certaine partie de Languedoc, de la conté de Saintonge, pour une offerture, et de la conté de Poitou et de la conté de Touraine, pour une aultre, et semblablement de la comté de Champaigne; mès, pour ce que le roy vouloit retenir a luy certaines places en iceulx pais qu'il offroit a son frére, il ne les voulut accepter.

Et le vi[e] jour de febvrier enssuivant, se partirent les dis ducz de Berry et de Bretaigne souldainement de Caen. Et le viii[e] jour du dit mois, furent et arrivérent en Bretaigne, ainssi comme en se deffiant du roy qu'i[l] ne leur voulsist faire aucune traverse.

Eu dit vi[e] jour de fevrier mil iiii[c] lxv, fut rendue la ditte place de Grantville au roy qui avoit tenu contre le roy viron cinq sepmaines. Et fut celle de toute la duchié de Normendie qui fist derrainement obeissance au roy [3].

---

1. Le discours adressé par Louis XI, le 13 janvier 1466, aux Rouennais qui étaient venus traiter avec lui à Pont-de-l'Arche, a été publié dans la collection des Documents inédits. *Mélanges*, II, 419.

2. Louis de Crussol, sénéchal de Poitou et grand panetier de France (mars 1467). *Arch. Nat.*, JJ 194, n° 218.

3. Dans cette guerre, dite du Bien public, les populations rurales de Basse Normandie prirent parti, en général, pour le roi contre les princes coalisés et notamment contre le duc de Bretagne. En juillet 1466, Louis XI accorda des lettres de rémission

En l'an mil IIII^c LXVII, eu mois d'octobre, vindrent les Bretons de par monseigneur de Berry entrer en Normendie, cuydans recouvrer la duchié [1]. Et s'en aléren

générale aux habitants du Cotentin, du comté de Mortain, des vicomtés de Caen, Vire et Avranches, qui avaient pris les armes de leur chef afin de repousser les Bretons (*Arch. Nat.*, sect. hist., JJ 194, n° 170).

1. Notre savant maître, M. Jules Quicherat, pour qui le règne de Louis XI n'a pas de secrets, a le premier signalé une sorte d'affiliation ou de chouannerie qui se reforma en 1466 et 1467, dans cette partie de la Basse Normandie appelée le Bocage et notamment dans le val de Vire, et que Louis XI mit à profit en 1468 pour expulser les Bretons de cette région. Nous disons que cette affiliation, enveloppée à l'origine du secret le plus absolu et le plus inviolable, se reconstitua plutôt qu'elle ne se forma en 1466 et 1467, parce que, comme nous le montrerons ailleurs, il y a de bonnes raisons de croire qu'elle remontait à l'époque de l'occupation anglaise. Les gars qui se livrèrent à cette guerre de partisans, d'abord contre les Anglais alors maîtres de la Normandie, et plus tard, à l'époque de la guerre dite du Bien public, contre les Bretons envahisseurs, s'appelaient les *Galants de la Feuillée*, sans doute parcequ'ils cherchaient volontiers un abri et un refuge sous l'épaisseur des feuillages et dans les fourrés des bois. Dans une lettre de rémission de Louis XI, datée de Beaugency en janvier 1467 (n. st.), Pierre Hossart, archer, lieutenant de Raymonnet de Boessi, capitaine du château de Gavray, demeurant au donjon du dit château, prie Raoulet le Foullon, « qui se disoit estre ung des *galans de la feullie* », « qu'il n'entrast plus en sa dicte chambre ne aucuns des *galans de la feullie, desquelz avoit lors grant nombre au dit lieu de Gavray*. » (*Arch. Nat.*, JJ 194, n° 227. — Par un autre acte daté de Chartres, en mai 1467, Louis XI fit rémission à Jean Carbonnel, écuyer, qui, depuis Noël 1466, avait « hanté et frequenté avec les *Galans de la feuillée* » en plusieurs lieux et notamment aux environs de Torigni (JJ 226 ¹, n° 13). En 1472, Jean de la Motte se fit aussi délivrer des lettres de grâce pour s'être mis, au temps des divisions passées (guerre du Bien public), et « abandonné en nostre service en la compagnie des *Gallans de la feuillée*, pour resister aux grans maulx et dommaiges que faisoient aucuns Bretons qui pilloient et desroboient chascun jour noz subgectz en nostre pays et duché de Normandie. » JJ 197, n° 335. — Basin, éd. Quicherat, II, 163, note 1.

devant Coustances qui incontinent leur fut rendue pour et eu nom du dit sire de Berry par les Bourguignons et autres estans dedens. Et viron huit jours après, s'en vint le dit duc de Berry de Bretaigne a Avrenches qu'i[l] trouva obeissante a luy par les Bretons qui estoient demourez en garnison de par le roy. Et semblablement les Bretons, qui estoient en garnison pour le roy a Baieux, a Caen, Carenten, Gavray et en plusieurs autres places, baillérent et tindrent les dittes places pour le duc de Berry et non pour le roy.

Item, après la prinse de Coustances, allérent les Bretons mettre le siege devant Saint Lo qui tint bon pour le roy. Et bientost après les gens du roy vindrent fraper sur le siege, et la y eult plusieurs des Bretons mors et prins. Et de la se levérent les Bretons et s'en alérent honteusement.

Et l'an dessus dit, eu mois de decembre, le dit duc de Berry, frére du roy, qui estoit a Avrenches, ne passa point plus avant en Normendie, doubtant que le roy ne le feist assieger, [et] s'en partit d'Avrenches et s'en retourna en Bretaigne o bien pou de gens.

En l'an mil iiii^c lxviii, viron le mois de juillet, monseigneur l'admiral et le baillif de Costentin et plusieurs autres seigneurs alérent mettre le siege devant Coustances qui tint viron xv jours. Et en la fin, par composicion, les Bretons rendirent la ville au roy, et s'en allérent eulz et leurs biens sauvez. Et pour ce que ceulx de la place avoient sy tost rendue la ville aux Bretons, le roy en fist abatre les murs au raz de la terre [1].

Eu dit an, viron le mois d'aoust, quant le roy sceut que son dit frére et les Bretons avoient gaigné les dittes places, il assembla son armée devers Angiers pour mener guerre en Bretaigne. Et s'en allérent ses gens mettre

---

1. Ces fortifications, que Louis XI fit démolir vers le milieu de 1468, remontaient aux premières années du règne de Charles V.

le siege devant Ancenix [1] qui tantost fut prins, et la y eult plusieurs Bretons mors et prins. Et bientost après les dis ducz de Bretaigne et de Berry demandérent treves et voulurent traitter d'appointement aveques le roy. Et adonques le roy envoya devers son dit frére, duc de Berry, en luy mandant qu'il voulsist venir devers luy a treves et qu'il lui bailleroit si bonne pencion que il devroit estre bien content, a quoy son dit frére obeit. Et adonques vindrent assembler le roy et son dit frére entre Ancenix et Angiers, leurs armées estans d'un costé et d'aultre. Et a l'assemblée pleurérent l'un contre l'autre, tant qu'ilz furent longuement sans pover parler l'un a l'autre. Et puis après parlérent longuement ensemble loing de toutes gens. Et en la fin l'apointement de eulx deux fut que le roy bailla a son frére la duchié de Guyenne aveques III^c lances et L mille de pencion et plusieurs aultres villes et pais. A quoy son dit frére se tint pour bien comptent, par aincy que Ancenix seroit rendu au duc de Bretaigne. Et a celle heure promist son frére au roy de non jenmès aller a l'encontre de luy, et prindrent et usérent « Corpus Domini » ensemble, en signe de bonne paix et union entre les deux princes [2]. Et de la s'en ala son dit frére prendre possession du pais de Guyenne ou il fut certain temps. Et partant les Bretons, qui tenoient Avrenches et les autres places en Normendie, rendirent les dittes places au roy et vuydérent Normendie et s'en allérent en Bretaigne.

1. Ancenis, Loire-Inférieure.
2. Le traité, passé à Ancenis le 10 septembre 1468 entre Louis XI et François II, duc de Bretagne, a été publié par Lenglet-Dufresnoy, *Commines*, III, 9. Cf. Thomas Basin, éd. J. Quicherat, II, 188 à 190.

FIN DE LA CHRONIQUE DU MONT-SAINT-MICHEL

PIÈCES DIVERSES
RELATIVES AU MONT-SAINT-MICHEL

ET A LA DÉFENSE NATIONALE EN BASSE NORMANDIE
PENDANT L'OCCUPATION ANGLAISE

PIÈCES DIVERSES

RELATIVES AU MONT-SAINT-MICHEL

ET A LA DÉFENSE NATIONALE EN BASSE NORMANDIE

PENDANT L'OCCUPATION ANGLAISE

I

1418, 4 SEPTEMBRE, MONT-SAINT-MICHEL

Vidimus par Laurent le Grant, sénéchal du Mont-Saint-Michel, d'un acte de Charles VI, daté de Paris le 3 août précédent, autorisant l'abbé et les religieux du Mont, qui ont dépensé plus de 10,000 francs pour creuser une grande citerne en roche vive et pour se défendre contre les attaques des Anglais occupant les alentours avec des forces considérables, à prendre sur les vicomtes d'Avranches, de Coutances, le receveur des aides d'Avranches et le maître particulier de la monnaie de Saint-Lô, une somme de 1,500 livres tournois destinée au payement des gens d'armes et de trait de la garnison du dit Mont.

A tous ceulx qui ces lettres verront Laurens le Grant, seneschal du Mont Saint Michiel ou peril de la mer, salut. Savoir faisons que, l'an de grace mil quatre cens et dix huit, le IIIe jour du mois de septembre, veismes et dilligeanment regardasmes unes lettres du roy nostre sire, en simple queue, seellées de cire jaune, avecques unes lettres de messeigneurs les generaulx conseillers et commissaires du dit seigneur sur le fait et gouvernement de toutes ses finances, atachées es dictes lettres soubz l'un de leurs singnés, desquelles lettres les teneurs ensuivent.

Charles, par la grace de Dieu roy de France, a noz amez et feaulx les generaulx et commissaires ordonnez sur le fait de toutes noz finances, salut et dilleccion. Receue avons l'umble supplicacion de nos amez les religieux, abbé et couvent du Mont Saint Michiel ou peril de la mer contenant que, comme iceulz supplians, pour la tres grant neccessité et deffaulte qu'ilz avoient d'eaue doulce au dit lieu du Mont Saint Michiel, lequel est assis en mer es fins et extremitez de nostre païs de Normendie, aient fait faire, puis un an ença, en icelluy lieu une grant citerne [1] en roche visve pour retenir eaues et pour resister a l'encontre de noz anciens ennemis et adversaires d'Angleterre qui de jour en jour s'efforcent de usurper nostre seignourie, nous et noz subgez grever a leur povoir, aient fait pluseurs autres grans euvres et reparacions pour la seurté du dit lieu, et aussi leur ait convenu faire pluseurs provisions de vivres et autres choses neccessaires et tenu un grant nombre de gens d'armes et de trait au dit lieu, pour la garde et deffence d'icelluy, a leurs propres coustz et despens, sans avoir de nous aucune ayde, esquelles choses les diz supplians ont fraié et emploié plus de dix mil frans ou environ, tant des biens de leur dicte eglise comme par empruns, et tant que pour le present il n'est pas a eulz aucunement possible de plus soustenir, gouverner ne souldoier les diz gens d'armez, attendu qu'ilz n'ont ne perçoivent un seul denier des rentes et revenues a eulx appartenans, lesquellez sont toutes entierement situées es païs que iceulx noz ennemis tiennent et occuppent, se sur ce ne leur est pas nous pourveu de remede convenable, si comme ilz dient, requerant humblement icelluy. Pour ce est il que nous, ces choses considerées, voulans aucunement

---

1. Ce passage prouve, contrairement à l'opinion généralement reçue, que l'une au moins des citernes du Mont-Saint-Michel est antérieure à Guillaume d'Estouteville et aux travaux exécutés en 1450 (Corroyer, *Description de l'abbaye du Mont-Saint-Michel*, p. 192). Sir John de Asshton, bailli du Cotentin, adressait de Coutances à Henri V, le 15 juin 1420, une lettre confidentielle, en anglais, où l'on trouve les lignes suivantes relatives à la citerne mentionnée en 1418 : « Yair (*y* est pour *th*) cisterne in ye qwich yair water is wonte to be kepped ys broston so yat for takke of water, and of wode yai myght abide noon gret distresse and sege were layde about yaim. » (*Mém. de la Soc. des Ant. de Norm.*, XXIII, 254, n° 1376.)

supporter les diz supplians des charges qu'ilz ont eues et
ont a cause de la dicte garde, et aussi pour leur aider a
resister a nos diz ennemis anciens et adversaires d'Angleterre
qui en grant puissance se sont logiez environ le dit lieu du
Mont Saint Michiel a l'entencion de prendre et dommagier
icelluy lieu, que Dieu ne vueille ! a iceulx supplians avons
ordonné et ordonnons avoir et prendre pour ceste fois
la somme de quinze cens livres tournois sur les vicontez
du dit lieu d'Avrenches [1], de Coustances [2], le receveur des
aides au dit lieu d'Avrenches et le maistre particulier de la
monnoie de Saint Lo [3], pour icelle somme convertir et emploier ou paement des diz gens d'armes et de trait et autres
choses neccessaires pour la deffense d'icelluy. Si vous mandons et commettons par ces presentes que incontinent et
sans delay vous faites veoir et visiter les estas des receptes
des diz vicontes, receveur et maistre particulier de la dicte
monnoye bien et dilligenment; et, sur ce que par la fin
d'iceulx estas apparra par eulx estre a nous deu, faites paier,
baillier et delivrer incontinent aus diz supplianz jusquez a
la dicte somme de quinze cens livres tournois a eulx par
nous ainsy ordonné estre prise sur ce, comme dit est, et ad
ce les faites contraindre et aussi a moustrer les diz estas,
tout par la fourme et maniere qu'il est acoustumé de faire
pour noz propres debtes, ausquelz nous par ces mesmes

---

[1]. Ce mandement de Charles VI est du 3 août 1418, et à cette date le Conseil du roi de France ignorait sans doute encore l'entrée des Anglais dans
Avranches dont la capitulation est du 14 juillet précédent (*Mém. de la Soc.
des Ant. de Norm.*, XXIII, 33, n° 215). Henri V avait même nommé quelques-uns des principaux fonctionnaires de la vicomté d'Avranches avant la reddition de cette ville, puisque quelques-unes de ces nominations sont datées des
12 mai (*Ibid.*, 21 et 22, n° 141) et 6 juillet (*Ibid.*, 31, n° 209) 1418.

[2]. La garnison de Coutances, placée sous les ordres de Nicolas ou Nicole
Paynel, chevalier, seigneur de Bricqueville, avait capitulé dès le 16 mars 1418
(*Mém. de la Soc. des Ant. de Norm.*, XV, 267). Le 31 août de cette année,
Jean Hune, vicomte de Coutances pour le roi de France, était à Rennes, en
Bretagne, où il s'était réfugié, laissant dans le château de Régneville les papiers
de sa recette qui étaient ainsi tombés entre les mains des Anglais (*Arch. du
dép. de la Manche*, série H, n° 15344).

[3]. Saint-Lô, défendu par une garnison que commandaient Jean Tesson et
Guillaume Carbonnel, chevaliers, s'était rendu le samedi 12 mars 1418 à Hum-
phrey, duc de Gloucester, frère de Henri V (*Mém. de la Soc. des Ant. de
Norm.*, XV, 267, 268).

presentes mandons que ainsy le facent. Et de ce faire vous donnons povoir, auctorité et mandement especial. Mandons et commandons aussi a tous noz justiciers, officiers et subgez que a vous, vos commis et depputez, en ce faisant, obeissent et entendent dilligemment. Et, par rapportant ces presentes ou vidimus d'icelles fait soubz seel royal avecques quittance sur ce des diz supplians, nous voullons que tout ce qui baillé aura esté par les diz vicontes, receveur et maistre particulier de la monnoye, soit alloué en leurs comptes et rabatu de leurs receptes par noz amez et feaulx gens de noz comptes a Paris ausquelz nous mandons et enjoingnons expressement que ainsy le facent sans aucun contredit, car ainsy nous plaist il estre fait, non obstans quelzconques ordonnances, mandemens ou deffenses ad ce contraires. Donné a Paris le IIIe jour d'aoust l'an de grace mil quatre cens et dix huit, et de nostre regne le XXXVIIIe. Ainsy signé : par le roy. N. du Quesnoy.

Item, ensuit la teneur des lettres des diz commissaires.

Les generaulx conseillers et commissaires ordonnez par le roy nostre sire sur le fait et gouvernement de toutes ses finances, a Guillaume Biote [1], salut. Veues par nous les lettres du roy nostre dit seignour ausquelles ces presentes sont atachées soubz l'un de noz signez, faisant mencion des religieux, abbé et couvent du Mont Saint Michiel ausquelz icelluy seigneur, pour les causes es dictes lettres contenues, a octroié la somme de quinze cens livres tournois a icelle prendre sur les vicontes d'Avrenches, de Coustances, le receveur des aidez au dit lieu d'Avrenches et sur le maistre particulier de la monnoie de Saint Lo, pour icelle somme convertir et employer ou paiement de certaines gens d'armes et de trait et autres choses neccessaires pour la deffense du dit lieu du Mont ; nous, pour acomplir le contenu es dictes lettres, vous mandons que incontinent, ces lettres veues, vous vous transportez par devers les diz vicontes, receveur et

---

1. Guillaume Biote, écuyer, habitant d'Avranches, seigneur de la Roche au Beuf (*Arch. Nat.*, P 290 [1], n°s 24 et 35), ne tarda pas à se rallier aux envahisseurs et fut nommé par Henri V, en récompense de sa soumission, vicomte de Carentan, le 11 mars 1422 (*Mém. de la Soc. des Ant. de Norm.*, XXIII, 230, n° 1317).

maistre particulier de la dicte monnoie et les estas de leurs receptes veez et visités et, sur ce qui par la fin d'iceulx estas vous apparra par eulx estre deu au roy nostre dit seigneur, faites paier, baillier et delivrer incontinent et sans aucun delay aus diz religieux, abbé et couvent la dicte somme de quinze cens livres tournois, et ad ce les contraignez et faictes contraindre par la fourme et maniere qu'il est acoustumé a faire pour les propres debtez du roy nostre dit seigneur. Ausquelz vicontez, receveur et maistre particulier nous mandons que ainsy le facent. De ce faire vous donnons povoir, mandons et commandons a tous a qui il appartendra que a vous et a voz commis, en ce faisant, soit obey pour les causes, et tout par la fourme et maniere que le roy nostre dit seigneur le veult et mande par ses dictes lettres. Donné a Paris le viie jour d'aoust l'an mil cccc et dix huit. Ainsi signé. G. Gente.

En tesmoing de ce, nous avons mis ad ce present transcript ou vidimus le grant seel aux causes de la dicte seneschaussée du dit lieu du Mont, en l'an et jour premier dessus diz. Collacion faicte aux lettres originaulx par moy G. Biote et par moy Dieulefist.

(*Arch. du dép. de la Manche, série H. n° 15343.*)

II

1419 (n. st.), 17 FÉVRIER, PONTORSON

Jean, seigneur d'Arundel et de Maltravers, délivre une lettre de sauvegarde à Michel de la Tuise, de Carentan[1].

Jehan, seigneur d'Arondel et de Maltravers, conservateur

---

1. Cette pièce, dont nous publions le texte d'après un vidimus de Julien Caruel, garde du scel des obligations de la vicomté de Carentan, en date du 24 octobre 1419, nous offre la formule de ces « bullettes » ou « bullettes de ligeance » que tout Normand devait se faire délivrer, pour n'être pas inquiété par les Anglais et pour obtenir la restitution de ses biens englobés dans la con-

des trieves [1] en ceste partie, a toux ceulx qui ces presentes lettres verront ou orront, salut. Savoir faisons nous avoir prins et mis en nostre protteccion et sauvegarde de nostre souverain seignour le roy Henry, par la grace de Dieu roy de France, d'Engleterre, duc de Normendie et seigneur d'Irlande, Michiel de la Tuise, de la parroisse de Carenten, qui est son homme lige juré en fourme deue, avecques toux ses heritages, femme, famille et biens quelxconques. Donné a Pontorsson [2] le xviie jour de fevrier l'an mil iiii^c et xviii.

(*Bibl. Nat., Quittances, t. 52, n° 5438.*)

III

1419 (n. st.), 5 MARS, COUTANCES

Lettres de sauvegarde délivrées par Jean Assheton, chevalier, capitaine de Coutances, bailli du Cotentin, à Colin Bataille, de Carentan.

Sachent tous nous Johan Assheton [3], chevalier, cappitaine de Coustances, bailli de Costentin et commissaire du roy

---

fiscation en masse, décrétée par Henri V le 9 février 1419, de toutes les propriétés privées de la Normandie (*Mém. de la Soc. des Ant. de Norm.*, XXIII, 53, n° 297).

1. Par acte daté de a cité royale de Bayeux le 7 mars 1418, Henri V avait institué Jean Arundell de Lichet Maltravers et Roland Leyntale, chevaliers, ainsi que maître Jean Stokes, docteur en lois, conservateurs des trèves conclues avec Yolande d'Aragon, reine de Jérusalem et de Sicile, et Louis, fils de Yolande, duc d'Anjou (*Mém. de la Soc. des Ant. de Norm.*, XV, 289, col. 1).

2. En décembre 1418, Jean Arundell de Maltravers, qualifié notre cousin « noster consanguineus » par Henri V, avait succédé comme capitaine des château et ville de Pontorson à Jean Gray (*Ibid.*, XXIII, 117, n° 711). Le mandement, dont nous publions le texte prouve que la nomination de Jean, seigneur d'Arundell, comme capitaine de Pontorson, rapportée par Bréquigny au mois de décembre 1419, doit être reculée d'un an et remonte à la fin de 1418. Dès le 12 juin 1419, Arundell fut remplacé dans la capitainerie de Pontorson par Guillaume de la Pole, comte de Suffolk (*Ibid.*, 99, n° 610).

3. Par acte daté de *la cité royale de Bayeux* le 14 mars 1418, Henri V

nostre souverain seigneur, avoir prins et mis en la proteccion et sauvegarde d'icellui seigneur Colin Bataille, de Carenten, homme rendu juré lige et subget du roy nostre dit seigneur, aveques tous ses bienz, famille, choses et possessions quelxconques. Donné a Coustances le chinquime jour de mars l'an mil iiii^c et xviii. H. le Bret.

(Bibl. Nat., Quittances, t. 52, n° 5526.)

IV

1419, 13 NOVEMBRE, BOURGES

Le dauphin Charles, régent du royaume, duc de Berry, de Touraine et comte de Poitou, autorise Robert, conseiller du roi, abbé du Mont-Saint-Michel, à lever pendant trois ans une aide de 20 sous tournois sur chaque queue de bon vin, de 10 sous sur chaque queue de vin du crû du pays, de 5 sous sur chaque queue de cidre, débitée dans la ville du dit Mont, de 20 sous sur chaque queue de bon vin, de 10 sous sur chaque queue de menues boissons débarquée au hâvre du dit Mont, afin d'employer le produit de cette aide à la mise en état de défense de la forteresse devant laquelle les Anglais viennent tous les jours.

Charles, filz du roy de France, regent le royaume, daulphin de Viennois, duc de Berry et de Touraine et conte de Poictou, a tous ceulx qui ces presentes lettres verront, salut. Savoir faisons nous avoir receu l'umble supplicacion de nos-

---

avait nommé sir John de Asshton, chevalier, bailli du Cotentin *(Ibid.,* XXIII, 61, n° 326; *Bibl. Nat.,* Quitt., t. 51, n° 5299). Suivant la judicieuse remarque de M. Léopold Delisle *(Ibid.,* XIX, 109), Bréquigny s'est trompé en rapportant la nomination de sir John de Asshton, comme bailli du Cotentin, à l'année 1419. A défaut d'autres preuves, la mention de Bayeux d'où cette nomination est datée suffirait pour établir que l'acte est de 1418. Sir John de Asshton avait rempli auparavant les fonctions de sénéchal de Bayeux que Henri V lui avait confiées par acte daté de sa ville de Caen le 20 septembre 1417 *(Ibid.* XV, 275, col. 1).

tre amé et feal conseillier de mon seigneur et de nous Robert [1], abbé du Mont Saint Michiel ou peril de la mer, ou pais de Normandie, contenant que, comme la ville et chastel du dit lieu du Mont Saint Michiel soit assis en port de mer, en frontiere des anciens ennemis et adversaires de mon dit seigneur et nostres les Anglois, estans a present ou dit pais de Normandie, et pour ce soit besoing de fortiffier, garder et emparer icelle ville et chastel si et par tele maniere que par deffault d'emparement, garde et fortiffication, elle ne chiee es mains des diz ennemis, laquelle chose, obstant la grant guerre que font les diz anciens ennemis au dit suppliant et par especial es rentes, revenues et appartenances appartenans au dit lieu et lesquelles ou au moins grant partie et revenue d'icelles ilz detiennent, prennent et occuppent, et aussi es bourgois, manans et habitans et autres gens retrayans en icelle, dont le dit suppliant et aussi les diz bourgois, manans et habitans sont moult diminuez et apovris de leurs chevanches, il ne pourroit ne n'auroit de quoy garder, fortiffier, ne emparer icelle place des emparemens et fortifficacions qui y faillent et sont a present neccessaires, sinon par aucun aide, ait advisé, pour le bien de la dicte place et de tout le pais d'environ, et pour icelle tousjours entretenir en l'obbeissance de mon dit seigneur et nostre et eviter les grans [griefs] qui par deffault des dictes reparacions se pourroient ensuir en la dicte ville, mesmement que les diz anciens ennemis sont et viennent chascun jour devant icelle [2],

---

1. Robert Jolivet, né à Montpinchon (Manche, arr. Coutances, c. Cerisy-la-Salle), abbé du Mont-Saint-Michel après la mort de Pierre Le Roy survenue à Bologne le 14 février 1411, avait été maintenu, comme son prédécesseur, dans la capitainerie du Mont, en vertu de lettres patentes de Charles VI du 18 juin de cette année (Dom Huynes, II, 98 à 100). La bulle du pape Jean XXIII, instituant Robert Jolivet abbé du Mont-Saint-Michel, est datée du 22 mars l'an premier de son pontificat, c'est-à-dire du 22 mars 1411, puisque Balthazar Cossa, élu pape à Bologne le 17 mai 1410, ne fut sacré et couronné sous le nom de Jean XXIII que le 25 mai de cette année. Robert Jolivet prêta serment au roi, comme abbé du Mont-Saint-Michel, le 18 juin 1411 (*Arch. Nat.*, P 267 [2], n° 549).

2. On peut inférer de ce passage que les défenseurs du Mont-Saint-Michel, qui avaient réussi à reprendre aux Anglais Avranches et Pontorson vers la mi-juin 1419 (*Mém. de la Soc. des Ant. de Norm.*, XXIII, 100, n° 617; Lobineau, *Hist. de Bret.*, Preuves, col. 965), avaient déjà perdu leurs avantages et se trouvaient de nouveau réduits à la défensive au mois de novembre suivant.

estre mis et assis en la dicte ville un aide jusques à trois ans prochainement venant, c'est assavoir sur chascune queue de bon vin vendue a detail en la dicte ville vint solz tournois, sur chascune queue de vin du creu[1] du pais dix solz tournois, sur chascune queue de sydre cinq solz tournois, sur chascune queue de bon vin descendue ou havre de la dicte ville vint solz tournois et sur chascune queue de menuz boires dix solz tournois. Et lequel aide sera prins, levé, receu et exigé sus tous les vendeurs, tant nobles, gens d'eglise comme autres, ce que le dit suppliant n'oseroit bonnement faire, combien que ce feust pour emploier et convertir en ce que dit est, sans avoir sur ce de nous congié et licence, si comme il dit, requerant humblement iceuls. Pour ce est il que nous, ces choses considerées et les bons et agreables services que le dit suppliant a faiz a mon seigneur et a nous a la garde et deffense de la dicte place et l'obeissance de lui et de nous, fait chascun jour et esperons que encores face ou temps advenir, et aussi que nous voulons et desirons icelle estre, attendu le lieu où elle est assise, fortiffiée et emparée si et par tele maniere que par deffault d'emparement et fortifficacion elle ne chiee es mains des diz ennemis, et que nostre entencion n'est pas d'empeschier le bien et prouffit de la chose publique, au dit suppliant avons octroié et octroyons par ces presentes, de l'auctorité royal dont nous usons, que d'ores en avant, de cy a trois ans prouchain venans, il puisse lever et mettre sur le dit aide ou impost dessus declairé, ou icellui baille a ferme au plus offrant et derrain encherisseur..., et que tous les deniers qui en ystront soient convertiz et emploiez es dictes fortifficacions, reparacions et emparemens et non ailleurs, car ainsi nous plaist il et voulons estre fait..... Donné en nostre ville de Bourges le xiiie jour de novembre l'an de grace mil cccc et dix neuf. Par monseigneur le regent daulphin, a la relacion du Conseil. Alain.

(Or. sc.)

(*Arch. du dép. de la Manche, série H, n° 15347 bis.*)

1. On est en droit de conclure de cette mention du cru du pays, non-seulement que l'on récoltait du vin dans l'Avranchin en 1419, mais encore que ce vin était l'objet d'un commerce assez important pour devenir ce qu'en terme de finance on appelle une matière imposable. Seulement, en opposant le vin du cru au

V

1420, 21 MAI, MONT-SAINT-MICHEL

Jean de Harcourt, comte d'Aumale, lieutenant du roi et du régent, et ayant la garde des abbaye, forteresse et ville du Mont-Saint-Michel, en l'absence de l'abbé et en présence des religieux, fait prendre en la trésorerie de la dite abbaye un certain nombre de joyaux ci-dessous énumérés appartenant aux dits religieux et à Jacqueline, veuve de Nicole Paynel, chevalier et seigneur de Bricqueville.

Nous Jehan d'Harecourt, conte d'Aubmalle [1], lieutenant de nostre seigneur le roy et de monseigneur le regent et ayant la garde des abaye et forteresse et ville du Mont Saint Michel, avons fait prendre en la tresorerie de la dicte eglise certains biens cy après desclairés, ad ce presens aucuns des religieux d'icelle en l'absence de l'abbé [2] du dit lieu, c'est a savoir six hanaps [3] d'argent a pié dorés et esmaillés, pesans

---

bon vin et en le soumettant à des droits moitié moindres, la chancellerie royale indique clairement la médiocre qualité du produit des vignobles bas-normands.

1. Jean VIII de Harcourt, comte d'Aumale et de Mortain, seigneur d'Auvers, né le 9 avril 1396, était fils de Jean VII, comte de Harcourt, et de Marie d'Alençon.

2. Cet abbé est Robert Jolivet qui, d'après les historiens du Mont-Saint-Michel, n'aurait quitté son abbaye pour faire sa soumission au roi d'Angleterre qu'en 1420. Il est certain que, dès le 9 mai 1419, Henri V, qui se trouvait alors au château de Vernon, délivra des lettres de sauf-conduit « pro Roberto Jolesfeit (*lisez* : Jolivet), abbate Sancti Michaelis, usque ad presenciam regis cum xx personis veniendo. » (*Mém. de la Soc. des Ant. de Norm.*, XXIII, 221, n° 1261, art. 25). Cette démarche avait été sans doute provoquée par la donation à Jean Skelton, le 30 mars précédent, des biens de Robert Jolivet et de ses frères Jean, Richard et Guillaume, fils de feu Jean Jolivet, ch^{er} (*Ibid.*, 65, n° 346 ; *Reg. des dons*, p. 81). C'est par erreur que les deux savants éditeurs des extraits de Bréquigny ont imprimé « Tolivet », au lieu de Jolivet. — D'un autre côté, dans une lettre ci-dessus mentionnée, en date du 15 juin 1420, adressée par sir John de Asshton, bailli du Cotentin, à Henri V, on lit ce qui suit : « Also yat abbot of ye Mount has sent for safe condute for to come to zour obeysshans... » (*Ibid.*, XXIII, 254, n° 1376.)

3. La lettre du bailli de Cotentin au roi d'Angleterre contient, au sujet de cette prise de possession par le duc d'Aumale d'une partie du trésor du Mont-Saint-Michel, les plus curieux détails : « Moste hegh and myghty prince, like

chascun trois mars demye once ou environ, deux cens escuz
en or, une coupe d'or pesante... mars trois unces, sur laquelle il avoit ung baloy et plusieurs perles avec un eguiére
d'or pesant neuf unces et demye, desquelles couppe et eguiére
il appartient, comme l'en dit, certaine porcion a dame Jaq-
[uemine] [1], veufve de feu monseigneur Nicolle Paisnel, jadis
chevalier et seigneur de Briqueville [2], et l'autre porcion
avecques autres biens dessus desclairés sont et appartiennent
a la dicte eglise du Mont. En tesmoing desquelles choses,
nous avons mis nostre seel a ces presentes, pour leur valloir
descharge et quittance, les en acquiter en garentie vers touz
et contre tous ou temps advenir. Donné au dit lieu du Mont
Saint Michel le xxie jour de moy l'an mil iiii^c vingt. Ainsy signé : par monseigneur le conte et lieutenant. N. DE FRIBOYS.

(*Arch. du dép. de la Manche, série H, n° 15350.*)

VI

1420, 27 MAI, MONT-SAINT-MICHEL

*Jean de Harcourt, comte d'Aumale, lieutenant du roi et du régent,
gardien des abbaye, ville et forteresse du Mont-Saint-Michel,
en présence des seigneurs d'Auzebosc, des Biards, de messire
Jean d'Annebault, de Colin Boucan et autres, confirme les privilèges des religieux, en récompense de leur fidélité éprouvée
et en révérence de cette sainte place.*

Jehan de Harcourt, conte d'Aubmalle, lieutenant de mon-

zow (z, devant une voyelle, est pour y) to witte yat after yat ye erle of Au-
marll and ye frenssh men, yat weren wit him, were departed out of ye Mounte,
and hadde taken wit yaim ye tresour yat yer... in departynge of y is good
emonge yaim, yer fel gret debate and was gret figthe, and yat yay kepe ye good
emonge yam selven and bien avysed to sende yat Dolfyn no parte yerof... »
(*Ibid.*)

1. Jacquemine ou Jacqueline de Varennes, veuve de Raoul Tesson, seigneur
du Grippon, remariée en 1396 à Nicolas Paynel, seigneur de Bricqueville.

2. Auj. Bricqueville-sur-Mer, Manche, arr. Coutances, c. Bréhal.

seigneur le roy et de monseigneur le regent le royaume, daulphin de Viennois, et garde des abbaye, ville et forteresce du Mont Saint Michiel, a tous ceulx qui ces presentes lettres verront, salut. Comme pour obvier a la malice, dampnable propos et entencion des Angloiz, ennemis anciens de monseigneur le roy, de mon dit seigneur le regent et de ce royaume, lesquelz ennemis ont par plusieurs foiz et divers moyens essayé de entrer es dictes abbaye, ville et forteresce, et la occupper et tenir en l'obeissance des diz ennemis, nous y soyons n'a gueres venuz et, moyennant la grace de Nostre Sire, y sommes entrez, et soit de present du tout en la bonne obeissance de monseigneur le regent, et pour et ou nom de lui en ayons prins la garde et y mis certaine provision de gens d'armes, de trait et deffensables, pour la tuicion, garde et deffense d'icelle, et a ce que elle puist plus seurement estre gardée, conservée et tenue en l'obeissance de mon dit seigneur; et il soit ainsi que les dis religieux nous ayent supplié et requis que, pour occasion de ces choses, leurs drois, nobleces, privileges, prerogatives et anciennes libertez ne puissent estre deperiz ou aboliz, savoir faisons que nous, ces choses considerées et le très grant et bon vouloir que les dis religieux ont tousjours eu et ont a mon dit seigneur, ainsi qu'ilz l'ont bien monstré par effeit, et en reverence de ceste saincte place et du divin service qui par prerogative de especial faveur doit estre soubstenu, conservé et augmenté, nous, en tant que faire le povons, avons voulu, octroyé et declairé et par ces presentes voulons, octroyons et declairons les dis religieux estre et demourer, joir et user des anciens droiz, privileges, prerogatives, franchises, noblesces, honneurs et libertez dont ilz ont acoustumé joir et user es temps passez, après la fin et conclusion des dis ennemis, sans ce que les choses dessus dictes leur puissent ne doyent porter prejudice a la diminucion de leurs diz privileges, noblesces et droiz ne autrement, sauf et reservé en touz cas la provision et ordonnance de mon dit seigneur le regent. En tesmoing de ce, nous avons fait mettre nostre scel a ces presentes. Donné au Mont Saint Michiel le xxviie jour de may l'an mil cccc vingt. Par monseigneur le conte et lieutenant, presens les sires d'Ausbosc [1],

---

1. Louis d'Estouteville, fils aîné de Jean II, sire d'Estouteville, alors prison-

des Biars [1], messire Jehan d'Onnebaut [2], Colin Boucan [3] et autres. N. DE FRIBOIS.

(Or. sc.)

(Arch. du dép. de la Manche, série H, n° 15349.)

nier en Angleterre, et de Marguerite de Harcourt, s'intitulait alors sire d'Auzebosc ; il ne prit le titre de sire d'Estouteville qu'après la mort de son père arrivée avant le 9 février 1436. Dès le 26 mars 1418, Henri V avait donné à Jean Harpedenne, chevalier, les seigneuries de Chanteloup, d'Appilly et de Créances confisquées sur Jeanne de la Champagne, belle-mère du seigneur d'Auzebosc, « que fuerunt Johanne de Champayn, que fuit uxor *Nicholai Paignel adhuc absentis* », et valant 800 écus par an *(Mém. de la Soc. des Ant. de Norm.*, XXIII, 19, n° 79). Le 10 avril 1419, le roi d'Angleterre concéda à Jean de la Pole, chevalier, les fief et seigneurie de Moyon et de « Maynusseron » (sans doute Mesnil-Ceron, Manche, arr. Saint-Lô, c. Percy), sis au bailliage de Cotentin et évalués à 1000 écus de revenu par an, « que fuerunt Nicholai Paynell, chivaler jam defuncti, et que Ludovicus de Fouleville *(lisez* : d'Estouteville), *chivaler adhuc rebellis, ut de jure uxoris sue, filie predicti Nicholai,* nuper tenuit » *(Ibid.*, 69, n° 373).

1. Guillaume le Soterel, baron des Biards (Manche, arr. Mortain, c. Isigny), marié à Marguerite du Plessis. Après avoir défendu son château contre les Anglais, vers la fin de 1418, avec une énergie dont la légende populaire a conservé le souvenir (Sauvage, *Légendes normandes,* 2e éd., p. 82 et 83), cet intrépide chevalier était allé s'enfermer dans le Mont-Saint-Michel pour y continuer la lutte contre les envahisseurs. Aussi, le 19 avril 1419, Henri V avait confisqué tout ce que le baron des Biards possédait dans le bailliage de Cotentin, évalué à 800 écus de revenu annuel, et l'avait donné à Thomas Bowet *(Mém. de la Soc. des Ant. de Norm.*, XXIII, 77, n° 432). Le 15 juin 1420, le bailli du Cotentin mentionne la présence de Guillaume le Soterel dans la ville du Mont-Saint-Michel dont les remparts récemment élevés formaient la première ligne de défense de l'abbaye : « be nethe in ye toun (du Mont-Saint-Michel) ys ye baron of Byars » *(Ibid.*, 254, n° 1376). Dans l'arrangement intervenu en 1420 entre le comte d'Aumale et les religieux du Mont-Saint-Michel, que l'on a rapporté par erreur à l'année 1440, le baron des Biards est aussi l'un des trois commissaires désignés pour faire observer cet arrangement dans la ville du Mont *(Ibid.*, XV, 213, col. 1).

2. Jean d'Annebault, fils de feu Raoul, seigneur d'Annebault, (auj. Appeville dit Annebault, Eure, arr. Pont-Audemer, c. Montfort-sur-Risle) et de Catherine le Bouteiller, dont le douaire se composait de fiefs sis à Maisy en la vicomté de Bayeux *(Ibid.*, XXIII, 28, n° 188). Jean d'Annebault avait été l'un des courageux défenseurs de la Roche-Guyon et s'était fait délivrer, après la reddition de ce château, un sauf-conduit pour se rendre en France *(Ibid.*, 221, n° 1261). Le 16 janvier 1421, Henri V donna à Jean Bourghop, écuyer, les fiefs dits d'Oenville et de Manteville, « que fuerunt *Johannis d'Enebaut* et Guillelmi Paviot, militum, *huc usque inobediencium* » *(Ibid.*, 157, n° 916). Le 1er mai 1418, le fief d'Annebault, dans la vicomté de Caen (Calvados, arr. Pont-l'Évêque c. Dozulé), avait été donné à Thomas Chappel, écuyer *(Ibid.*, 18, n° 125), qui en fit aveu à Henri V le 26 novembre suivant *(Arch. Nat.*, P 306, n° 30).

3. Le 5 mai 1419, Henri V donna à Robert Seguin les terres confisquées de

VII

1420, 31 MAI, AVRANCHES

Procès-verbal de l'exécution, par ordre de Guillaume Gautier, vicomte d'Avranches, d'un certain nombre de « brigands » y dénommés, qui ont été livrés au dit vicomte, du 4 novembre 1419 au 23 avril 1420, par Edmond Charles, écuyer, lieutenant du comte de Suffolk, seigneur de Hambye, de Bricquebec, amiral de Normandie et capitaine d'Avranches.

A touz ceulx qui ces presentes lettres verront, Guillaume Gautier, viconte d'Avrenches, salut. Savoir faisons que par noble escuier Esmon Charles, lieutenant de monseigneur le conte de Suffolk, seigneur de Hambuye [1], de Briquebec, admiral de Normendie et cappitaine d'Avrenches, nous ont esté baillez et livrez es prisons du roy nostre sire pluseurs larrons et brigans, prins et amenez au dit lieu d'Avrenches

---

Nicolas Boucan, *absent*, sises au bailliage de Cotentin et rapportant 100 écus par an (*Mém. de la Soc. des Ant. de Norm.*, XXIII, 89, n° 533; *Reg. des dons*, 93). Nicolas Boucan tenait du seigneur du Grippon le fief noble de Misouard, situé alors en Lolif et aujourd'hui en Montviron (Manche, arr. Avranches, c. Sartilly). Deux lieux dits de Subligny, le rocher *Boucan* et la *Boucanière*, semblent conserver le souvenir de la famille, éteinte depuis longtemps, à laquelle appartenait Nicolas (Le Héricher, *Avranchin monumental*, II, 134, 658).

1. Par acte daté ds sa cité de Bayeux le 13 mars 1418, Henri V avait donné à son très-cher cousin Guillaume ou William, comte de Suffolk, les châteaux et domaines de Hambye et de Bricquebec, évalués à 3500 écus de revenu annuel, qui avaient appartenu à feu Fouques Paynel, en son vivant chevalier banneret et seigneur des dits lieux (*Mém. de la Soc. des Ant. de Norm.*, xv, 254). Cette donation était faite au mépris des droits de Jeanne Paynel, fille unique et héritière de Fouques Paynel et de Marguerite de Dinant que l'on dit (La Chenaye-Desbois, *Dict. de la noblesse*, xi, 234) avoir été fiancée dès 1416 au trop fameux Gilles de Laval, baron de Rais, et être morte la veille de ses noces. Jeanne Paynel fut confiée pendant sa minorité à la tutelle de Jacqueline Paynel sa tante, remariée à Jean de Fayel, vicomte de Breteuil, et dame de Chantilly du chef de Pierre d'Orgemont son premier mari. La tante et la nièce étaient toutes les deux enfermées dans le château de Chantilly où elles avaient tenu jusqu'alors le parti du dauphin Charles, depuis Charles VII, lorsque, par l'entremise de Jacques Paynel, écuyer, seigneur d'Olonde, le seul membre de la famille des Paynel qui se fût rattaché au parti anglo-bourguignon, la garnison de ce château fit sa soumission à Charles VI, c'est-à-dire à Henri V, au mois de novembre 1421 (*Arch. Nat.*, JJ 172, n° 358).

par les aucuns Engloiz d'icelle garnison, affin d'en faire justice, c'est assavoir : Yvon Paien, Guillaume le Févre, natifz du pais de Bretaigne, lesqueulx, pour leurs demerites et ce qu'il fut trouvé qu'ilz estoient larrons et brigans, furent le IIIIe jour de novembre derrain passé executez et penduz ; Guillaume Hamelin, de la paroisse du Mesnil Beufx [1], lequel, pour tant qu'il fut trouvé par sa confession qu'il avoit esté et chevauchié en la compaignye des brigans, fut icelui IIIIe jour de novembre condampné a faire en la dicte viconté l'office de la haulte justice du roy nostre souverain seigneur ; Jehan Herpe, du Grippon, [2] lequel pour ses demerites fut escolleté le XVIIe jour du dit moys de novembre ; item, Michiel Toubon, de Saint Senier [3], Michiel Soutif, de la paroisse de On [4], qui semblablement, le XIIIe jour du moys de fevrier prouchain ensuyant, pour leurs demerites furent escolletez et mis a execucion ; item, Jehan Megret, de la parroisse de Quernet [5], lequel pour ses demerites fut executé et pendu le XXe jour du dit moys ensuyant ; item, Macé le Bas, de Cherencé le Heron [6], Perrin de Holleville, natif de Boullongne sur la mer, Guillaume de la Fresnoye, de Saint Jame de Bevron, Guillaume Jamet, de Saint Jehan du Couroil [7], Jehan Poytevin, de Tirepied [8],..... Peppin, de la Chése Baudouin [9], et Pierres d'Aunoy, d'icelle parroisse de la Chése, touz lesqueulx, le XXIXe jour du moys de mars derrain passé, furent pour leurs demerites executez et penduz, exepté le dit Macé le Bas qui fut escolletté ; item, Laurens de Querville, dit le Boullengier, de la parroisse de Brecteroville [10], Perrin le Hagueron, de Hambuye, et Guillaume le Sachier, de Sacé [11], qui semblablement le penulletier (sic)

---

1. Le Mesnil-Bœufs, Manche, arr. Mortain, c. Saint-Sauveur-Lendelin.
2. Auj. hameau de la commune des Chambres, Manche, arr. Avranches, c la Haye-Pesnel.
3. Saint-Senier-sous-Avranches, Manche, arr. et c. Avranches.
4. Auj. Saint-Martin-d'On, Calvados, arr. Vire, c. le Bény-Bocage.
5. Auj. Carnet, Manche, arr. Avranches, c. Saint-James.
6. Chérencé-le-Héron, Manche, arr. Avranches, c. Villedieu.
7. Saint-Jean-du-Corail-des-Bois, Manche, arr. Avranches, c. Brécey.
8. Manche, arr. Avranches, c. Brécey.
9. La Chaise-Baudoin, Manche, arr. Avranches, c. Brécey.
10. Brectouville, Manche, arr. Saint-Lô, c. Torigni.
11. Sacey, Manche, arr. Avranches, c. Pontorson.

d'iceluy moys de mars furent pour leurs demerites executez et penduz; item, Jehan d'Aunoy, de la Chése Baudouin, lequel fut escolletté le premier jour du moys d'avril derrain passé; item, Roul d'Aunoy, d'icelle parroisse de la Chése, qui pour ses demerites fut executé et pendu le xxiii° jour du dit moys d'avril, et Jehan...., de la parroisse de Saint Medart de Cellant [1], qui pour ses demerites a aujourd'uy esté executé et pendu. Toutes lesquelles choses, nous, par ces presentes, certiffions a touz a qui il appartendra avoir esté faictes. Donné au dit lieu d'Avrenches soubz le grant scel aux causes de la dicte viconté, le derrain jour de may l'an mil quatre cens et vingt. FROMONT.

(Bibl. Nat., Quittances, t. 52, n° 5524.)

VIII

1420, 23 juin, POITIERS

Le dauphin Charles, régent du royaume, duc de Berry, de Touraine et comte de Poitou, institue Jean, duc d'Alençon, comte du Perche, vicomte de Beaumont et seigneur de Fougères, et Jean de Harcourt, comte d'Aumale, ses cousins, en qualité de lieutenants et capitaines généraux dans le duché de Normandie, le duché d'Alençon, le comté du Perche et la vicomté de Beaumont, avec pleins pouvoirs pour faire la guerre aux Anglais dans les dits pays.

Charles, filz du roy de France, regent le royaume, daulphin de Viennois, duc de Berry, de Touraine et conte de Poictou, a touz ceulx qui ces presentes lettres verront, salut. Comme les Englois, anciens ennemis et adversaires de monseigneur et nostres, aient prins et occupé et encore tiennent et occupent tout le pais et duchié de Normendie et pluseurs villes et forteresses en pluseurs parties et contrées de ce royaume, en perseverant en leur dampnable entre-

---

[1]. Celland, le grand et le petit, Manche, arr. Avranches, c. Brécey.

prise, s'efforcent de jour en jour d'avoir et usurper la seigneurie de mon dit seigneur, lequel leur a esté livré et baillé par aucuns traittres ses subgiez, corrumpuz par dons et promesses des diz ennemis, lesquelx traittres ont par certain temps detenu la personne de mon dit seigneur hors de liberté; et il soit ainsi que nous soions deliberez de resister aus diz ennemis, moiennant le bon aide de Dieu et de nostre bon droit et des bons et loyaulx parens, vassaulx, subgiez, amis, aliez et bienvueillans de mon dit seigneur et nostres, et iceulx rebouter, et recouvrer et remettre en l'obbeissancce de mon dit seigneur et nostre les pais, villes et forteresses qu'ilz occuppent et s'efforcent de lui usurper et, pour les grans occupacions que de present avons en pluseurs lieux a cause des diz ennemis, nous ne povons partout estre en personne, par quoy est de neccessité en nostre abscence de pourveoir de personne ou personnes qui puissent representer la nostre, mesmement qu'ilz soient du sanc et lignage de mon dit seigneur et nostre et puissent eulx employer en recouvrement du dit pais, reducion des diz subgiez et habitans en icelui et autrement et en ce avoir auctorité, faveur, puissance et adhesion de gens, savoir faisons que nous, qui de tout nostre cuer desirons en ce pourveoir, ainsi que dit est, considerant l'eurgent neccessité qui est de ce faire, et confians a plain de noz très chiers et très amez cousins le duc d'Alençon, conte du Perche, viconte de Beaumont et seigneur de Fougieres, et Jehan de Harcourt [1], conte d'Aubmale, mesmement pour la grant prouchaineté de lignage dont ilz attiennent a mon seigneur et nous, et que leurs terres et seigneuries, de present usurpées et occupées par les diz ennemis, sont pour la plus grant partie situées au dit pais et duchié de Normendie et par ainsi après nous sont plus tenuz d'eulx y employer que autres, et plus puent savoir de l'estat du dit pais et trouver plus preste obbeissance, iceulx nos cousins et chascun d'eulx, de nostre certaine

---

1. Jean VIII de Harcourt, comte d'Aumale, était, par sa grand'mère paternelle Catherine de Bourbon, qui, mariée le 14 octobre 1359, vécut jusqu'au 9 avril 1427, le cousin issu de germain du dauphin Charles, depuis Charles VII, et, par sa mère Marie d'Alençon, le cousin germain de Jean II, duc d'Alençon, fils de Jean I, comte, puis duc d'Alençon, frère de Marie.

science, plaine puissance et auctorité royal, avons aujourd'ui faiz, commis, ordonnez et establiz et par ces presentes faisons, commettons, establissons et ordonnons, de par mon dit seigneur et nous, noz lieutenans et cappitaines generaulx ou dit pais et duchié de Normendie, et avecques ce en toutes les seigneuries et terres de nostre dit cousin d'Alençon, tant en ses conté de Perche, viconté de Beaumont, terres franczoises que autres, en quelxconques pais et contrees qu'ilz soient situées et assises, pour y representer nostre personne en nostre absence, en tout ce que sera au bien et bonne reducion, garde et deffence du dit pais de Normendie et des seigneuries et terres de nostre dit cousin d'Alençon, comme dit est; et, de l'auctorité et plaine puissance que dessus, avons donné et donnons a nos diz cousins, lieuxtenans et cappitaines generaulx et chascun d'eulx, iceulx estans ensemble ou par parties, plain povoir, auctorité et mandement especial de reduire ou faire reduire et remettre, par force et puissance d'armes, par composicions ou autrement, toutes les villes, cités, chasteaulx, forteresses et gens, de quelque estat qu'ilz soient, qui par les diz Anglois et rebelles de mon dit seigneur et de nous, par force et puissance d'armes ou autrement de leur voulanté auroient esté et seroient en l'obbeissance des diz Anglois et rebelles contre et ou prejudice de mon dit seigneur et de nous, de leur pardonner plainement le dit cas et touz autres crimes, malefices et delitz par eulx commis et perpetrez, soient de lese majesté ou autres, regardans et concernans l'obbeissance et adhesion aus diz Anglois et rebelles, de faire demolir, arraser et abatre les villes, chasteaulx et forteresses qui par nos diz cousins, lieuxtenans et cappitaines generaulx ou l'un d'eulx du dit pais et duchié et des dictes terres et seigneuries d'icelui nostre cousin d'Alençon seront prinses, reduites et remises en l'obbeissance de mon dit seigneur et nostre et autres qu'i[l] leur semblera estre expedient et qui ne seront prouffitables a tenir, et celles qui seront tenables et prouffitables a garder, faire reparer et remettre en bon et suffisant estat et les avitailler ainsi qu'ilz verront estre a faire, de y commettre et ordonner cappitaines et garnisons de gens d'armes et de trait et de deffence, et touz autres officiers necessaires et convenables, tant en justice comme de guerre et autrement, par maniere de provision et jusques ad ce que par nous en soit autrement ordonné, de mander, convoquer ou faire mander ou convoquer et assembler partout ou bon leur semblera touz prelaz, abbés et autres gens d'eglise, contes, barons, chevaliers et autres gens, nobles, bourgoys conseilliers, et marchans et toute maniere de gens d'armes et de trait et deffence, peuple habillé pour deffence, manouvres, voittures et charrois d'icellui pais et des dittes terres et seigneuries de nostre dit cousin d'Alençon et des diz pais, de faire et faire faire guetz, ouvrages, meneuvres et charrois, de jours et de nuiz, par touz lieux et places où il sera par nos diz cousins, lieuxtenans et cappitaines generaulx ou par l'un d'eulx ou leurs depputez et commis advisé estre expedient et necessaire, de contraindre ou faire contraindre par eulx ou leurs diz depputez, par prinse de corps et de biens et par toutes voyes raisonnables, mesmement les gens d'eglise, par prinse et detencion de leur temporel, de aller ou envoier avecques eulx et leurs gens, soit pour assaillir ou deffendre contre les diz ennemis et rebelles ou autrement les grever, de prendre ou faire prendre, arrester et mettre en la main de mon dit seigneur et nostre, crier, subhaster, vendre et adenerer touz les biens meubles des diz ennemis et rebelles ou desobbeissans, de leurs adherens, faicteurs et complices notoires, et convertir et emploier ce que en vendra au prouffit de monseigneur et de nous ou fait de la guerre, ainsi que bon leur semblera, non obstant quelxconques opposicions ou appellacions : pour lesquelles nous ne voulons estre diferé de convertir gens d'armes en gens de trait et gens de trait en gens d'armes, les archers en arbalestriers et par semblable les arbalestriers en archiers, de faire ou faire faire traictiés et composicions quelxconques au bien et redicion du dit pais, en l'obbeissance de mon dit seigneur et de nous..... Si donnons mandement a touz baillifs, seneschaulx, vicontes, cappitaines.... Donné a Poictiers le xxiiie jour de juign l'an de grace mil iiii^c et vingt [1]. Ainsi signé : par monseigneur le regent daulphin, en son conseil. ALAIN.

(Arch. du dép. de la Manche, série H, n° 15351.)

[1]. Nous publions cette pièce d'après un vidimus du 28 juin 1420 scellé du sceau aux contrats de la cour de Saumur.

IX

1420, 1ᵉʳ AOUT, DURTAL

Montre de Louis d'Estouteville, seigneur d'Auzebosc, chevalier banneret, 1 chevalier bachelier et 14 écuyers.

La montre de messire Loys d'Estouteville, seigneur d'Ausebosc, chevalier banneret, d'un autre chevalier bachelier et de quatorze escuiers de sa compaingnie, receuz a Durestal [1] le premier jour d'aoust mil iiiiᶜ et vingt.

Premierement. Le dit messire Loys d'Estouteville [2], banneret. Messire Jehan Salmon, chevalier bachelier. Jehan du Hertroy, Pierres de Buydalle, Richart le Long, Guillaume de Chambon, le bastard Salmon, Pierre des Aubuefs, Guillaume de Poitou, Ambroys Pasteau, Guillaume de Chargié, Pierre de Chargié, Jehan Cantour, Gervaiz de la Planche, Gillot de Posay, Jehan de Montguyon, escuiers.

(Bibl. Nat., Titres scellés de Clairambault, vol. 45, fº 3382 vº.)

1. Auj. Durtal, Maine-et-Loire, arr. Baugé. C'est sans doute peu après la reprise d'Avranches, c'est-à-dire pendant la seconde moitié de 1419, que Louis d'Estouteville, avec l'aide de la garnison française du Mont-Saint-Michel, avait reconquis sur les Anglais Chanteloup, Appilly, Créances, dont il était seigneur du chef de sa femme Jeanne Paynel et dont Henri V l'avait dépouillé, le 26 mars 1418, au profit de Jean Harpedenne (*Mém. de la Soc. des Ant. de Norm.*, XXIII, 9, nº 79), « de quibus idem Harpeden *per vim et potentiam inimicorum nostrorum disseisitus* extiterat ». Le 7 septembre 1420, Jean, seigneur de Grey, qui avait profité de l'expédition du seigneur d'Auzebosc en Anjou, attestée par la montre ci-jointe, pour lui enlever de nouveau ces mêmes châteaux et seigneuries, se les fit donner par Henri V (*Ibid.*, 147, nº 858). Toutefois, le 20 août de cette année, les Français du Mont-Saint-Michel avaient déjà repris l'offensive et menaçaient de nouveau Avranches. Edmond Charles, lieutenant du comte de Suffolk, dut augmenter les défenses de cette place, « contre laquelle l'en disoit venir les anemis et adversaires du roy, pour icelle assalir et prendre » (*Bibl. Nat.*, Quitt., t. 52, nº 5547).

2. Par acte daté de Durtal le 15 août 1420, Louis d'Estouteville, chevalier banneret, donna quittance de 316 livres tournois pour ses gages et ceux de ses gens d'armes, « en la compaignie de messeigneurs les duc d'Alançon et conte d'Aubmalle. » (*Bibl. Nat.*, Clairambault, vol. 45, fº 3385).

X

1421, 1ᵉʳ AVRIL, TOURS

Jean de Harcourt, comte d'Aumale, lieutenant du roi et du régent, capitaine et gardien des abbaye, ville et forteresse du Mont-Saint-Michel, mande à Olivier de Mauny, sire de Thiéville, son cousin et son lieutenant au dit lieu du Mont, d'imposer, selon les usages de la guerre, des appatissements sur les villes, paroisses et forteresses voisines du Mont occupées par les Anglais, et de remettre le produit de ces appatissements à Jean des Wys.

Jehan de Harecourt, conte d'Aubmalle, lieutenant general pour monseigneur le roy et monseigneur le regent le royaume daulphin de Viennois ou pays de Normandie, cappitaine et garde des abbaye, ville et forteresce du Mont Saint Michiel, a nostre très chier et amé cousin messire Olivier de Mauny, sire de Tieuville 1, nostre lieutenant au dit lieu du Mont,

---

1. Auj. Thiéville, Calvados, arr. Lisieux, c. Saint-Pierre-sur-Dives. Olivier de Mauny, qualifié ici sire de Thiéville, était le fils d'Olivier de Mauny marié avant le 7 avril 1395 (n. st.) à Catherine de Thiéville, dame de Thiéville, du Mesnil-Garnier, de Vains et de Chantore (Anselme, II, 411), et le petit-fils de Hervé de Mauny, sire de Torigni, mort en 1411 et de Marie de Craon, dame de Saint-Aignan, la première femme du dit Hervé, morte avant le 22 décembre 1401. Cet Olivier de Mauny, marié à Blanche d'Avaugour par contrat du 28 avril 1421, mourut sans enfants en 1424 (Ménage, *Hist. de Sablé*, pp. 396, 398, 399). Quant à Olivier de Mauny, sire de Torigni, père d'Olivier de Mauny, sire de Thiéville, il était certainement mort en 1437 lorsque Catherine de Thiéville, sa veuve, fonda en l'abbaye du Mont-Saint-Michel où il avait été enterré deux messes par semaine et un obit pour le reps de l'âme de son mari (Thomas le Roy, I, 373). Cette fondation fut confirmée le 4 août 1439 par Marguerite de Mauny, fille d'Olivier de Mauny, sire de Torigni, et de Catherine de Thiéville, unique sœur d'Olivier de Mauny, sire de Thiéville (Anselme, V, 381). Mariée par contrat du 18 avril 1421 à Jean Goyon, sire de Matignon et de la Roche Goyon, Marguerite de Mauny transporta l'opulent héritage des Thiéville et de cette branche des Mauny, notamment la baronnie de Torigni, dans la maison de Goyon qui s'est confondue à la suite d'une alliance et en vertu d'une substitution avec celle de Grimaldi-Monaco et n'a pas cessé de posséder cette baronnie jusqu'à l'époque de la Révolution. Il faut bien se garder de confondre Olivier de Mauny, sire de Thiéville, avec son cousin Olivier de Mauny, sire de Lesnen, l'un des membres les plus actifs du Conseil du roi Charles VI en 1416 et 1417 (*Arch.*

salut. Nous voulons et par vertu du povoir dont nous usons vous mandons que vous mettez sus, assignez et asseez appatissemens sur les villes, chasteaulx, forteresces et parroisses des marches du dit lieu du Mont et autres estans ou dit pays de Normandie, usurpées et occuppées par les Anglois, ennemis de ce royaume, ainsi qu'il est acoustumé de faire selon l'estat de la guerre. Et les deniers qui en ystront et vendront voulons estre receuz par nostre amé et feal Jehan des Wys auquel nous mandons et avec ce dounons plain povoir et mandement especial de ce faire, parmy ce qu'il nous en sera tenuz rendre compte et reliqua ou et quant il appartendra et requis en sera, et en ceste presente commission vacquez et entendez diligenment, chascun endroit soy. Et d'abondant voulons que vous et le dit des Wys vous puissez aider de ces presentes, tant au regard de vous que d'icellui des Wys, a la reddicion des comptes qu'il en rendra. Donné a Tours le premier jour d'avril l'an mil cccc vingt et un après Pasques.

Par Monseigneur le conte, lieutenant et capitaine. N. DE FRIBOIS.

(Or. sc.)

(Arch. du dép. de la Manche, série H, n° 15353.)

XI

1421, 8 AVRIL, TOURS

Jean de Harcourt, comte d'Aumale, donne quittance de 3000 livres tournois qu'il reçoit en prêt des supérieur et religieux du Mont-Saint-Michel par la main de Geffroi Cholet, prieur de Villamer, religieux du dit Mont, son conseiller, et qu'il s'engage à rendre pour le terme de la Saint-Jean (24 juin) prochain.

Nous, Jehan de Harecourt, conte d'Aubmalle, congnoissons

Nat., JJ 169, n°s 121, 160, 200, 250, 417, 493); l'héroïque défenseur du château de Falaise en décembre 1417 et janvier 1418 (*Mém. de la Soc. des Ant. de Norm.* XV, 251, 253, 271 et 272).

et confessons avoir eu et receu de religieux et honnestes hommes et noz très chiers et bien amez en Dieu les supprieur et aultrez religieux du Mont Saint Michiel en peril de la mer, la somme de trois mil livres tournois [1], monnoye courant, que les dis religieux nous ont fait delivrer et baillier en pur prest par la moin de nostre amé et feal conseillier mestre Geffroy Cholet, prieur de Villamers [2], et religieux du dit lieu du Mont, laquelle somme de trois mil livres tournois monnoie dicte nous promettons rendre et poier ou faire rendre et poier bien et loyalment aux dis religieux dedens le jour de la feste Saint Jehan Baptiste prochain venant, sur l'obligacion de touz nos biens presens et advenir, en nous rendant toutes foiz ou a personne commise de par nous ceste presente obligacion laquelle pour tesmoing de ce nous advons fait seeller de nostre seel et signée de nostre saing manuel. Donné a Tours le huitieme jour d'avril [3] l'an de grace mil iiii^c vingt ung après Pasques [4].
(*Arch. du dép. de la Manche, série H, n° 15354.*)

[1]. Il résulte d'une décharge, donnée le 15 avril 1426 aux religieux du Mont-Saint-Michel, par les doyen et chapitre de Notre-Dame de Bayeux, que le comte d'Aumale fit aussi argent d'une partie des joyaux de cette église renfermés avec des reliques dans trois caisses et appartenant au dit chapitre. Les religieux du Mont, à qui ces joyaux avaient été confiés à titre de dépôt, essayèrent en vain de s'opposer à ce qu'ils consideraient comme une profanation : « ipsi (religiosi) invicem congregati, sacras quandoque vestes induentes, processionem et missam sollennem, ad Dei et sanctorum quorum sunt reliquie veneracionem, celebrantes, aggredientibus inhibentes ex parte Dei et sancti Michaelis, ne sacra tangerent manibus prophanis, ipsos pluries ab inceptis arcuerunt ipsorumque officio multa preservata sunt. » (*Arch. du dép. de la Manche*, série H, n° 15313).

[2]. Auj. Villamée, Ille-et-Vilaine, arr. Fougères, c. Louvigné-du-Désert. Le prieuré de Saint-Martin de Villamer, qui avait été donné par Meen, évêque de Rennes, à l'abbaye du Mont-Saint-Michel d'où il est distant d'environ cinq lieues anciennes, était situé au diocèse de Rennes, près des sources du Beuvron.

[3]. Dix jours seulement avant la date de ce mandement, le 22 mars 1421, le comte d'Aumale avait pris une part glorieuse à la victoire de Baugé remportée sur les Anglais de Thomas Lancastre, duc de Clarence, par une armée franco-écossaise. Le 1er octobre suivant, Jean de Harcourt était encore en Anjou où il passa une revue à Durtal ; il avait alors sous ses ordres cinq chevaliers bannerets, les mêmes sans doute qu'il avait commandés à la journée de Baugé, Louis d'Estouteville, sire d'Auzebosc, Charles de Mauny, sire de Lingèvres, Charles d'Esneval, Guillaume Martel, sire de Bacqueville, Louis Martel, et en outre 2 chevaliers bacheliers et 20 écuyers (La Roque, *Hist. de la maison de Harcourt*, IV, 1683).

[4]. Vidimus du 14 septembre 1451, scellé du sceau de la vicomté d'Avranches.

XII

1421, 1ᵉʳ MAI, MONT-SAINT-MICHEL

Montre de Nicole Paynel, chevalier banneret, 4 chevaliers bacheliers et 14 écuyers de sa chambre et de la compagnie d'Olivier de Mauny, sous la retenue des duc d'Alençon et comte d'Aumale.

La monstre de messire Nicole Paynel [1], chevalier banneret, quatre chevaliers bacheliers et quatorze escuiers de sa chambre, de la compaignie messire Olivier de Mauny, chevalier, soubz la retenue de messeigneurs les duc d'Alençon et conte d'Aubmale, receuz au Mont Saint Michiel le premier jour de may l'an mil cccc et vingt ung.

Et premierement le dit messire Nicole, chevalier banneret. Messire Jehan du Homme [2], messire Guillaume de

---

1. Nicolas ou Nicole Paynel, seigneur de Bricqueville-sur-Mer, fils de Nicolas Paynel, mentionné plus haut comme mort (v. plus haut, p. 96) et de Jacquemine de Varennes, marié à Jeanne de Hunckerke. Nicole Paynel était gardien et capitaine de Coutances lorsque cette ville, assiégée par le comte de Huntingdon, l'un des lieutenants de Henri V, avait capitulé le 16 mars 1418. Dès le 5 avril de cette année, le roi d'Angleterre avait confisqué le château et la seigneurie de Bricqueville dont il avait gratifié son cousin Jean Holand, comte de Huntingdon (*Mém. de la Soc. des Antiq. de Normandie*, XXIII, 14, n° 99).

2. Le fief du Homme est en Poilley (Manche, arr. Avranches, c. Ducey). Le 24 avril 1419, Henri V accorda un répit d'un mois pour lui faire hommage à Pierre de Catterton, écuyer, à qui il venait de donner les terres confisquées de Jean du Homme, écuyer, sises en la vicomté d'Avranches (*Reg. des dons*, p. 82 ; *Mém. de la Soc. des Ant. de Norm.*, XXIII, 2ᵉ livraison, supplément, p. 4, col. 2'. Ce Jean du Homme, en sa qualité de seigneur du Mesnil-Drey (Manche, arr. Avranches, c. la Haye-Pesnel), devait aux religieux du Mont-Saint-Michel, à cause de leur baronnie de Saint-Pair, le service d'un chevalier, « en l'ost » du roi de France, duc de Normandie, pendant 40 jours. Marie du Homme, fille aînée et héritière de ce Jean du Homme, l'un des principaux défenseurs du Mont contre les Anglais, épousa Jean de la Ferrière. En 1462, une autre Marie du Homme, sœur de Jean du Homme, était mariée à son cousin Guillaume du Homme, écuyer, qui tenait alors en parage de Jean de la Ferrière, son neveu par alliance, le fief du Mesnil-Drey (*Arch. Nat.*, P 2893, n° 285).

Parcy [1], messire Jehan de la Haye [2], messire Guillaume de Coulombiéres [3], chevaliers bacheliers. — Thomin de Persé [4], Jehan Gohier, le seigneur d'Esquiley [5], Hervé The-

1. Si nous voyons figurer ici Guillaume et Thomin de Percy parmi les défenseurs du Mont-Saint-Michel, Robert de Percy, chᵉʳ, seigneur de Soulles, et Jean de Percy, écuyer, tenant fief à Formigny, firent leur soumission à Henri V en 1418 et 1419 (*Mém. de la Soc. des Ant. de Norm.*, XXIII, 211, n° 1194; *Ibid.*, 65, n° 344; *Arch. Nat.*, P 306, n° 94).
2. Le 8 octobre 1420, le roi d'Angleterre concéda à Jean Clifton les terres confisquées, évaluées à 600 écus de revenu annuel, de Jean de la Haye, de Beaucoudray (Manche, arr. Saint-Lô, c. Tessy), chevalier, et de sa mère Jeanne Grosparmy, « huc usque nobis *inobedientes* » (*Mém. de la Soc. des Ant. de Norm.*, XXIII, 148, n° 870). Ce chevalier était seigneur de Villebaudon (Manche, arr. Saint-Lo, c. Percy), relevant de la baronnie de Moyon, de Beaucoudray (Manche, c. Tessy), tenu en parage de Philippe de la Haye, chᵉʳ, seigneur de la Haye-Huc (auj. la Haye-Bellefonds), frère aîné de Jean de la Haye, de Bouillon et de Lengronne, (Manche, arr. Coutances, c. Gavray), relevant de Montagu. Dans un aveu rendu le 24 avril 1452 par Maurice de Lesnerac, écuyer, marié à Perrine de la Haye, fille unique et héritière de Jean, on lit ce qui suit : « Pour ce que, en l'advennement des Anglois fait ou duchié de Normandie, pour lors qu'ilz vindrent usurper le dit duchié, deffunct messire Jean de la Haye, en son vivant chevalier et seigneur des dictes terres et seigneuries, père de la dicte damoiselle, s'estoit absenté et n'avoit pas voulu demourer en l'obeissance des dis Anglois, mais s'en estoit allé en l'obeissance du roy nostre dit seigneur euquel il estoit allé de vie à trespassement, et [avoit] delessié et abandonné ses dis heritages, terres et seigneuries qui pour cause de son absence avoient esté donnés par le roy d'Angleterre, c'est assavoir les dictes terres et seigneuries de Bouillon, de Beaucouldrey et de Lengeronne, à ung Anglois, surnommé Clifton, et la dicte terre et seigneurie de Villebaudon, à ung nommé Pierre Baille, qui tousjours durant l'occupation des diz Anglois les avaient tenues et occuppées. » (*Bibl. Nat.*, Pièces originales, au mot *La Haie*).
3. Le 3 mai 1418, Henri V donna à Walter Cotford, écuyer, les manoir et seigneurie de Brucourt (Calvados, arr. Pont-l'Evêque, c. Dozulé), rapportant 300 francs par an, confisqués sur Guillaume de Colombières, chevalier, « contra nos adhuc *rebellis* » (*Mém. de la Soc. des Ant. de Norm.*, XXIII, 19, n° 129; *Reg. des dons*, 27).
4. Par acte daté de Mantes, en janvier 1423, Jean le Cler, originaire de la vicomté de Bayeux, serviteur de Jean Popham, naguères chancelier de Normandie, se fit donner les biens confisqués de *Thomas de Percy*, de Martin Henry et de Hennequin de Luce, rebelles (*Arch. Nat.*, JJ 172, n° 223).
5. Jean de Sainte-Marie, écuyer, seigneur d'Équilly (Manche, arr. Coutances, c. Bréhal). Le 9 mars 1419, Jean de Asshton, bailli du Cotentin, avait été invité à exiger l'hommage de Jean de Sainte-Marie (*Mém. de la Soc. des Ant. de Norm.*, XXIII, 219, n° 1249); et sur le refus de cet écuyer, le 7 septembre 1420, Henri V confisqua les terres de Jean, « huc usque nobis *inobedientis*, » et les donna à Jean, seigneur de Grey (*Ibid.*, 147, n° 858). Jean de Sainte-

sart [1], Olivier Roussel [2], Jehan de la Mote [3], Guillaume des Marestz, Jehan Piguace [4], Richart de Clinchamp [5], Colin de

Marie, écuyer, était possesseur, le 12 décembre 1415, à cause de Guillemette de Méautis sa femme, d'un fief sis à Hébécrévon (Manche, arr. Saint-Lô, c. Marigny), tenu en parage de Jean de Méautis, écuyer, seigneur du Mesnil Amey (*Arch. Nat.*, P 304, n° 93). Jean de Sainte-Marie tenait aussi du seigneur de la Haye-Pesnel une franche vavassorerie sise au Tanu (*Ibid.*, P 289 2, n° 169).

1. Le 19 juin 1418, Henri V donna congé à Louis Thesart, écuyer, sur les lettres de messire Guillebert d'Umfreville, chevalier, de jouir de ses terres et héritages, à condition qu'il irait devers le roi d'Angleterre en requérir don (*Reg. des dons*, p. 33). Le 13 mars 1421, ce Louis Thesart fit aveu à Henri V du fief des Essarts sis en la paroisse de la Bazoque (Calvados, arr. Bayeux, c. Balleroy) (*Arch. Nat.*, p. 306, n° 96). Hervé Thesart, écuyer, l'un des défenseurs du Mont-Saint-Michel, était peut-être le fils de Hébert Thesart, cher, dont la veuve, Perronnelle de Dampierre, que nous croyons être la mère de Hervé, tenait d'Olivier de Mauny, baron de Torigni, à la date du 15 novembre 1413, le fief de Dampierre sis à Placy (auj. Placy-Montaigu, Manche, arr. Saint-Lô, c. Torigni) (*Arch. Nat.*, P 306, n° 301).

2. Olivier Roussel était l'un de ces *Douze Pairs de la Terregatte*, « duodecim Pares de Terra Vasta », ainsi qualifiés dans le rôle de l'armée de Foix en 1272 (*Hist. de France*, XXIII, 763). Le 20 avril 1463, Olivier Roussel, « tenant du fief anciennement appelé le haubert de la Terregatte » (auj. Saint-Aubin et Saint-Laurent de la Terre-Gatte, Manche, arr. Avranches, c. Saint-James), fit aveu au roi 1° du fief d'Astilly ou du Vueil sur le Loir, 2° du fief de Ferrières, 3° du moulin de Bailleul, 4° de l'aînesse de la Moinerie, 5° du fief Fauvel et de la Poincinière (*Arch. Nat.*, P 2892, n° 178).

3. Le fief de la Motte est en Bacilly (Manche, arr. Avranches, c. Sartilly). Le 2 janvier 1420, il y eut expédition du don fait par Henri V à Jean de la Motte, écuyer, de ses héritages et de ceux qui furent à Robert de la Motte, écuyer *rebelle*, son oncle, et l'on manda au bailli de Cotentin et au vicomte d'Avranches de le laisser jouir (*Reg. des dons*, p. 137). Jean de la Motte, écuyer, qui passa revue à Rouen le 12 octobre 1415 (*Bibl. Nat.*, Clairambault, t. 79, p. 1691), tenait aussi des religieux du Mont-Saint-Michel la vavassorerie de la Motte, à Saint-Planchers (*Arch. Nat.*, P 289 3, n° 285).

4. Le fief de Bouceel, qui appartenait alors aux Pigache, est en Vergoncey (Manche, arr. Avranches, c. Saint-James). Le 8 mars 1420, un délai d'un mois fut accordé à Guillaume Glasdall, chevalier, pour faire hommage des manoir et vavassorerie de Bouceel, en la vicomté d'Avranches, confisqués sur Jean et André, dits Pigasse, écuyers, *rebelles* (*Reg. des dons*, p. 151). Le 12 août 1422, Henri V restitua à Olivier Mehubert et à Robine sa femme le fief de Bouceel détenu depuis quarante ans par Jean Pigache, Pierre Pigache, Guillaume et Nicolas de Verdun, « nobis nunc *inobedientes et rebelles* » (*Mém. de a Soc. des Ant. de Norm.*, XXIII, 204, n° 1143).

5. Le 8 mars 1420, un délai fut accordé à Thomas Trollop, écuyer, pour faire hommage des terres, sises en la vicomté d'Avranches, dont il avait été gratifié et qui avaient été confisquées sur Richard de Clinchamp, écuyer, re-

Clinchamp [1], Robin de Fontenay [2], Bertran de Mons [3], Robert Roussel, Michiel de Plomb [4], escuiers.

(Bibl. Nat., Pièces originales, au mot Rouxel; *document communiqué par M. Léopold Delisle.)*

XIII

1421, 1ᵉʳ JUIN, MONT-SAINT-MICHEL

Revue ou montre de Guillaume des Biards, chevalier banneret, 1 autre chevalier banneret, 2 chevaliers bacheliers et 16 écuyers.

La reveue de messire Guillaume des Biars, chevalier ban-

---

belle (*Reg. des dons*, p. 151). Ces terres étaient situées sans doute en Précey (Manche, arr. Avranches, c. Ducey) dont la seigneurie appartenait aux Clinchamp dès le XVᵉ siècle. Richard de Clinchamp et Colin de Clinchamp, qui suit, étaient frères et fils d'un premier lit de feu Guillaume de Clinchamp. Ce dernier, remarié à une nommée Robine dont il avait eu huit enfants, fit sa soumission aux Anglais (*Reg. des dons*, p. 128). L'un de ces huit enfants du second lit, maître Pierre de Clinchamp, était attaché à la maison de Jean Kempe, évêque de Londres ; il usa de son influence pour faire maintenir sa mère et ses frères et sœurs germains en possession de leurs biens (voyez le nº XLIII).

1. Colin de Clinchamp figure dans une revue passée à Villers, près Vendome, le 4 août 1421, parmi les 22 écuyers de la compagnie et de la chambre d'Olivier de Mauny, sire de Thiéville (Lobineau, *Hist. de Bretagne*, II, col. 979).

2. Robin de Fontenay, écuyer, était sans doute le fils de Robert de Fontenay, chevalier, *rebelle*, seigneur de Fontenay (Manche, arr. Valognes, c. Montebourg), dont le fief, s'étendant sur Ozeville et Lestre, avait été donné, le 1ᵉʳ mai 1419, à Jean de la Haye (*Mém. de la Soc. des Ant. de Norm.*, XXIII, 86, nº 507).

3. Bertrand de Mons était, sinon le fils, au moins le très-proche parent de Raoul de Mons, chᵉʳ, qui figure dans une montre passée à Villers, près Vendôme, le 4 août 1421, comme l'un des 7 chᵉʳˢ bacheliers de la compagnie et de la chambre d'Olivier de Mauny, sire de Thiéville (Lobineau, *Hist. de Bret.*, II, 979). Raoul de Mons tenait le fief de Mons, sis en Remilly (Manche, arr. Saint-Lo, c. Marigny), de Guillaume, seigneur de Montauban, de Remilly et de Marigny (*Arch. Nat.*, P 306, nº 551, fº 94). Le 27 décembre 1423, Henri VI donna les terres et seigneuries de ce chevalier, de sa femme et de Richard de Mons, prêtre, son frère, à un écuyer anglais, du comté de Wilts, nommé Walter Charleton (*Arch. Nat.*, JJ 172, nº 457).

4. Manche, arr. et c. Avranches.

neret, ung autre chevalier banneret, deux chevaliers bacheliers et seize escuiers de sa chambre et compaignie, reveue au Mont Saint Michiel le premier jour de juing l'an mil cccc vingt et ung.

Le dit messire Guillaume des Biars [1], messire Nicole Painel [2], chevaliers bannerez. Messire Guillaume de Persy [3], messire Jehan de la Haie du Bouillon [4], chevaliers bacheliers. Colin Boquan [5], Guillaume de la Luserne [6], Henry Mur-

---

1. *Cf.* p. 99, note 1. Trois mois et demi après la date de cette revue, par acte daté de Tours le 22 septembre 1421, le dauphin Charles fit payer 8,000 livres tournois à son cousin le duc d'Aumale, « principal et chief pour aler presentement, avec grant compaignie de gens d'armes et de trait, ou pais de Normandie, de la charge et retenue de gens d'armes et de trait par nous ordonnez à beau cousin d'Alençon » (La Roque, *Hist. de la maison de Harcourt*, IV, 1681 et 1682).

2. *Cf.* p. 110, note 1. Le 28 septembre suivant, Henri V donna l'ordre de raser le château de Bricqueville-sur-Mer, appartenant à Nicole Paynel (*Mém. de la Soc. des Ant. de Norm.*, XXIII, 185, n° 1036).

3. *Cf.* p. 111, note 1.

4. Ce chevalier est le même que celui qui figure dans la montre précédente où il est appelé simplement Jean de la Haye. *Cf.* p. 111, note 2.

5. *Cf.* p. 99, note 3.

6. Le 25 février 1419, Guillaume de la Luzerne, écuyer, en garnison à Honfleur, avait été, avec Thomas de Carrouges, Guillaume d'Anfernet, Durand de Trouville, Brevet de Breveden, Robert de Bérengerville, l'un des six gentilshommes qui avaient signé la capitulation. Après la reddition de cette place, le 16 mars suivant, Guillaume était allé s'enfermer dans le Mont-Saint-Michel. Dans une lettre déjà citée, en date du 15 juin 1420, John of Assheton, bailli du Cotentin, signale le baron des Biards, Jean Paynel, *Guillaume de la Luzerne* et Jean de la Haye comme les quatre principaux défenseurs de la ville du Mont-Saint-Michel, dont les remparts formaient la première ligne de défense de l'abbaye (*Mém. de la Soc. des Ant. de Norm.*, XXIII, 254, n° 1376). Thomas de la Luzerne, ch[er], seigneur de la Luzerne (Manche, arr. et c. Saint-Lo), dont il avait fait aveu au roi de France le 22 février 1414 (*Arch. Nat.*, P 306, n° 81), loin de suivre l'exemple de Guillaume, prêta serment de féauté à Henri V le 8 mars 1419 (*Bibl. Nat.*, Quitt., t. 51, n° 5333) et fut maintenu, le 25 mai de cette année, en possession de ses biens aux termes de la capitulation de Cherbourg, forteresse où ce chevalier était renfermé au moment de la reddition (*Ibid.*, t. 52, n° 5523). Le 24 juin suivant, après la prise d'Avranches par les Français du Mont-Saint-Michel, Thomas de la Luzerne fut, avec Guillaume Carbonnel, Henri de Guéaubert, Jean de Saint-Germain, Guillaume aux Épaules, Jean Fauc, ch[ers], Jean Fortescu, Raoul de Campront et Cariot Carbonnel, écuyers, l'un des neuf gentilshommes normands chargés par le roi d'Angleterre d'appeler sous les armes la noblesse du Cotentin (*Mém. de la Soc. des Ant. de Norm.*, XXIII, 100, n° 617). Le même jour, il recevait, en

drac [1], Jehan Benest [2], Guillaume Artur, Thomas du Val, Richart de Clinchamp [3], Colin de Clinchamp [4], Robert de

récompense de son dévouement aux envahisseurs, une partie des dépouilles d'Olivier de Mauny (*Ibid.*, n° 618), notamment la seigneurie de Marcé (*Bibl. Nat.*, Quitt., t. 53, n° 5638). Après la mort de Thomas de la Luzerne, antérieure au 26 août 1422, Catherine Suhart, sa veuve, fut maintenue par Henri V en possession de 60 livres de revenu (*Ibid.*, n° 1334). Quant à Guillaume de la Luzerne, son dévouement à la cause française ne paraît pas s'être démenti un seul instant. Le 6 novembre 1422, il fut chargé, ainsi qu'Ambroise de Loré, par Jean de Harcourt, comte d'Aumale, lieutenant du roi en Normandie, Maine, Anjou et Touraine, de faire mener en la place du Mont-Saint-Michel : 1° 1,500 grosses dondaines ; 2° 4,000 de trait commun ; 3° 290 bottes de fil d'Anvers ; 4° 1,600 livres de poudre à canon ; 5° 4 grosses arbalètes, de bois de « Roumenie » ; 6° 60 arcs à main ; 7° 80 douzaines de flèches factices ; 8° 6 pieds de chèvres ; 9° 30 pavois ; 10° 2 falots ; 11° 1 canon de cuivre, pesant 400 livres, portant pierre de 12 livres (La Roque, *Hist. de la maison de Harcourt*, IV, 1684).

1. Ce Henri Murdrac, écuyer, tenait en parage de Jean de Grimouville, écuyer, le quint de fief de Grimouville (auj. section de Régnéville, Manche, arr. Coutances, c. Montmartin), et en arrière-fief de Guillaume Carbonnel, ch^{er}, seigneur de Saint-Denis le Gast, du chef de sa femme Raoule de Saint-Denis, un quart de fief à Sainte-Marguerite-sur-Mer (auj. section de Bricqueville-sur-Mer, Manche, arr. Coutances, c. Bréhal) (*Arch. Nat.*, P 289^4, n° 472 ; P 304, n° 164). Trois ans après la date de cette montre, le 8 juillet 1424, Henri Murdrac, gagné par l'argent des Anglais, se rendait coupable de la plus lâche trahison. En vertu d'un marché passé avec Thomas Burgh, capitaine d'Avranches, ce misérable s'engageait à livrer aux envahisseurs la ville du Mont-Saint-Michel en échange de 1,000 écus d'or ; et le jour même où il recevait le salaire de sa trahison, il livrait son neveu Raoulet Murdrac comme ôtage en garantie de l'exécution de ce marché (voyez plus loin les n°^{os} XXVIII et XXXV).

2. Jean Benest, écuyer, tenait du seigneur de la Haye-Pesnel deux franches vavassoreries au Luot (Manche, arr. Avranches, c. la Haye-Pesnel) qui, le 1er mars 1457, étaient possédées par Guillaume Boutelou, son gendre (*Arch. Nat.*, P 2892, n° 169). Le 25 février 1452, les héritiers de Jean Benest tenaient en arrière-fief de Jean Herault, écuyer, un membre de sergenterie « nommé la sergenterie Benest, qui japieça fut baillie a ung sournommé Benest », à cause d'une franche sergenterie, sise en la vicomté d'Avranches, nommée la sergenterie Herault, dont Jean Herault rendit aveu au roi à la date susdite. Cette sergenterie Herault, qui comprenait alors 28 paroisses, se subdivisait en 3 verges : 1° la verge de Genest, chef de toute la sergenterie, composée de 13 paroisses ; 2° la verge de Grippon où l'on comptait 8 paroisses ; 3° la verge de Pons qui ne s'exerçait que sur 6 paroisses seulement (*Arch. Nat.*, P 290 1, n° 81). A la date du 25 mai 1420, le lieutenant général du bailli du Cotentin s'appelait Jean Benest, comme l'écuyer qui figure dans la montre du 1er juin 1421. (*Bibl. Nat.*, Quitt., t. 52, n° 5523).

3. *Cf.* p. 112, note 5.

4. *Cf.* p. 112, note 5, et p. 113, note 1.

Fontenoy [1], Guillaume aux Espaules [2], Hervé Tezart [3], Jehan de la Mote [4], Jehan de Saincte Marie [5], Guillaume des Marez, Olivier Morisset [6], Robert Roussel, escuiers.

(*Bibl. Nat., Pièces originales, vol. 335, au mot* BIARDS.)

XIV

1422, 27 JUILLET, MONT-SAINT-MICHEL

Les religieux du Mont déclarent prendre, avec le consentement de Jean le Juif, prieur de Tombelaine, sur la chapelle Saint-Antoine du dit prieuré, 3000 livres de plomb, qui doivent être employées tant à des citernes qu'à d'autres constructions, et s'engagent à les rendre ou à en rembourser le prix au dit prieur.

Nous les religieux du Mont Saint Michiel ou peril de la mer, par ordonnance faicte d'un commun acort en nostre chappitre et de l'assentement de frére Jehan le Juif, prieur de Tumbelaine, l'an mil IIII^c vingt deux, ou mois de juillet,

---

1. Robert de Fontenoy est le même personnage que le Robin de Fontenay de la montre du 1er mai précédent. *Cf.* p. 113, note 2.
2. Guillaume Aux Épaules, écuyer, qui figure ici parmi les défenseurs du Mont-Saint-Michel, doit être soigneusement distingué de Guillaume Aux Épaules, chevalier, marié à Raoule Tesson. Ce dernier fut maintenu, le 7 mars 1419, en possession de ses biens par Henri V (*Mém. de la Soc. des Ant. de Norm.*, XXIII, 217, n° 1238) auquel il rendit aveu, le 9 du même mois, de son fief au Vieul, situé à Sainte-Marie-du-Mont (Manche, arr. Valognes, c. Sainte-Mère-Église) et s'étendant à Saint-Pierre-Église, rapportant, bon an mal an, 40 livres tournois (*Arch. Nat.*, P 2901, n° 44; *Reg. des dons*, p. 50).
3. *Cf.* p. 112, note 1.
4. *Cf.* p. 112, note 3.
5. Jean de Sainte-Marie et le seigneur d'Équilly, mentionné dans la revue du 1er mai précédent, sont un seul et même personnage. V. plus haut, p. 111, note 5.
6. Olivier Morice figure dans une revue passée à Châteaugontier le 1er août 1421, comme l'un des 98 archers de la compagnie et de la chambre d'Olivier de Tournemine, écuyer banneret, seigneur de la Hunaudaye (Hay du Chastelet, *Hist. de B. du Guesclin*, p. 427, col. 1).

prensismes, pour employer tant aux cisternes que es autres choses neccessaires de ceens, trois mil de plon qui avoit esté prins ou prieuré de Tumbelaine, sur la chappelle Saint Antoine, et aporté en cest hostel en garde pour la doubte des guerres. Et pour ce que les diz trois mil de plon ont esté emploiez es besongnes de cest hostel, comme dit est, nous promettons au dit prieur ou ses successeurs rendre les diz trois mil de plon, ou la valeur qu'il puet valoir, pour estre converti et employé en la reparacion du dit prieuré, au temps que l'en y pourra mesnagier. Et a fin de plus grant congnoissance, nous avons voulu que le calice, dedens lequel nous avons mis ceste presente cedule, soit mis a part et sequestré par maniere de gaige dedens la tresorerie jusques ad ce que le dit plon, ou la valeur, soit restitué au dit prieuré. Et en tesmoing des choses dessus dictes, nous avons mis a ceste presente cedule nostre seel commun, en l'absence de monseigneur l'abbé. Ce fait l'an dessus dit le xxviie jour de juillet.

(Arch. du dép. de la Manche. série H, n° 15356.)

XV

1422, 10 OCTOBRE, VERNON

Endenture entre Jean, duc de Bedford, régent de France, et le comte de Suffolk institué, du 10 octobre 1422 au 27 septembre 1423, gardien du pays de Coutances, des château et ville de Saint-Lô, de la ville de Coutances, avec 50 hommes d'armes et 150 archers tous à cheval, dont 20 hommes d'armes et 60 archers pour son escorte, 20 hommes d'armes et 60 archers pour la garnison de Saint-Lô, 10 hommes d'armes et 30 archers pour celle de Coutances.

Ceste endenture, faicte par entre le très hault et puissant prince Jehan regent le royaume de France, duc de Bedford, d'une part, et noble et puissant seigneur monseigneur le conte de Suffolk [1], d'aultre part, tesmoingne que le dit conte est et demoure devers le dit monseigneur le regent, pour la sceurté et garde du pays de Coustances et d'Avranches, des chastel et ville de Saint-Lo et de la ville de Coustances, du jour de la date de ceste presente endenture jusques a la feste de Saint-Michiel prouchain ensuivant, c'est assavoir le dit terme continuelment demourant avecques lui sur la sauvegarde et sceurté des diz pays et des dictes villes et chastel cincquante hommes d'armes et cent cincquante archiers tous a cheval armez et arrayez comme a leur estat appartient, c'est assavoir vint hommes d'armes et soixante archiers pour l'acompaignier dans ses chevauchées pour la garde et sceurté des diz pays, autres vint hommes d'armes et soixante archiers pour la garde du chastel de Saint-Lo, et les aultres dix hommes d'armes et trente archiers pour la garde, sceurté et deffense de la ville de Coustances. Et prendra de gaiges.... Et a le dit monseigneur le conte empris de sauvement garder a son povoir les dictes villes et chastel par lui ou son depputé quelconque pour qui il vouldra rendre, et de garder et deffendre a son povoir les diz pays d'Avranches et de Coustances a l'onneur et prouffit de monseigneur le regent, sanz livrer icelles places fors a lui ou a son certain commandement. En tesmoingnance desquelles choses, a la partie de ceste presente endenture demourante devers le dit conte, le dit monseigneur le regent a fait mettre son seel. Donné a Vernon le

[1]. William de la Pole, quatrième comte de Suffolk, récemment promu chevalier de la Jarretière en remplacement de Thomas, duc de Clarence, tué à la bataille de Baugé le 22 mars 1421 (Beltz, *Memorials of the order*, p. 158). Le choix d'un personnage tel que le comte de Suffolk, comme capitaine de Saint-Lô et de Coutances, et le renforcement des garnisons anglaises, voisines du Mont-Saint-Michel, avaient été rendus nécessaires par suite de deux petits avantages remportés par le comte d'Aumale au mois d'août précédent dans le cours d'une chevauchée entreprise pour forcer les Anglais à lever le siège de Dangu (Eure, arr. les Andelys, c. Gisors), défendu par le Roussin, le premier, près de Bernay, où Ambroise de Loré et Jean de la Haye, baron de Coulonces, avaient mis en déroute 500 Anglais et où Jean de Harcourt avait été fait chevalier par le vicomte de Narbonne ; le second, au retour de cette expédition, entre Moulins-la-Marche et Mortagne, où Philippe Branche, battu par les Français, avait laissé plusieurs centaines des siens sur le champ de bataille (La Roque, *Hist. de la maison de Harcourt*, IV, 1685 ; *Chron. du religieux de Saint-Denis*, VI, 474, 476, 478 ; *Geste des nobles*, 186 et 187).

dix^me jour d'octobre l'an mil ccccxxii. Par monseigneur le
regent le royaume de France, duc de Bedford. R. Veret.

(Bibl. Nat., Quittances, t. 53, n° 5773.)

XVI

1422, 11 octobre, Caen

*Guillaume Breton, bailli de Caen, mande au vicomte du dit lieu de
faire publier partout deux ordonnances du duc de Bedford, dont
l'une enjoint à tous gens d'armes, qui se tiennent sur le pays, de
rejoindre leurs garnisons, et à ceux qui ne font point partie
d'une garnison, de se mettre sous un capitaine quelconque, et
dont l'autre interdit le pèlerinage au Mont-Saint-Michel.*

Guillaume Breton [1], chevalier, bailli de Caen, au vicomte du
dit lieu ou a son lieutenant, salut. Nous vous mandons et
commettons que vous faciés crier et publier par tous les
lieux et places de vostre dicte viconté acoustumés a faire

---

1. Le 10 janvier 1418, Guillaume Breton avait été l'un des quatre chevaliers
chargés par Henri V de recevoir le serment des habitants de Caen (*Mém. de la
Soc. des Ant. de Norm.*, xv, 244, col. 2). Le 22 janvier 1421, il avait reçu une
commission de louvetier au bailliage de Caen (*Ibid.*, XXIII, 162, n° 736). Le
15 juin de la même année, il s'était fait concéder une maison, sise à Caen, en
la paroisse Saint-Pierre, qui avait appartenu à Guillaume Labre (*Ibid.*, 177,
n° 999). Le 18 décembre suivant, il avait été gratifié, après le décès d'un chevalier anglais nommé Henri Noon, des château, seigneurie et châtellenie de
Condé-sur-Noireau confisqués sur Charles de Rohan, seigneur de Guémené-
Guingamp, fils de Jean I, vicomte de Rohan, et de Jeanne de Navarre, marié
par contrat du 10 mars 1406 (n. st.) à Catherine du Guesclin, dame du Verger
(*Ibid.*, 191, n° 1066 ; *Arch. Nat.*, P 289 4, n° 455). Jean Popham, institué
bailli de Caen par Henri V le 24 décembre 1417 (*Ibid.*, XV, 245, col. 1),
avait exercé ces fonctions jusqu'au 27 septembre 1422 (*Bibl. Nat.*, Quitt.,
t. 53, n° 5683). Ce chevalier anglais ayant été nommé chancelier de Normandie
le 29 septembre 1422 (*Ibid.*, n° 5759), Guillaume Breton le remplaça comme
bailli de Caen. Nous n'avons pu retrouver jusqu'à présent les lettres de provision
accordées au nouveau bailli, mais le mandement de Henri VI, dont nous publions
e texte, montre que Guillaume était entré en fonctions dès le 11 octobre 1422.

criz, de par le roy nostre souverain seigneur et de par trez excellent et puissant prince monseigneur le duc de Betheford, gouverneur de Normendie, que toutes gens, de quelque estat ou condicion qu'ilz soient, qui se tiennent sur le pais, voisent et tournent tantost et hastivement devers leurs capitaines, quelque part qu'ilz soient; et ceulx qui ne sont soubz capitaines se y mettent le plus tost que faire se pourra, sur paine de forsfaire leurs chevaulx et hernoiz et leurs corps, a la volenté du prince; et avecques ce que vous faciez crier et deffendre, de par le roy nostre dit souverain seigneur et de par mon dit seigneur le gouverneur, que nuls, de quelque estat ou condicion qu'ilz soient, ne voisent em pelerinage au Mont Saint Michiel, sur paine de confiscacion de corps et de biens. Et se vous en trouvés aucuns qui, depuis les diz criz et publicacions, aient fait le contraire, mettez iceulx es prisons du roy nostre dit souverain seigneur jusquez ad ce que aultrement y ait esté pourveu et ordonné. Et gardés que deffault n'y ait. Donné a Caen le xie jour d'octobre l'an mil iiii^c xxii. Pié de Fust.

(*Bibl. Nat., Quittances, t. 53, n° 5776.*)

XVII

1422, décembre, Vernon

Henri VI, roi de France et d'Angleterre, donne à Nicolas Burdett, écuyer, en récompense des services rendus par le dit écuyer à Jean, duc de Bedford, régent de France, les terres et seigneuries de Bonneboscq et de Manneville-la-Pipard.

Henry, par la grace de Dieu roy de France et d'Angleterre, savoir faisons a tous presens et avenir que nous, considerans les bons et aggreables services que a faiz a nostre très chier et très amé oncle Jehan, regent nostre royaume de France, duc de Bedfort, fait chascun jour, et esperons que encores face, ou temps avenir, nostre amé Nicolas Burdet [1], escuier, a icellui, par l'advis de nostre dit oncle, de grace especial, pleine puissance et auctorité royal, avons donné, cedé, transporté et delaissié et par la teneur de ces presentes cedons, transportons et delaissons les terres et seigneuries de Bonnebos [2], en l'eveschié de Lisieux, ou bailliage de Rouen, Manneville et Pimphart [3], avecques toutes leurs appartenances et appendances, que souloit tenir Basille Jen, escuier, ensemble toutes les terres, seigneuries, rentes, revenues et possessions que jadiz furent au sire de Morney [4], chevalier, situéez et assises es bailliages de Rouen et de Caux et ailleurs en nostre pais de Normendie..., jusquez a la valeur de mil escuz d'or de revenue par an... Donné a Vernon, ou moys de decembre, l'an de grace mil cccc vint et deux, et de nostre regne le premier. Ainsi signé : par le roy, a la relacion de monseigneur le regent de France duc de Bedfort. J. MILET.

(*Arch. Nat.*, sect. hist., JJ 172, n° 191.)

1. Dès le 7 mars 1420, Nicolas Burdett, écuyer, originaire du comté de Worchester (Carte, *Catal. des rolles*, II, 246), marié à Jeanne Bruin, de Bramcott, dans le comté de Warwick (*Peerage of the british empire*, 1866, au mot *Burdett*), avait reçu en don de Henri V la seigneurie du Teilleul (Manche, arr. Mortain) confisquée sur Geoffroi d'Oissey, écuyer rebelle, et Catherine de Harcourt sa femme (*Reg. des dons*, p. 150). Grand bouteiller du duché de Normandie et de Jean, duc de Bedford, régent de France, Burdett s'était fait donner, le 14 mars 1423 (n. st.), la seigneurie de Dampierre en Caux (*Arch. Nat.*, JJ 172, n° 525). Un document, en date du 7 juillet de cette année, nous le montre faisant mettre en cave à Vernon, par les soins de Jean Poivre, son lieutenant, deux queues de vin pleines « aoullées » destinées à la table du régent (*Bibl. Nat.*, Pièces originales, vol. 462, dossier 10303, n° 6). Le 17 septembre suivant, il était capitaine de Neufchâtel de Lincourt et de Torcy (*Ibid.*, Quitt., t. 55, n° 108). Du reste, les Burdett d'Angleterre étaient venus du pays de Caux où des gentilshommes du nom de *Bourdet* tenaient encore des fiefs au XVe siècle.

2. Auj. Bonnebosq, Calvados, arr. Pont-l'Évêque, c. Cambremer.

3. Auj. Manneville-la-Pipard, Calvados, arr. Blangy, c. Pont-l'Évêque. Les scribes de la chancellerie du duc de Bedford ont défiguré ce nom de lieu composé où ils ont vu à tort deux localités distinctes.

4. Pierre, seigneur de Mornay, de Gaule et de la Ferté-Hubert, dit *Gauluet*, possédait plusieurs seigneuries dans le pays de Caux du chef de sa femme Robine de Saint-Brisson, veuve de Robert d'Estouteville, seigneur du Bouchet (Anselme, VIII, 95; VI, 281).

XVIII

1423, 29 janvier

Gains de guerre de la garnison anglaise de Cherbourg, à l'occasion de la prise par un baleinier du dit port, aidé d'une escaffe de Poole, d'un baleinier de Saint-Malo monté par des gens du dit Saint-Malo, du Mont-Saint-Michel et du pays de Caux.

Gaings de Guerre.

Cristofle Huet, lance a cheval, avecques plusieurs autres de la dicte place cy après denommez partirent le xxixe jour de janvier et alérent en la mer dedens ung ballenier du dit lieu de Chierebourg et une petite escaffe [1] de la Polle [2], pour aller au secour et aide d'un ballenier d'Angleterre qui combatoit avec ung autre ballenier de Saint Malo, lequel ballenier de Saint Malo fu prins par les gens du dit ballenier d'Angleterre et a eulx rendu ainssoys que les diz baleinier de Chierebourg et escaffe de la Polle peussent arriver a eulx, lesquelz Cristofle et ses compaignons revindrent le dit jour. Et semblablement vindrent avec eulx ceulx du dit ballenier d'Angleterre au dit lieu de Chierebourg et admenérent tous ensemble le dit ballenier de Saint Malo, dedens lequel estoient des gens de Bretaingne, du dit Saint Malo [3], du Mont Saint

---

1. Escaffe, petite embarcation, du latin *scapha*. Voyez Jal, *Glossaire nautique*, au mot *scaffa*.

2. Poole, port de mer du sud de l'Angleterre, à l'ouest de Portsmouth, dans le comté de Dorset.

3. Cette pièce est surtout intéressante en ce qu'elle nous montre des gens d'armes de la garnison française du Mont-Saint-Michel faisant la course contre les Anglais, à la fin de 1422 ou dans les premiers jours de janvier 1423, sur un navire armé à Saint-Malo et en compagnie de marins du pays de Caux, peut-être de Dieppe. Dès les premiers mois de 1422, Henri V s'était vu forcé de prendre des mesures pour mettre les côtes méridionales de l'Angleterre à l'abri des incursions des Bretons (*Mém. de la Soc. des Ant. de Norm.*, XXIII, 255, n° 1380). Dans le courant de mai de cette année, des marins de cette nation avaient capturé un navire de Cardiff près de Harfleur et l'avaient amené à la garnison française du Crotoy (*Ibid.*, 254, n° 1377). Au commencement de l'année suivante, des corsaires de Saint-Malo n'avaient pas craint de pénétrer jusque

Michiel [1] et des povres gens du pais de Caux, et en especial des femmes et petiz enfans avec de leur menu mesnage comme poz, paelles, vaisselle d'estain et autres telz choses, lequel vaissel, prisonniers et toutes autres choses qui dedens estoient furent venduz et livrez en diverses parties au plus offrant. Dont les diz Cristofle et ses compaignons, qui furent a icelle aide ont eu pour leur paine et sallaire les parties cy après desclairées.

(Bibl. Nat., Quittances, t. 53, n° 5791.)

---

dans le havre de Caen où ils avaient fait main basse sur des marchandises appartenant à un négociant de cette ville nommé Séraphin Labbé (*Arch. Nat.*, JJ 172, n° 268). C'est dans ce même havre de Caen qu'en juillet 1423 Guillaume de la Pole, comte de Suffolk, seigneur de Hambye et de Bricquebec, amiral de Normandie, fit armer un « baleinier d'armes », monté par 8 hommes d'armes et 25 archers, outre les marins, et destiné au siège du Crotoy (*Bibl. Nat.*, Quitt., t. 55, n° 88).

1. Le 6 avril de cette année 1423, par acte daté de Bourges, Charles VII, préservé des suites d'une chute dans l'écroulement d'une maison où il se trouvait à la Rochelle le 11 octobre précédent et attribuant son salut en cette circonstance à la protection de saint Michel, « recolentes igitur monasterium Sancti Michaelis in periculo maris, Abrincensis diocesis, miraculosa revelacione et supernis auxiliis institutum a Domino et Archangelo beatissimo dedicatum, nostros predecessores inclitissimos digna veneracione coluisse, devocione visitasse, bonis auxisse et semper ampliasse favoribus necnon affeccionis habundancia Corone Francie perpetuo et inseparabiliter adjunxisse, eorum inherendo vestigiis, dignum putamus, ut ad ipsum monasterium nostre devocionis caritas excitetur et regie munificencie dona sentiat in Status nostri felicius incrementum et anime remedium sempiternum, quatinus ipsius Archangeli beatissimi salutifero ductu et piissimo interventu, quem intima cum fiducia colimus, regno prodesse et ex hostibus triumphare mereamur », avait donné, pour la célébration d'une messe solennelle le 11 octobre de chaque année, 120 livres de rente annuelle et perpétuelle aux religieux du Mont-Saint-Michel, « quorum fidem et virtutis constanciam habuimus expertas, ut locum illum percelebrem et inexpugnabilem, inter guerrarum angustias et hostium oppida intrinsecorumque fraudes, summo studio maximisque periculis sub nostre dicionis obediencia curiose fideliterque redderint ». Toutefois, cette donation ne fut présentée et enregistrée à la Chambre des Comptes que le 29 janvier 1425 (*Arch. Nat.*, J 467, n° 96). En outre, à la date du 11 mai 1423, le roi de France avait fait payer au comte d'Aumale une somme de 751 livres destinée à la mise en état de défense du Mont-Saint-Michel (La Roque, *Hist. de la maison de Harcourt*, III, 496); et le 7 de ce mois Jean de Harcourt avait fait approvisionner la forteresse confiée à sa garde, par les soins de Guillaume le Prestrel : 1º de 140 livres de salpêtre fin ; 2º de 60 livres de soufre ; 3º d'un millier de trait commun; 4º de 50 pelotons de fil à arbalète (*Ibid.*, IV, 1685).

XIX

1423, JUIN, BOIS DE VINCENNES

Henri VI donne à Thomas le Bourg, demeurant à Bayeux et lieutenant du vicomte du dit lieu, les biens confisqués des rebelles y dénommés.

Henry, par la grace de Dieu roy de France et d'Angleterre, savoir faisons a tous presens et avenir que nous, considerans les bons et aggreables services que Thomas le Bourg, nostre homme et lige subget demourant a Bayeux, a fais a feu nostre très chier seigneur et pére, cui Dieu pardoint, a nous et a nostre très chier et très amé oncle Jehan, regent nostre royaume de France, duc de Bedford, ou fait et exercice de justice, tant en l'office de lieutenant de nostre viconte de Bayeux qu'il a exercé longuement comme autrement, fait chascun jour, et esperons que face ou temps advenir, et que, en hayne et contempt de la bonne justice qu'il nous a faicte et acomplie sur les brigans et autres noz ennemis et adversaires, ses hostelz, manoirs et autres edifices qu'il avoit au plat pays lui ont esté et sont destruiz et desers par les dis ennemis, et ses heritaiges et possessions demourez en non valoir pour ce qu'il n'a trouvé ne trouve aucun qui pour doubte des diz brigans, qui chascun jour repairent et conversent es lieux ou les diz heritaiges sont assis, les ait osé ne ose labourer, et que pour ce il n'a eu de feu nostre dit seigneur et pére ne de nous aucun don ne autre remuneracion, et autres causes et consideracions a ce nous mouvans, au dit Thomas [le] Bourg [1], pour lui et ses hoirs masles legitimes descendans de lui en droicte ligne, avons, par

---

1. En décembre 1421, Thomas le Bourc, lieutenant général de Jean Burnel, vicomte de Bayeux, avait fait vendre aux enchères à Sainte-Croix sur la Mer et à Banville, en la vicomté de Bayeux, les biens meubles de Thomas et de Gringore Bourgueze et de Thomas Fillot, par le ministère de Raoul de Mathan et de Jean Lenterin, sergents (*Bibl. Nat.*, Quitt., t. 53, nº 5686).

l'advis de nostre dit oncle, donné, cedé, transporté et delaissié, donnons, cedons, transportons et delaissons, de grace especial, par ces presentes, toutes les terres, cens, rentes, revenues, heritages et possessions, que Jehanne de Cuilly, vefve feu Guillaume d'Octeville, et Jehan de Villiers souloient avoir et tenir ou bailliage de Caen et en la viconté du dit Bayeux et ailleurs a l'environ, avecques leurs appartenances et appendances quelzconques, ensemble un hostel que Jehan du Boscq, prestre, souloit avoir et posseder au dit lieu de Bayeux, en la rue de Saint Nicolas de Courtilz, avecques les court, jardins, louages et autres appartenances, ainsi que tout se comporte et extend, le tout a la valeur de soixante douze livres tournois de rente ou revenue par an, eu regart a ce qu'ilz valoient ores quinze ans a, a nous advenues, escheues et appartenantes, parce que la dicte vefve et aussi les diz de Cuilly, de Villiers et du Bosq se sont absentez de nostre seigneurie et renduz a nous rebelles et desobeissans... Si donnons en mandement aux bailli de Caen et viconte de Bayeux... Donné au bois de Vinciennes ou mois de juing l'an de grace mil ccccxxiii, et le premier de nostre regne. Ainsi signé : par le roy, a la relacion de monseigneur le regent le royaume de France, duc de Bedford. R. VERET.

(Arch. Nat., sect. hist., JJ 175, n° 274.)

XX

1423, 30 JUILLET, MANTES

Henri VI, sur le rapport de son oncle Jean, duc de Bedford, régent de France, charge son cousin Jean de la Pole, chevalier, de recouvrer la place, forteresse et église du Mont-Saint-Michel, soit par voie amiable, grâce à l'entremise de l'abbé du Mont et de Jean Popham, chevalier, seigneur de Torigni, ses conseillers, soit par la force et au moyen d'un siège en vue duquel il autorise le dit Jean à appeler sous les armes tous les nobles des bailliages de Caen et de Cotentin.

Henry [1], par la grace de Dieu roy de France et d'Angleterre, a tous ceulx qui ces presentes lettres verront, salut. Savoir faisons que, pour la singuliére confiance que nous avons es sens, vaillance, loyaulté et bonne diligence de nostre amé et feal cousin Jehan la Pole [2], chevalier, icellui, par l'advis de nostre très chier et très amé oncle Jehan, regent nostre royaume de France, duc de Bedford, avons commis, ordonné et depputé, commettons, ordonnons et deputons et lui avons donné et octroyé et par ces presentes donnons et octroyons povoir et auctorité de requerir de par nous et nostre dit oncle ceulx qui detiennent et occuppent la place, forteresse et eglise du Mont Saint Michiel que ilz la rendent et mettent en nostre obeissance, de icelle place recevoir avecques ceulx qui la detiennent qui se vouldront mettre en nostre dicte obeissance, de leur remettre et pardonner, se mestier est, tous crimes et delicts par eulx commis a l'occasion de la guerre, excepté de la mort de feu nostre cousin de Bourgongne, de recevoir d'eulx le serement de la paix final et qu'ilz demourront noz bons et loyaulx subgez et de leur baillier sur ce ses lettres, lesquelles nous conserverons, se requis en sommes, de proceder par toutes voyes et manieres possibles, soit par force d'armes, par voye amiable ou autrement, pour avoir et recouvrer l'obeissance de la dicte place et de povoir mettre et establir siege pour ceste cause, tant par mer comme par terre, de povoir pour ce mander et assembler tous les nobles et autres des bailliages de Caen et de Costentin qui ont acoustumé aler en armes, soient gens d'armes ou gens de trait, tant des garnisons des diz bailliages comme autres, de les contraindre a aller devers lui pour la cause dessus dicte, les veoir,

---

1. Nous publions cette pièce d'après un vidimus de Girard Pigonche, vicomte de Coutances, en date du 16 août 1423.

2. Jean de la Pole, comme nous avons eu déjà l'occasion de le faire remarquer (voyez plus haut, p. 98, note 1), avait été gratifié, le 10 avril 1419, de baronnie de Moyon confisquée sur Jeanne Paynel, femme de Louis d'Estouteville.

conduire et gouverner durant le temps du dit siege et qu'ilz seront en sa compaignie, les pugnir et corriger, selon ce que les cas le requerront, toutesfoiz que ilz feront faulte et n'obeiront a ce qui leur sera commandé et ordonné pour le bien du dit siege et de ce qui leur sera chargié de par nous ou nostre dit oncle, de faire faire et ordonner tous abillemens de guerre neccessaires a fait de siege. Et avecques ce lui avons donné et donnons povoir de traictier et composer avecques ceulx qui detiennent et occuppent la dicte place du Mont Saint Michiel ou autres que besoing sera, pour icelle avoir et recouvrer par voye amiable, appellez a ce faire noz amez et feaulx conseilliers l'abbé du dit lieu du Mont et Jehan Pophain, chevalier, seigneur de Thorigny [1], ou l'un d'eulx, et par leur bon advis et conseil. Et generalment avons donné et octroyé, donnons et octroyons a nostre dit cousin Jehan la Pole povoir, auctorité et mandement especial de faire et executer toutes choses neccessaires et convenables pour la recouvrance de la dicte place, ce que l'en peut et doit faire en tel cas. Si donnons en mandement, par ces mesmes presentes, a nostre dit cousin que en toute diligence il mette a execucion les choses dessus dictes a lui commises, comme dit est, et a touz nos vassaulx, justiciers, officiers et subgiez et a chascun d'eulx, que a lui et a ses commis et depputez en ceste partie obeissent et entendent diligemment et lui prestent conseil, confort et aide, chascun endroit soy, selon ce qu'ilz en seront requis. En tesmoing de ce, nous avons fait mettre a ces presentes nostre seel ordonné en l'absence du grant. Donné a Mante le xxxe jour de juillet l'an de grace mil quatre cens vint et trois, et de nostre regne le premier, seellé de nostre seel ordonné en l'absence du grant. Ainsi signé : Par le roy, a la relacion de monseigneur le regent, duc de Bedford. J. MILET.

(Bibl. Nat., Quittances, t. 55, n° 94.)

1. Le 5 mai 1418, Henri V avait donné à Jean Popham Torigni (Manche, arr. Saint-Lô) et Planquery (Calvados, arr. Bayeux, c. Balleroy) valant 2,000 couronnes par an (*Mém. de la Soc. des Ant. de Norm.*, XXIII, n° 132; *Reg. des dons*, p. 24). Les Popham étaient seigneurs de Wellington, dans le comté de Somerset (Camden, *Britannia*, p. 163).

XXI

1423, AOUT, PARIS

Rémission octroyée par Henri VI à Jean Sterre, écuyer anglais, au sujet du meurtre de Jean Avicet, brigand natif de la forêt de Saint-Sever, qui s'était emparé des chevaux du dit écuyer estimés 100 livres, pendant que celui-ci était prisonnier au Mont-Saint-Michel.

Henry, par la grace de Dieu roy de France et d'Angleterre, savoir faisons a tous presens et avenir nous avoir receu l'umble supplicacion de Jehan Sterre, escuier du pays d'Angleterre, contenant que comme, après ce qu'il eust esté prins prisonnier en nostre service et mené au Mont Saint Michiel et illec detenu par aucun temps en très griesves et estroictes prisons, un nommé Jehan Avicet, brigant et gaitteur de chemins, natif de la forest de Saint Sevoir en Normandie, eust prins aucuns des gens et serviteurs du dit suppliant et leur [eust] osté ses propres chevaulx qui bien valoient cent livres et plus, desquelz il entendoit delivrer son corps des dictes prisons; pour laquelle cause et perte des dictes gens et chevaulx, et que le dit suppliant n'avoit autre chose dont bonnement se peust racheter, il lui convint si longuement demourer es dictes prisons qu'il fut en peril de y finer ses jours; et il soit ainsi que, aucun temps après que le dit suppliant fut delivré des dictes prisons, ainsi qu'il chevauchoit querant les brigans qui continuelment estoient en aguet sur le pays, il eust d'avanture trouvé le dit Advicet, lequel, jasoit ce que auparavant il se feust plusieurs et diverses fois mis et rendu en nostre obeissance et fait les seremens en tel cas acoustumez et icelle obeissance delaissié et retourné avec noz ennemis, soubz umbre de la grace et abolicion generale par nous faicte ou mois de mars derrain passé, par laquelle entre autres choses nous avions octroyé a tous les absens du pays de Normandie, abulletez et non abulletez, qui plus d'une fois n'auroient eu grace, [qu'il] peussent retourner en nostre dicte obeissance dedans la Saint Jehan

Baptiste derrain passée, se estoit parti du dit lieu du Mont Saint Michiel et venu, comme l'en dit, rendre en nostre dicte obeissance es mains du cappitaine de Vire ou son lieutenant, combien que, selon raison et la teneur de la dicte abolicion, le dit capitaine ne le peust ou deust avoir fait, attendu que par plusieurs fois le dit Advicet avoit esté abulleté et depuis soy parti de nostre obeissance dessus dicte et après y retourné..... Si donnons en mandement par ces presentes aux bailliz de Caen et de Coustentin..... Donné a Paris ou mois d'aoust l'an de grace mil quatre cens et vint trois, et de nostre regne le premier. Ainsi signé : par le roy, a la relacion de monseigneur le regent le royaume de France, duc de Bedford. R. VERET.

(*Arch. Nat., sect. hist., JJ 172, n° 340.*)

XXII

1424 (n. st.), 1ᵉʳ JANVIER

Thomas Burgh, institué capitaine d'Avranches en remplacement du comte de Suffolk, déclare qu'il a fait sa première entrée dans cette ville le 10 décembre précédent.

Sachent touz que je Thomas Burgh [1], cappitain de la

---

[1]. Par acte daté d'Évreux le 1ᵉʳ avril 1419, Henri V avait donné à Thomas Burgh, écuyer, la terre de la Luthumière, enclave de la forêt de Brix, confisquée sur Jean de la Haye, dit Piquet, écuyer, l'un des signataires de la capitulation de Cherbourg, ainsi que les possessions de Raoul de Montauban, chevalier rebelle, dans le bailliage de Cotentin, le tout évalué à 800 écus de revenu par an, moyennant la redevance d'un « boar-spear » ou épieu pour la chasse au sanglier livrable au château de Cherbourg (*Mém. de la Soc. des Ant. de Norm.*, XXIII, 66, n° 349). Thomas Burgh était sans doute renommé comme chasseur, car il fut investi, le 13 avril 1420, de l'office de louvetier dans les vicomtés d'Auge, d'Orbec, du Pontautou et de Pont-Audemer (*Ibid.*, 136, n° 796). Cet écuyer était en outre capitaine de Valognes ; ayant été fait prisonnier par les Français « per fortunam guerre », peut-être à la bataille de Baugé, il fut remplacé dans cette capitainerie, le 14 avril 1421, par un autre écuyer

ville et forteresse d'Avrenches, confesse avoir prins et receu
le ¹ charge, garde et governance du dictes ville et forteresse

anglais nommé Jean Botiller ou Butler (*Ibid.*, 227, n⁰ 1293). Jean Burgh
(*Ibid.*, n⁰ˢ 419, 1027, 1084, 1289, 1290, 1311) et Richard Burgh (*Ibid.*,
n⁰ 399), écuyers, qui furent aussi comblés des faveurs de Henri V, étaient probablement les frères de Thomas Burgh. Trois mois environ avant la nomination
de Thomas Burgh comme capitaine d'Avranches, par actes datés de Mantes, les
24 et 26 septembre 1423, Thomas Blount, chevalier, et Lorens Waren, écuyer,
naguères bailli du Cotentin, avaient été institués capitaines, le premier, de
Saint-Lô, avec une garnison de 20 hommes d'armes, 13 à cheval, 7 à pied, et
de 60 archers (*Bibl. Nat.*, Quitt., t. 55, n⁰ 118), le second, de Coutances,
aussi avec une garnison de 20 hommes d'armes, 16 à cheval, 4 à pied, et de
60 archers (*Ibid.*, n⁰ 127). Ces deux nouveaux capitaines, dont l'un, Lorens
Waren, était déjà lieutenant de la garnison de Coutances, remplaçaient Guillaume de la Pole, comte de Suffolk, parti pour une expédition dans le Maine
où il se faisait battre à la Brossinière par le comte d'Aumale et Ambroise
de Loré, au moment même où Bedford signait ces nominations, c'est-à-dire le
26 septembre 1423. Les deux frères de la Pole, Guillaume et Jean, furent
faits prisonniers dans cette journée par les Français, et Guillaume ne recouvra
la liberté qu'en payant une rançon de 20,000 livres. Ces la Pole étaient originaires de Hull ou Kingston-upon-Hull, port de mer situé à l'est de l'Angleterre, dans le comté d'York, près de l'embouchure du Humber, l'un des plus
fréquentés au moyen âge par les marchands des Flandres, de la Hollande et des
villes anséatiques. Guillaume de la Pole, comte de Suffolk, seigneur de Hambye et de Bricquebec, et Jean de la Pole, seigneur de Moyon, étaient fils de
Michel de la Pole, chancelier d'Angleterre, créé comte de Suffolk par Richard II
le 29 octobre 1385, et petits-fils de Guillaume de la Pole, riche armateur de
Kingston-upon-Hull, anobli par Édouard III. Michel de la Pole, frère de Guillaume et de Jean, avait été tué à la bataille d'Azincourt, et un autre de leurs
frères, Alexandre de la Pole, eut le même sort à l'affaire de Jargeau (voyez plus
haut, p. 30, note 5). Henri VI érigea le comté de Suffolk en marquisat en faveur de Guillaume de la Pole, à condition qu'il porterait une verge d'or surmontée d'une colombe au couronnement des rois, et une verge d'ivoire, surmontée du même oiseau, au couronnement des reines d'Angleterre (Camden, *Britannia*, p. 341). Un des établissements de charité de Kingston, appelé *Charter
House*, a été fondé en 1384 par Michel de la Pole, premier comte de Suffolk, auquel on attribue aussi une réparation des fortifications de cette ville exécutée
en 1378.

1. Nous respectons le mauvais français de cet homme d'armes, issu d'une
famille d'origine normande, établie dans le comté de Chester et en Cornouaille
après la conquête, dont une des branches, transplantée en Irlande, est représentée
encore aujourd'hui par les comtes de Clanricarde. L'endenture passée entre Jean,
duc de Bedford, régent de France, et Thomas Burgh, écuyer, à l'occasion de la
nomination de celui-ci comme capitaine d'Avranches, est datée de Rouen le
22 octobre 1423. Cette endenture stipule que le nouveau capitaine n'aura pas
sous ses ordres moins de 40 hommes d'armes et de 120 archers à cheval, de
20 mmes d'armes et de 60 archers à pied. (*Bibl. Nat.*, Quitt., t. 55,

et en icelle avoir premierement entrée, comme cappitain d'icelle, le xme jour de decembre darrein passé. La delivrance de quelle me fut faicte par Roger Hullefeld, escuier, a ce commis et deputé en nom de hault et puissant seigneur conte de Suffolk, n'a gaires cappitain d'icelle. En tesmoigne de quelle chose a ce presente endenture devers le dit conte demurrante, j'ay mis mon signet et signe manuelle, le premier jour de janvier l'an mil ccccxxiii. BURGH [1].

(Bibl. Nat., Quittances, t. 55, n° 184.)

XXII

1424 (n. st.), 16 janvier, Caen

Le trésorier et gouverneur général des finances du duché de Normandie mande à Pierre Surreau, receveur général des dites finances, de payer à Richard Wydevile, grand sénéchal de Normandie et capitaine de Caen, pour le payement des soudoyers de sa retenue, 1594 livres 16 sous 2 deniers tournois, à prélever sur l'aide de 80,000 livres tournois octroyée par les États de Normandie pour la solde des gens d'armes et specialement pour la réduction du Mont-Saint-Michel, d'Ivry et autres places.

Le tresorier et gouverneur general des finances ou pais et

n° 142.) Une endenture postérieure, datée de Caen le 6 décembre suivant, spécifie qu'il sera fait à la garnison un payement immédiat de 1,000 livres tournois, « obstant ce que les gens d'armes et de traict et autres, qui estoient en la dicte ville, *au temps qu'elle fut assegée par noz ennemis*, ont gasté et consommé les vivres et provisions qui y estoient, le dit capitaine et ses gens ne se oseroient bonnement bouter en ycelle sans avoir avant toute œuvre aucun prest dont ilz puissent faire leurs provisions et eulx avitaillier. » (Bibl. Nat., Quitt., 55, n° 169). Ces dernières lignes font allusion au siège mis devant Avranches et à la chevauchée faite devant Saint-Lô, en octobre 1423, par Jean de Harcourt, comte d'Aumale, capitaine du Mont-Saint-Michel, secondé par Louis d'Estouteville, sire d'Auzebosc, après la victoire remportée sur les Anglais à la Brossinière le 26 septembre précédent. (La Roque, *Hist. de la maison de Harcourt*, III, 496, 501.)

[1]. Signature autographe.

duchié de Normendie a fait recevoir par Pierre Surreau, receveur general des dictes finances, de Guillaume Biote, viconte de Carenten, sur ce qu'il peut et pourra devoir a cause de sa recepte de l'aide de quatre vint mil livres tournois ordonnez presentement estre mis sus pour le paiement des souldoiers du dit duchié, subjuguer les places du Mont Saint Michiel, Yvry et autres voisines d'icellui pais, entretenir justice et extirper les brygans, la somme de quinze cens quatre vins quatorze livres seize solz deux deniers tournois, par assignacion faicte a noble homme Richart Wideville [1], grant seneschal de Normendie et capitaine de Caen, pour le paiement des souldoiers de sa retenue. Escript a Caen soubz les signet du dit tresorier et saing manuel d'icellui receveur general, le xvie jour de janvier l'an mil cccc vint et trois. P. Surreau.

(*Arch. du dép. de la Manche, fonds Danquin.*)

---

1. Le 1er février 1419, Richard Wydevile, écuyer, avait reçu en don les terres de Préaux et de Dangu confisquées sur Pierre de Bourbon (*Mém. de la Soc. des Ant. de Norm.* XXIII, n°s 281 et 534). Le 16 novembre de la même année, il avait été nommé bailli de Gisors et de Vernon (*Ibid.*, n° 690), sénéchal du duché de Normandie, le 18 janvier 1421 (*Ibid.*, n° 924), trésorier général du dit duché le 1er septembre 1422 (*Bibl. Nat.*, Quitt., t. 53, n° 5750), grand sénéchal de Normandie, le 11 mars 1423 (*Ibid.*, t 55, n° 47), enfin capitaine de Caen, le 19 septembre suivant (*Arch. Nat.*, K 62, n° 74). Richard Wydevile ou de Wideville, dont le nom indique une origine normande, était seigneur de Grafton (auj. Grafton-Regis, dans le comté de Northampton, à la limite sud-est de ce comté), petit village dont l'église, placée sous l'invocation de Notre-Dame, contient les tombeaux des principaux membres de la famille Wydevile, illustrée par le mariage secret d'Élisabeth, fille de Richard Wydevile, avec le roi Édouard IV. Grafton n'est qu'à quelques lieues à l'ouest de Newport-Pagnell ou Paganel, petite ville du comté de Buckingham qui doit son surnom à l'illustre famille normande des Paynel. Un peu au nord de Grafton, la seigneurie de Blisworth appartenait à une autre famille normande, les Wake, barons de Wake et d'Estoteville ou Estouteville (Camden, *Britannia*, p. 375). — Bedford se prépara à opérer cette réduction du Mont-Saint-Michel dont il est question plus haut, dès le commencement d'avril 1424. Du 9 au 17 de ce mois, Robert Jolivet, l'abbé rénégat devenu le conseiller du régent, fut mandé de Rouen à Paris « pour aucunes choses touchans le fait du Mont Saint Michiel » (*Bibl. Nat.*, ms. fr. n° 4485, f° 335).

XXIV

1424, 30 avril

Procès-verbal, dressé par Guillaume Breton, bailli de Caen, de l'exécution, faite à Bayeux le 28 de ce mois, d'une femme nommée Thomasse Raoul, de la paroisse d'Esquay, enfouie toute vivante comme complice des « brigands ennemis du roi ».

A tous ceulx qui ces lettres verront, Guillaume Breton, chevalier, bailli de Caen, salut. Savoir faisons que par Jehan le Courtois [1] fut prinse et admenée Thomasse Raoul, de la paroisse d'Esquay [2], et mise es prisons du roy nostre sire au dit lieu de Baieux, pour avoir conseillié et conforté les brigans et anemis [3] du roy nostre dit seigneur ; et illeques pour ses demerites a esté condempnée a estre enfouye toute vyve, qui le fut l'endemain de la dicte condempnacion faicte le xxviiie jour de cest present moiz d'avril iiiic xxiiii. Et ce certiffions a tous a qu'il appartient par ces presentes. En tesmoing desquelles choses, nous, au jour d'uy derrain jour du dit moiz d'avril, ou dit an, avons seellées ces presentes du petit seel aux causes du dit bailliage. Donné comme dessus.

(*Bibl. Nat., Quittances, t. 56, n° 245.*)

1. Le 3 mai suivant, ce Jean le Courtois, qui devait être Normand, ainsi que son nom l'indique, et qui est mentionné comme demeurant à Bayeux, reçut de Jean Burnel, vicomte du dit lieu, un salaire de 6 livres tournois pour avoir dénoncé et livré sa compatriote. (*Bibl. Nat.*, Quitt., t. 56, n° 250.)
2. Auj. Esquay-sur-Seulles, Calvados, arr. Bayeux, c. Ryes.
3. On voit par ce procès-verbal, comme par l'une des pièces précédentes (voyez plus haut, n° xix), la résistance énergique que les habitants du Bessin opposèrent à la domination anglaise, notamment en 1423 et 1424. Le châtiment infligé à la pauvre Thomasse Raoul accuse l'atrocité de la répression.

XXV

1424, juin, Paris

Rémission octroyée par Henri VI à Étienne le Roy, de Brainville, pris et mis en prison par les Anglais de la garnison de Coutances sous l'inculpation de complicité dans divers actes de brigandage commis au mois d'août 1423 par les ennemis du bois de Courbefosse.

Henry, par la grace de Dieu roy de France et d'Angleterre, savoir faisons a tous presens et advenir nous avoir receue l'umble supplicacion de Estienne le Roy, povre homme de labour, aagié de XLVI ans ou environ, chargié de femme, demourant a Brainville [1], près de Coustances, contenant comme, environ le mois d'aoust derrain passé, Guillot Ami, Michiel du Fresne et pluseurs autres brigans en leur compaignie feussent venuz en la parroisse de Saint Martin de Montsourvent [2], près du dit Coustances, en un hostel ou ilz prindrent un Anglois nommé Wilequin Rochebondon et plusieurs Normans en sa compaignie, entre lesquelz estoit Perrin le Roy, filz du dit suppliant, et les amenérent prisonniers ou bois de Courbefosse [3], et aussi prindrent au dit lieu de Montsourvent, qui est ung village loing de forteresse, pluseurs chevaulx d'Anglois qui estoient logiez au dit lieu, et le landemain raençonnérent le dit Anglois et aussi le dit Perrin et les en renvoyérent. Et quant icellui Anglois fut retourné, il mist sus au dit Perrin et dist a ceulx a qui les chevaulx estoient que ce avoit esté par le dit Perrin, lesquelz Anglois s'en alérent chez le dit suppliant ou ilz prindrent tous ses biens et les vendirent, en le menassant que, se ilz le tenoient, que ilz le tueroient.

1. Manche, arr. Coutances, c. Saint-Malo-de-la-Lande.
2. Montsurvent, Manche, arr. Coutances, c. Saint-Malo-de-la-Lande.
3 Bois situé sur la rive gauche du Thar, entre la Haye-Pesnel et Saint-Pierre-Langers.

Pour la crainte desquelz, icellui suppliant se traist arriere et s'en ala jusques a Saint Paer [1] sur la mer ou il avoit de ses parens et après retourna a Gratos [2], près du dit Coustances, dont il estoit natif pour cuider recouvrer aucuns de ses biens. Auquel lieu il fut prins des brigans qui le gardérent un jour avecques eulx et au soir lui dirent qu'il yroit attendre au Pont de la Roque [3]. Lequel de fait, par contrainte et crainte d'iceulx brigans, y ala et les y attendi. Lesquelz y vindrent et amenérent une jument chargée de biens ; et quant ilz furent a Montmartin [4], ilz lui baillérent la dicte jument et biens. Et laquelle il leur mena jusques a Saint Aubin des Preaux [5] et la leur laissa. Et de la se departit d'avecques eulx, et onques puis ne les vit ne né parla ne frequenta avecques eulx ; mais a tousjours depuis esté ou pays de Saint Paer pour gangnier sa vie a servir gens et porté du pain a Tombelaine. Et après s'en retourna au dit lieu de Gratot et, environ Pasques fleuries derrain passées, fut prins au dit Brainville près du dit Gratot par les Anglois de la garnison de Coustances et mené es prisons du dit lieu ou il est a grant povreté et misere... Si donnons en mandement par ces presentes au bailli de Coustentin.... Donné a Paris ou mois de juing [6] l'an de grace mil iiiic xxiiii, et de nostre regne le second. Ainsi signé : par le roy, a la relacion du Conseil. J. DE RINEL.

(*Arch. Nat.*, sect. hist., JJ 172, n° 488.)

1. Saint-Pair, Manche, arr. Avranches, c. Granville.
2. Gratot, Manche, arr. Coutances, c. Saint-Malo-de-la-Lande.
3. Hameau de Heugueville, Manche, arr. Coutances, c. Saint-Malo-de-la-Lande.
4. Manche, arr. Coutances.
5. Manche, arr. Coutances, c. Granville.
6. Le 7 de ce même mois de juin 1424, Jean du Saussay, écuyer, passa une revue au Mont-Saint-Michel. Cet écuyer avait alors sous ses ordres 2 chevaliers bacheliers, Jean de la Haye du Bouillon et Jean de la Haye d'Éroudeville ; 17 écuyers, Jean et Jacques Paynel, Huguelin et Robin Flambart, Guillaume de Mucy, Thomas de Percy, Jean Gohier, Jean de Meulx, Jean Sachart, Richard de Clinchamp, Jean Beausamis, Robin de Fontenay, Guillaume aux Épaules, Jean Desquielle, Robin de Ver, Louis de Carantilly, Robert Reinel et 17 archers à cheval (D. Morice, *Preuves de l'hist. de Bretagne*, II, 1144 et 1145).

XXVI

1424, 24 juin, Pontoise

Henri VI mande au bailli de Rouen de faire injonction à tous nobles et gens d'armes, de quelque nation qu'ils soient, de rejoindre Jean, duc de Bedford, à Vernon avant le 3 juillet prochain, pour résister aux Français qui ont entrepris de faire lever le siège mis devant Ivry par les Anglais.

Henry, par la grace de Dieu roy de France et d'Angleterre, au bailli de Rouen ou a son lieutenant, salut. Pour aucunes nouvelles sourvenues a nostre très chier et très amé oncle Jehan, regent nostre royaume de France, duc de Bedford, de la partie de noz ennemis et adversaires eulx vantans voulloir venir briefment lever le siege mis devant la ville et forteresse d'Ivry, et pour resister a leur puissance, et autres causes a ce nous mouvans, nous, par l'advis de nostre dit oncle, vous mandons et expressement enjongnons par ces presentes que, incontinent ces lettres veues, vous faictes faire commandement a tous les nobles, suyans et frequentans les armes, de qulque nacion qu'ilz soient, en vostre bailliage, sur paine d'encourir nostre indignacion, et de perdre et forfaire leurs fiefz, qu'ilz soient montez, armez et arrayez souffisamment, tant hommes d'armes comme archers, pardevers nostre dit oncle en nostre ville de Vernon dedens le IIIe jour de juillet prouchain venant. Et ce faictes et faictes faire et acomplir par tout vostre dit bailliage si diliganment et par telle maniere que en ce n'ait aucun delay ou deffault, en nous certiffiant suffisant sur ce. Donné a Pontoise soubz nostre seel ordonné en l'absence du grant, le XXIIIIe jour de juing l'an de grace mil CCCCXXIIII, et de nostre regne le second. Par le roy, a la relacion de monseigneur le regent de France, duc de Bedford. J. Milet [1].

(*Arch. Nat., sect. hist., K 62, n° 12.*)

---

1. Nous reproduisons cet important mandement d'après un vidimus de Jean Salvain, écuyer, bailli de Rouen, daté de Rouen le 26 juin 1424.

XXVII

1424, 2 juillet, Vernon

Henri VI défend aux soudoyers, nouvellement venus d'Angleterre et payés de leurs gages jusqu'au mois de novembre, de s'enrôler avant cette date sous des capitaines autres que ceux avec lesquels ils ont passé la mer.

Henri, par la grace de Dieu roy de France et d'Angleterre, au bailli de Costantin ou a son lieutenant, salut. Il est venu a la congnoissance de nostre très chier et très amé oncle Jehan, regent nostre royaume de France, duc de Bedford, que plusieurs gens d'armes et de trayt, nouvellement venus de nostre royaume d'Angleterre en nostre royaume de France, lesquelz nous avons fait paier pour jusques au mois de novembre prochainement venant, ont laissié et laissent un chascun jour leurs cappitaines soubz qui ilz estoient ordonnés, et pour nous fraulder et decevoir et prendre doubles gaiges, se vont offrir a plusieurs cappitaines de noz duchié et pais de Normandie, dont grans inconveniens et perilz se pourroient ensuir; car, quant nostre dit oncle cuideroit avoir grans prestz et appareilliés pour servir et les emploier en nos affaires et besongnes et reboutement de nos ennemis, il se trouveroit despourveu et desnué de puissance de gens, ce que ne voulons souffrir en aucune maniere; et pour ce, par l'advis et deliberacion de nostre dit oncle, vous mandons, commandons et enjoingnons très expressement que en toute diligence vous faciés crier et publier par tous les lieux de vostre bailliage ou l'on a acoustumé de faire crix et publicacions, et en faisant deffence de par nous a toutes gens d'armes et de trayt, nouvellement venus de nostre dit royaume d'Angleterre, que, sur paine de la hart et de confiscacion de leurs terres, heritaiges et biens quelzconques, ilz ne soient si hardis de eulz mettre ne tenir avecques quelzconques cappitaines, devant le dit mois de novembre, [aultres que ceux] soubz qui ilz sont venus deça la mer devers lesquelx nous voulons et leur mandons qu'ilz se trayent incontinent, et semblablement que quelxconque cappitaine de nostre dit duchié de Normendie ne soit si hardi, sur la dicte paine, de les prendre ne retenir a gaiges, en souldées ne autrement, devant le dit mois de novembre. Et ou cas que trouverés aucuns des dessus diz gens d'armes et de trayt estans sans leurs dis cappitaines, trois jours après la publication de ces presentes, prennés les et sans delay ou depport les punissés corporelment de la paine dessus dicte et pareillement les cappitaines qui les auront prins et retenus contre nostre presente volonté et ordonnance. De ce faire vous donnons povoir, auctorité et mandement especial, mandons et commandons a tous nos justiciers, officiers et subgiez que a vous en ce faisant obeissent et entendent diligemment et vous prestent èt baillent conseil, confort et aide, se mestier est et requis en sont. Donné a Vernon le second jour de juillet l'an de grace mil cccxxiiii, et le second de nostre regne. Par le roy, a la relacion de monseigneur le regent, duc de Bedford. J. Rinel.

(*Bibl. Nat., Quittances, t. 56, n° 285.*)

XXVIII

1424, 10 juillet. — 1425, 29 avril

Frais de garde, pendant huit mois commençant le 10 juillet 1424, de Raoulet ou Raoul Murdrac, écuyer, remis comme otage à Thomas Burgh, capitaine d'Avranches, par Henri Murdrac, oncle du dit Raoul, lequel Henri avait reçu du dit capitaine une somme de 1,000 écus d'or pour livrer par trahison la ville du Mont-Saint-Michel.

A Guillaume Biote, vicomte de Carenten, qu'il avoit paiez a Jehan Bourdet, escuier, lieutenant de monseigneur Nicolas Bourdet, chevalier, capitaine de Carenten, et a autres pour leur paine et salaire d'avoir gardé, par l'espace de viii mois commençant le xe jour de juillet mil cccc xxiiii Raoullet Murdrac, escuier, a eulx baillé a garder de par le roy nostre sire par Thomas Bourg, escuier, capitaine d'Avranches, comme hostager baillié en hostage au dit Thomas par Henri Murdrac, oncle du dit Raoul, pour sceurté de entretenir et acomplir certaines promesses et convenances faictes par le dit Henry au dit Thomas Bourg touchant la reddition de la ville du Mont Saint Michiel ou pour restituer la somme de mil escus d'or [1] que le dit Thomas en avoit receuz du dit receveur general et qu'il bailla au dit Henry pour la cause dessus dicte, et pour avoir trouvé son vivre et neccessitez, le dit temps durant, dont il a esté ordonné et tauxé pour chascun mois vi livres tournois; par mandement de monseigneur du Mont Saint Michiel, commissaire etc., donné le xxixe jour d'avril ccccxxv, cy rendu, et quittance du dit viconte faicte le xxve jour de juing ensuivant ccccxxv.......... xlviii livres tournois.

(*Bibl. Nat., ms. fr. n° 4491, f° 41.*)

[1]. On verra plus loin (n° xxxv) que le duc de Bedford avait ordonnancé cette somme de 1000 écus d'or, salaire d'une infâme trahison, par lettres patentes datées de Paris le 12 avril 1424 (n. st.). Thomas Burgh, capitaine d'Avranches, donna quittance de cette somme le 27 de ce mois, mais elle ne dut être remise à Henri Murdrac que le jour où il livra son neveu comme otage, c'est-à-dire le 8 juillet suivant. Dans l'intervalle, les Anglais, qui avaient intérêt à entretenir des relations avec le Mont-Saint-Michel et à se renseigner sur l'état de cette forteresse sans éveiller les soupçons, eurent recours pour cela à l'intermédiaire d'un certain Jean, évêque de Julin (ancien évêché situé sur la rive droite et près de l'embouchure de l'Oder, transféré en 1188 à Camin, prov. de Poméranie), imposé comme coadjuteur ou plutôt comme suppléant à Jean de Saint-Avit, évêque d'Avranches, devenu suspect aux envahisseurs. A la date du 24 juin 1424, ce personnage, que nous n'hésitons pas à considérer comme une sorte d'espion épiscopal, avait réussi à s'introduire au Mont d'où il a daté une lettre de non-préjudice accordée aux religieux en présence de quatre des défenseurs de cette place, deux chevaliers, Guillaume de Nantray et Raoul de Mons, et deux écuyers, Jean de Sainte-Marie et Richard de Clinchamp. En voyant l'évêque de Julin, créature des Anglais, forcer l'entrée du Mont-Saint-Michel sous prétexte de visite pastorale, quelques jours seulement avant la conclusion de l'ignoble marché passé avec Murdrac, à la veille des opérations d'un long siège, il nous est impossible de ne pas concevoir quelques doutes sur la sincérité du suppléant de Jean de Saint-Avit, lorsqu'il écrit qu'il est venu « administrando subjectis ovibus pabula doctrine salutaris et beatissimum archangelum deprecandi causa » (Arch. du dép. de la Manche, fonds de l'évêché d'Avranches).

XXX

1424, 23 juillet, Rouen

Jean, régent de France, duc de Bedford, mande de faire acheter, jusqu'à concurrence de 893 livres 15 sous tournois, dans les vicomtés de Coutances et de Carentan, les seules parties du bailliage de Cotentin où l'on soit sûr de trouver des vivres, l'approvisionnement pour un mois de la garnison de Tombelaine, dont Laurent Haulden, écuyer, est capitaine, et qui se compose de 30 hommes d'armes à cheval et de 90 archers.

Jehan, regent le royaume de France, duc de Bedford, a nostre très chier et bien amé escuier Hamon de Belkenap [1], tresorier et general gouverneur de noz finances en France et en Normendie et a nostre bien amé Pierre Surreau, receveur general des dictes finances, salut et dilection. Pour consideracion de ce que nostre bien amé Laurent Haulden, escuier, cappitaine de Tombelaine, ne les gens d'armes et de trait de la garnison du dit lieu de Tombelaine ne pourroient bonnement avoir ne recouvrer vivres, s'ilz ne les prenoient es vicontés de Coustances et de Carenten et ou pais d'environ, et pour obvier aux fraudes et griefz qui en prenant les diz vivres pourroient estre commis et autres causes et consideracions a ce nous mouvans, voullons, vous mandons et enjoingnons expressement et a chascun de vous, si comme a lui appartendra, que par le bailli de Costentin, appellés et presens avecques lui les vicontes des diz lieux de Costentin et de Carenten, vous faictes prendre sur les habitans des dictes vicontés, par juste et raisonnable pris, des blés, vins, farines, bestail et autres vivres et provisions jusques a la

---

1. Dans les premiers mois de 1423, Hamon Belknap, écuyer, avait remplacé Richard Wydeville, institué grand sénéchal du duché de Normandie, dans la charge de trésorier et gouverneur général des finances de France et de Normandie, aux gages de 600 livres parisis par an (*Bibl. Nat.*, ms. fr. 4485, fo 160). Le 10 janvier 1424, Belknap se fit donner les biens confisqués d'Alice Malherbe, femme de Jean de la Haye, baron de Coulonces (*Arch. Nat.*, JJ 172, no 545).

somme ou valleur de viii^c iiii^{xx} xiii livres xv sous tournois ou environ que se peuent monter les gaiges et regards du dit cappitaine, de trente hommes d'armes a cheval, sa personne en ce comprinse, et de iiii^{xx} et x archiers, pour le premier moiz du quartier d'an commenchant après Pasques derrain passées, et les baillier et delivrer, pour le dit pris, au dit cappitaine et a ses dictes gens d'armes et de trait ou a leur certain commandement, en deducion et rabat de ce qui leur est et sera deu pour leurs diz gaiges, en faisant paier iceulz vivres par les diz vicontes des deniers de leurs receptes aux personnes de qui ilz seront prins, ou leur faisant deduire et rabatre sur ce qu'ilz doivent ou devront a monseigneur le roy et a nous [1], pour quelle cause que ce soit ou puist estre, tellement qu'ilz en doient estre contens. Et par raportant ces presentes que voullons estre garand a vous et autres a qui ce pourra touchier avec monstres ou reveues et quittances sur ce suffisans, nous voullons et mandons icelle somme de viii^c iiii^{xx} xiii livres xv sous tournois estre allouée es comptes de vous, du recepveur general ou d'autres qui paié l'aura ou auront par noz très chiers et bien amés les gens des comptes de monseigneur le roy a Paris et partout aillieurs ou besoing sera, sans aucun contredit, non obstant mandement ou deffence a ce contraire. Donné a Rouen soubz nostre seel le xxiiie jour de juillet l'an de grace mil iiii^c xxiiii. Par monseigneur le regent le royaume de France, duc de Bedford. R. Veret.

(*Bibl. Nat., Quittances, t. 56, n° 300.*)

[1]. Cette mesure nous révèle la misère croissante des campagnes de Normandie et spécialement de l'Avranchin. On y avait reçu la nouvelle que Jean, duc d'Alençon, et Jean de Harcourt, comte d'Aumale, s'avançaient à la tête d'une armée de secours rassemblée à Tours, à Angers et au Mans (La Roque, *Hist. de la maison de Harcourt*, IV, 1683, 1685, 1686), et l'on s'y préparait alors, en faisant la guerre de partisans (*Arch. Nat.*, JJ 173, n°^{s} 18, 520), à un soulèvement en masse. Ce fut sur ces entrefaites, le 19 juillet 1424, que Bedford supprima la Chambre des Comptes, établie à Caen par le gouvernement anglais, et la réunit à celle de Paris (*Bibl. Nat.*, ms. fr. n° 4485, f° 408).

XXXI

1424, AOUT, ROUEN

Lettre de rémission octroyée par Henri VI à Robin Esme, de Beaumont-le-Roger, mentionnant une panique des valets et de quelques hommes d'armes de l'armée anglaise à la bataille de Verneuil et un soulèvement en masse des habitants des villages où les fuyards avaient apporté la nouvelle de cette panique.

Henry, par la grace de Dieu roy de France et d'Angleterre, faisons savoir a tous presens et avenir nous avoir receu l'umble supplicacion de Robin Esme, aagié de XL ans ou environ, chargié de femme et enfans, demeurant a Beaumont le Rogier [1] ou bailliage d'Evreux, contenant comme, le XVIIIe jour d'aoust derrain passé qui fut le landemain de la victoire [2] que nostre benoist Createur nous a voulu de sa grace envoier devant Vernuel [3] soubz le gouvernement de nostre très chier et très amé oncle Jehan, regent le royaume de France, duc de Bedford, pluseurs varlez, pages et autres gens de lasche courage se feussent partiz de la bataille et compaignie de nostre dit oncle et eussent publié en pluseurs lieux de nostre païs de Normendie que nostre dit oncle estoit desconfit et la bataille perdue pour nous, a l'occasion de laquelle rimeur autres personnes se feussent mises sus, en induisant le dit suppliant et pluseurs autres simples

---

1. Beaumont-le-Roger, Eure, arr. Bernay.
2. Il s'agit ici de la célèbre victoire de Verneuil remportée sur les Français, le jeudi 17 août 1424, par Jean, duc de Bedford. Jean de Harcourt, comte d'Aumale, capitaine du Mont-Saint-Michel, périt glorieusement dans cette journée, et c'est à ce titre que nous publions ici plusieurs documents relatifs à une affaire dont l'heureuse issue aurait soulevé la Normandie tout entière contre les envahisseurs et dont l'insuccès eut pour effet, en consolidant la domination anglaise dans cette province, de rendre possible le fameux siège mis devant le Mont-Saint-Michel pendant la seconde moitié de 1424 et la première moitié de 1425.
3. Verneuil-sur-Avre, Eure, arr. Évreux.

gens de villages et autres de nostre obeissance afin de eulx mettre sus pour eulx rebeller a l'encontre de nous et de donner aide et confort a noz ennemis et adversaires; par l'inducion desquelz le dit suppliant, souldainement souspris, s'esmut avec eulx et fut le dit jour en la compaignie de pluseurs de ses voisins en un hamel, nommé la Foutelloye [1], au dessus du dit Beaumont, ou icellui suppliant oy dire que deux hommes venans de la dicte bataille avoient esté par aucuns de ses diz voisins menez au bois dont l'un avoit esté occis, sans ce toutesvoies que icellui suppliant eust esté present ne de ce esté consentant ou coulpable en aucune maniere, mais se feust parti paravant le dit fait de la compaignie des diz voisins qui icellui cas avoient commis; tantost après lesquelles nouvelles venues de la dicte victoire, le dit suppliant, sachant la faulte et mençonge que on avoit donné a entendre aus diz simples gens, ayant desplaisance de la dicte entreprinse et de ce qu'il s'estoit mis sus avec les autres, s'est retrait le plus doulcement qu'il a peu, combien qu'il n'ose ne oseroit seurement demourer ne repairier en son lieu et domicile, doubtant rigueur de justice, se nostre grace et misericorde ne lui est sur ce impartie, si comme il dit, requerant humblement iceulx : pour ce est il que nous, ces choses siderées, en l'onneur et reverence de Nostre Seigneur, et pour eviter la destruccion et depopulacion du pais qui autrement se pourroit ensuir, voulans misericorde... avons ou dit cas quitté remis et pardonné.., pourveu que le dit suppliant ne soit gentilhomme, n'ait esté principal capitaine ne conduiseur de la dicte assemblée ne consentant ou coulpable d'aucun murtre ou obmicide, et paiera a nostre amé Durant de Tieuville, escuier, commis a recevoir les amandes es parties d'Auge, la somme de dix livres tournoiz ou autre plus grant somme qu'il pourra paier selon sa faculté, pour icelle estre convertie es ouvrages de nostre forteresse de Harfleu. Si donnons en mandement au bailli d'Evreux... Donné a Rouen [2], ou mois d'aoust l'an de grace mil CCCCXXIIII, et de

---

1. La Foutelaie est un des hameaux de Beaumont-le-Roger (Aug. le Prevost, *Mémoires sur le département de l'Eure*, I, 219).
2. Rémission semblable datée de Paris et octroyée en septembre 1424 à Jean le Pourry, fils aîné de maître Thomas le Pourry, demeurant à Bernay (JJ 172,

nostre regne le second. Ainsi signé : par le roy, a la relacion du grant Conseil tenu par monseigneur le regent, duc de Bedford. J. Rinel.

(*Arch. Nat., sect. hist., JJ 172, n° 629.*)

XXXII

1424, 8 aout, Carentan

Jean Coquet, lieutenant général de Nicolas Burdett, bailli du Cotentin, transmet au vicomte de Cherbourg une lettre close adressée, en date du 1ᵉʳ août, au nom de Jean, duc de Bedford, régent de France, au dit bailli et lui enjoignant de prendre des mesures pour qu'aucun des soudoyers nouvellement venus d'Angleterre ne puisse y retourner et s'embarquer dans un des ports de son bailliage, s'il n'est muni d'une bullette ou autorisation spéciale délivrée par le dit régent.

Jehan Coquet, lieutenant general de noble homme Nicolas Bourdet, escuier, grant boutillier de Normendie et bailli de Costentin [1], commissaire du roy nostre souverain seigneur en ceste partie, au vicomte de Chierrebourgh ou a son lieu-

n° 627); autre semblable, datée de Rouen en janvier 1425 (n. st.) et octroyée à Jean le Seneschal, écuyer, de Bernay (JJ 172, n° 614); autre semblable, octroyée en août 1424 à Guillaume Byan, de Pont-Audemer (JJ 172, n° 586); autre semblable, datée de Rouen et octroyée en septembre 1424 à trente-huit prévenus y dénommés (JJ 172, n° 570); autre semblable, octroyée le 3 novembre 1425 à Jean Pieddelièvre, de Pont-Audemer (JJ 173, n° 110).

1. Le 14 juin 1423, Simon Fleet, écuyer, avait été nommé bailli de Cotentin et capitaine de Carentan pour un an, à dater du jour de sa nomination (*Bibl. Nat.*, ms. fr. n° 14.546, f° 8 v°); il succédait dans cette charge à Lorens Waren, écuyer, qui lui-même avait été substitué à Jean d'Assheton avant le 19 janvier de cette année (*Arch. Nat.*, JJ 173, n° 150). Fleet était encore bailli du Cotentin et capitaine de Carentan le 16 janvier 1424 (*Bibl. Nat.*, ms. n° 4485, f° 81); mais il fut remplacé, dès le 29 avril suivant, avant que son année d'exercice fût expirée, par Nicolas Burdett, grand bouteiller de Normandie (*Arch. Nat.* K 62, n° 10).

tenant, salut. Receu avons unes lettres closes de monseigneur le regent le royaulme de France, duc de Bedford, seellées de son signet en cire vermeille et signées en marge : *Rinel*, dont la teneur enssuit.

De par le regent le royaulme de France, duc de Bedfford. Chier et bien amé, pour ce que nous avons entendu que plusieurs gens de gerre, qui nouvellement estoient venus en ce pais de France du pais d'Angleterre, tous souldoyers et paiés par monseigneur le roy jusques a la Toussains prouchain venant, se departent ung chascun jour de la compaignie de leurs cappitaines et s'en retournent en Engleterre contre et ou grant prejudice et dommage de mon dit seigneur et empeschement de ses affaires de par decha, nous vous mandons et commandons de par mon dit seigneur et de par nous, sur la foy et loyaulté que lui devés et a paine d'estre griefment pugnis, que ne souffrés passer es mettes de vostre bailliage quelconque personne du royaulme d'Angleterre pour retourner ou dit royaulme, s'il n'a bullette ou ensaignement de nous. Et avecques ce mettés tel remede et si grant dilligence es navires estans sur les pors de mer que aucun n'y passe sans congié. Et se vous trouvés aucun qui se soit departis des dis cappitaines et n'ait bullette de nous, prenés le ou faictes prendre et mettés en prison fermée, sans en faire quelconque delivrance sans nostre ordonnance et commandement. Et gardés que en ce n'ait faulte [aussi] chier que doubtés nous courrouchier et que de ce voullés respondre a mon dit seigneur et a nous. Chier et bien amé, Nostre Sire soit garde de vous. Donné a Rouen soubz nostre signet le premier jour d'aoust.

Voullons aussy et vous mandons que tous hommes d'armes et archiés du royaulme d'Angleterre, que trouverés vivans sur le pais ou faisans pilleries, roberies ou aultres extorcions au povre peuple, vous les prenés et mettés en prison, en les pugnissant selon ce que aultreffois vous a esté mandé de par monseigneur le roy et de par nous aussy. Signé : Rinel.

Pour le contenu esquelles lettres dessus transcriptes acomplir, nous vous mandons, commandons et a ce faire commettons que le contenu en icelles vous accomplissiés de point en point bien et deuement, selon la fourme et teneur d'icelles. Ce faictes sans deffault. Donné a Carenten le viiie jour d'aoust l'an mil quatre cens vingt quatre. Et estoit escript en la subscripcion des dictes lettres : A nostre chier et bien amé le bailli de Costentin ou a son lieutenant. *Pro rege.*

(*Bibl. Nat., Quittances, t. 56, n° 306.*)

XXXIII

1424, 24 aout, Rouen

Henri VI, roi de France et d'Angleterre, mande au vicomte de Carentan de requérir des charpentiers, moyennant une juste indemnité, des chariots et charettes en vue du transport de poutres et autres matériaux de fortification, et de mettre ces charpentiers ainsi que ces charettes à la disposition de Nicolas Burdett, chevalier, bailli du Cotentin, chargé de faire le siège du Mont-Saint-Michel.

Henry, par la grace de Dieu roy de France et d'Angleterre, au viconte de Carenten ou a son lieutenant, salut. Pour ce que nous avons nouvellement ordonné et commis nostre amé et feal chevalier Nicolas Bourdet, bailli de Costentin, a mettre et tenir le siege devant le Mont Saint Michiel et que, pour la fortifficacion du dit siege, fauldra avoir bois merrien et autres choses neccessaires, nous vous mandons et commettons que, par l'ordonnance et commandement du dit bailli, vous faites pourveoir de charrettes, hernoiz et charpentiers, pour le fait d'icellui siege, et iceulx faites aler, conduire et mener au dit siege, en paiant par vous raisonnablement les frais, missions et despens qu'il fauldra pour les diz charrios, charrettes, charpentiers et autres gens, des deniers qui sont ordonnez pour le recouvrement d'icellui Mont. De ce faire vous donnons povoir et mandement especial par ces presentes, mandons et commandons a tous noz justiciers, officiers et subgiez que a vous, en ce faisant, obeissent et entendent deligemment et vous prestent et donnent conseil, confort et aide, se mestier est et par vous en sont requis. Donné a Rouen le xxiiii[e] jour d'aoust[1] l'an de grace mil iiii[c] vint et quatre, et le second de nostre regne. Par le roy, a la relacion de monseigneur le regent, duc de Bedford. J. Rinel.

(*Bibl. Nat., Quittances, t. 56, n° 308.*)

XXXIV

1424, 26 aout, Rouen

Jean, régent de France, duc de Bedford, informe Hemon de Belknapp, trésorier et gouverneur général des finances, qu'il a chargé Nicolas Burdett, bailli du Cotentin, de réduire en son obéissance la forteresse du Mont-Saint-Michel au péril de la mer, et l'invite à faire payer pendant toute la durée du siège les gages de 6 hommes d'armes composant l'escorte du dit bailli, de 34 autres hommes d'armes, enfin de 90 hommes d'armes et d'un nombre proportionnel d'archers détachés des garnisons de Coutances, de Saint-Lô, d'Avranches, de Cherbourg, de Régnéville, du Pont-d'Ouve et du Parc-l'Évêque.

Jehan, regent le royaume de France, duc de Bedford, a nostre très chier et bien amé escuier Hemon de Belkenap, tresorier et general gouverneur de noz finances en France et en Normendie, salut et dileccion. Comme pour reduire et remettre a nostre obeissance les ville, place et forteresse du

---

1. Ce mandement est postérieur de huit jours seulement à la bataille de Verneuil où Jean de Harcourt, comte d'Aumale, capitaine du Mont-Saint-Michel, avait péri avec l'élite de la noblesse normande. On remarquera que Nicolas Burdett, auparavant écuyer, reçoit ici pour la première fois la qualification de chevalier. Le bailli du Cotentin avait gagné cette promotion à la journée du 17 août 1424 où il avait servi avec six lances et dix-huit archers à cheval (*Bibl. Nat., ms. fr. n° 14546, f° 4 v°*).

Mont Saint Michiel ou peril de la mer, a present occuppée par les ennemis et adversaires de monseigneur le roy et nostres, nous ayons commis et ordonné nostre très chier et bien amé chevalier, messire Nicolas Burdet, bailli de Coustantin, a assegier, mettre, tenir et continuer le siege devant la dicte place jusques a ce qu'elle soit remise et reduicte en la dicte obeissance et, pour ce faire, avoir et tenir continuelment avecques lui six hommes d'armes de sa charge et retenue qu'il a pour l'accompaignier en l'excercice du dit office de bailli, et autres xxxiiii hommes d'armes et les archiers; item, du capitaine de la garnison de Coustances, douze hommes d'armes ; de celle de Saint Lo, dix hommes d'armes ; de celle d'Avranches, quarante hommes d'armes ; de celle de Cesarbourg, seize hommes d'armes ; de celle de Renneville, deux hommes d'armes ; de celle de Pont d'Ove, un homme d'armes ; de celle du Parc l'Evesque, neuf hommes d'armes, et de chascune les archiers qui y appartiennent [1], pour lesquelz il aura et prendra gaiges, c'est assavoir pour lui et autres chevaliers bacheliers, deux solz esterlins le jour, pour homme d'armes douze deniers esterlins le jour, monnoie d'Angleterre avecques regards accoustumez, et pour chascun archier six deniers esterlins de la dicte monnoye, le noble d'Angleterre compté pour six solz huit deniers esterlins d'icelle monnoie. Si voulons, vous mandons et enjoingnons expressement que par nostre bien amé Pierre Surreau, receveur general de noz finances, vous, des deniers ordonnez pour la dicte recouvrance du dit Mont Saint Michiel, faites faire au dit bailli prest et payement avant la main des gaiges et regards des dis xxxiiii hommes d'armes et les archiers, pour deux mois entiers a commencier le jour de ses premiéres monstres, et des deniers de sa recepte general, au dit Bourdet les gaiges de ses dis six hommes d'armes et les archiers, et semblablement a chascun des autres les gai-

---

1. Dans l'organisation des armées anglaises, au xv⁰ siècle, la proportion des archers par rapport aux hommes d'armes était de trois contre un. Cette proportion est de règle et à peu près invariable. D'où il suit que le duc de Bedford mettait sous les ordres de Nicolas Burdett, bailli de Cotentin, en vue du siège du Mont-Saint-Michel, 130 hommes d'armes et 390 archers ; et comme chaque hommes d'armes était escorté d'un page et d'un coutilier, et que chaque couple d'archers avait un servant, cela représente environ 1,000 combattants.

ges et regards, pour un mois entier a commencier le jour de leurs premiéres monstres, et d'ilecques en avant de mois en mois, selon leurs monstres et reveues, tant et si longuement que le dit siege durera. Donné a Rouen soubz nostre seel le xxvie jour d'aoust l'an de grace mil cccc vingt et quatre. Par monseigneur le regent le royaume de France, duc de Bedford. R. Veret.

(Bibl. Nat., Quittances, t. 56, n° 309.)

XXXV

1424, 8 septembre. — 1425, fin janvier

Compte des payements faits pendant les cinq premiers mois du siège du Mont-Saint-Michel, à Nicolas Burdett, chevalier, bailli du Cotentin, chargé de diriger les opérations du dit siège, ainsi qu'aux capitaines de Coutances, de Saint-Lô, d'Avranches, de Cherbourg, de Régnéville, du Pont-d'Ouve et du Parc-l'Évéque, qui ont servi sous les ordres de Burdett, avec une partie de leurs garnisons, et à Bertin de Entwistle, lieutenant de l'amiral comte de Suffolk, commis à tenir le siège par mer devant la dite place.

Autres deniers paiez par le dit receveur general (Pierre Surreau, receveur general de Normandie), par l'ordonnance de mon dit seigneur le regent a plusieurs capitaines de gens d'armes et de traict et autres, pour reddure et mettre en l'obbeissance du roy et de mon dit seigneur la ville, place et forteresse du Mont Saint Michiel que tiennent et occuppent les ennemis du roy nostre sire, desquelx capitaines et autres gens la declaracion s'ensuit.

Et premierement a Thomas Bourgh, escuier, capitaine d'Avrenches, auquel, par l'ordonnance de mon dit seigneur le regent et de messeigneurs du Conseil du roy nostre sire a Rouen, ont esté bailliez comptent par les vicontes de Caen, Bayeux, Carentan et Coustances, et dont le dit receveur general leur a pour ce baillé leurs descharges, comme dit est cy dessus en la recepte de ce present compte, par la main de Jehan Brinkelay, maistre des comptes du roy nostre sire a Caen, la somme de mil escuz [1] d'or, pour icelle tourner, convertir et employer par le dit Thomas Bourgh en certaines besongnes et affaires a lui ordonnées par mon dit seigneur le regent pour faire le recouvrement du dit Mont Saint Michiel, comme par lettres patentes de mon dit seigneur données a Paris le XIIe jour d'avril l'an mil CCCC XXIII avant Pasques, avec les lettres de mes diz seigneurs du Conseil du roy a Rouen données le XVIe jour du dit moys cy rendues, appert ; pour ce, par vertu des dictes lettres, et quittance du dit Thomas Bourgh faicte le XXVIIe jour du dit moys ensuivant cy rendue, mil escuz d'or, du pris chascun escu de XXXV sous tournois, valent a XVII^c L livres tournois.

A monseigneur Nicolas Bourdet, chevalier, bailli du Constentin, commis et ordonné par mon dit seigneur le regent a assegier, mettre, tenir et continuer le siege devant la dicte place du Mont Saint Michel jusques a ce qu'elle soit subjuguée, reduite et mise en l'obeissance du roy et de mon dit seigneur ; et pour ce faire, avoir et tenir continuelment avec lui six hommes d'armes de sa charge et retenue, pour l'exercice de son dit office de bailly, et autres XXXIIII hommes d'armes et les archiers ; de la garnison de Coustances, douze hommes d'armes ; de celle de Saint Lo, X hommes d'armes ; de celle d'Avrenches, XL hommes d'armes ; de celle de Cesarbourgh, XVI hommes d'armes ; de celle de Regneville, II hommes d'armes ; de celle de Pont d'Oe [2], ung homme d'armes ; de celle du Parc l'Evesque [3], IX hommes d'armes ; et de chascune les archiers qui y appartiennent aux gaiges pour lui et autres chevaliers bacheliers, II esterlins par jour ; et, pour chascun homme d'armes, XII deniers avec regards acoustumés, et, chascun archier, VI deniers par jour de la dicte monnoie, comme par lettres de garant de mon dit seigneur le regent données a Rouen le XXVIe jour d'aoust l'an

---

1. Cette somme de 1,000 écus d'or, ordonnancée dès le 12 avril 1424 (n. st.), était destinée à acheter le traître Henri Murdrac (voyez plus haut le n° XXVIII).

2. Pont-d'Ouve, auj. lieu dit de Saint-Cosme-du-Mont, Manche, arr. Valognes, c. Carentan.

3. Manoir fortifié des évêques d'Avranches situé à Sainte-Pience (Manche, arr. Avranches, c. la Haye-Pesnel).

mil cccc xxiv, expediées par mon dit seigneur le tresorier le viiie jour de septembre ensuivant, par lesquelles est mandé au dit receveur general qu'il face paiement avant la main au dit bailli pour deux moys entiers, commençans le jour de ses premiéres monstres, des gaiges et regards des diz xl hommes d'armes et les archiers a cheval, et samblablement a chascun des autres, pour un moys entier commençant le jour de leurs dictes premiéres monstres, et d'illec en avant de moys en moys, tant et si longuement que le dit siege durera, cy rendues, appert ; pour ce, a lui payé, par vertu des dictes lettres, pour les gaiges et regards de lui, xxxix autres hommes d'armes et vi^{xx} archiers a cheval des dictes retenues, pour leur service au dit siege de deux moys commençant le viiie jour de septembre mil ccccxxiiii qu'il fist ses premiéres monstres de ses dictes gens pardevant Guillaume Biote, viconte de Carentan, a ce commis par mon dit seigneur le regent, par quittance de lui, faicte le xie jour du dit moys de septembre, cy rendue, avec les dictes lettres.... ii^m iiii^c iii livres vi sous viii deniers tournois.

A lui (Nicolas Bourdet), auquel ont esté payez par le dit receveur des deniers de la dicte recepte, par l'ordonnance de mon dit seigneur le regent et de mes diz seigneurs du Conseil, pour son regard des deux moys dessuz diz, au feur de l livres tournois par moys pour le dit regard, par quittance de lui faicte le xe jour de septembre iiii^c xxiiii, cy rendue........... c livres tournois.

A monseigneur Laurens Waren, chevalier, capitaine de Coustances, auquel ont esté payez par le dit receveur general des deniers de la dite recepte, par vertu des lettres cy dessus rendues, pour les gaiges et regards de lui, xi autres hommes d'armes et xxxvi archiers a cheval [1] de sa retenue, pour leur service fait au dit siege du premier moys, commençant le xiie jour du dit moys de septembre, qu'il fist ses premiéres monstres devant le dit bailli a ce commis, par quittance de lui faicte le xiiie jour du dit moys de septembre, cy rendue avec les dictes monstres...... iii^c lxvii livres x sous tournois.

---

1. La garnison de Coutances se composait, depuis le 26 septembre 1423, de 20 hommes d'armes, 16 à cheval, 4 à pied, et de 60 archers (voyez plus haut le n^o xxii, note 1). Lorens Waren avait été fait chevalier à Verneuil.

A monseigneur Thomas Blond [1], chevalier, capitaine de Saint Lo, auquel comme dessus ont esté payez par le dit receveur general, par vertu des dictes lettres, pour les gaiges et regards de x hommes d'armes et de xxx archiers a cheval [2] de sa retenue, pour leur service du premier moys au dit siege commençant le xiie jour de septembre qu'il fist ses monstres des dictes gens pardevant le dit bailli, par quittance de lui faicte, le xiie jour de septembre, cy rendue avecques les dictes monstres...... iic iiiixx xvii livres xviii sous iiii deniers tournois.

A Thomas Bourgh, escuier, capitaine d'Avrenches, auquel comme dessus ont esté paiez par le dit receveur general, par vertu des dictes lettres, pour les gaiges et regards du dit escuier, xxxix autres hommes d'armes et vixx archiers a cheval [3] de sa retenue, pour leur service du premier moys du dit siege, commençant le ixe jour du dit moys de septembre, qu'il fist ses premières monstres de ses dictes gens pardevant le dit bailli, par quittance de Jenicot le Bougre son tresorier, faicte le xe jour du dit moys de septembre ccccxxiiii, cy rendue avec les dictes monstres..... xic iiiixx xi livres xiii sous iiii deniers tournois.

A monseigneur Waultier de Hongrefford [4], chevalier, capi-

---

1. Blond est la traduction française de Blount qui était le nom de ce chevalier.

2. La garnison de Saint-Lo se composait, depuis le 24 septembre 1423, de 20 hommes d'armes, 13 à cheval, 7 à pied, et de 60 archers (voyez le no xxii, note 1).

3. Depuis la nomination de Thomas Burgh comme capitaine d'Avranches, c'est-à-dire depuis le 22 octobre 1423, la garnison de cette place comprenait 60 hommes d'armes, 40 à cheval, 20 à pied, et 180 archers, 120 à cheval, 60 à pied (voyez le no xxii, note 2).

4. Dès le 11 août 1418, au moment où il venait de mettre le siège devant Rouen, Henri V avait institué Walter de Hungerford, chevalier, sénéchal de son hôtel, capitaine des château et ville de Cherbourg (*Mém. de la Soc. des Ant. de Norm.*, XXIII, no 219), douze jours avant la capitulation, signée le 22 août seulement, et plus de six semaines avant la reddition qui n'eut lieu que le 29 septembre suivant (*Ibid.*, no 221). Le 20 décembre de cette même année, Hungerford avait été gratifié de la baronnie du Hommet (auj. le Hommet-d'Arthenay, Manche, arr. Saint-Lô), confisquée sur Guillaume de Villiers, seigneur de Montenay, moyennant la redevance d'une lance où serait attachée une queue de renard, « cum cauda vulpis dependenti », payable au château de Rouen le jour de l'Exaltation de la Sainte Croix (*Ibid.*, no 253); le 31 janvier 1419,

taine de Cesarbourg, auquel ont esté payez comme dessus par le dit receveur general des deniers de la dicte recepte, par vertu des dictes lettres, pour les gaiges et regards de xvi hommes d'armes et xlviii archiers a cheval de sa retenue, pour leur service du premier moys au dit siege commençant le xiie jour de septembre qu'il fist ses monstres pardevant le dit bailli, par quittance de Guillaume Volstonne, escuier, son lieutenant, faicte le xe jour de septembre ccccxxiiii, cy rendue.... iiii^c lxxvi livres xiii sous iiii deniers tournois.

A lui (Walter de Hungerford), capitaine de Regneville, auquel ont esté paiez par le dit receveur general, des deniers de la dicte recepte, par vertu des dictes lettres, pour les gaiges et regards de deux hommes d'armes et six archiers a cheval de sa retenue, pour leur service du premier moys au dit siege, commençant le xe jour du dit moys de septembre, qu'il fist ses monstres de ses dictes gens pardevant le dit bailli, par

de la baronnie de Varenguebec (Manche, arr. Coutances, c. la Haye-du-Puits), que Henri V avait eu soin de réserver en faveur de Walter le jour où il avait donné à Jean Grey, créé comte de Tancarville, les dépouilles de Jacques de Harcourt et de Marguerite de Melun sa femme (*Ibid.*, n° 280); le 13 janvier 1421, de la terre de Tourny, près de Vernon (*Ibid.*, n° 911); le 19 mai de la même année, des seigneuries de Bréauté, de Neuville et de Sainte-Colombe, en Caux, confisquées sur Roger de Bréauté, Marguerite d'Estouteville, David de Brimeu et Marie de Montmor (*Ibid.*, n° 994). L'effectif de la garnison de Cherbourg, en 1423 et 1424, était de 40 hommes d'armes, 20 à cheval et 20 à pied, et de 120 archers (*Arch. Nat.*, K 62, n° 7 10; *Bibl. Nat.*, Quitt., t. 55, n° 139). La capitainerie de Régnéville (Manche, arr. Coutances, c. Montmartin) avait d'abord été donnée à Jean Cheyny, par acte du 21 juin 1419 (*Mém. de la Soc. des Ant. de Norm.*, XXIII, n° 613); mais, peu après l'avènement de Henri VI, le 1er octobre 1422, Bedford plaça cette capitainerie dans la même main que celle de Cherbourg et les confia l'une et l'autre à Walter de Hungerford (*Bibl. Nat.*, Quitt., t. 53, n° 5764). En 1423 et 1424, le capitaine de Cherbourg et de Régnéville avait à la fois pour lieutenant et pour receveur Guillaume ou William Wolstonne (*Ibid.*, t. 55, n° 32; *Bibl. Nat.*, ms. fr., n° 4491, f° 51). La seigneurie de Hungerford, possédée jusqu'à ces derniers temps par la famille de ce nom, est située à la limite des comtés de Berks et de Wilts et à peu près à mi-chemin de Londres et de Bristol. Sir Walter, lord Hungerford, marié à Catherine Peuerell, fut installé en qualité de chevalier de la Jarretière le 3 mai 1421 en remplacement de Hugh Stafford, lord Bourchier, mort le 25 octobre 1420 (Beltz, *Memorials of the order of the Garter*, p. 158). L'église de Hungerford, dédiée à saint Laurent, contient les monuments funéraires des principaux membres de cette famille, notamment ceux de Robert, premier lord Hungerford, et de Walter, capitaine de Cherbourg et trésorier d'Angleterre (Camden, *Britannia*, p. 204 et 205).

quittance faicte par le dit Guillaume Volstonne, son lieutenant, le dit jour, cy rendue avec les dictes monstres.... LIX livres XI sous VIII deniers tournois.

A Robert Sallemerch, escuier, capitaine du Parc l'Evesque [1], auquel comme dessus ont esté payez par le dit receveur, des deniers de la dicte recepte, par vertu des dictes lettres, pour les gaiges et regards de lui, VIII autres hommes d'armes et XXVII archiers a cheval de sa retenue, pour leur service d'un moys au dit siege commençant le XIIe jour du dit moys de septembre qu'il fist ses monstres pardevant le dit bailli, par quittance de lui, faicte le XIIIe jour du dit moys, cy rendue avesques les dictes monstres......... II^c LXVIII livres II sous VI deniers tournois.

A Guillaume Rostelant [2], escuier, capitaine du Pont d'Oe, auquel ont esté payez comme dessus par le dit receveur general, des deniers de la dicte recepte, par vertu des dictes lettres, pour les gaiges et regards d'un homme d'armes et trois archiers a cheval de sa dicte retenue, pour leur serviee d'un moys au dit siege, commençant le Xe jour du dit moys de septembre, qu'il en fist monstres pardevant le dit bailli, par quittance de luy, faicte le dit jour, cy rendue avecques les dictes monstres... XXIX livres XV sous X deniers tournois.

Au dit monseigneur Nicolas Bourdet, chevalier, bailli de Constentin, et commis, comme dit est dessuz, par mon dit seigneur le regent a tenir le dit siege, auquel ont esté payez par le dit receveur general, des deniers de la dicte recepte, par vertu des dictes lettres et d'unes autres lettres de mon dit seigneur le regent, données le XXVIIe jour d'octobre ensuivant IIII^c XXIIII, expediées par mon dit seigneur le tresorier le XXIXe jour du dit moys ensuyvant, cy rendues, pour les gaiges et regards de XX hommes d'armes et LX archiers a cheval des

---

1. Le 14 novembre 1423, l'effectif de la garnison du Parc-l'Évêque, placée sous les ordres de Robert Salmerch, était de 13 hommes d'armes le capitaine compris, 9 à cheval, 4 à pied, et de 39 archers (*Bibl. Nat.*, ms. fr. n° 14546, f° 17).

2. Guillaume Rotheland, écuyer, nommé capitaine du Pont-d'Ouve le 21 mai 1418 (*Mém. de la Soc. des Ant. de Norm.*, XXIII, n° 165), avait été maintenu dans ces fonctions d'année en année (*Bibl. Nat.*, Quitt., t. 53, n° 5760; t. 53, n° 111). 2 hommes d'armes seulement, 1 à cheval, 1 à pied, et 6 archers, 3 à cheval, 3 à pied, tenaient garnison dans ce petit château (*Ibid.*, n° 5760).

gens d'armes et de traict dessus diz, estans au dit siege soubz le gouvernement du dit bailli, pour leur service du second moys commençant le xiie jour d'octobre cccc xxiiii, dont il a fait monstre pardevant le dit viconte de Carenten a ce commis, par quittance de lui, faicte le xii^e jour de novembre, cy rendue avec les dictes lettres.... v^c iiii^{xx} xv livres xvi sous viii deniers tournois.

A lui, par vertu des dictes lettres, pour les gaiges et regards de lui, xxxix autres hommes d'armes et vi^{xx} archiers a cheval de sa dicte retenue, pour leur service du tiers moys au dit siege commençant le xi^e jour de novembre ensuivant cccc xxii, et dont il a fait monstre pardevant le dit viconte le xxiii^e jour du dit moys a la bastide d'Ardevon devant le dit Mont, par quittance de lui, faicte le xii^e jour du dit moys ensuivant, cy rendue avecques les dictes monstres. . . . . . . xii^c une livre xiii sous iiii deniers tournois.

A lui, par vertu des dictes lettres, pour les gaiges et regards de xx hommes d'armes et lx archiers a cheval des dictes retenues, pour leur service au dit siege du moys de janvier ensuivant cccc xxiiii dont il a fait monstre a la dicte bastide pardevant monseigneur Guillaume Hodalle [1], chevalier, grant seneschal de Normandie, le viii^e jour du dit moys de janvier, par quittance de lui faicte le xiii^e jour du dit moys, cy rendue avecques les dictes monstres.... v^c iiii^{xx} xv livres xvi sous viii deniers tournois.

A lui, par vertu des dictes lettres, pour les gaiges, regards de lui, xxxix autres hommes d'armes et vi^{xx} archiers a cheval de sa dicte retenue, pour leur service du vme moys au dit siege et dont il a fait monstre pardevant mon dit seigneur le grant seneschal a la dicte bastide le dit viiie jour de janvier cccc xxiiii, par quittance de lui, faicte le xiiie jour du dit

---

1. Le 24 novembre 1419, Guillaume Hodehal ou Hodalle avait été mis en possession des château et seigneurie de Charruel, situés à Sacey (Manche, arr. Avranches, c. Pontorson) et confisqués sur Robert le Charpentier, « escuyer rebelle », l'un des plus braves défenseurs du Mont-Saint-Michel, qui les tenait du chef d'Olive de Coetivy sa femme (*Reg. des dons*, p. 131). Ce chevalier anglais avait succédé à Richard Wydevile, dans la charge de grand sénéchal de Normandie, vers le milieu de 1424 (*Bibl. Nat.*, mss. fr. n° 4485, f° 82 et n° 4491, f° 89).

moys, cy rendue avec les dictes monstres . . . . . . xii^c une livres xiii sous iiii deniers tournois.

A Bertin de Entwessull [1], escuier, lieutenant en Normandie de monseigneur le conte de Suffolk, admiral de la mer, et commis a tenir le siege par mer devant la dicte place du Mont Saint Michel, a la charge de xxviii hommes d'armes, sa personne en ce comprinse, iiii^{xx}iiii archiers et xxiiii mariniers, aux gaiges pour lui ii sous d'esterlins par jour, pour chascun des diz autres hommes d'armes xii deniers avecques regards acoustumez, et pour chascun archier et marinier vi deniers de la dicte monnoye, et pour le louage des vaisseaulx telles sommes d'argent qu'il seroit advisé par le dit bailli de Constentin, a commencier iceulx gaiges le jour de leurs premiéres monstres tant et sy longuement que le dit siege durera, comme par lettres de mon dit seigneur le regent données a Rouen le xxvie jour d'aoust l'an mil cccc xxiii, expediées par mon dit seigneur le tresorier le xvie jour de septembre ensuivant, par lesquelles est mandé au dit receveur qu'il paye les gaiges et regards du dit escuier, de ses dictes gens et mariniers, appert ; pour ce, a lui payé, par vertu des dictes lettres, pour les gaiges et regards de lui, xxvii autres hommes d'armes, iiii^{xx}iiii archiers et xxiiii mariniers dessus diz, pour leur service par eulx fait devant le dit Mont Saint Michiel, pour un moys entier commençant le xxiiiie jour de septembre mil cccc xxiii qu'il fist les monstres de ses dictes gens pardevant le dit viconte de Carenten a ce commis par mon dit seigneur le regent, par quittance de lui, faicte le viiie jour d'octobre ensuivant, cy rendue avec les dictes monstres.... ix^c lxiiii livres iii sous iiii deniers tournois.

1. Le 8 février 1431, Bertin de Entwistle, écuyer, fit hommage à Henri V : 1o de la baronnie de Bricquebec, en la vicomté de Valognes, confisquée sur Louis d'Estouteville et Jeanne Paynel sa femme ; 2o de Neuville-en-Bessin, en la vicomté de Bayeux (*Arch. Nat.*, P 267 ^{2}, n° 451). Fait prisonnier à la journée de Jargeau le 12 juin 1429, le comte de Suffolk avait été réduit à vendre à Bertin, un de ses lieutenants, la première de ces seigneuries, dont Henri V lui avait fait don le 6 mai 1419, pour avoir de quoi payer sa rançon. Entwistle, d'où Bertin tirait son nom, écrit *Entwessull* ou *Entwessall* dans les actes français du xve siècle, est un village du comté de Lancaster, situé à cinq lieues nord-ouest de Manchester (de Gerville, *Mém. de la Soc. des Ant. de Norm.*, année 1824, 1re partie, p. 254).

Summa . . . . xi^m iiii^c iii livres xv sous tournois.

(Bibl. Nat., ms. fr. n° 4485, f°s 311 à 317.)

XXXVI

1424, 10 SEPTEMBRE

Guillaume Rosteland, écuyer, capitaine du Pont-d'Ouve, donne quittance à Pierre Surreau, receveur général des finances de Normandie, de 29 livres 15 sous 10 deniers tournois, à valoir sur les gages de 1 homme d'armes et de 3 archers à cheval que le dit Guillaume envoie présentement au siège mis devant le Mont-Saint-Michel par Nicolas Burdett, bailli du Cotentin.

Saichent tuit que je Guillaume Rosteland, escuier, cappitaine de Pont d'Ove, confesse avoir eu et receu de Pierre Surreau, receveur general des finances de Normandie, la somme de vingt neuf livres quinze solz dix deniers tournois en prest et paiement des gaiges et regars de ung homme d'armes et trois archiers a cheval que je envoye presentement au siege ordonné par monseigneur le regent le royaume de France, duc de Bedford, estre mis et tenu devant le Mont Saint Michiel par monseigneur Nicolas Bourdet, chevalier, bailli de Coustentin, a desservir par ung mois entier commençant le xe jour de ce present mois que nous en avons fait monstre pardevant le dit bailli, tant au dit siege comme ailleurs ou il plaira au roy nostre seigneur et a mon dit seigneur le regent; ce present paiement a moy fait par le dit receveur general par vertu des lettres de garant de mon dit seigneur le regent, données le xxvie jour d'aoust l'an mil ccccxxiiii, expediées par le tresorier et gouverneur general des dictes finances. De laquelle somme de xxix livres xv solz x deniers tournois dessus dictes je me tiens pour contens et bien paié et en quitte le roy nostre seigneur, mon dit seigneur le regent, le dit receveur general et tous autres. En tesmoing de ce, j'ay seellé ceste quittance de mon signet le xe jour de septembre l'an mil cccc vint quatre.

(Arch. Nat., sect. hist., K 62, n° 11^5.)

XXXVII

1424, 13 SEPTEMBRE

Lorens Waren, chevalier, capitaine de Coutances, donne quittance à Pierre Surreau, receveur général de Normandie, de 367 livres 10 sous tournois, à valoir sur ses gages et ceux de 11 autres hommes d'armes et de 36 archers à cheval de sa retenue qu'il doit mener présentement au siège mis devant le Mont-Saint-Michel par Nicolas Burdett, bailli du Cotentin.

Saichent tuit que nous Lorens Waren, chevalier, capitaine de Coustances, confessons avoir eu et receu de Pierre Surreau, receveur general de Normendie, la somme de trois cens soixante sept livres dix solz tournois, en prest et paiement des gaiges et regars de nous, unze autres hommes d'armes et trante six archiers a cheval de nostre retenue, que nous devons mener presentement au siege ordonné par monseigneur le regent le royaume de France, duc de Bedfort, estre mis devant le Mont Saint Michiel par messire Nicolas Bourdet, chevalier, bailli de Coustentin, a desservir, pour le premier mois du dit siege commençant le xiie jour de ce present mois de septembre que nous avons fait noz monstres devant le dit bailli, tant au dit siege comme ailleurs ou il plaira au roy nostre seigneur et a mon dit seigneur le regent; ce present paiement a nous fait par le dit receveur general par vertu des lettres de garant de mon dit seigneur le regent, données le xxvie jour d'aoust darrenier passé, expediées par le tresorier de Normendie. De laquelle somme de iii^c lxvii livres x sous tournois dessus dicte nous noz tenons pour contens, et en quittons le roy nostre seigneur, mon dit seigneur le regent, le dit receveur general et tous autres. En tesmoing de ce, nous avons seelé ceste presente quittance de nostre seel le xiii° jour de septembre l'an mil quatre cens et vint quatre.

(*Arch. Nat., sect. hist., K 62, n° 116.*)

XXXVIII

1424, 21 SEPTEMBRE

Montre de 6 hommes d'armes et de 14 archers composant l'effectif de la garnison du château de Régnéville, dont 2 hommes d'armes et 8 archers sont employés au siège du Mont-Saint-Michel.

Les monstres des gentz d'armes et archiers de la retenue de messire Wautier Hungerford, chevalier, capitaine de Renierville, prinses par Johan Brynkeley, esquier, lieutenant general de la seneschalsie de Normendie, le xxi jour de septembre l'an M IIII^c XXIV.

Hommes d'armes :

William Wolston [1], c. [2]; Robert Brygham, p. [3]; William

---

[1]. William ou Guillaume Wolston, écuyer, lieutenant à Régnéville et receveur de Walter de Hungerford, s'était fait donner, à l'exemple de son maître, une bonne part dans la dépouille des seigneurs de Normandie restés fidèles à la cause française. Par acte daté de Rouen le 29 septembre 1430, il fit hommage à Henri VI des fiefs suivants : 1° Ver, 2° Corbigny, 3° Linverville, 4° Boisroger, en la vicomté de Coutances ; 5° Ravenoville, en la vicomté de Carentan ; 6° Fréville, 7° Saint-Germain-le-Gaillard, 8° Goberville, en la vicomté de Valognes ; 9° Christot, en la vicomté de Caen (*Arch. Nat.*, P 267 ², n° 453).

[2]. La lettre c., suivie d'un point, désigne un homme d'armes ou un archer à cheval.

[3]. La lettre p., suivie d'un point, désigne un homme d'armes ou un archer à pied.

Huet [1], p.; Thomas Argentyn, p.; — Thomas Pensax, Waultier Boley, au siege de Mount Saint Michel.

Archiers :

Johan Havey, c.; Johan Cook, p.; Johan Boy, p.; Thomas Clobbere, p.; Johan Dotescombe, c.; Johan Argenton, c. — William Baduale, Piers Hankeford, William Cotoun, Johan Clerc, Ricart Grayson, Robert Reyson, William Sporiere, Robert Jonessonne, toutz a dit siege de Mount.

(Bibl. Nat., ms. fr. n° 6538, f° 68, n°s 58 et 59.)

XXXIX

1424, 31 OCTOBRE, BASTILLE D'ARDEVON

Nicolas Burdett, bailli du Cotentin, commissaire et capitaine député pour tenir le siège du Mont-Saint-Michel, mande au vicomte de Carentan de payer à Jean Fay, bourgeois de Coutances, un millier de chaussetrapes, 6 livres de clous à latte, 10 livres de fil destiné à faire des cordes d'arbalètes, lesquels objets ont été achetés pour mettre en bon état de défense la bastille d'Ardevon, élevée devant la forteresse du dit Mont-Saint-Michel.

Nicolas Bourdet, chevalier, seigneur de Bonneboz, grant bouteiller de Normendie, bailli de Costentin, commissaire et capitaine de par le roy nostre sire et mon très redoubté seigneur monseigneur le regent le royaume de France, duc de Bedford, pour tenir le siege du Mont Saint Michiel, au viconte de Carenten, salut. Comme pour la seurté, tuiscion et deffense de la bastille d'Ardevon devant la ville et forteresse du Mont Saint Michiel, laquelle nous avons fait faire par l'ordenance et commandement du roy nostre dit seigneur et

---

1. Ce nom est écrit Hewet dans une montre de la même garnison, en date du 9 février 1424 (n. st.).

de très hault et puissant prince monseigneur le regent le royaume de France, duc de Bedford, nous aions fait prendre en la ville de Coustances, en l'ostel de Jehan Fay, bourgois du dit lieu, un millier de cauquetrapes qui ont esté tauxées et prises a xii livres tournois, vi livres de clou a late pour couvrir en la dicte bastille au prix de xv sous chascun millier, dix livres de fil por faire cordes a erbalaystres, au prix de ii sous vi deniers la livre, toutes lesquelles parties se montent en somme toute xvii livres xv sous tournois, si vous mandon que, des deniers de vostre recepte, vous paiez et delivrez au dit le Faye la dicte somme de xvii livres xv sous tournois et, par rapportant ces presentes ovecque quitance du dit Faye, nous prions et requerons a nos signeurs les gens des comptez du roy nostre sire que la dicte somme ilz alouent en voz comptes et rabatent de vostre dicte recepte, ainsi qu'il appartient. Donné en la dicte bastille le derrain jour d'octobre l'an mil iiii^c xxiiii. J. DE MANTE.

(*Bibl. Nat., Pièces originales, vol. 462, dossier 10,303, n° 4, au mot* Bourdet.)

XL

1424, NOVEMBRE, PARIS

Rémission octroyée par Henri VI aux deux frères Jean dits Hurel, communs en biens, l'aîné laboureur, le cadet maître d'école, rançonnés à 31 francs d'or par les Anglais de la garnison d'Essai pour avoir donné asile à un petit enfant de sept à huit ans qui leur avait été confié vers le mois de septembre 1422 par Robin Lorieult tenant le parti des ennemis.

Henry, par la grace de Dieu roy de France et d'Angleterre, savoir faisons a tous presens et avenir nous avoir receu l'umble supplicacion et requeste des parens et amis charnelz de Jehan et Jehan, diz Hurel, fréres, communs en biens, noz hommes subgiez n'agaires demourans en la paroisse de Saint Estienne de Courtainnes [1] ou bailliage d'Alençon, l'un d'iceulx fréres, c'est assavoir l'ainsné, soy entremettant du fait de labour, et l'autre povre escollier soy entremettant pour avoir sa povre vie et substentacion de fait d'escolage et de moustrer science et doctrine [2] a son povoir a enfans que pére et mére lui vueillent baillier, contenant comme, environ la Purificacion Nostre Dame derrain passée eut deux ans, iceulx fréres lors et depuis demourans en la dicte parroisse de Saint Estienne de Courtaines, vint par nuit en l'ostel d'iceulx fréres un nommé Robin Lorieult, acompaigné de onze ou douze personnes tous tenans le parti de noz ennemis et adversaires, lequel Lorieult dist aus diz fréres ces parolles ou semblables en substance : « Vous, Jehan Hurel, et vous, maistre d'escolle, son frére, je viens yssi devers vous. J'ay un petit enfant de l'aage de sept a huit ans. Il convient que vous le me gardez, nourriciez, gouvernez et doctrinez en vostre escolle bien et deuement, ainsi que bien faire le saurez, et je le vous desserviray une autre foiz en aucun endroit. » Et sans ce que par le dit Lorieult leur feust baillié alors ou depuis or, argent ne autre chose pour la nourreture et escollage et despence du dit enfant, iceulz fréres, doubtans les males entreprises du dit Lorieult et ses complices, se chargérent de la garde du dit enfant pour Dieu et en euvre de charité, sans ce que depuis le dit bail le dit Lorieult, pére du dit enfant, ait conversé ou arresté en aucune maniére depuis le dit temps que une foiz ou deux a l'ostel des dis fréres en passant son chemin avecques nos diz ennemis et sans arrester ou dit hostel. Depuis lequel temps le dit enfant a tousjours demouré avecques les dis Hurel fréres jusques a nagaires que, par intercession et moien d'aucunes personnes leurs haineus et malveillans, le cas dessus dit a esté anoncé a aucuns des gens de la garnison de

---

1. Auj. Saint-Étienne-sur-Sarthe, section de la commune de Saint-Aubin-de-Courteraie, Orne, arr. Mortagne, c. Bazoches-sur-Hoëne.

2. Nous publions ici cette curieuse pièce parcequ'on y trouve la preuve que, malgré la désorganisation résultant de l'occupation anglaise, une petite paroisse de basse Normandie, qui n'est aujourd'hui qu'une section de commune, était pourvue d'une école dont le maître, vivant en communauté de biens avec un laboureur son frére, se chargeait de l'éducation du fils d'un proscrit, Robin Lorieult, resté fidèle à la cause française.

nostre ville et chastel d'Essay [1], disans que les dis fréres avoient gardé, nourry et gouverné, recellé et tenu a l'escolle par l'espace de deux ans ou plus un enfant d'un homme tenant nostre parti contraire. Et donc sans arrest, impetueusement et de felon courage, iceulx gens de nostre dicte garnison d'Essay vindrent en l'ostel des diz fréres, la nuitée des Mors derrain passée, en laquelle ilz trouvérent l'un d'iceulx fréres, c'est assavoir le dit laboureur, lequel ilz prindrent, liérent et menérent a telle loy que par leur dure contrainte et oppression il leur promist paier la somme de xxxi francs d'or, sans le mener devers les gens de nostre justice... Si donnons en mandement par ces presentes aux bailliz de Caen et d'Alençon... Donné a Paris ou mois de novembre l'an de grace mil ccccxxiiii, et de nostre regne le tiers. Ainsi signé. Par le roy, a la relation du Conseil. OGER.

(*Arch. Nat., sect. hist., JJ 173, n° 19, f° 10.*)

XLI

1424, 10 NOVEMBRE

Nicolas Burdett, bailli du Cotentin, commissaire et capitaine chargé par le roi et par le régent de France de faire le siège du Mont-Saint-Michel, mande au vicomte de Carentan de payer le coût des accessoires de six arbalètes à haussepied et aussi de deux chaînes destinées au pont-levis d'une bastille nouvellement construite à Ardevon en vue du blocus du dit Mont-Saint-Michel.

Nicolas Burdet, chevalier, sire de Bonnebos, grant boutillier de Normendie, bailli de Costentin, commissaire et

---

1. Essai, Orne, arr. Alençon, c. le Mesle-sur-Sarthe. Le capitaine de la garnison anglaise d'Essai était alors Richard Ghetin, écuyer (*Bibl. Nat.*, ms. fr. n° 4485, f°s 84, 107), qui fut remplacé le 1er novembre 1424 par Guillaume Oldalle, chevalier (*Ibid.*, ms. fr. n° 4491, f° 82), et cette garnison se composait de 6 hommes d'armes, dont 3 à cheval et 3 à pied, et de 18 archers. Il y avait

cappitaine de par le roy nostre souverain seigneur et de par très hault et très puissant prince et mon très redoubté seigneur monseigneur le regent le royaulme de France, duc de Bedford, pour tenir par la terre le siege devant la place et forteresse du Mont Saint Michiel, au viconte de Carenten ou [a son lieutenant], salut. Comme, pour la fortificacion d'une bastille que avons fait faire a Ardevon devant la dicte place du Mont, par le commandement et ordonnance du roy nostre dit seigneur et de mon dit seigneur le regent, pour subjuguer et mettre en l'obeissance du roy nostre dit seigneur la dicte place du Mont, nous avons fait faire et forgier du fer du roy nostre dit seigneur a Jehan de la Haie, mareschal, deux caynes avecques plusieurs boiteaux, chevillez et liens au pont levant d'icelle bastille, et aussi six chevillez et six cros pour le fait de six tabletes a tendre arbalestes a hauchepié, lesquelles choses nous avons tauxées, eu sur ce le rapport de plusieurs ouvriers et gens en ce recongnoissans, a la somme de douze livres dix solz, sy vous mandons et enchargeons de par le roy nostre dit seigneur que, des deniers de vostre recepte, vous paiez et delivrez au dit mareschal la somme de xii livres x solz devant dicte et, par rapportant ces presentes avecques quittance suffisante du dit, nous requeron a nos seigneurs les gens des comptes du roy nostre dit seigneur a Paris que icelle somme ilz vous allouent en vos prochains comptes et rabatent de vostre dicte recepte, ainssi qu'il appartendra. Donné pour tesmoing de ce soubz le petit seel aux causes du dit bailliage, le xe jour de novembre l'an mil iiii^c xxiiii. J. DE MANTE.

(Bibl. Nat., Quittances, t. 56, n° 345.)

tout près d'Essai, à Montperroux (Orne, arr. Alençon), une importante confrérie de Notre-Dame dont les statuts nous ont été conservés avec la liste des membres de cette confrérie depuis la fin du xive siècle, et l'on y voit figurer les noms des capitaines anglais d'Essai (*Arch. Nat.*, K 1200).

XLII

1424, 12 NOVEMBRE, ARDEVON

Montre de 20 lances et de 60 archers de la retenue de Nicolas Burdett, bailli du Cotentin et capitaine de la bastille d'Ardevon, pour tenir le siège devant le Mont-Saint-Michel, prise devant la dite bastille par Guillaume Biote, vicomte de Carentan.

Monstre de xx lances et lx archiers de la retenue de messire Nicole Bourdet, chevalier, bailli de Coustantin et cappitaine de la bastide d'Ardevon, pour tenir le siege par terre devant le Mont Saint Michiel, prise devant la dicte bastide par moy Guillaume Biotte, viconte de Carenten, commissaire de monseigneur le regent en ceste partie, le douzieme jour de novembre l'an mil ccccxxiiii. Et premierement

Lances a cheval :

Jehan Wade. William Michel. Jehan Sterre [1]. Thomas Howton. William Hille. Thomas Lobbys. Jehan Alain. Jehan Herye. James of Are. Richart Hogh. Gycon Hybard. Wautier Smalley. Jehan Hille. Jehan Snelle. William Redeman. Robin Johnson. Jehan Lewes. Phelippin Godfrey. Richar Sorefer. Jehan le Petit.

Archiers a cheval :

Emond Grenelane. Geffery Gaby. Jehan of Hely. Jehan Protwich. Richart Hykes. Jehan Jacson. Jehan Blackemor. Thomas Pontier. Jehan Trumpet. Pierres Rebe. Thomas of Kent. Robert Gedrington. Richart Wyght. Henry Jehan. Andreu Perche. Robert of Borowe. Thomas Rowley. Raynold Man. Jehan Furnest. Jehan Honne. Thomas Legge. Thomas Hollin. Richart Man. William Brewer. Jehan Williamson. Richar Alewyn. William Smyth. Richart Phelippe.

---

1. C'est ce Jean ou John Sterre qui s'était fait octroyer en août 1423 la lettre de rémission dont nous avons publié le texte (Voyez plus haut le n° XXI, p. 128 et 129).

Jehan of Burton. Richart Wastel. Nicoll Marryck. Jehan of Cloyne. Thomas Boton. Hewe Fraunceys. Jehan Derby. Jehan Gamelyn. Thomas Brakle. Andrieu Bringham. Jehan William. Jehan of Fen. William Barbour. Jehan Wyst. Edward Cause. Jehan Andreu. Richart Mortemer. Jehan Cokkyng. Gybon Brukfeld. Jehan Botel. Thomas Stopford. Estiennet de la Noe. Jehan of Brimebey. Richart Lightwod. Jehan Harbotel. Jehan Frampton. Robert Wastel. Wautier Fawel. Thomas Rotherham. Jehan Alcot. Thomas Boffebury. Jehan Afeyn. Biote.

(*Arch. Nat., sect. hist.*, K 62, n° 11^{12}.)

XLIII

1424, 25 NOVEMBRE, BASTILLE D'ARDEVON

Nicolas Burdett, bailli du Cotentin, commissaire du roi en cette partie, mande au vicomte de Cherbourg de sommer de nouveau tous les nobles et non nobles de sa vicomté, tant Anglais, Normands que autres, de prendre les armes et de se rendre, avant le jeudi suivant, aux environs d'Avranches pour aider le dit Burdett à résister aux ennemis qui sont en force sur les champs bien près de ces basses marches et se préparent à attaquer la bastille d'Ardevon.

Nicolas Burdet, chevalier, sire de Bonnebos, grant boutillier de Normendie, bailli de Costentin, commissaire du roy nostre souverain seigneur en ceste partie, au vicomte de Chierbourg [1] ou a son lieutenant, salut. Comme puis n'a

1. A la date du 8 mai 1419, la vicomté de Valognes avait été supprimée, et le siège de cette vicomté transféré à Cherbourg. Cette translation de siège est constatée dans des lettres de provision d'office octroyées à cette date à Guillaume Girot (*Mém. de la Soc. des Ant. de Norm.*, XXIII, n° 542). Toutefois, un mandement du 18 août 1429 est adressé au vicomte de Valognes (*Mém. de la Soc. de l'hist. de Paris*, V, 305); et si, le 16 février 1431, Thomas Pellevé est mentionné comme vicomte de Cherbourg (*Bibl. Nat.*, Quitt., t. 63, n° 1516), Thomas de Clamorgan, écuyer, est qualifié vicomte de Valognes, e 2 mars 1432 (*Ibid.*, t. 64, n° 1757).

gaires, pour aucunes nouvelles certaines qui nous estoient entrevenues des ennemis et adversaires du roy nostre dit seigneur, qui estoient assemblez et encorres sont a puissance sur les champs bien près de ces basses marches, tous prestz courir devant nous en ceste bastille d'Ardevon et ailleurs sur le dit pais, vous aions envoyé nostre mandement patent pour faire savoir, tant par cry general que autrement, deuement a tous les nobles et non nobles de vostre viconté, tant Anglois, Normans que autres, qui ont acoustumé eulx armer, se meissent sur en armes et fussent dès en jour d'ier en certain lieu auprès d'Avrenches ou ilz verroient autres Anglois assembler pour faire service au roy nostre dit seigneur, ainsi que ordonné leur seroit, sur paine de confiscation de corps et de biens et d'estre repputez pour traistres et desobeissans au roy nostre dit seigneur dont vous ne eulx n'avés fait aucune diligence, dont nous sommes très mal comptens et penssons a vous en pugnir griefment. Et neantmoyns, pour ce que nous sommes deuement acertenez de l'assemblée des diz adversaires et de leur dicte venue qui est toute preste d'entrer es dictes marches, nous, pour resister a leur dampnable entreprinse au mieux que pourrons pour le bien et proffit d'icellui seigneur et de son pais, vous mandons de rechief et très expressement enjoingnons, de par le roy nostre dit seigneur et mon très redoubté seigneur monseigneur le regent le royaume de France, duc de Bedford, et nous, que tantost et sans delay vous faictes de rechief savoir, tant par cry general, a son de trompe que autrement, deuement a tous les diz nobles et autres, qui ont acoustumé eulz armer en vostre dicte viconté, [qu'il] se mettent promptement sur en armes, chascun selon sa puissance, et se trayent hastivement et dedens jeudy prochainement venant, montez en armes suffisanment, au dit lieu d'auprès Avrenches, ainsi que par nostre aultre mandement leur estoit mandé faire sur les paines dessus dictes, pour faire service au roy nostre dit seigneur, a mon dit seigneur le regent et a nous, en nous certiffiant dedens le dit temps de tout ce que fait en avez a fin deue. Donné en la bastille d'Ardevon le samedi xxv° jour de novembre l'an mil iiii^c xxiiii. J. DE MANTE.

(*Bibl. Nat., Quittances, t. 56, n° 350.*)

XLIV

1424, 28 NOVEMBRE, PARIS

Henri VI mande aux baillis et vicomtes de Caen et du Cotentin, à la requête de maître Pierre de Clinchamp, maître ès arts et l'un des familiers de l'évêque de Londres, fils de feu Guillaume de Clinchamp et de Robine sa seconde femme, de mettre la dite Robine, le dit Pierre et ses frères et sœurs germains, en possession des biens qui leur ont été restitués par lettres patentes de Henri V, quoique Richard et Colin, dits de Clinchamp, fils du dit feu Guillaume et de sa première femme et frères consanguins du dit Pierre, soient allés depuis longtemps hors de l'obéissance du roi d'Angleterre et n'aient pas cessé de tenir le parti des ennemis.

Henry, par la grace de Dieu roy de France et d'Angleterre, savoir faisons a tous presens et advenir nous avoir esté humblement exposé pour la partie de nostre amé maistre Pierre de Clinchamp, maistre es ars et familier continuel de nostre amé et feal conseillier l'evesque de Londres [1], contenant que, jasoit ce que despieça feu Guillaume de Clinchamp [2], jadis son pére, et Robine [3], a present vesve du dit Guillaume, et aussi le dit suppliant, Jehan, Ferrault, Thomas, Guillaume, Guillemet, Perrine, Alienor et autres, ses fréres et seurs, eussent et aient obtenu lettres patentes de feu nostre très chier seigneur et pére, cui Dieu pardoint, sur la restitucion et delivrance de leurs terres, cens, rentes, revenues, heritages et possessions, avec de leurs appartenances

---

1. Jean ou John Kempe, d'abord chapelain de Henri V dont il était en même temps l'historiographe et l'un des favoris, évêque de Chichester le 26 juillet 1421, de Londres le 20 août suivant, archevêque d'York le 8 avril 1426, cardinal le 18 décembre 1439, archevêque de Canterbury le 21 juillet 1452, mort le 22 mars 1454.

2. Le 8 novembre 1419, Henri V maintint Guillaume de Clinchamp, écuyer, en possession de ses biens et héritages (*Reg. des dons*, p. 128).

3. Est-ce cette Robine, désignée sous le nom de « madame de Clinchamp », qui obtint de Henri V, le 16 avril 1418, des lettres de répit pour faire hommage de seigneuries qui lui avaient été données par le roi d'Angleterre? (*Ibid.*, p. 17 et 18.)

et appendances, et que d'icelles ilz aient joy et usé paisiblement et encore font de present, neantmoins, soubz umbre de ce que Richard [1] et Colin, diz de Clinchamp, fréres du dit suppliant, et enfans du dit feu Guillaume, jadis son pére, et d'une autre femme qu'il eut espousée paravant la dicte Robine, mére du dit suppliant, par leur simplesse, mauvais conseil ou desplaisance, se partirent despieça du lieu de leur nativité et s'en alérent hors de l'obeissance de nostre dit feu seigneur et pére et de nous, ne onques puis ne retournérent ne ne scet le dit suppliant se ilz sont mors ou vifs [2], il doubte que, pour leur absence, aucuns noz officiers ou aultres ne voulsissent es biens demourez du decez de leur dit feu pére mettre ou donner aucun empeschement qui pourroit redonder en son très grant grief et prejudice, se par nous ne lui est sur ce pourveu de nostre grace, si comme il dit, requerant humblement icelle. Pour ce est il que nous, ces choses considerées et les bons et aggreables services que le dit maistre Pierre de Clinchamp a faiz a feu nostre dit seigneur et pére en la compaignie de nostre dit conseillier l'evesque de Londres et autrement, et qu'il fait chascun jour a nous et a nostre très chier et très amé oncle Jehan, regent nostre royaume de France, duc de Bedford [3]... Si donnons en mandement... aux baillis et vicontes de Caen et Coustantin... Donné a Paris le xxviiie jour de novembre l'an de grace mil cccc xxiiii, et de nostre regne le tiers. Ainsi signé : par le roy, a la relation de monseigneur le regent le royaume de France, duc de Bedford. PARKER.

(Arch. Nat., sect. hist., JJ 173, n° 37.)

1. Richard et Colin de Clinchamp faisaient partie de la garnison du Mont-Saint-Michel dans la compagnie de Guillaume des Biards, chevalier banneret, à la date du 1er juin 1421 (voyez plus haut, n° XIII).
2. Sur la liste des défenseurs du Mont dressée en 1427, Richard de Clinchamp figure sous le n° 64. (D. Huynes, *Hist. du Mont-Saint-Michel*, éd. E. de Robillard de Beaurepaire, II, 117).
3. Si les Anglais comblaient de faveurs les membres du clergé ralliés à leur parti, en revanche les Normands restés fidèles étaient sans pitié pour ces renégats. C'est ainsi que les « brigands » du Bessin prirent plaisir à dévaliser le prieur de Lingèvres trahi par son propre chapelain (*Arch. Nat.*, JJ 173, n° 73).

XLV

1424, 23 DÉCEMBRE, BASTILLE D'ARDEVON

Nicolas Burdett, bailli du Cotentin, commissaire délégué par le roi et le régent de France pour tenir par terre le siège devant le Mont-Saint-Michel, mande au vicomte de Carentan de payer 53 livres tournois à Richard Colibert qui a travaillé pendant cent deux jours entiers, depuis le 13 septembre précédent, à la construction de la bastille d'Ardevon, en qualité de maître des œuvres de la dite bastille.

Nicolas Burdet, chevalier, seigneur de Bonneboz, grant bouteillier de Normandie, bailli de Costentin, commissaire et cappitaine de par le roy nostre souverain seigneur et de très hault et puissant prince et mon très redoubté seigneur monseigneur le regent le royaume de France, duc de Bedford, pour tenir par la terre le siege devant la place et forteresse du Mont Saint Michiel, au viconte de Carenten ou a son lieutenant, salut. Comme pour subjuger, recouvrer et mettre en l'obeissance du roy nostre souverain seigneur la ville et forteresse du dit Mont Saint Michiel, nous avons fait faire et ediffier auprès de la dicte place une bastille située et assise a la rive d'Ardevon le plus près que avons peu de la dicte forteresse et, pour icelle ediffier, avons fait venir Richart Colibert, cherpentier, lequel, par l'avis et deliberacion de plusieurs des gens et officiers du roy nostre dit seigneur et par le conseil des autres charpentiers et ouvriers, pour faire ediffier icelle bastille, avons ordonné, commis et establi le dit Colibert mestre des euvres de la dicte bastille, et fait faire plusieurs abillemens pour assaillir la dicte place du Mont Saint Michiel en laquelle il a continuellement besoingné et ouvré par le temps et espasse de cent deux jours entiers commençans le xiiie jour de septembre derrain passé, pour chascun desquielx jours et aussi pour quatre jours de venir et s'en retourner a sa maison qui est a xiiii lieues ou environ de la dicte bastille, nous lui avons taussé et tauxons par ces presentes dix soulz tournois par jour qui montent en somme toute cinquante trois livres tournois. Si vous mandons que, des deniers de vostre recepte, vous paiez et delivrez au dit Colibert la dicte somme de LIII livres tournois et, par rapportant ces presentes et quitance d'icellui Colibert, nous prions et requerons a nos seigneurs les gens des comptes du roy nostre dit seigneur a Paris que icelle somme ilz alouent en voz comptes et rabatent de vostre recepte, ainsi qu'il appartiendra. Donné en la dicte bastille soubz le petit seel aux causes du dit bailliage le xxiiie jour de decembre l'an mil quatre cens vingt et quatre. F. DE MANTE.

(Bibl. Nat., Quittances, t. 56, n° 360.)

XLVI

1424, 26 DÉCEMBRE. — 1425, 12 JUIN

Compte des payements faits à Nicolas Burdett, bailli du Cotentin, capitaine de la bastille d'Ardevon, à Jean Helmen, son lieutenant, à Lorens Waren, capitaine de Coutances, à Guillaume Biote, vicomte de Carentan, et à Lorens Hauden, capitaine de Tombelaine, pour le siège par terre du Mont-Saint-Michel.

Deniers paiez pour le siege du Mont Saint Michiel. Et premierement. A monseigneur Nicolas Bourdet, chevalier, bailli de Coustentin et commis a mettre et tenir le siege par la terre devant la place du Mont Saint Michiel, pour les gaiges et regars de lui, xxxix autres hommes d'armes et vi^{xx} archiers a cheval de sa retenue, desservis et a desservir pour le iiii^e mois du dit siege, dont il a fait monstre pardevant Guillaume Biote, vicomte de Carenten, le xxi^e jour de decembre CCCCXXIIII, par quittance faicte le xxvi^e jour de decembre CCCCXXIIII cy rendue . . . . xii^c i^e livres xiii sous iiii deniers.

A lui, pour les gaiges et regars de lui, xxxix autres hommes d'armes et vi^{xx} archiers a cheval de sa dicte retenue, desservis pour le vime mois du dit siege, dont il a fait monstre le xime jour de fevrier cccc xxiiii pardevant Guillaume Biote, viconte de Carenten, par quittance de lui faicte le xiii^e jour de fevrier mil cccc xxiiii. . . . . xii^c i^{re} livres xiii sous iiii deniers tournois.

A lui, pour les gaiges et regars de lui et de ses dictes gens, pour leur service du viime mois du dit siege, dont il a fait monstre pardevant le dit Biote le xvime jour de mars en suivant mil cccc xxiiii, par quittance de lui faicte le xx^e jour de mars ensuivant cccc xxiiii, de plus grant somme . . . . xii^c i livres xiii sous iiii deniers tournois.

A lui, pour les gaiges et regars de xx hommes et lx archiers a cheval, pour leur service du mois de fevrier au dit siege du Mont Saint Michiel, dont il a fait monstre le xi^e jour du dit mois de fevrier devant la dicte place pardevant le dit Biote, par quittance de lui faicte le xiii^e le jour de fevrier cccc xxiiii . . . . v^c iiii^{xx}v livres xvi sous viii deniers tournois.

A lui, pour le mois de mars ensuivant, dont il a fait monstre le xvi^e jour du dit mois pardevant le dit viconte, par quittance de lui faicte le xx^e jour du dit mois. . . v^c iiii^{xx}v livres xvi sous viii deniers tournois.

A Guillaume Biote, viconte de Carenten, pour les gaiges et regars de lui et iii archiers a cheval, pour son service de vii^{xx}xii jours du dit siege du Mont, commençans le xiime jour de septembre cccc xxiiii et finans le xe jour de fevrier ensuivant tous inclus, dont il a fait monstre et certiffié par le dit Bourdet du dit service, par mandement et quittance faicte xiiie jour jour de fevrier cccc xxiiii, le dit mandement donné le iiiie jour de decembre cccc xxiiii, servant pour tout le temps que le dit siege y sera. . . . . . vii^{xx}x livres xviii sous x deniers tournois.

A lui, pour semblable cause, pour iiii^{xx}i jours commençans le xie jour de fevrier et finans le iie jour de may ensuivant inclus, par quittance faicte xi^e jour du dit mois. . . iiii^{xx}i livres tournois.

A lui, comptent a Jehan Helmen, escuier, lieutenant, pour les gaiges et regars du dit Jehan Helmen, xlvi autres hommes d'armes et vi^{xx}ix archiers, tous a cheval, dont il a fait monstre le viiie jour de may iiii^c xxv a la bastide de Ardevon pardevant reverend pére en Dieu monseigneur du Mont Saint Michiel et Guillaume Biote, viconte de Carenten, a ce commis etc., pour servir le roy nostre sire a la dicte bastide et siege par terre devant le dit Mont . . . . . xiii^c xl livres iiii sous ii deniers tournois.

A lui, comptent au dit Jehan Elmen, lieutenant, pour les gaiges et regars de lui, xliii autres hommes d'armes et cii archiers a cheval de la retenue de mon dit seigneur le bailly, dont il a fait monstre a la dicte bastide de Ardevon le xii^e jour de juing ensuivant ccccxxv pardevant mon dit seigneur du Mont a ce commis etc., pour servir le roy comme dessus au dit siege par terre devant le dit Mont Saint Michiel. . . xi^c lx livres xvi sous viii deniers tournois.

A monseigneur Lorens Waren, capitaine de Coustances, pour les gaiges et regars de lui, xi autres hommes d'armes et xxxvi archiers a cheval de sa compaignie, pour leur service d'un mois a la bastille d'Ardevon et siege de la terre devant le Mont Saint Michiel commençant le ve jour de may cccc vint cinq qu'il fist monstre de ses dictes gens par devant monseigneur du Mont Saint Michiel, commissaire du roy nostre sire. . . . . iii^c lxvii livres x sous tournois.

A Lorens Hauden, escuier, capitaine de Tombellaine, a la charge de xx hommes d'armes a cheval lui compris, x hommes d'armes a pié et iiii^{xx}x archiers de sa retenue, pour la sauvegarde de la dicte place et faire guerre a ceulx du Mont Saint Michiel comme pour garder la mer, pour i mois commençant le xviiie jour de fevrier ccccxxiiii qu'il fist ses monstres pardevant Jehan Broe, escuier, lieutenant de monseigneur le capitaine de Coustances, et Guillaume Biote, viconte de Carenten, par vertu de lettres de garant de monseigneur le regent données le xiiie jour de janvier ccccxxiiii, tant et si longuement que le siege durera . . . . viii^c xii livres x sous tournois.

A lui, pour les gaiges et regars de dix hommes d'armes a cheval, et vi a pié et xlv hommes de trait pour la sauvegarde du dit lieu, pour leur service d'un mois entier et dont ilz ont fait monstre le xiie jour de may mil cccc xxv pardevant Guillaume Biote, vicomte de Carenten . . . . . iiii^c xii livres xviii sous iiii deniers tournois.

A lui, pour les gaiges et regars de x hommes d'armes a cheval, v a pié et xlv archiers, pour la sauvegarde du dit lieu, pour leur service d'un mois entier au dit lieu de Thombelaine commençant le xviiie jour de may ccccxxv, dont il a fait monstre le xiii° jour de juing ensuivant ccccxxv par devant Guillaume Biote, viconte de Carenten. . . . iiii ᶜ vi livres v sous tournois.

Memoire de lui rabattre sur le premier paiement qu'il ara, pour xx ars et xx trousses de flesches a lui delivrées par le maistre de l'artillerie xxii de janvier ccccxxiiii, xl livres tournois. Item, pour xx fustz de lance a lui delivrez le dit jour, xx livres tournois.

A lui pour les gaiges et regars de x hommes d'armes a cheval, cinq a pié et xliii archiers de sa dicte retenue desservis par xiii jours commençans le xviii° jour de jung ccccxxv et finans le derrein jour du dit mois, dont monstres ont esté faictes le dit derrain jour de jung pardevant Hemon Charles a ce commis etc. . . . . . . viii^{xx} xi livres xiii sous ii deniers tournois.

Paié par quittance de Lorens Haudein faicte en papier le x° jour de juillet iiii ᶜ xxv.

(*Bibl. Nat., ms. fr. n° 4491, f*^{os} *90, 91 et 48 v°.*)

XLVII

1425 (n. st.), 9 janvier

Certificat de Jean Orenge, lieutenant en la vicomté de Vire du bailli de Caen, délivré à l'occasion de la fourniture de 10 pipes de vin de pays, de 20 pipes de cidre, de 12 quartiers et demi de froment et de 10 pièces d'aumaille faite par Jean Gourdel, vicomte de Vire, à la garnison de Tombelaine, et fixant, d'après estimation de treize taverniers, bouchers et boulangers, le prix de la pipe de vin de pays à 10 livres tournois, de la pipe de cidre à 8 livres tournois, du quartier de froment mesure de Vire à 10 sous et de la pièce d'aumaille à 8 livres tournois.

A tous ceux qui ces presentes lettres verront, Jehan Orenge le jeune, lieutenant en la vicomté de Vire de noble homme monseigneur le bailli de Caen, salut. Savoir faisons que aujourd'uy ix° jour de janvier l'an mil iiii ᶜ xxiiii, nous est apparu par vidisse de certaines lettres royaulx comme il estoit mandé aux vicontes de Vire et de Carenten que, pour la provision de la place de Tombelaine et pour advitaillier ceulx qui tiennent icelle place pour resister aux adversaires du roy nostre seigneur estans eu Mont Saint Michiel et autres qui les pourroient envahir, ilz feissent finance aux despens du roy de vingt pippes de vin de pais, quarante pippes de sidre et servaizes, xxv quartiers de fourment et vingt pieces d'aumailles, desquieulx vivres et advitaillemens Jehan Gourdel, a present viconte de Vire [1], avoit paié et contenté en la dicte place de la moitié des diz vivres, c'est assavoir x pippes de vin de pais, xx pipes de sidre, xii quartiers et demy de fourment et x piecez d'aumaille ; et nous ait le dit viconte requis faire tauxer et aprecier les diz vivres bien et deuement, affin d'en rendre compte : pour quoy, nous avons fait venir par devant nous Jehan Chauveau, Jehan Sevestre, Raoul Toustain, Guillaume Hervieu, Jehan des Hezes, Richart Fortin, Jehan le Bouchier, Jehan Chantelou, Jehan Porquet, Jehan Fourmentin, Guillaume Buallen, Jehan Fleury et Jehan l'Estourmy, bourgois taverniers, bouchiers et boulengiers, lesquieulx nous fismes jurer que bien et loiaument ilz feroient la dicte tauxacion. Et par eux fut tauxé et aprecié que pippe de vin de pais valloit au temps de la dicte provision x livres tournois, pippe de sidre viii livres tournois [2], quartier de fourment mesure de Vire x sous, piece d'aumaille viii livres tournois. Et ce certiffions a tous qu'il appartient, de laquelle apreciacion ainsi faicte

---

1. Le 14 février 1421, Jean Anzeré avait été institué viconte de Vire en remplacement de Michel Gourdel (*Mém. de la Soc. des Ant. de Norm.*, XXIII, n° 958). Anzeré exerça ces fonctions jusque vers la fin de 1424 (*Bibl. Nat.*, m. fr. n° 4485, n°s 62, 94); il eut pour successeur Jean Gourdel.

2. Le vin et le cidre étaient alors fort chers aux environs de Vire, et il résulte d'une lettre de rémission octroyée par Henri VI à un laboureur de Coulonces (Calvados, arr. et c. Vire), nommé Richard Meslier, que les paysans de cette région étaient souvent réduits à boire de l'eau. A Jonnet Pennier qui avait fait demander du vin d'un dîner de noces pour régaler Regnault Rouaut, écuyer du pays, Richard Meslier n'avait envoyé que de l'eau, et comme Pennier se plaignait en disant que ce n'était pas là ce qu'on donnait à boire aux gentilshommes, Richard Meslier répondit, « par manière d'esbatement et comme a son singulier amy, qu'il ne se souciast de ce et que *culx mesmes en buvoient bien souvent* » (*Arch. Nat.*, JJ 173, n° 45).

le dit viconte nous a requis ces lettres pour lui valloir sur ses comptes ce que raison sera. Donné a Vire soubz le seel dont nous usons eu dit office de lieutenant, en l'an et jour dessus diz. ORENGE.

(Bibl. Nat., Quittances, t. 56, n° 370.)

XLVIII

1425 (n. st.), 14 JANVIER

Évaluation à 8 saluts d'or, équivalant à 12 livres tournois, des gains de guerre de Nicolas Burdett, naguères capitaine de Neufchâtel et de Torcy, qui certifie n'avoir eu aucuns gains de guerre durant le temps qu'il a été capitaine de Carentan et bailli du Cotentin, parce que les brigands faits prisonniers ont été exécutés aussi bien à la Bastille [1] *qu'ailleurs.*

De monseigneur Nicolas Bourdet, chevalier, n'a gaires capitaine du chastel et ville de Neufchastel et de Torchy, auquel ont esté rabatus par le dit receveur general, sur ses gaingnes de la dicte cappitainerie en la despence de ce compte, la somme de viii saluz d'or et vint solz tournois en monnoie appartenans au roy nostre sire, pour toutes les tierces et gaingnes de guerre que il eut ne receut onques durant le temps qu'il a esté capitaine desdiz lieux. Et du temps qu'il a esté capitaine de Carenten et bailli de Constantin, il certiffie qu'il n'a eu nulles gaingnes de guerre, nulz appatiz, pris brigans qu'ilz n'aient esté executez, aussi bien à la Bastille comme ailleurs, ne provisions ne vivres pris sur le pays qu'il ne ait paiez et fait paier, comme par certifficacion de lui, faicte le xiiii° jour de janvier l'an mil ccccxxiiii cy rendue, appert. Pour ce, icy, viii saluz d'or, chacun salut a value au pris de xxx sous tournois, valent xii livres tournois; avec yceulx xx sous tournois font pour tout. . . . . xiii livres tournois.

(Bibl. Nat., ms. fr. n° 4485, f° 137.)

1. La Bastille désigne la bastille d'Ardevon que Nicolas Burdett avait fait construire pendant les derniers mois de 1424.

XLIX

1425 (n. st.), 14 janvier

Nicolas Burdett, bailli du Cotentin, commissaire ordonné pour le siège et le blocus du Mont-Saint-Michel, donne quittance de 640 livres 18 sous 6 deniers tournois, à valoir sur la somme imposée aux paroisses de la vicomté de Mortain pour leur part contributive dans les frais de construction d'une bastille et autres dépenses nécessitées par le blocus du Mont-Saint-Michel.

Saichent [1] tuit que nous Nicolas Bourdet, chevalier, seigneur de Bonneboz, establi bailli de Constantin et commissaire ordonné par le roy nostre sire a tenir siege et faire faire certaine bastide pour le dit seigneur devant la ville et forteresse du Mont Saint Michiel occupez par ses ennemis et adversaires estans au dit lieu, confessons avoir eu et receu d'aucuns habitans des villes et parroisses de la viconté de Mortaing, par la main de Digon Hilton, sergent royal en la dicte viconté et commis de par nous a faire venir ens et apporter devers nous au dit siege les sommes de deniers a quoy les diz habitans ont esté par nous imposez et condempnez pour aidier et contribuer aux euvres d'icelle bastide et closture du dit siege, la somme de six cens quarante livres dix huit solz six deniers tournois sur et en deducion de ce que dit est. De laquelle somme de VI^c XL livres XVIII sous VI deniers tournois nous nous tenons pour bien contens et en quittons les diz imposez et condampnez et aussi le dit Digon et tous autres qu'il appartient. Tesmoing noz seel et seing manuel cy mis le XIIIIe jour de janvier l'an mil quatre cens et vint et quatre. Bourdet.

(Bibl. Nat., Quittances, t. 56, n° 371.)

---

1. Nous publions cette quittance d'après un vidimus de Simon Morhier, chevalier, seigneur de Villiers, conseiller du roi et garde de la prévôté de Paris, en date du lundi 12 avril 1428.

L

1425 (n. st.), 12 février

Nicolas Burdett, commissaire ordonné par le roi pour tenir siège et faire bastide devant le Mont-Saint-Michel, donne quittance d'une somme de 1,240 livres 12 sous 6 deniers tournois recouvrée en certaines paroisses de la vicomté de Valognes, à valoir tant sur les impositions levées pour la construction d'une bastille devant le dit Mont que sur les amendes encourues pour avoir fait défaut à l'occasion du dit siège.

Saichent tuit que nous Nicolas Bourdet, chevalier, seigneur de Bonnebos, grant boutillier de Normendie, commissaire ordonné par le roy nostre sire a tenir siege et faire bastide pour icellui sire devant la ville et forteresse du Mont Saint Michiel occuppée par ses annemis et adversaires, confessons avoir eu et receu de Jehan Millehain par nous chargié et ordonné d'aler querir, recevoir et du pais faire apporter au dit siege les deniers que l'en pourroit avoir et recouvrer des habitans d'aucunes villes et parroisses de la viconté de Valongnes, tant de leurs composicions faictes pour faire la dicte bastide et entretenir le dit siege comme des amendes en quoy aucuns des diz habitans sont encouruz par ce qu'ilz ont esté reffusans et delaians de venir ou envoyer au fait dessus dit, la somme de douze cens quarante livres douze solz six deniers tournois, c'est assavoir a trois paiemens qu'il a esté querir au dit lieu de Valongnes et apporter devers nous au dit siege, unze cens cinq livres douze solz six deniers tournois en deniers comptans, et six vins quinze livres tournois que par nostre ordonnance il a fraiez et mis pour les salaires et despens de lui iie a cheval, et de vii compaignons archiers estans avecques lui pour la seureté de lui et de la finance, par trois voiages [2] par lui fais a aler querir et

---

1. Nous publions cette quittance d'après un vidimus de Simon Morhier, garde de la prévôté de Paris, en date du lundi 12 avril 1428.

2. On voit par une quittance en date du 13 janvier 1428 (n. st.) que Jean

apporter la dicte somme, c'est assavoir pour chascun voiage quarante cinq livres tournois dont nous avons ses lettres de quittance. De laquelle somme de xii ᶜ xl livres xii sous vi deniers tournois nous nous tenons pour bien contens, et d'icelle le quittons et promettons acquittier envers et contre tous soubz l'obligacion de touz noz biens quelzconques. Tesmoing nostre seel et seing manuel cy mis le xiiᵉ jour de fevrier l'an mil quatre cens vint et quatre. BOURDET.

(Bibl. Nat., Quittances, t. 56, nº 385.)

LI

1425 (n. st.), MARS, PARIS

Rémission octroyée par Henri VI à Jean Lhôte, natif du Mesnil-Drey, ancien soudoyer du Mont-Saint-Michel, pris dans les grèves du dit Mont, enfermé au Parc-l'Évêque, rançonné et remis en liberté par les Anglais deux ans et demi auparavant, lequel, depuis environ deux mois, se tient avec Raoul le Prevost dans les bois voisins du dit Mont-Saint-Michel où il met à rançon les sujets du roi de France et d'Angleterre.

Henry, par la grace de Dieu roy de France et d'Angleterre, savoir faisons a tous presens et avenir a nous avoir esté humblement exposé de la partie des amis charnelz de Jehan l'Oste, aagié de xxiiii ans ou environ, natif de Mesnidré [1] en la viconté de Coustances, comme, au temps de la

---

Millehain, lieutenant de Burdett, fit trois voyages d'Ardevon à Valognes, le premier le 2 novembre 1424, le second le 28 du même mois, le troisième le 19 décembre, en compagnie d'un guide, d'un homme d'armes à cheval et de 6 archers, pour recueillir et apporter au bailli du Cotentin 1240 livres 12 sous 6 deniers tournois à valoir sur « la somme a quoi les manans des villes et paroisses de la vicomté de Valongnes estoient tauxés pour convertir es ouvrages et autres besongnes du siege du Mont Saint Michiel. » (*Bibl. Nat.*, Quitt., t. 59, nº 827.)

1. Le Mesnil-Drey, Manche, arr. Avranches, c. la Haye-Pesnel.

descente que fist feu nostre très chier seigneur et pére le roy d'Angleterre, que Dieu pardoint, au pais de Normendie, le dit Jehannin, qui tout le temps paravant avoit demouré ou dit pays de Normendie avec ses amis, se tint et demoura en icellui en l'obeissance de nostre dit feu pére jusques a ce que, pour aucunes pertes qui lui survindrent, il se parti du dit pays et s'en ala au Mont Saint Michiel a IIII lieues ou environ du dit Mesnildré, ouquel lieu il fut par aucun temps avec ceulx du dit lieu, et depuis il fut prins es gréves du dit Mont Saint Michiel par aucuns de noz subgiez et mis prisonnier au Parc l'Evesque, et ylec fut raençonné et lui fut tout pardonné et, sa raençon paiée, se mist demourer avec aucuns de nostre pays d'Angleterre avec lesquelz il a demouré l'espace de deux ans et demi ou environ, en les servant bien et loyaument de son povoir ; et, deux mois a ou environ, le dit Jehannin s'est parti de leur compaignie par le mauvais conseil de un nommé Raoul le Prevost avec lequel Raoul le dit Jehannin est alé es bois estans près du dit Mont Saint Michiel es quelz bois les dis Raoul et Jehannin ont rançonné aucuns de noz subgiez et les contrainct a leur paier, les aucuns un franc, les autres deux, et ce que d'eulx ilz ont peu avoir sans detencion de prison ne leur mal faire de leurs corps, et aussi ont prins ou rançonné aucuns chevaulx ou jumens. Pour lesquelles choses ainsi prises par les dis Raoul et Jehannin qui sont de très petite valeur, le dit Jehannin l'Oste, qui a bonne voulenté de retourner avec ses amis et vivre et mourir en nostre obeissance, ne oseroit retourner en icellui pays ne ailleurs en nostre obeissance, se nostre grace et misericorde...., Si donnons en mandement par ces presentes au bailli de Constantin.... Donné a Paris ou mois de mars l'an de grace mil CCCCXXIIII, et de nostre regne le tiers. Ainsi signé. Par le Conseil. OGER.

(*Arch. Nat., sect. hist., JJ 173, n° 99, f° 50 v°.*)

LII

1425 (n. st.), 8, 24, 25, 26 MARS ET 9 AVRIL

Compte de divers payements faits à Thomas de Clamorgan, écuyer, verdier de la forêt de Brotonne, et à Jean Guedon, grenetier de Rouen, chargés en vertu d'une commission royale du 8 mars 1425 (n. st.), d'affréter un certain nombre de vaisseaux pour le fait du siège du Mont-Saint-Michel.

A Thomas de Clamorgam [1], escuier, verdier de la forest de Broutonne, et a Jehan Guedon, grenetier de Rouen, commis a prandre le navire pour le fait du siege du Mont Saint Michiel, ausquielz ont esté paiez par le dit receveur la somme de xvi livres tournois, pour viii jours qu'ilz ont vaquié a prandre certain nombre de navire pour le fait du siege du Mont Saint Michiel, par vertu des lettres de commission du roy nostre sire données a Paris le viiie jour de mars mil ccccxxiiii, par quittance faicte le xxiiiie jour du dit mois . . . . . xvi livres tournois.

1. Jacques de Clamorgan, frère de Thomas, avait prêté serment de fidélité à Henri V et avait été maintenu en possession de ses biens et héritages dès le 10 mars 1419 (*Mém. de la Soc. des Ant. de Norm.*, XXIII, n° 1243; *Reg. des dons*, p. 59). Le 8 juin 1420, Thomas de Clamorgan reçut en don du roi d'Angleterre les fiefs de Guillaume le Forestier, rebelle, fils de Robert le Forestier, aïeul de Thomas (*Ibid.*, n° 1123); le 14 décembre suivant, il fut admis à recueillir l'héritage de Thomasse de Clamorgan (*Ibid.*, n° 1277); et le 31 mai de l'année suivante, il fut investi de l'office de verderie et garde de la forêt de Brotonne (*Ibid.*, n° 1292), tandis que Colin de Clamorgan, l'un de ses cousins sans doute, obtenait la sergenterie des landes de Vateville en la dite forêt (*Ibid.*, n° 1305). Le 11 décembre 1424, Thomas de Clamorgan, seigneur de Cosqueville (Manche, arr. Cherbourg, c. Saint-Pierre-Église), fit aveu à Henri VI, du chef de Catherine d'Argouges sa femme, d'un demi-fief de chevalier, dit le fief du champ du Boul, mouvant de la châtellenie de Vire, borné d'un côté par le comté de Mortain et de l'autre par la forêt de Saint-Sever (*Arch. Nat.*, P 306, n° 226). Robert de Clamorgan, frère de Jacques et de Thomas, et Jean de Clamorgan restèrent fidèles à la cause française, et Charles VII, en récompense de leur fidélité, donna à Jean et à Robert, en 1446 et 1453, les biens de Raoul le Sage, leur cousin, mort en 1438 dans le parti anglais dont il était l'un des chefs (*Arch. Nat.*, JJ 195, n° 85).

A eulx, pour certains despens fais avec pluseurs des maistres et mariniers du navire pris en la fosse de Leure [1] pour le fait du dit siege et avec despens fais a la cause dessus dicte, par tauxacion de monseigneur du Mont Saint Michiel [2] faicte le xxv⁰ jour de mars ensuivant et quittance d'eulx faicte le xxvi⁰ jour du dit mois . . . . x livres tournois.

Au dit Thomas de Clamorgam, en prest sur les voiages a lui ordonnés faire pour le fait du dit navire, par une quittance faicte le xxv⁰ jour de mars, viii livres tournois ; et par une autre qnittance faicte le ix⁰ jour d'avril ensuivant, x livres tournois ; pour ce . . . . xviii livres tournois.

(*Bibl. Nat., ms. fr. n⁰ 4491, f⁰ 40 v⁰.*)

LIII

1425 (n. st.), 12 mars, paris

Mandement des trésoriers et gouverneurs généraux de toutes les finances de Henri VI en France et en Normandie, relatif à la levée de diverses sommes votées dans l'assemblée des trois États tenue à Paris au mois d'octobre précédent, et notamment à la levée de 12,000 livres tournois sur les vicomtés de la rive gauche de la Seine, excepté celles d'Alençon, d'Essai, d'Argentan, d'Exmes et de Domfront, lesquelles 12,000 livres sont destinées au payement des gens d'armes et de trait qui sont et seront devant le Mont-Saint-Michel, tant par mer que par terre.

Les tresoriers et generaulx gouverneurs de toutes les finances du roy nostre sire en France et en Normendie, aux esleuz sur le fait des aides a Monstereul et Bernay et au

---

1. L'un des bassins du port actuel du Havre, le bassin de Leure, occupe l'emplacement et a conservé le nom du mouillage que l'on appelait au moyen âge la Fosse de Leure.
2. Robert Jolivet, abbé du Mont-Saint-Michel.

vicomte du dit lieu, salut. Receues par nous les lettres du roy nostre dit seigneur, données a Paris le ixe jour de ce present mois, par lesquelles nous est mandé et commis asseoir, faire cueillir, lever et recevoir la somme de soixante quinze mil livres tournois sur les bourgois, manans et habitans du duchié de Normendie et pais de conqueste d'environ, c'est assavoir soixante mil livres tournois pour le second paiement de la somme de neuf vins mil livres tournois ordonnée par le dit seigneur estre levée sur les diz pais a trois termes, c'est assavoir en janvier derrain passé, avril et juillet prochain venant, pour les convertir tant ou paiement des douze cens lances et les archiers ordonnez par le dit seigneur pour le conduit de la guerre de ceste presente année commencée le premier jour d'octobre derrain passé, c'est assavoir quatre cens lances ou pais de France, quatre cens lances gisans es garnisons de Normendie, et quatre cens lances et les archiers pour la conqueste du Maine et pais d'environ, comme en canons, pouldres, abillemens de guerre et autres choses a ce necessaires, selon l'advis et accord prins et fait en l'assemblée des gens des trois Estas des diz royaume de France, duchié de Normendie et pais de conqueste faicte a Paris ou dit mois d'octobre derrain passé, deux mil livres tournois sur les vicontez du bailliage de Caulx pour les convertir en certains ouvrages ordonnez par le roy nostre sire estre faiz en la ville de Harfleu, trois cens trente trois livres vi sous viii deniers tournois sur les vicontés d'Auge, Orbec et Pontaudemer pour le tiers de mil livres tournois que les habitans d'icelles vicontez ont requiz au roy nostre sire estre levées sur eulx aus diz trois termes pour les convertir en certains ouvrages neccessaires en la ville de Lisieux, et douze mil livres tournois sur les vicontez d'oultre la riviére de Saine, hors mises les vicontez d'Alençon, Essay, Argenten, Exmes et Dampfront, pour ce qu'elles font frontiere contre les ennemiz du Maine, pour convertir ou paiement des gens d'armes et de trait qui sont et seront au siege devant le Mont Saint Michiel, tant par mer comme par terre 1...

---

1. Suit le dispositif relatif à l'assiette de 650 livres tournois sur les habitants des vicomtés de Montreuil (auj. Montreuil-l'Argillé, Eure, arr. Bernay, c. Broglie) et de Bernay.

Donné a Paris le xii⁰ jour de mars l'an mil cccc vint et quatre. R. DE BAILLY.

(*Arch. Nat., sect. hist., K 62, n° 17.*)

LIV

1425 (n. st.), DU 14 MARS AU 15 JUILLET

Montant de l'indemnité allouée à Robert Jolivet, abbé du Mont-Saint-Michel, à l'occasion du voyage fait par le dit abbé en basse Normandie, notamment à la bastille d'Ardevon et à Tombelaine, du 14 mars au 15 juillet 1425, pour le siège mis par mer devant le Mont-Saint-Michel.

A monseigneur Robert, abbé du Mont Saint Michiel, pour la parpaie du voiage par lui fait a Harfleu, Caen, Saint Lo, Carenten, Coustances, la bastide de Ardevon et Tombellaine, pour le fait du siege par mer devant le Mont Saint Michiel et autres grosses besongnes a lui enchargées faire pour le roy, le dit voiage commençant le xiiii⁰ jour de mars ccccxxiii et finant le xv⁰ jour de juillet ensuivant ccccxxv tous inclus, ouquel temps a vi׳׳׳׳iiii jours, au pris de vi livres tournois par jour a lui tauxées par monseigneur le regent, par ses lettres données le vii⁰ jour de mars mil ccccxxiii, expediées le ix⁰ jour de mars ensuivant, dout il a receu cy dessus ii⁰ xl livres, et cy par quittance faicte le xxv⁰ jour du dit mois de juillet ensuivant. . . . . v⁰ iiii livres tournois.

(*Bibl. Nat., ms. fr. n° 4491, f⁰ 18 v⁰.*)

LV

1425, DU 17 MARS AU 20 JUIN [1]

Compte des payements faits pour la solde des équipages et l'affrètement d'une flotte de 20 navires (1 hourque, 2 barges, 3 nefs, 8 baleiniers ou galiotes et 6 autres bateaux de moindre tonnage), frétés à Rouen, Danzig, Londres, Orwell, Winchelsea, Portsmouth, Dieppe, Granville, Southampton, Blainville, Guernesey, Caen, amenés devant le Mont-Saint-Michel par Richard Povoir, écuyer, sous les ordres de Lorens Hauden, capitaine de Tombelaine et capitaine général de la dite flotte, et affectés au blocus mis par mer devant le dit Mont-Saint-Michel.

Deniers paiez pour le siege par mer devant le dit Mont.

1º A Richart Povoir, escuier, pour sa paine et despens d'avoir assemblé et mené le navire au siege devant le Mont Saint Michiel, par sa quittance faicte le xviie jour de mars l'an mil cccc xxiiii ; paié xx livres tournois.

2º A Jehan Guedon, grenetier de Rouen, par mandement de monseigneur du Mont Saint Michiel, commissaire en ceste partie, donné le xxxe jour de mars ensuivant, et quittance du dit Guedon faicte le xie jour d'avril ensuivant, vi^{xx} iiii livres tournois, laquelle somme le dit Guedon emploia et converti

---

[1]. Le 20 juin et le 9 juillet (cf. p. 202) 1425 sont les dates extrêmes des quittances mentionnées dans les comptes que nous publions. C'est vers la fin de juin qu'eut lieu l'engagement à la suite duquel les défenseurs du Mont, secondés par les Bretons de Saint-Malo, battirent les Anglais qui les assiégeaient à la fois par terre et par mer (voyez plus haut, p. 28). Il y a lieu de supposer que les navires, dont notre compte donne la description, restèrent au pouvoir des vainqueurs, car on ne s'expliquerait pas autrement la domination véritable que la marine du Mont-Saint-Michel exerça dans tout le détroit de la Manche, depuis Saint-Malo jusqu'à Calais, pendant la seconde moitié de 1425. Plusieurs des pièces dont on trouvera ci-après le texte attestent qu'il y eut alors un moment où la garnison française du Mont fut absolument maîtresse de la mer. Ce compte a été parfaitement analysé par M. Charles de Beaurepaire (*Mém. de la Soc. des Ant. de Norm.*, XXIV, 219 à 221).

ou paiement du navire parti de Rouen pour aller au dit siege par la maniere qui s'ensuit, c'est assavoir :

A Guillaume Brest, breton, pour lui et ix autres compaignons, xxx livres tournois ; a Wautier Benoist, englois, maistre d'un autre vaissel, xx livres tournois ; a Jehan Goden, mariniel, c sous tournois ; item, a Denis Baillet et Denis des Mons, maistres d'une autre nef, a chacun x livres, sont xx livres tournois ; a Jehan du Saulx et autres, a chascun c sous tournois, sont xlv livres tournois ; a Jehannin Havyn mis en la dicte nef, iiii livres tournois. Pour tout vi^{xx}iiii livres tournois.

3º A Mathieu de Luttesensson, maistre d'une hourque [1] nommée *la Cristofle*, de Dansque [2], en Allemaingne, pour les gaiges de lui et de xl compaignons estans dedens pour servir le roy nostre sire et monseigneur le regent en son siege en la mer devant le dit Mont Saint Michiel, soubz le gouvernement Lorens Hauden, capitaine de Thombellaine, et pour le frait de sa dicte nef, pour un mois commençant le xiiii^e jour d'avril ccccxxv, premier mois de son service, par quittance faicte le xiiii^e jour du dit mois d'avril. . . . . iiii^c livres tournois.

A lui, pour les gaiges de lui et des dictes gens et pour le frait de sa dicte hourque, pour le second mois du service dessus dit, et dont il a fait monstre le xix^e jour de may ccccxxv pardevant Guillaume Biote, viconte de Carenten, etc., cy rendue, par quittance faicte le dit xixe jour de may, comptant par Guillaume Biote. . . . . iiii^c livres tournois.

A Olivier Capuchet et Cardin Tiron, lamans de la hourque dessus dicte, pour leurs gaiges d'un mois entier commençant le xxiiiie jour d'avril iiii^{c}xxv qu'il fu marchandé avec eulx, par l'ordonnance de monseigneur du Mont, de gouverner et conduire la dicte hourque avec le maistre et compaignons dessus diz, au pris de x livres tournois par mois a chascun d'eulx, par quittance faicte le xxie jour de may en-

---

1. Jal a essayé de décrire la hourque dans son *Archéologie navale* (t. II, p. 218) ; dans son *Glossaire nautique* (p. 835), il dit simplement que hourque est le nom d'un navire de transport. Du nombre des hommes composant l'équipage et du chiffre de l'indemnité mensuelle allouée dans notre compte au maître de *la Cristofle*, il y a lieu de conclure que la hourque, dont on n'a pas pris soin d'indiquer le tonnage, était un navire de moyenne importance.

2. Danzig, sur la Baltique, à l'embouchure de la Vistule.

suivant ccccxxv, comptent par Guillaume Biote, viconte de Carenten.................. xx livres tournois.

A eulx, pour le second mois de leur service, par quittance faicte le xxe jour de juing ensuivant... xx livres tournois.

Au dit Mathieu de Lutesson, maistre de la dicte hourque, par quittance de Lorens Haudein, escuier, capitaine general du navire estant au dit siege par mer, pour leurs gaiges et frait de la dicte hourque, pour le tiers mois du dit siege par mer dont il a fait monstre devant le dit Biote ou havre de Cancalle [1] devant le dit Mont, le xvie jour de juing ensuivant ccccxxv................. iiii^c livres tournois.

4° A Richart Rou, anglois, homme d'armes et maistre d'une barge nommée *Marie*, de Londres, tant pour les gaiges et regars de lui, quatre contremaistres, 1 charpentier de nefs, pour chascun d'eulx ix deniers esterlins, xlix compaignons marigniers et gens de deffence a vi deniers esterlins par jour, comme pour le salaire et frait de sa dicte nef portant viii^{xx} tonneaux [2] louée ii^c xl livres tournois par mois, pour leur service d'un mois commençant le xie jour d'avril ccccxxv qu'il fist ses monstres de ses dictes gens pardevant Guillaume Biote, viconte de Carenten, par quittance faicte le xve jour d'avril...... v^c xxxvii livres v sous x deniers tournois.

A lui, pour les gaiges de lui et des compaignons dessus diz et pour le frait de la dicte nef du second mois de leur service devant le dit Mont Saint Michiel, et dont il a fait monstre pardevant Guillaume Biote, viconte de Carenten, a ce commis, etc., le xxix^e jour de may ccccxxv, par quittance faicte le dit jour, comptent par le dit Biote..... v^c xxxvii livres v sous x deniers tournois.

A lui, pour semblable cause, pour leur service du tiers mois du dit siege du Mont par mer, dont il a fait monstre de ses gens pardevant le viconte de Carenten le xvie jour de

---

1. Cancale, Ille-et-Vilaine, arr. Saint-Malo.

2. La *Marie*, de Londres, jaugeant 160 tonneaux et montée par 49 hommes d'équipage, devait être une « barge » de première grandeur. Il est question plus loin d'une autre barge, du port de Southampton, qui ne jaugeait que 60 tonneaux. Ces chiffres nous donnent à peu près les deux termes extrêmes du tonnage de la barge, qui était, comme l'a très-bien vu Jal, un navire de moyenne grandeur. Voyez le *Glossaire nautique*, au mot *Barge*, p. 247 et 248.

juing ensuivant ccccxxv, par quittance faicte le xixe jour du dit mois de juing, comptent par le dit Biote... v^{c}xxxvii livres v sous x deniers tournois.

5° A Wautier Dubois, maistre d'une nef [1] d'Engleterre, nommée la *Trinité*, d'Orweul [2], portant vi^{xx} tonneaux, pour les gaiges de lui, xxix autres compaignons marigniers et gens de deffence de sa dicte nef et pour le fret d'icelle, pour leur service d'un mois commençant le xie jour d'avril ccccxxv qu'il fist ses monstres pardevant le dit viconte, par quittance de lui faicte le xv^e jour du dit mois.... ii^c iiii^{xx} x livres tournois.

A lui, pour les gaiges de lui et des xxx compaignons dessus diz et pour le frait de son dit vaissel, pour le second mois de leur service au dit Mont, et dont il ont fait monstre a Chaussey [3] le xix^e jour de may ccccxxv pardevant Guillaume Biote, viconte de Carenten a ce commis, etc., par quittance de lui faicte le dit jour, comptent par le dit viconte... ii^c iiii^{xx} x livres tournois.

A lui, pour semblable cause, pour leur service du tiers mois du dit siege par mer, dont il a fait monstre pardevant le dit viconte, ou havre de Cancalle, devant le dit Mont Saint Michiel, le xvie jour de juing ensuivant ccccxxv, par quittance faicte le xxe jour du dit mois de juing ensuivant, comptent par le dit Biote..... ii^c iiii^{xx} x livres tournois.

6° A Ricart Seneylam, englois, maistre d'une nef nommée *la Gorge*, de Vinsessoy [4], pour les gaiges de lui, xix autres compaignons de la dicte nef et pour le fret d'icelle, au pris de lxxviii livres xv sous tournois par mois, pour leur service d'un mois devant le dit Mont Saint Michiel commençant

1. Il ne semble pas que « nef » ait ici un sens spécifique. Comme le mot « vaissel » que l'on trouvera plus loin, « nef » paraît être employé, dans ce passage de notre compte, avec l'acception de navire en général.

2. Auj. Orwell, mouillage situé à l'embouchure de la rivière Gipping, en aval de la ville d'Ipswich, dans le comté de Suffolk. Les Vernon, d'origine normande, célèbres dans les fastes de la marine anglaise, comptent parmi leurs titres nobiliaires celui de vicomtes Orwell.

3. Chausey, archipel composé de petites îles reliées presque toutes entre elles à marée basse et situées à 10 ou 12 kilomètres de Granville (Manche, arr. Avranches).

4. Sans doute Winchelsea, l'un des Cinq Ports, dans le comté de Sussex, au nord-est de Hastings et au sud-ouest de Rye.

le dit xɪᵉ jour d'avril ccccxxv qu'il fist ses monstres pardevant le dit viconte, par quittance de lui faicte le xvᵉ jour d'avril ensuivant. . . . . ɪxˣˣɪɪɪ livres xv sous tournois.

A lui, pour les gaiges de lui et de ses diz compaignons et pour le fret de la dicte nef du second mois de leur service fait et a faire par la mer devant le dit Mont Saint Michiel, et dont il a fait monstre le xɪxᵉ jour de may l'an mil ccccxxv par devant Guillaume Biote, viconte de Carenten, a ce commis, etc., par quittance faicte le dit jour, comptent par le dit viconte de Carenten . . . . ɪxˣˣ ɪɪɪ livres tournois.

A lui, pour semblable cause, pour leur service du tiers mois du dit siege, dont il a fait monstre pardevant le dit viconte, le xvɪᵉ jour de juing ensuivant ccccxxv, ou havre de Cancalle, par quittance faicte le xɪxᵉ jour de juing ensuivant, comptent par le dit viconte. . . . ɪxˣˣɪɪɪ livres xv sous tournois.

7º A Jaques Apaurisson, maistre d'un ballenier d'Engleterre nommé *le Cristofle*, de Mileblou ¹, portant xxx tonneaux ², pour les gaiges de lui a x livres tournois par mois, et de xx autres compaignons a c sous tournois par mois, dont il a fait monstre devant le dit viconte le xɪɪᵉ jour du dit mois d'avril, pour leur service d'un mois commençant le dixime jour d'avril, et pour le fret du dit ballenier a xxx livres tournois par mois, par quittance faicte le xɪxᵉ jour de may ensuivant par Lorens Hauden, capitaine. . . . vɪɪˣˣ livres tournois.

8º A Vautier Benest, maistre d'un balenier nommé *Thomas*, de Portsamour ³, pour les gaiges de lui, ɪɪɪɪ hommes en sa compaignie, et pour le frait du dit balenier, pour leur service d'un mois au dit siege du Mont commençant le xvɪᵉ jour d'avril mil ccccxxv qu'il fist ses monstres pardevant le dit viconte, par quittance de lui faicte le xvɪɪᵐᵉ jour du dit mois

---

1. Peut-être Millbrook, petit port du comté de Hants ou Hampshire, situé à quelques kilomètres au nord-ouest de Southampton.

2. Il est fait mention plus loin de deux autres baleiniers jaugeant, l'un appelé *la Trinité*, de Dieppe, 45 tonneaux, l'autre, du port de Southampton, 31 tonneaux. Ces chiffres semblent indiquer que le baleinier, appelé aussi galiote, venait immédiatement après la barge au point de vue du tonnage.

3. Portsmouth, célèbre port de mer situé dans la partie méridionale du Hampshire, en face de l'île de Wight.

d'avril . . . . xxxv livres x sous tournois.

A lui, pour les gaiges de lui et de ses diz compaignons et pour le fret du dit balenier, du second mois de leur service fait et a faire par la mer devant le dit Mont Saint Michiel, et dont il a fait monstre le xix[e] jour de may l'an mil ccccxxv pardevant Guillaume Biote, viconte de Carenten, a ce commis, par quittance de Lorens Haudain faicte le dit jour, comptent par le dit Biote . . . . xxxv livres x sous tournois.

A lui, pour pareille cause, pour les gaiges de lui et ses compaignons, pour le tiers mois du dit siege par mer, dont il a fait monstre pardevant le dit viconte le xvie jour de juing ensuivant, par quittance faicte le xixe jour du dit mois, comptent par le dit viconte . . . . . xxxv livres x sous tournois.

9° A Jehan Doubté, maistre d'un balenier de Dieppe nommé *la Trinité*, du dit lieu, Jehan Turpinet, Jehannet Doubté le Jeune, Freminet Gosselin et Robin Campion, contremaistres du dit balenier, pour les gaiges d'eulx, xxxiii autres compaignons, et pour le fraît de la dicte nef portant xlv tonneaux, pour leur service d'un mois au dit siege commençant le. . . . . jour. . . ., par quittances d'eulx faictes le xxix[e] jour de mars et xxvii[e] jour d'avril ensuivant. . . . ii[c] lxi livres tournois.

10° A Robert du Val, Adam Montmartin et Gascoing, lamens, ordonnez mener et conduire le navire dessus dit de devant Estrehem [1] jusques devant la dicte place du Mont Saint Michiel, pour leurs gaiges d'un mois a quoy ilz se sont submis servir le dit navire, le dit mois commençant le xvie jour d'avril, par quittance d'eulx iii, chascun c sous tournois; paié. xv livres tournois.

11° A Damours le Bouffy, maistre d'un vaissel de Grantville [2] portant xv tonneaux, pour les gaiges de lui et

---

1. Auj. Ouistreham, Calvados, arr. Caen, c. Douvres, sur la rive droite et à l'embouchure de l'Orne.

2. Granville, Manche, arr. Avranches. La création par les Anglais d'une forteresse sur ce qu'on appelle à Granville le Roc et les privilèges octroyés à cette localité au détriment de Saint-Pair par Charles VII, après que cette forteresse fut tombée au pouvoir des Français, toutes ces causes développèrent tellement l'importance de Granville qu'on le classait déjà, dans un ouvrage composé de 1453 à 1461, parmi les principaux ports de France (*Le Débat des hérauts d'armes*, éd. P. Meyer, p. 27). Toutefois, ce passage de notre compte prouve qu'il y avait à Granville un port d'une certaine im-

xvii hommes de deffence en sa compaignie, tant mariniers que gens de trait estans dedens le dit vaissel, pour le premier mois de son service au dit siege par mer devant le dit Mont Saint Michiel, et dont il a fait monstre pardevant monseigneur du Mont a Reneville [1] le viiie jour de may ccccxxv cy rendue, par quittance faicte le xxe jour du dit mois de may, comptent par Guillaume Biote, viconte de Carenten... vi^{xx}ii livres tournois.

12º A Roger Kyde, bourgois de Hantonne [2], maistre après Dieu d'une barge portant lx tonneaux et d'un ballenier portant xxxi tonnels, du dit lieu de Hantonne, pour les gaiges de lui, xiii autres hommes d'armes et lxvi autres hommes de deffence, que archiers, que mariniers, estans soubz le dit Roger dedens la dicte barge et balenier, et pour les frets des diz vaisseaux, pour le service d'un mois par la mer a siege devant le dit Mont Saint Michiel, et dont il a fait monstre le xxxiii^e jour d'avril ccccxxv pardevant Lorens Haudein, escuier a ce commis, cy rendue, par quittance faicte le xx^e jour de may ensuivant ccccxxv, comptent par Girardt Pigonche, viconte de Coustances.......... v^c lvi livres tournois.

A lui, pour le second mois du dit siege, pour les gaiges de lui, des diz xiii autres hommes d'armes et lxvi autres compaignons de deffence, et pour le frait des diz deux vaisseaux, par quittance faicte le ve jour de juing ensuivant ccccxxv, comptent par le dit Girart Pigonche. ... v^c lvi livres tournois.

13º A Thomas Fauvel, maistre d'un balenier ou galiote de Blainville [3], pour les gaiges de lui et xvi autres compaignons de deffence estans dedens le dit balenier, et pour le frait du dit vaissel, pour leur service d'un mois par la mer devant le dit Mont Saint Michiel, et dont il a fait monstre a Reneville

---

portance, armant des navires pour la pêche et le petit cabotage, dès 1425, c'est-à-dire bien des années avant que des fortifications eussent été élevées sur le Roc par les Anglais.

1. Régnéville, Manche, arr. Coutances, c. Montmartin, petit port situé sur la rive gauche et à l'embouchure de la Sienne.
2. Auj. Southampton, port de mer situé dans le Hampshire, au nord-ouest de Portsmouth.
3. Manche, arr. Coutances, c. Saint-Malo-de-la-Lande, petit port situé ur peu au nord de Régnéville.

pardevant monseigneur du Mont le viie jour de may ccccxxv cy rendue, par quittance faicte le dit jour, comptent par Guillaume Biote, viconte de Carenten . . . . . . iiii^{xx}x livres tournois.

A lui, pour semblable cause, pour leur service du [deuxieme] mois au dit siege devant le Mont, dont il a fait monstre pardevant le dit Guillaume Biote le xvie jour de juing ensuivant iiii^c xxv, par quittance de lui faicte le xviie jour du dit mois, comptent par le dit viconte de Carenten . . . . iiii^{xx}x livres tournois.

14° A Denis le Marchant, escuier, capitaine d'un balenier nommé *la Pitié*, de Guesnerié [1], Pierre Nicolas, escuier, capitaine d'un autre balenier nommé *la Marie*, du dit lieu, et a Hemon Henry, escuier, capitaine d'un autre balenier nommé *la Trinité*, du dit lieu, pour les gaiges d'eulx, xxix autres hommes d'armes et iiii^{xx}xi hommes de deffence, tant archiers que mariniers, estans soubz eulx dedens les diz iii vaisseaulx, et dont ilz ont fait trois monstres pardevant Guillaume Biote, viconte de Carenten, le xviie jour de may ccccxxv, ou havre de Chausy, et pour les frais des diz trois vaisseaux, montant par mois le dit fret vi^{xx}xix livres tournois, pour leur service du premier mois du dit siege par mer devant le dit Mont Saint Michiel, par quittance des diz Denis et Pierre Nicolas, eulx faisans fors du dit Hemon, faicte le xxxe jour de may cccxxv, comptent par Girart Pigonche, viconte de Coustances . . . . . ix^c xiiii livres v sous tournois.

15° A Jehan Caumartin, capitaine de la galiote nommée *la Marie*, de Caen, et Guillot Michiel, maistre soubz Dieu d'icelle galiote, pour les gaiges d'eulx, viii autres hommes d'armes et xii hommes, tant de trait comme mariniers, pour leur service du premier mois au dit siege par mer devant le dit Mont Saint Michiel, dont ilz ont fait monstre pardevant Guillaume Biote, viconte de Carenten, ou havre de Renierville, le ve jour de juing mil ccccxxv cy rendue, par quittance faicte le dit jour, comptent par Girart Pigonche, viconte de

---

1. Guernesey. Les Le Marchand, de Guernesey et de Jersey, avaient profité de la conquête anglaise pour se faire céder dans le Cotentin des seigneuries confisquées sur des gentilshommes normands restés fidèles à la cause française.

Coustances. . . . . IIII^{xx}II livres XIII sous IIII deniers tournois.

A eulx, par autre quittance faicte le IIIe jour de may precedent, comptent par Raoul d'Estampes, viconte de Caen . . . . VI^{xx} livres tournois.

16º A Robin Hoquigny et Jehan le Mengnem, de la baronnie de Saint Paer [1], marigniers et lamans, pour le conduit et sceurté du navire dessus dit, pour leurs gaiges d'un mois entier commençant le VIIIe jour de may CCCCXXV, qu'il fu marchandé avec eulx par l'ordonnance de monseigneur du Mont Saint Michiel pour servir le roy nostre sire ou dit navire par mer devant le dit Mont Saint Michiel, au pris de C sous tournois par mois chascun d'eulx, par quittance faicte le XXIe jour de may CCCCXXV, comptent par Guillaume Biote, viconte de Carenten . . . . X livres tournois.

17º A Lorens Hauden, escuier, cappitaine de Tombellaine et commis par le roy nostre sire et monseigneur le regent le royaume de France, duc de Bedfort, mettre et tenir le siege par la mer devant la place du dit Mont Saint Michiel, pour les gaiges et regars de lui, LVI autres hommes d'armes et CI archiers dont il a fait monstre en la ville d'Oistrehem le XXIe jour d'avril CCCCXXV par devant monseigneur du Mont, commissaire general du roy, le dit receveur general et Guillaume Biote, viconte de Carenten, pour leur service d'un mois par la mer au dit siege du Mont, commençant le dit XXIe jour d'avril, par quittance faicte le dit jour; par jour VI livres XIIII sous IX deniers obole parisis; montent XXX jours II^c II livres IIII sous IIII deniers oboles esterlins; valent. . . XIII^c XLVIII livres II sous VI deniers tournois.

A lui, par autre quittance non grossée, pour les gaiges et regars de lui, LXXIII autres hommes d'armes et VI^{xx}VII archiers, dont il a fait monstre le XXIe jour de may ensuivant CCCCXXV par devant Guillaume Biote, viconte de Carenten, a ce commis de par le roy nostre sire; par jour VIII livres XII sous XI deniers oboles esterlins; montent XXX jours II^c LIX livres XIII sous IX deniers esterlins; valent. . . . . XVII^c XXIX livres XI sous VIII deniers.

---

1. Saint-Pair, Manche, arr. Avranches, c. Granville. Saint-Pair était le chef-lieu d'une des quatre baronnies appartenant à l'abbaye du Mont-Saint-Michel.

A lui, par autre quittance non grossée, pour les gaiges et regars de LXXII hommes d'armes et VIIXX X archiers dont il a fait monstre le XXIe jour de juing ensuivant pardevant le dit viconte de Carenten a ce commis pour servir le roy nostre sire par la mer au dit siege du Mont Saint Michiel; par jour IX livres I sou VI deniers esterlins; montent XXX jours IIc LXXII livres V esterlins, qui valent a tournois . . .   XVIIIc XV livres tournois.

A lui, ou a Jehan Archingam, pour les gaiges de lui, XI autres hommes d'armes. . . . et X archiers, dont il a fait monstre en la ville de Harrefleu[1] le XIIe jour d'avril CCCCXXV pardevant le dit viconte de Carenten, pour leur service d'un mois au dit siege par mer commençant le dit XIIe jour d'avril, par quittance; par jour XXII sous IX deniers esterlins; montent XXX jours XXXIIII livres II sous VI deniers esterlins; valent. . .
. . . .   IIc XXVII livres X sous tournois.

18º A Jehan Scacle, englois, cappitaine de XII lances et XXXVI archiers a cheval, pour leur service d'un mois au dit siege du Mont par la mer commençant le XIIII jour d'avril CCCCXXV qu'il fist ses monstres pardevant le dit viconte; est par jour XX sous IX deniers esterlins; montent XXX jours LIII livres XII sous VI deniers esterlins qui valent, et paié par quittance de lui faicte le XVe jour du dit mois. . .   IIIc LVII livres X sous tournois.

A lui, pour les gaiges et regars de lui, des dictes lances et XXXVI archiers, pour leur service du second mois au dit siege, dont il a fait monstres pardevant le dit viconte le XIXe jour de may ensuivant, par quittance de lui faicte le XXe jour du dit mois, comptent par la main du dit viconte de Carenten. . . . .   IIIc LVII livres X sous tournois.

A lui, comptant a Thomas Hamseford et Baudouin Athellée, escuiers, du nombre des dictes XII lances, pour les gaiges et regars d'eulx et de IX autres hommes en leur compaignie de la retenue du dit Scacle et de XXX archiers dont ilz ont fait monstre pardevant le dit viconte, le XVIe jour de juing ensuivant, par quittance faicte le XVIe jour du dit mois;

---

1. Harfleur, Seine-Inférieure, arr. le Havre, c. Montivilliers.

comptent par le dit viconte de Carenten. . . . III^c XII livres IIII sous II deniers tournois.

(*Bibl. Nat., ms. fr. n° 4491, f°s 92 à 97.*)

LVI

1425 (n. st.), 28 mars, tours

Jean, bâtard d'Orléans, comte de Mortain, vicomte de Saint-Sauveur, seigneur de Valbonnais, grand chambellan de France, capitaine, gardien et gouverneur des abbaye, ville et forteresse du Mont-Saint-Michel, mande à son cousin Nicole Paynel, seigneur de Bricqueville, son lieutenant au dit lieu du Mont, de laisser jouir les vicaire et couvent du dit Mont du produit des contributions de guerre mises sur un certain nombre de paroisses ci-dessous énumérées, situées dans les baronnies d'Ardevon, de Genest, de Saint-Pair et de Bretteville.

Jehan, Bastart d'Orleans, conte de Mortaing [1], viconte de Saint Sauveur, seigneur de Vaulbonnois [2], grant chambellan de France, cappitaine, garde et gouverneur des abbaye, ville et forteresse du Mont Saint Michel, a nostre très chier et feal cousin messire Nicole Painel [3], seigneur de Brique-ville, nostre lieutenant au dit lieu du Mont et a cil qui ou temps avenir sera pour nous ordonné lieutenant au dit lieu en l'abscence du dit seigneur de Briqueville et a chascun

---

1. Les deux titres de comte de Mortain et de vicomte de Saint-Sauveur (Saint-Sauveur-le-Vicomte, Manche, arr. Valognes), donnés par Charles VII au bâtard d'Orléans, avaient alors un caractère purement nominal. Le bâtard avait succédé dans la possession du titre de comte de Mortain, en même temps que dans la capitainerie du Mont, à Jean de Harcourt, comte d'Aumale, tué à Verneuil le 17 août 1424. Dès le 28 mars 1419, Henri V avait donné la seigneurie de Saint-Sauveur-le-Vicomte à Jean de Robersart, chevalier originaire du Hainaut, l'un des favoris de la fameuse Jacqueline, veuve du duc de Touraine (*Mém. de la Soc. des Ant. de Norm.*, XXIII, n° 340).
2. Valbonnais, Isère, arr. Grenoble.
3. Sur Nicole Paynel, voyez plus haut p. 89, note 2, et p. 110, note 1.

d'eulx, si comme a lui appartiendra, salut. Savoir vous faisons que, pour consideracion et en faveur de ce que religieux et honnestes hommes noz très chiers et bien amez en Dieu les vicaire et couvent du dit lieu du Mont, pour la vraie et entiere loialté qu'ilz ont touzjours voulu tenir et garder envers monseigneur le roy et sa seigneurie ont moult souffert et souffrent et sont du tout privez des rentes et revenues ordinaires de leur dit moustier, leur avons ottroié, laissié et baillié les appatis des terres et parroisses subgettes et tenues du dit moustier, par especial des parroisses dont plaine declaracion est faite cy après, c'est assavoir, en la baronnie de Ardevon, Ardevon, Huysnes [1], Beauvoir [2], Espas [3], Tanie [4], Curé [5], Marcé [6], Saint Benoist de Bevron [7], la Croix [8], Villiers [9], Vessé [10], Ceaulx [11]; en la baronnie de Genez, Genez [12], Dragié [13], Saint Jehan le Thomas [14], Saint Michel des Loups [15], Bouillon [16]; en la baronnie de Saint Paer, Saint Paer, Granville, Saint Aulbin des Preaulx [17], Saint Planchés [18], Saint Johan des Champs [19], Saint Ursin [20], le Mesnil Drieu [21], Breville [22], Coudeville [23], Donville [24],

1. Huisnes, Manche, arr. Avranches, c. Pontorson.
2. Ibid.
3. Les Pas, ibid.
4. Tanis, ibid.
5. Curey, ibid.
6. Marcey, ibid.
7. Autrefois paroisse, auj. hameau de Saint-James de Beuvron, arr. Avranches.
8. La Croix-Avranchin, c. Saint-James.
9. Ibid.
10. Vessey, c. Pontorson.
11. Céaux, arr. Avranches, c. Ducey.
12. Genest, arr. Avranches, c. Sartilly.
13. Dragey, ibid.
14. Saint-Jean-le-Thomas, ibid.
15. Ibid.
16. Arr. Avranches, c. Granville.
17. Saint-Aubin-des-Préaux, ibid.
18. Saint-Planchers, ibid.
19. Saint-Jean-des-Champs, arr. Avranches, c. la Haye-Pesnel
20. Ibid.
21. Le Mesnil-Drey, ibid.
22. Bréville, Manche, arr. Coutances, c. Bréhal.
23. Ibid.
24. Arr. Avranches, c. Granville.

Anquetoville [1], Saint Ligier [2]; en la baronnie de Bretheville, Breteville [3], Verson [4], Evrecy, et Danjohan [5], a en prendre, lever, percevoir et avoir d'icy en avant ce qu'ilz pourront, pour leur aider a la sustentacion de leur vie et estat, affin que le divin service puist continuelment estre celebré en la dicte abbaye, ainsi que iceulx religieux l'ont touzjours bien fait ou temps passé et selon leur saint ordre et religion, ce que nous desirons de tout nostre cueur, et aussi pour estre participans en leurs biens faiz et prieres. Si vous mandons et expressement commandons et a chascun de vous, si comme a lui appartendra, que des appatissemens, composicions ou contribucions des parroisses dessus nommees et de chascune d'icelles vous faictes, souffrez et laissez les diz religieux joir et exploittier paisiblement, sans les empescher ne souffrir par autres estre empeschiés, deffendans de par mon dit seigneur le roy et nous a tous gens d'armes et de trait, archiers, arbalestriers et autres gens suivans la guerre, subgiez de mon dit seigneur le roy, et nous prions, requerons tous aultres, amis, alliez et bienveillans de mon dit seigneur que les dictes parroisses ilz ne pillent, appatissent ou composent ne rançonnent, prennent appatis, injurient, oppriment, grievent ou damagent en aucune maniere les dictes parroisses ne habitanz en icelles ne aucun d'eulx.. [6].. subgiez et obbeissans a mon dit seigneur le roy, ains les preservent, gardent et deffendent de tous ceulx qui ce vouldroient faire.. [7].. au contraire de ces presentes et delessement d'icelles. Et pour ce que, obstans les grans affaires et charges que avons d'aultre part pour le bien de ce royaume, nous ne povons pas vacquier ne entendre a avoir la cognoissance des deliz, malefices, excès et abus qui pourroient estre faiz aus devant dis parroissiens durant le temps de cestes, nous, de nostre certaine science et pour certaines causes et consideracions ad ce nous mouvans, avons commis et or-

1. Anctoville, c. Bréhal.
2. Saint-Léger, c. la Haye-Pesnel.
3. Bretteville-sur-Odon, Calvados, arr. Caen.
4. Arr. Caen, c. Évrecy.
5. Domjean, Manche, arr. Saint-Lô, c. Tessy-sur-Vire.
6. Il y a ici un trou dans le parchemin qui a rendu un mot illisible.
7. Mot illisible.

donné et par vertu du dit povoir commettons et ordonnons vous nos diz lieuxtenans, et chascun de vous a avoir la cognoissance, juridicion et disposicion des diz mallefices, delitz, abuz et icieulx reparez et corrigez, par bonne et briefve justice et selon leur exigence, sans nulle faveur, si que ce soit example et terreur aux malfaitteurs, vous mandans et expressement enjoignans ainsi le faire. Et d'abundant voulons, ottroyons et ordonnons que iceulx religieux se puissent faire paier et contenter de leurs revenues et autres devoirs, en ce qu'ilz en pourront recouvrer et avoir, non obstans que leurs subgiez, hommes et tenans d'eulx soient a eulx ou a autres appatissez ou composez, a laquelle occasion ne entendons ne voulons leur estre ou tourner a prejudice ou dommage ; ainçois, qu'ilz en puissent joir et percepvoir ce qu'ilz en pourront recouvrer, comme dit est. De ce faittes vous, les devant diz subgiez, tant que en doiez estre reconnus de bonne obeissance, et vous, les dis amis, alliez et bienveillans, que vouldriez estre fait pour vous, sur quanque vous amez le bien de mon dit seigneur le roy, en prestant aus diz religieux toute faveur licite. Donné a Tours le xxviiie [1] jour de mars l'an mil quatre cens vint et quatre avant Pasques. J. Bastart d'Orleans.

Par monseigneur le conte, Voaste et son tresorier presens. F. Champeaux.

(Arch. du dép. de la Manche, série H, n° 15357.)

---

[1]. Trois semaines environ avant la date de cette charte, le 9 mars 1425 n. st.), les religieux du Mont-Saint-Michel, réunis en séance solennelle sous la présidence de Jean Gonault, vicaire général de l'abbaye en l'absence de Robert Jolivet, avaient déclaré accepter une donation faite en leur faveur par Charles VII le 6 avril 1423 pour la célébration d'un anniversaire (voyez plus haut, p. 123, note 1). L'acte dont il s'agit se termine par ces mots : « Datum et concordatum *unanimiter* in capitulo nostro, nobis ibidem per campane sonitum more solito existentibus et congregatis » (*Arch. Nat.*, J 467, n° 96). Assiégés depuis plus de six mois par les Anglais, les religieux du Mont n'en étaient pas moins restés, comme on le voit, unanimes dans leur fidélité patriotique.

LVII

1425, 12 MAI, COUTANCES

Robert Jolivet, abbé du Mont-Saint-Michel, conseiller du roi et son commissaire en basse Normandie pour le recouvrement du Mont-Saint-Michel, mande à Pierre Surreau, receveur général de Normandie, de payer les gages des gens d'armes composant la garnison de la bastille d'Ardevon contre présentation des quittances de Jean Elman et de James d'Aye, écuyers, lieutenant et maréchal de la dite bastille, chargés de la garder depuis que Nicolas Burdett, bailli du Cotentin et capitaine de la dite bastille d'Ardevon pour tenir le siège devant le Mont-Saint-Michel, a été fait prisonnier par les ennemis.

Robert, par la permission divine humble abbé du Mont Saint Michiel ou peril de la mer, conseiller du roy nostre seigneur et commissaire d'icellui seigneur ou pais de la basse marche de Normendie pour le recouvrement de la place du dit Mont Saint Michiel, a nostre bien amé Pierre Surreau, recepveur general de Normendie, salut. Pour ce que puis n'a gaires messire Nicolas Bourdet, chevalier, bailli de Costentin et cappitaine de la bastille d'Ardevon pour tenir le siege par la terre devant la place du dit Mont Saint Michiel, ait esté prins par les ennemis et averssaires du roy nostre dit seigneur et la dicte bastille demourée en garde a Jehan Elman et James d'Aye, escuiers, lieuxtenant et mareschal de la dicte bastille, pour quoy ne pourriés avoir ne recouvrer du dit cappitaine les quittances qui sont necessaires pour le paiement des gens d'armes et de trait estans dedens icelle bastille, et affin que le paiement n'en soit rettardé ou delaié, et pour obvier aux inconveniens qui s'en pourroient ensuir, nous vous mandons et expressement enjoingnons que, des deniers par vous receus ou a recepvoir pour le recouvrement de la dicte place, vous bailliés et delivrés en prest et paiement des gaiges et regards des gens d'armes et de trait retenuz pour la garde de la dicte bastille au dit lieuxtenant et mareschal ou à l'un d'eulx ce qu'est ou sera deu aux souldoiers d'icelle bastille, et dont il apparra par monstre deuement faicte, en prenant quittance des diz lieutenant et mareschal ou de l'un d'eulx, laquelle vous sera d'autelle et semblable valeur comme celle du dit messire Nicolle Bourdet, enparavant que il fust prins des diz ennemis. Et par rapportant ces presentes, la quittance d'eulx ou de l'un d'eulx aveques les dictes monstres, ce que leur aurés paié vous sera aloué en vos comptes et rabatu de vostre recepte par ceulx a qui il appartendra. Donné a Coustances le xii° jour de may l'an mil iiii° vingt et cinq. R. ABBAS [1].

(Arch. Nat., sect. hist., K 62, n° 18 [2].)

LVIII

1425, 19 MAI, CHAUSEY

Montre de Jean Scacle, écuyer, retenu à la charge de 12 lances et 36 archers par Robert Jolivet, abbé du Mont-Saint-Michel, pour servir sous les ordres de Lorens Hauden, écuyer, au siège mis devant la dite place du Mont-Saint-Michel.

Ensuit la monstre de Jehan Scacle, escuier, retenu par reverend pére en Dieu monseigneur l'abbé du Mont Saint Michiel, commissaire du roy nostre sire, a la charge de xii lances et xxxvi archiers, pour servir au siege devant le Mont Saint Michiel soubz le gouvernement et en la compaignie de Laurens Hautain, escuier, et oultre le nombre a lui ordené pour mettre et tenir le dit siege de la mer, faicte a Chausy [2] par nous Guillaume Biote, viconte de Carenten le xixme jour de may l'an mil iiii^c xxv, desquelz les noms et surnoms ensuivent. Et premierement

1. Signature autographe.
2. Auj. Chausey, archipel d'îlots rocheux situé à 12 kil. de Granville.

Hommes d'armes :

Jehan Scacle. Jehan Rose. Guillaume Salibery. Perrin Guascon. Thomas Chacreley. Jehan Willetonne. Guillaume Stantonne. John Glocestre. Guillaume Hames. Jehan Carley. Baudoin Atellée. Thomas Hamforde. Somme : xii lances.

Archiers

(Les noms manquent.)

(*Arch. Nat., sect. hist., K 62, n° 18* ³.)

LIX

1425, du 21 mai au 31 juillet

Compte des payements faits à Guillaume de la Pole, comte de Suffolk, retenu par le régent, duc de Bedford, pour assiéger par mer le Mont-Saint-Michel, pour sa solde et celle de 100 lances ou hommes d'armes et de 300 archers pendant 49 jours commençant le 13 juin.

A monseigneur le conte de Suffolk et de Dreux ordonné par monseigneur le regent le royaume de France, duc de Bedford, gouverneur et capitaine general des gens d'armes et de trait ordonnés, tant pour la bastille edifiée a Ardevon comme pour destraindre et assieger par mer la place du Mont Saint Michiel, depuis le xxi⁰ jour de may iiii° xxv jusques a la saint Michiel prouchain ensuivant, a la charge de cent hommes d'armes et les archiers tous a cheval, c'est assavoir pour la dicte bastide xl hommes d'armes et les archiers, ou navire qui estoit et seroit ordonné pour le dit fait autres xl hommes d'armes et les archiers, et xx hommes d'armes et les archiers pour chevauchier avec lui et le acompaigner partout ou il vouldra aler pour les affaires du roy et de monseigneur le regent, aux gaiges pour lui 1 noble d'or par jour avec les gaiges de lui banneret, ensemble telle autre somme de deniers que messire Nicolas Bourdet, chevalier, bailli de Coustantin et capitaine de la dicte bastide, devoit avoir et prendre pour son estat par chascun mois, et par homme d'armes a cheval, xii deniers esterlins, et pour archier, vi deniers esterlins, comme par endenteures, etc.

A lui paié, pour les gaiges, estat ou regars de lui, eu pris dessus dit, de lix autres hommes d'armes et ix^{xx} archiers de sa dicte retenue desservis par xlix jours commençans le xiiie jour du mois de juing qu'il fist ses premiéres monstres de ses dictes gens par devant monseigneur l'abbé du Mont Saint Michiel, et depuis en a fait autres monstres le xiiie jour de juilllet ccccxxv pardevant Thomas Bourg a ce commis tant a la garde de la dicte bastide d'Ardevon comme pour chevauchier avec lui . . . iii^{x} lxxiii livres xiii sous vii deniers tournois.

A lui, auquel mon dit seigneur du Mont Saint Michiel a ordonné le nombre de xl lances et vi^{xx} archiers tous a cheval, pour un mois entier commençant le jour des premiéres monstres qu'il en feroit devant Thomas Bourg commis a icelles recevoir, oultre et pardessus les lx lances dessus dictes, pour ce que le dit nombre de lx lances n'estoit pas souffisant atendu la puissance [1] que l'en disoit que les annemis du roy nostre dit sire avoient es parties d'environ le dit Mont Saint Michiel, aux gaiges dessus diz, comme par lettres de mandement de mon dit seigneur l'abbé du Mont données le xxixe jour de juing iiii^c xxv cy rendues puet apparoir. Pour ce, a lui paié par vertu des dictés lettres, pour les gaiges et regars des dictes xl lances et vi^{xx} archiers a cheval et pour leur service d'un mois commençant le premier jour de juillet ensuivant qu'il fist ses premiéres monstres pardevant le dit Thomas Bourg et fini le derrain jour du dit mois inclus, par quittance faicte le ixe jour du dit mois de juillet. . . . . xi^c iiii^{xx} xi livres xiii sous iv deniers.

(Bibl. Nat., ms. fr. n° 4491, f° 98.)

---

1. Ces lignes semblent faire allusion à la victoire remportée sur mer par les défenseurs du Mont-Saint-Michel, d'où il y aurait lieu de conclure que cette victoire est antérieure de quelques jours seulement au 27 juin 1425.

LX

1425, 8 juin, COUTANCES

Robert Jolivet, abbé du Mont-Saint-Michel, conseiller et commissaire du roi envoyé en basse Normandie pour le recouvrement de la place du Mont-Saint-Michel avec pouvoir d'augmenter le nombre des gens d'armes et de trait employés au siège du dit Mont tant par terre que par mer, mande à Pierre Surreau, receveur général de Normandie, de payer les gages de la garnison de la bastille d'Ardevon contre présentation des quittances de Jean Elman, écuyer, lieutenant de Nicolas Burdett, capitaine de la dite bastille, dont le dit Jean tient la place depuis que Burdett a été fait prisonnier par les ennemis.

Robert, par la permission divine abbé du Mont Saint Michiel, conseillier et commissaire du roy nostre sire, envoié ou pais de la basse marche de Normendie pour le recouvrement de la place du dit Mont Saint-Michiel, aiant povoir de augmenter et acroistre le nombre des gens d'armes et de trait ordonnés pour tenir siege devant le dit Mont, tant par terre comme par mer, a nostre bien aimé Pierre Surreau, receveur general de Normendie, salut. Pour ce que puis n'a gaires messire Nicollas Bourdet, chevalier, bailli de Costentin et cappitaine de la bastille d'Ardevon pour tenir le siege par la terre devant la dicte place du Mont Saint Michiel, ait esté prins par les ennemis et adversaires du roy nostre dit seigneur, et la dicte bastille demourée en la garde de Jehan Elman, escuier, son lieutenant en la dicte bastille, par quoy ne pourriés avoir ne recouvrer du dit cappitaine quittances qui sont neccessaires pour le poiement des gens d'armes et de trait estans dedens icelle bastille, et affin que le poiement n'en soit retardé ou delaié, et pour obvier aux inconveniens qui s'en pourroient ensuir, nous vous mandons et expressement enjoignons que, des deniers par vous receus ou a recevoir pour le recouvrement de la dicte place, vous bailliés et delivrés en prest et poiement, des gaiges et regars des gens d'armes et de trait retenus pour la garde de la dicte bastille, au dit lieutenant, ce qu'est ou sera deu aux souldoiers d'icelle bastille, et dont il apparra par monstre deuement faicte, en prenant quittance du dit lieutenant, laquelle vous sera d'autelle et semblable valeur comme celle du dit messire Nicolas Bourdet, chevalier, enparavant qu'il fust prins par les diz ennemis. Et par raportant ces presentes, la quittance ou quittances du dit Elman avecques les dictes monstres, ce que leur aviez paié vous sera aloué en vos comptes et rabatu de vostre recepte par ceulz a qui il appartendra. Donné a Coustances soubz nostre seel le VIIIe jour de juing l'an mil IIII^c XXV. R. ABBAS [1].

(*Arch. Nat., sect. hist., K 62, n° 18* [5].)

LXI

1425, 13 JUIN, ARDEVON

Jean Helmen, écuyer, lieutenant et gardien de la bastille d'Ardevon pour Nicolas Burdett, bailli du Cotentin, capitaine de la dite bastille, à présent détenu prisonnier au Mont-Saint-Michel, donne quittance à Pierre Surreau, receveur général de Normandie, de 1160 livres 16 sous 8 deniers tournois, pour ses gages et ceux de 43 autres hommes d'armes et de 102 archers à cheval, pendant le neuvième mois du siège du dit Mont, commençant le 12 mai 1425, après montre faite au dit lieu d'Ardevon le 12 juin par devant Robert Jolivet, abbé du Mont-Saint-Michel.

Saichent tuit que je Jehan Helmen [2], escuier, lieutenant et garde de la bastille d'Ardevon pour monseigneur Nicolas

---

1. Signature autographe. On remarquera que les deux actes, émanés de Robert Jolivet, ne sont datés ni d'Ardevon ni d'Avranches, mais de Coutances : l'abbé renégat avait soin, malgré la mission militaire dont Bedford l'avait chargé, de se tenir autant que possible à distance respectueuse de son abbaye.
2. Ce nom est écrit Elman dans l'acte précédent.

Bourdet, chevalier, bailli de Coustentin, commis et ordonné a la garde de la dicte bastide et a tenir le siege par la terre devant le Mont Saint Michiel, a present prisonnier des annemis du roy nostre sire au dit Mont Saint Michiel, confesse avoir eu et receu de Pierre Surreau, receveur general de Normendie, la somme de unze cens soixante livres seize solz huit deniers tournois, en prest et paiement des gaiges et regars de moy, XLIII autres hommes d'armes et cent deux archers a cheval de la retenue de mon dit seigneur le bailly pour la dicte bastide et siege par terre, desservis et a desservir pour le IXe mois du dit siege commençant le XIIe jour du dit mois de may CCCCXXV, et dont j'ay fait monstre au dit lieu d'Ardevon pardevant monseigneur du Mont Saint Michiel, commissaire du roy nostre sire, le XIIe jour de ce present mois de juing; ce paiement a moy fait par le dit receveur general par vertu des lettres de mandement de mon dit seigneur du Mont données le VIIIe jour de ce present mois. De laquelle somme de XI^c LX livres XVI sous VIII deniers tournois dessus dicte je me tiens pour contens et bien paié et en quitte le roy nostre sire, le dit receveur general et tous autres. En tesmoing de ce, j'ay seellé ces presentes lettres de mon seel le XIIIe jour de juing 1 l'an mil CCCC et vint cinq.

(Arch. Nat., sect. hist., K 62, n° 18 ⁶.)

1. On remarquera que postérieurement à la date du 13 juillet 1425, on ne trouve aucune montre relative au siège du Mont-Saint-Michel. Les Anglais levèrent sans doute ce siège après leur défaite navale de la fin de ce mois (voyez plus haut, p. 28 et 202). Dès le 9 octobre 1420, le dauphin Charles avait autorisé l'établissement d'un atelier monétaire au Mont-Saint-Michel (Lecointre-Dupont, *Lettres sur l'histoire monétaire de Normandie*, p. 135 à 138). Le 8 septembre 1425, Charles VII, voulant récompenser les défenseurs du Mont, leur céda pour un an ses droits sur ce monnayage, une moitié aux chevaliers et écuyers, et l'autre moitié aux religieux (*Ibid.*, p. 139). Enfin, le 24 avril de l'année suivante, il renouvela cette cession pour trois ans, considérant que « la dicte place et ville du Mont est assise en la mer, sur la frontiere de nos anciens ennemis d'Angleterre et autres leurs alliez et, a l'occasion de ce, nos diz ennemis leur ont fait, porté et mené guerre et mis devant la dicte place, par terre et par mer, siege et bastilles pour les vouloir prendre et destruire, ou contempt de ce qu'ilz ont esté tousjours et encores sont vrais et loyaulx subgiez et ob issans a nous et a nostre couronne de France ». (*Ibid.*, p. 139 à 141).

LXII

1425, OCTOBRE, PARIS

Rémission octroyée par Henri VI à Alexandre Doisnel, prêtre, natif de Saint-Contest, détenu dans les prisons de l'évêque de Bayeux pour s'être entremis de percevoir, au mois de février 1423 (n. st.), au moment où les Anglais assiégeaient Sacey, les contributions de guerre levées par les ennemis du Mont-Saint-Michel sur les paroisses de Colombelles, de Saint-Contest, de Hérouville, de Périers, de Ouistreham et de Blainville, près Caen.

Henri, par la grace de Dieu roy de France et d'Angleterre, savoir faisons a tous presens et advenir nous avoir receu l'umble supplicacion de Alixandre Doisnel [1], prestre, natif du diocese de Bayeux, contenant comme, dès le mois de fevrier mil ccccxxii, il se feust parti du dit pays pour aler en Bretaigne veoir un sien parent en la compaignie de plusieurs Angloiz qui aloient au siege a Sacy [2], et pour ce qu'il ne pot passer oultre ne aler ou dit pays de Bretaigne, s'en voult retourner au lieu de sa nativité, mais en retournant fut prins par brigans et mené prisonnier au Mont Saint Michiel ou il fut detenu par plusieurs journées et tant que, pour ce qu'il n'avoit de quoy payer rançon, noz ennemis qui la estoient lui donnérent congié de soy en aler sans riens payer, parmi

---

1. Alexandre Doisnel appartenait sans doute à la même famille que Raoul Douesnel, aussi prêtre, qui fit aveu à Charles VI, le 26 février 1415 (n. st.): 1º du fief de Telle dont le chef était situé en la paroisse de la Cambe (Calvados, arr. Bayeux, c. Isigny) et qui s'étendait en celle de Saint-Germain-du-Pert; 2º du fief de Mailloc, situé également à la Cambe (*Arch. Nat.*, P 306, nº 84). Cet aveu nous donne la situation précise de la maison forte de Telle dont nous n'avions pu naguères déterminer l'emplacement (*Hist. de B. du Guesclin; la Jeunesse de Bertrand*, p. 485). La rémission accordée à Alexandre Doisnel est surtout intéressante parce qu'elle nous montre que, dès les premiers mois de 1423, plusieurs paroisses situées pour ainsi dire dans la banlieue de Caen, étaient de gré ou de force tributaires de la garnison française du Mont-Saint-Michel.

2. Sans doute Sacey, Manche, arr. Avranches, c. Pontorson.

ce qu'il leur promist porter cedules de appatissemens a aucunes parroisses d'emprès Caen, c'est assavoir Coulumbelles [1], Saint Contest [2], Herouville [3], Perriers [4], Estrehan [5], et Branville [6], duquel lieu de Saint Contest il est natif, pour appatissier les parroissiens et habitans des dictes parroises a nos dis ennemis du dit lieu du Mont, et ce fait retourner pardevers eulx au dit lieu du Mont pour leur porter response de ce qu'il auroit fait, lesquelles cedules le dit suppliant par sa simplece presenta sans le congié et sceu de justice aux habitans des dictes parroisses a qui elles se adreçoient, ainsi que promis l'avoit, pour lesquelles causes le dit suppliant eust esté prins par nostre bailli de Caen et mis à gehine et tourment très durement ou il eust confessé les choses dessus dictes, et aussi qu'il vouloit retourner pardevers nos dis ennemis leur pourter response de ce qu'il avoit fait et des nouvelles, pour ce qu'il avoit promis par la foy de son corps de y retourner, et ou cas qu'il feust retourné au dit lieu du Mont, oye sa dicte response par nos dis ennemis, se icelle ne leur eust esté aggreable, ilz feussent venuz courir et piller les dictes parroisses. Et combien que son entention ne feust onques de retourner et ne soit retourné pardevers les dis ennemis, supposé que promis leur eust et que sa confession le porte, neantmoins pour les dis cas, dès le dit mois de fevrier mil ccccxii, il fut condempné par le lieutenant de nostre dit bailli de Caen a estre pugni et executé a mort par nostre justice laye comme de crime de leze majesté, ce qu'il ne fut pas, obstant ce que par l'ordonnance de la cour de nostre Eschequier lors seant il fut rendu a nostre amé et feal conseillier l'evesque de Bayeux, comme son juge competant et ordinaire, es prisons duquel il a depuis esté et encore est detenu prisonnier, moult durement enferré en grant povreté, peine et misere de son corps et est en adventure de y finer en brief miserablement ses jours, se nostre grace et miseri-

1. Colombelles, Calvados, arr. Caen, c. Troarn.
2. Calvados, arr. et c. Caen.
3. Calvados, arr. et c. Caen.
4. Périers, Calvados, arr. Caen, c. Douvres.
5. Ouistreham, Calvados, arr. Caen, c. Douvres.
6. Peut-être Blainville, Calvados, arr. Caen, c. Douvres.

corde ne lui estoit sur ce impartie, en nous humblement requerant que, consideré la longue et dure penitance qu''il a pour ce soufferte et endurée par l'espace de deux ans et demi ou environ, qu'il est ung très simple povre chappellain qui ne fut onques renommé de frequenter ne favoriser les dis brigans et que, pour lors qu'il porta les dictes cedules, une grant partie des habitans du dit pays payoit et faisoit appatissemens aus dis ennemis, il nous plaise a lui sur ce impartir nostre dicte grace. Pour ce est il que nous, voulans en ceste partie grace et misericorde....... Si donnons en mandement au bailli de Caen et a tous noz autres justiciers.... Donné a Paris, ou mois d'octobre, l'an de grace mil cccc et vint cinq, et de nostre regne le tiers. Ainsi signé. Par le roy, à la relacion du Conseil. E. Lombart.

(*Arch. Nat., sect. hist., JJ 173, n° 252, f°s 125 v° et 126.*)

LXIII

1425, 19 OCTOBRE, MONT-SAINT-MICHEL

Vidimus par Guillaume Paynel, clerc, garde des sceaux des obligations de la vicomté d'Avranches, et par Guillaume Artur, tabellion juré du roi, de lettres patentes, datées de Poitiers le 2 septembre 1425, par lesquelles Charles VII nomme son cousin, conseiller et chambellan, Louis d'Estouteville, seigneur d'Auzebosc, capitaine de la place et forteresse du Mont-Saint-Michel, en remplacement du bâtard d'Orléans, lequel capitaine prêta serment le 8 octobre entre les mains du comte de Richemont, connétable de France.

A tous ceulx qui ces lettres verront ou orront, Guillaume Painel, clerc, garde des seaulx des obligacions de la viconté d'Avrenches, salut. Savoir faisons que Guillaume Artur, tabbellion juré du roy nostre sire, nous a tesmoingné avoir veu et leu de mot a mot et diligeanment regardé et examiné certaines lettres royaulx seellées en double queue et cire jaune, saines et entieres en seel et en escripture, sans aucun vice ou suspicion, contenantes la fourme qui en suit.

    Charles, par la grace de Dieu roy de France, a tous ceulx qui ces presentes lettres verront, salut. Savoir faisons que, confiens entierement des sens, loyaulté, vaillance et bonne diligence de nostre chier et feal cousin, conseillier et chambellan Loys d'Estouteville, chevalier, seigneur d'Auseboch, et considerans les grans et notables services que lui et les siens nous ont faiz, tant en noz guerres que autrement, en plusieurs manieres, nous, de nostre certaine science, avons icellui nostre cousin fait, ordonné et establi, faisons, ordonnons et establissons par ces presentes cappitaine de par nous de la place et forteresse du Mont Saint Michiel en lieu du bastard d'Orleans, lequel, pour certaines consideracions qui a ce nous meuvent, nous en avons deschargié et par ces presentes en deschargons du tout, pour icelui office de cappitaine avoir et tenir d'ores en avant par le dit d'Auseboch, nostre cousin, aux prerogatives, gaiges, droiz et prouffiz et emolumens acoustumez et qui y appartiennent, tant comme il nous plaira. Si donnons en mandement par ces mesmes presentes a nostre très chier et amé cousin et connestable le conte de Richemont que, prins et receu du dit seigneur d'Auseboch le serement acoustumé de faire en tel cas, icellui mette et institue ou face mettre et instituer de par nous en possession et saisine du dit office de cappitaine, et d'icelui, ensemble des diz gaiges, droiz et prouffiz, le face et seuffre joir et user plainement et paisiblement et a lui en ce obeir et entendre de tous ceulx qu'il appartendra es choses touchans et regardans le dit office, oste et deboute d'icelui le dit bastard d'Orleans et tout aultre, lequel, comme dessus est dit, nous mesmes en ostons et deboutons du tout par ces dictes presentes. Par lesquelles mandons a celui qui a acoustumé de paier les diz gaiges qu'il les paie de cy en avant au dit seigneur d'Auseboch et non a aultres, aux termes et en la maniere acoustumez. Et par rapportant ces presentes ou vidimus d'icelles fait soubz seel royal ou autentique, pour une foiz seulement, et quittance sur ce souffisant, nous voulons et mandons tout ce que paié lui en sera estre aloué es comptes et rabatu de la recepte de celui qui paié l'aura par noz amez et feaulx gens de noz comptes, sans contredit aucun. En tesmoing de ce, nous avons fait mettre nostre seel a ces dictes presentes. Donné a Poictiers le second jour de septembre l'an de grace mil cccc vint et cinq, et de nostre regne le tiers. Ainsi signé : par le roy, la rayne de Secile et le sire de Gyac presens [1].

En tesmoing desquelles choses nous garde dessus dit, a la relacion du dit tabellion, avons seellé cest present transcript ou vidimus des seaulx des obligacions de la dicte viconté. Ce fut fait le xixme jour de octobre l'an de grace mil cccc vingt et cinq.

(Arch. du dép. de la Manche, série H, n° *15358.*)

LXIV

1425, 26 OCTOBRE, CHAUVIGNY

Charles VII mande au sire de Bricqueville, chevalier, son chambellan, commis à la garde et capitainerie du Mont-Saint-Michel, aux religieux du dit lieu ainsi qu'aux gentilshommes et compagnons de la garnison, de ne plus différer de recevoir son cousin Louis d'Estouteville, seigneur d'Auzebosc, en qualité de capitaine du dit Mont.

Charles, par la grace de Dieu roy de France, a nostre amé et feal chevalier et chambellan le sire de Briqueville [2], commis a la garde et capitainerie du Mont Saint Michel, aux religieux du dit lieu et aux gentilz hommes et compaignons de la garnison d'ilec, salut et dileccion. Remonstré

---

1. Suit le procès-verbal de la prestation de serment rédigé en latin : « Prestitit juramentum solitum in manibus domini constabularii, octava die octobris anno predicto cccc^{mo} xxv°, ac etiam predictum dominum d'Estouteville, per tradicionem presentium, in possessionem dicti loci posuit et investivit, me presente. CAMUS. »

2. Nicole Paynel, seigneur de Bricqueville, lieutenant de la capitainerie du Mont en l'absence de Louis d'Estouteville qui prêta serment comme capitaine, d'après la note précédente, le 8 octobre 1425.

nous a esté de la partie de nostre chier et feal cousin Loys d'Estouteville, seigneur d'Ausebosc, que, combien que par noz lettres dont il vous est apparu et pour les causes dedens contenues, nous l'ayons fait et ordonné cappitaine et garde de la dicte place du Mont Saint Michel et en ayons deschargié le bastart d'Orleans, neantmoins, soubz umbre de certains seremens ou promesses par vous fais au dit bastart et de voz seellez a lui baillez ou autrement, et aussy de certains privilegez que vous religieux dites avoir de non recepvoir aucun en capitaine en la dicte place, sinon l'abbé du dit lieu, vous avez différé et faictes encore de recevoir nostre dit cousin en capitaine d'icelle place et de luy faire sur ce les obeissance et serement qui y appartiennent, et pour ce que, consideré par nous la disposicion du temps et le besoing qu'il est de pourveoir a la garde et deffense de la dicte place de personne a nous seure et feable et qui a ce vacque et entende en personne, voulans nos dictes lettres avoir et sortir leur plain effect, nous vous mandons bien expressement et a chascun de vous, comme a lui appartendra, que, non obstans les dis seremens et promesses fais au dit bastart ou a autres pour lui, voz seellez sur ce baillez et les advitaillemens, habillemens et autres choses quelzconques qui de par le dit bastart ont esté mises et baillées en la dicte place, dont nous vous avons quittez et deschargez, quittons et deschargons par ces presentes et vous en promettons garantir partout ou mestier sera, ensemble les dis privilegez auxquelz nous ne voulons estre derogué en ceste partie, mais, sans prejudice d'iceulx pour le temps avenir, vous nostre dit cousin recevez en capitaine et garde de la dicte place et l'obbeissez et faites obeir tout selon nos dictes lettres. Donné a Chauvegny le xxvi⁰ jour d'octobre l'an de grace mil quatre cens vint cinq, et le quart de nostre regne. Par le roy, le conte de Foix, l'admiral, les sires de Graville et de Giac et autres presens. BUDE [1].

(*Arch. du dép. de la Manche, série H, n⁰ 15360.*)

[1]. Cette même pièce se retrouve incluse dans un vidimus de Guillaume Paynel, clerc, garde des sceaux des obligations de la vicomté d'Avranches, en date du 18 novembre 1425 (série H, n⁰ 15362).

LXV

1425, 28 OCTOBRE, CHATEAU DE MONTMURAN

Jean VI, duc de Bretagne, comte de Montfort et de Richmond, fait savoir à ses receveurs de la traite de 20 sous par pipe de vin levée sur les vins exportés d'Anjou et du Maine en Bretagne, qu'il exempte de la dite traite 200 pipes de vin expédiées par les dames de Laval et de Vitré pour l'approvisionnement de leurs forteresses et garnisons [1].

Jehan, par la grace de Dieu duc de Bretaigne, comte de Montfort et de Richemond, aux recepveurs commis et ordonnez a recepvoir la traitte de vingt soulz par pippe de vin passans et issans hors des pais d'Anjou et du Maine, ou a leurs lieutenans, salut. Comme il soit ainsi que monsegneur le roy [2] nous ait baillé en nostre main la revenue de la dicte trette pour certaines et justes causes pour en joyr par l'espace de certain temps et durant icellui en ordonner et disposer comme bon nous semblera et que sera nostre bon plaisir, savoir faisons que nous, a la requeste et humble priere de noz très chieres et très amées tante et cousine les dammes de Laval [3] et de Vitré [4] et pour amour et contempla-

---

[1]. Nous publions ici cette pièce, quoiqu'elle ne se rapporte pas directement au Mont-Saint-Michel et à la basse Normandie, parce qu'elle explique comment la forteresse du Mont, même bloquée par les Anglais, put se ravitailler par la Bretagne.

[2]. La plus grande partie du Maine étant alors occupée par les Anglais, Charles VII n'aurait pu percevoir à cette date qu'une très-faible partie du produit de cette traite. En la cédant temporairement au duc de Bretagne, le roi de France ne faisait perdre qu'assez peu de chose à son trésor et acquérait un titre solide à la reconnaissance et à l'amitié de Jean VI.

[3]. Jeanne de Laval, dite l'aînée, veuve en premières noces de Bertrand du Guesclin et en secondes noces de Gui XII, comte de Laval, morte à Laval le 27 décembre 1433.

[4]. Anne ou Jeanne de Laval, dite la jeune, fille unique de Gui XII, comte de Laval et de Jeanne l'aînée, mariée à Vitré le 22 janvier 1404 au sire de Montfort. L'un des fils de la dame de Vitré, André de Laval, sire de Lohéac, était dès lors avec Ambroise de Loré et le baron de Coulonces l'un des plus terribles adversaires des Anglais sur les frontières du Maine et de la basse Normandie.

cion d'icelles, leur avons aujourd'ui donné et octroié et par ces presentes donnons et octroions le devoir et issue de la traitte de deux cens pippes de vin pour la provision et estorement de leurs forteresses et maysons. Si vous mandons et commandons et a chascun de vous, par tant que a lui appartenra, que vous sueffrez et lessez franchement et quittement aux gens et facteurs de nos dictes tante et cousine tirer, mener et passer le nombre de deux cens pipes de vin hors des dis pais d'Angeou et du Maine sans sur ne par cause de ce leur faire paier nul ne aucun devoir de la dicte traitte, ne leur faire ne donner aucun destourbier, ennuy ou empeschement en aucune maniere, car ainsi le voulons et nous plaist estre fait... Donné au chasteau de Montmuron [1], le xxviiie jour d'octobre l'an mil cccc vingt et cinq. Par le duc, de son commandement, presens vous, l'evesque de Saint Malo et autres. A. LENEVOU.

(Bibl. Nat., Quittances, t. 57, n° 490.)

LXVI

1425, 29 OCTOBRE, MAYENNE

Guillaume de la Pole, comte de Suffolk et de Dreux, seigneur de Hambye, de Bricquebec et de Craon, lieutenant général des bailliages de Caen, de Cotentin et des basses marches de Normandie, connétable de l'armée de Thomas de Montagu, comte de Salisbury, institué capitaine général sur le fait de la guerre au royaume de France, certifie que Jean Gourdel, vicomte de Vire, a servi pendant 45 jours au siège mis devant Mayenne, en qualité de gouverneur des charrettes, des charpentiers, pionniers, maçons et manœuvres de sa vicomté.

Guillaume de la Polle, conte de Suffolk et de Dreux, sei-

---

[1]. Auj. Montmuran, château situé en la commune des Ifs, Ille-et-Vilaine, arr. Montfort, c. Bécherel. Ce château appartenait à la comtesse de Laval, dame de Tinténiac, dont le duc de Bretagne était alors l'hôte.

gneur de Hambye, de Briquebec et de Craon, lieutenant general pour le roy nostre sire des bailliages de Caen et de Coustentin et aultres pais es basses marches de Normendie, connestable de l'ost de monseigneur de Salisbury cappitaine general ordonné par le roy nostre dit seigneur sur le fait de la gerre en son royaume de France, certifions a toulx que Jehan Gourdel, viconte de Vire, a par nostre ordonnance et commandement servi au siege devant Maine la Juhez pour le gouvernement des charettes, charpentiers, pionniers, maçons et manouvriers de sa dicte viconté, ouquel voyage il a esté et vaqué par l'espace de XLV jours, comme lui estoit ordonné, et dont le dit viconte n'a eu aucun paiement ne satisfacion. De laquelle chose le dit viconte nous a requis ces lettres pour lui valloir en ses comptes ce qu'il appartendra. Donné au dit lieu de Maine la Juhez, soubz le seel de noz armes, le XXIXe jour d'octobre l'an mil IIIIc XXV.

(*Bibl. Nat., Quittances, t. 57, n° 486.*)

LXVII

1425, 30 OCTOBRE, PARIS

Rémission octroyée par Henri VI à Robin Lambert, bourgeois et marchand de Rouen, menacé de procès et d'amende par le procureur du roi en la dite ville, pour avoir acheté un sauf-conduit au bâtard d'Orléans, capitaine du Mont-Saint-Michel, et aussi pour avoir payé rançon à des marins de Saint-Malo, ennemis des Anglais, qui avaient capturé trois de ses vaisseaux dans le trajet du pays de Flandre à Rouen.

Henry, par la grace de Dieu roy de France et d'Angleterre, a tous ceulx qui ces presentes lettres verront, salut. Savoir faisons a tous presens et advenir nous avoir receu l'umble supplicacion de Robin Lambert, bourgois et marchant de Rouen, contenant comme, en ceste presente année, il eust entencion de faire mener et conduire des denrées et marchandises es pays de Flandres et ailleurs en nostre obeissance et de nos aliez, et en faire ramener d'autres du dit pays de Flandres et autres parties des lieux et pays estans en nostre dicte obeissance en nostre ville de Rouen et ailleurs soubz nostre dicte obeissance ; et, pour plus seurement faire conduire et mener ses dictes denrées et marchandises et eschever aux inconveniens et dommaiges qui lui eussent peu advenir par le fait, prises ou occasion de noz ennemis ou adversaires qui tousjours sont en aguet pour prendre et empeschier nos loyaulx hommes et subgiez, tant par mer comme par terre, eust icellui suppliant pourchacié un saufconduit qui lui fut donné par le bastard d'Orleans, que l'en dit estre cappitaine du Mont Saint Michiel [1], afin que plus seurement il peust faire mener et conduire ses dictes denrées et marchandises et eschever aux inconveniens, pertes et dommaiges qui lui eussent peu advenir, se ils eussent esté trouvez ou encontrez par aucuns de nos dis ennemis ou adversaires : toutes voies, non obstant icellui saufconduit et contre icellui, certaine quantité de denrées et marchandises, estans en trois vaisseaux, venans du pays de Flandres pour estre admenez a Rouen, appartenans au dit suppliant et a plusieurs autres ses compaignons de nostre dicte ville de Rouen, ont esté prises par aucuns de noz ennemis et adversaires de Saint Malo, du pays de Bretaigne, lesquelles denrées et marchandises il lui a convenu raençonner et raquitter de nos dis ennemis, et lui ont cousté pour lui et ses compaignons près d'autant ou environ comme il leur avoient cousté ou premier achat, comprins en ce que par nos dis ennemis en avoit esté prins et dissipé que il ne peut avoir ne recouvrer, en quoy il a perdu une grant partie de sa chevance. Ce

1. Ce sauf-conduit dut être délivré entre le 28 mars 1425, date de l'acte où Jean, bâtard d'Orléans, est mentionné pour la première fois comme capitaine du Mont-Saint-Michel, et le 2 septembre de la même année, date du remplacement du bâtard dans la capitainerie du Mont, par Louis d'Estouteville. Un tel acte, sollicité par un armateur dont les navires faisaient le transit entre les Flandres et Rouen, ne montre pas seulement à quel point la victoire navale, remportée sur les Anglais vers la fin de juin 1425, avait rendu les défenseurs du Mont-Saint-Michel maîtres de la mer ; il atteste encore le puissant effet moral et le retentissement lointain de cette victoire.

non obstant, nostre procureur ou aucuns noz officiers au dit lieu de Rouen ont voulu et veullent mettre et tenir en proces le dit suppliant, pour cause et occasion de ce qu'il a prins et receu le dit saufconduit du dit bastard d'Orleans, lequel lui avoit esté envoyé ainsi que plusieurs en pourchassoient a avoir pour leur seurté et de leurs denrées et marchandises, sur esperance de plus seurment les conduire en nostre pays et obeissance et de noz aliez, et le veullent pour ce traittier a amende, disans que faire ne le povoit sans nostre octroy ou noz commis et depputez ayans povoir de ce faire... Donné a Paris le penultieme jour d'octobre l'an de grace mil IIII^c xxv, et de nostre regne le IIIIme. Ainsi signé : par le roy, a la relacion de monseigneur le regent, duc de Bedford.

(*Arch. Nat., sect. hist., JJ 173, n° 266.*)

LXVIII

1425, NOVEMBRE, PARIS

Rémission octroyée par Henri VI à Baudet de Limon, chirurgien, demeurant à Évreux, poursuivi pour s'être fait délivrer, deux ans auparavant, un sauf-conduit par le comte d'Aumale, capitaine du Mont-Saint-Michel, afin d'aller en Bretagne vendre de la draperie et pour avoir payé rançon à Ambroise de Loré, capitaine de Sainte-Suzanne, qui l'avait fait prisonnier.

Henry par la grace de Dieu roy de France et d'Angleterre, savoir faisons a tous presens et advenir nous avoir receu l'umble supplicacion de Baudet de Limon, povre homme cirurgien, demourant en nostre ville d'Evreux, contenant comme, alors et au devant longtemps que nostre ville d'Evreux feust mise et reduicte en nostre obeissance, le dit suppliant, avec sa femme et famille, feussent et ayent depuis tousjours esté residant et demourant en nostre dicte ville et en nostre obeissance, et soubz icelle se soit tousjours bien et

oyaument maintenu et gouverné eomme nostre bon, vray
et loyal subget, lequel suppliant et Jehan Sauvage, cousturier, demourant au dit lieu d'Evreux, puis deux ans ença ou
environ, en entencion de aucune chose gangnier pour avoir
a vie et estat d'eulx et de leurs gens, se soient mis en
adventure, en la compaignie de plusieurs merchans des parties de Bernay, pour aler au pays de Bretaigne mener et
porter de la merchandise de draps et pour rapporter d'autre
merchandise; esquelles parties de Bretaigne les dis suppliant
et Sauvage avoient mené chascun six draps et, pour plus
seurement faire, eust le dit suppliant, par congié de justice,
obtenu un saufconduit du sire d'Aulmalle [1] pour lui et ung
homme en sa compaignie; lesquelz suppliant et Sauvage et
aussi Almaury le Charpentier, de Beaumont le Rogier [2], en
eulx retournant du dit voyage, es forbours de Tinteniac [3] ou
près d'ilec, ou dit pays de Bretaigne, ayent esté raençonnez
de noz ennemis et adversaires et menez prisonniers en la
forteresse de Sainte Suzanne [4], lors estant occupée de nos
dis ennemis et adversaires; auquel lieu les dessus dis aient
esté certain temps prisonniers, et après ce le dit suppliant
ait esté delivré des dictes prisons a la caucion du dit Jehan
Sauvage, pour et afin de pourchassier la delivrance de leurs
corps et biens, moyennant toutes voies l'aide de nostre très
chier et très amé oncle le duc de Bretaigne, pour ce que eulx
et aussi le dit Charpentier avoient esté prins ou dit pays de
Bretaigne ouquel nos dis ennemis, par abstinence de guerre
ou autrement, ne povoient ou devoient courir, comme l'en
disoit; lequel suppliant, en pourchassant la delivrance de lui
et des dis Sauvage et Charpentier, ait esté en plusieurs lieux
et villes du dit pays de Bretaigne, et aussi se soit transporté
à Engiers et en autres villes et lieux hors de nostre dicte
obeissance; auquel lieu d'Angiers il ait convenu que le dit
suppliant ait fait convenir et adjourner Ambroise de Loré,
lors cappitaine de la dicte forteresse de Sainte Suzanne, sur

---

1. Jean de Harcourt, comte d'Aumale, capitaine du Mont-Saint-Michel, tué à la bataille de Verneuil le 18 août 1424.
2. Beaumont-le-Roger, Eure, arr. Bernay.
3. Tinténiac, Ille-et-Vilaine, arr. Saint-Malo.
4. Sainte-Suzanne, Mayenne, arr. Laval.

le fait de la prise d'icellui suppliant et des dis Sauvage et Charpentier ; auquel lieu d'Angiers le dit cappitaine eust promis et enconvenancié, es mains de Richard de Bretaigne et en la presence des dames qui se disoient duchesses d'Alençon et autres, que les dis Sauvage et Charpentier et leurs biens il mettroit a plaine delivrance..... Si donnons en mandement par ces presentes au bailli d'Evreux ou a son lieutenant.... Donné a Paris ou mois de novembre l'an de grace mil cccc et vint cinq, et le quart de nostre regne. Ainsi signé : es requestes par vous tenues de l'ordonnance de monseigneur le regent de France, duc de Bedford. J. MILET.

(Arch. Nat., sect. hist., JJ 173, n° 284.)

LXIX

1425, NOVEMBRE, PARIS

Rémission octroyée par Henri VI à Noel Jean, dit Gaux, demeurant à Grand-Camp, inculpé de complicité avec Raoul le Cornu, aussi natif de Grand-Camp, lequel Raoul, après avoir quitté sa maison depuis trois ans pour aller demeurer à Saint-Malo-de-l'Ile, était revenu, vers le mois de juillet 1425, en compagnie de trois inconnus, dans son pays natal d'où il avait fait voile vers Cherbourg sur une barque volée à Ernoult Hebert, au moment où une flottille de baleiniers mettait à rançon le littoral du Bessin.

Henry, par la grace de Dieu roy de France et d'Angleterre, savoir faisons a tous presens et advenir nous avoir receu l'umble supplicacion de Noel Jehan, dit Gaux, povre homme laboureur chargié de femme et d'enfans, demourant a Grant Camp [1] en Normandie en nostre bailliage de Caen, contenant comme, depuis trois ans ença ou environ, ung nommé Raoul le Cornu, qui est natif de la dicte ville, se feust parti d'icelle ville et alé demourer a Saint Malo de l'Ille, en de-

---

1. Grand-Camp, Calvados, arr. Bayeux, c. Isigny.

laissant au dit Grant Camp sa femme et mesnage, et quatre mois a ou environ [1], le dit Raoul feust venu par nuyt en l'ostel de sa dicte femme et, lui ylec arrivé, eust envoyé par icelle femme querir le dit suppliant qui estoit et est demourans près du dit hostel, lequel suppliant y feust alé et eust porté ou fait porter avant soy deux poz de servoise et une fouasse ; et eulx estans ensemble le dit Raoul dist qu'il estoit la venu pour soy rendre et mettre en nostre obeissance, dont le dit suppliant fut très joyeux, cuidant que icellui Raoul lui deist verité. Et lors estoient avec lui trois autres hommes, incongneuz au dit suppliant, qui semblablement disoient qu'ilz se vouloient rendre a nous et eulx mettre en nostre dicte obeissance et qu'ilz s'en yroient rendre avec les hermites de l'Ille qui sont assez près du dit lieu de Grant Camp jusques a ce qu'ilz eussent obtenu de nous leurs remissions de ce qu'ilz avoient esté et demouré au dit Saint Malo, et en cest estat demourérent trois jours au dit lieu. Après lesquelz trois jours passez, le dit Raoul et ses compaignons dirent au dit suppliant et a ung nommé Rogier Onfroy, dit Guergan, laboureur et voisin d'icellui Raoul, qui la estoit venu, qu'ilz s'en vouloient aler, dont iceulx suppliant et Rogier furent très mal contens, veu les promesses des dessus dis precedens, en leur disant que, se ilz eussent sceu leur voulenté, ilz ne les eussent onques esté veoir ne iceulx acompaigniez. Et, en conclusion, les dessus dis Raoul et ses compaignons s'en alérent et les dis suppliant et Rogier les convoyèrent jusques sur le perrail [2] de la mer qui est a ung trait d'arc près du dit hostel et la les laissiérent, cuidans qu'ilz s'en deussent aler ; et, quant aus dis suppliant et Rogier, ilz s'en retournérent en leurs maisons. Lesquelz Raoul et ses compaignons, après leur dit partement, alérent, comme on dit, en la dicte nuyt mesmes adviser un bastel qui estoit sur la coste de la mer, a demie lieue du lieu ou les dis suppliant et Rogier les

---

1. Cette date à laquelle est rapporté l'incident raconté dans la lettre de rémission datée de novembre 1425, correspond aux premiers jours de juillet de cette année, et c'est alors que la flottille du Mont-Saint-Michel, composée en grande partie des navires pris aux Anglais et armée en course à Saint-Malo, paraît avoir joué le rôle le plus actif et le plus important.

2. Le perrail ou mieux le perrai, c'est le bord, la partie *pierrée* de la grève où le flux de la mer charrie les galets.

laissérent, en l'absence et au desceu d'iceulx suppliant et Rogier ; et, ce fait, en la dicte nuyt mesmes, retournérent de rechief, comme on dit, en l'ostel de la femme du dit Raoul. Et au surplus, le landemain, ilz alérent querir et prendre le dit bastel, sans ce que le dit suppliant en sceust quelque chose ne que ilz devintrent. Et l'endemain ou deux jours après ou environ le dit suppliant, qui avoit a faire et besongnier ou pays de Constentin pour acheter des poissons salez, parti a cheval de son hostel et, en alant son chemin, et lui estant a quinze lieues ou environ de son dit hostel, vit en la mer un bastel qu'il ne congnoissoit, et cuida que en icellui feussent pescheurs, et pour ce leur fist signe qu'ilz venissent a lui afin d'acheter d'eux des poissons, s'ilz en eussent eu, lesquelz y vindrent. Et, eulx venuz, icellui suppliant fut moult merveillé de ce que en icellui estoient les dis Raoul et ses compaignons. Et eulx estans près l'un de l'autre, iceulx Raoul et ses compaignons demandérent au dit suppliant se il savoit aucunes nouvelles, lequel leur dist qu'il avoit oy dire que le navire de leurs compaignons estoit d'aval Chilbourc [1]. Et avec ce leur dist le dit suppliant telz parolles : « Vous avez prins le bastel Ernoul Hebert, qui a esté très mal fait. » A quoy ilz respondirent qu'il estoit vray que prins l'avoyent, mais ilz disoient que icellui bastel estoit tout pourry. Et lors icellui suppliant leur dist que, se aucun leur demandoit qui ilz estoient, que ilz deissent que ilz estoient du Port en Bessin [2] prisonniers et qu'ilz portoient leur rançon aux baleiniers [3], et qu'ilz s'en alassent hastivement, ou que l'en les pourroit bien aler veoir, et atant se parti d'eulx et ala son chemin ou dit pays de Constentin, sans plus les veoir.... Si donnons en mandement par ces mesmes presentes au bailli de Caen a son siege de Bayeux, au vicomte du dit lieu de Bayeux.... Donné a Paris ou mois

---

1. Cherbourg. Le « navire » dont il est ici question, c'est la flottille dont Raoul le Cornu et ses compagnons s'étaient détachés pendant quelques jours pour toucher terre à Grant-Camp.
2. Port-en-Bessin, Calvados, arr. Bayeux, c. Ryes.
3. Ces baleiniers qui opéraient des descentes où ils faisaient des prisonniers et mettaient ainsi à rançon les villages du littoral, étaient les bâtiments dont se composait la flottille du Mont-Saint-Michel et de Saint-Malo.

de novembre l'an de grace mil cccc et xxv et de nostre regne le quart. Ainsi signé : par le roy, a la relacion du Conseil. L. Calot.

(Arch. Nat., sect. hist., JJ 173, n° 278.)

LXX

1425, 17 NOVEMBRE, MONT-SAINT-MICHEL.

Louis d'Estouteville, seigneur d'Auzebosc et de Moyon, capitaine de la forteresse du Mont-Saint-Michel, à la requête des religieux, vicaire et couvent du dit lieu, enjoint à tous gens d'armes : 1° de ne pas mettre de femmes à demeurer dans l'abbaye; 2° de n'y pas renfermer de prisonnier de guerre, sauf le cas d'absolue nécessité et du consentement des religieux; 3° de laisser jouir les dits religieux des contributions militaires mises sur les terres appartenant à l'abbaye et aussi de leur justice ordinaire; 4° de laisser en paix les hommes vivant sur leurs dites terres, pourvu que ceux-ci ne s'entremettent pas du métier des armes.

Louys d'Estouteville, sire d'Ausebosc et de Moyon, capitaine et garde de la ville et forteresce du Mont Saint Michiel, a tous ceulx qui ces lettres verront, salut. Les religieux, vicaire et couvent du dit lieu nous ont exposé que par aulcun temps passé aulcuns de ceste garnison, par faveurs, importunité de requerir ou aultrement, contre leur volenté, ont mis a demourer femmes en la dicte abbaye ou prejudice d'eulx et de leur religion et sans considerer la sanctité du lieu et les grans scandale et inconveniens qui s'en povoient ensuir; mesmement y ont mis Angloys et aultres en prison, non obstant que ce soit lieu de devocion et seulement ordonné au divin service et a Dieu prier; nous ont aussi requis qu'ilz puissent joir sans empeschement des appatiz des terres de l'eglise et de leur justice ordinaire et des droiz appartenans au dit moustier, sans ce que soubz umbre de la gerre il leur soit en ce fait aucune chose en leur prejudice. Et nous, pour reverence de Dieu et de monseigneur saint Michiel et affin qu'ilz puissent continuer le divin service devotement, en paix et sans turbacion, voulons et expressement leur octroions qu'ilz ne seuffrent ne ne laissent demourer femmes [1], de quelque estat, en la dicte abbaye ne semblablement y mettre prisonniers que ce ne soit pour aucune grant cause et de leur propre consentement. Et voulons aussi qu'ils joissent des appatiz de leurs dictes terres et ne voulons que leurs hommes soient couruz, pilliez, foulez ne indeuement opprimez, pourveu qu'ilz se tiennent a leurs maisons et labeurs, sans soy entremettre du fait de la gerre, et semblablement qu'ilz usent et joissent, par eulx et leurs officiers, de leur justice ordinaire en la ville du dit lieu et aillours et generaulment des droiz, libertez et franchises de la dicte eglise, en quoy nous les voulons estre tenuz et gardez et promettons garder et maintenir a nostre puissance. Si deffendons de par monseigneur le roy et nous a touz a qui il appartient que ou contraire de ce que dit est ne molestent les diz religieux, leurs officiers, hommes et subgiz perturbent ou empeschent en aulcune maniere. En tesmoing de ce, nous avons seellé ces presentes de nostre seau et y mis nostre signe manuel. Fait au dit lieu du Mont Saint Michiel, le xvii[e] jour de novembre l'an mil iiii[c] vingt cinq. Louys.

(Orig. sc.)

(Arch. du dép. de la Manche, série H, n° 15361.)

---

[1]. Cet acte n'est que la confirmation abrégée des principaux articles des conventions arrêtées en 1420 entre les religieux du Mont et Jean de Harcourt, comte d'Aumale, lorsque celui-ci était venu prendre possession de la capitainerie de cette place (*Mém. de la Soc. des Ant. de Norm.*, XV, 212 et 213). Les cinq religieux nommés dans l'acte de 1420 sont D. Robert Baudren, D. Raoul Letellier, D. Jean Picard, D. Thomas Poisson et D. Jacques Ontroy. A cette date, les principaux défenseurs de la ville du Mont-Saint-Michel ou de la première ligne de fortifications étaient le baron des Biards, Nicole Paynel et Colin Boucan, tandis qu'Olivier de Mauny, seigneur de Thiéville, lieutenant du comte d'Aumale, Louis de Tournebu, Jean du Merle, Jean des Wys étaient préposés plus spécialement à la garde de la seconde enceinte (cf. plus haut, p. 99 et 114).

LXXI

1425, 20 NOVEMBRE, MONT-SAINT-MICHEL

Vidimus par Guillaume Paynel, clerc, garde des sceaux des obligations de la vicomté d'Avranches, et Guillaume Artur, tabellion juré du roi au siège du Mont-Saint-Michel, de lettres closes, datées de Poitiers et adressées par Charles VII le 3 août précédent au lieutenant du capitaine, aux chevaliers, écuyers et autres gens de la garnison du dit Mont, pour leur défendre de laisser pénétrer dans la dite place le bâtard d'Orléans, sous quelque prétexte que ce soit.

A tous ceulx qui ces presentes lettres verront ou orront, Guillaume Paynel, clerc, garde des seaulx des obligacions de la vicomté d'Avrenches, salut. Savoir faisons que Guillaume Artur, tabellion juré du roy nostre sire eu siege du Mont Saint Michiel auquel nous adjoustons foy, nous a tesmoingné et relaté avoir veu, visité et diligeanment regardé de mot a mot unes lettres qui avoient esté closes, escriptes en parchemin, lesquelles avoit envoi[é]es le roy nostre dit seigneur es lieutenant du cappitaine, chevaliers et escuiers et aultres gens du Mont Saint Michiel, saines et entieres, contenans la fourme qui ensuit.

Noz amez et feaulx, pour aucunes choses dont sommes infourmés, lesquelles pourroient grandement touchier le peril et dangier d'une grant partie de nostre seignourie, vous mandons et deffendons, sur tant qu'envers nous doubtez faillir et mesprendre, que, jusquez vous aiez aultres nouvelles de nous et bien certaines, vous ne lessiez ne souffriez entrer en la place du Mont Saint Michiel, soubz umbre d'aucune puissance par nous donnée ne aultrement, a quelque couleur que ce soit, le bastard d'Orleans [1] ne aucuns des siens, mès se

---

1. Jean, bâtard d'Orléans, né vers 1402, s'était marié en juin 1422 à Marie Louvet, dite vulgairement la Louvette, fille de Jean Louvet, sire de Mirandol, président de Provence, alors l'un des favoris et des conseillers les plus écoutés du dauphin Charles (Vallet de Viriville, *Hist. de Charles VII*, I, 325). Le

ilz s'en vouloient efforcier, y contrestez a tout povoir ; et ne lui faictez, quant ad ce ne aultrement, quelconque obeissance, sur tant que doubtez nous couroucier. Donné a Poitiers le tiers jour d'aoust.

Et en la marge du dessus avoit : de par le roy. Et en l'aultre marge du bas estoit ainsi signé : CHARLES. PICART. Et en la superscription, en la queue des dictes lettres, estoit escript : a noz amez et feaulx les lieutenant du cappitaine et les chevaliers et escuiers, et aultres gens de la garnison du Mont Saint Michiel.

En tesmoing desquelles choses, a la relacion du dit tabellion, cest present transcript ou vidimus a esté seellé du seel dessus dit. Donné au dit lieu du dit Mont l'an de grace mil cccc vingt et cinq, le xxme jour de novembre. ARTUR.

(*Arch. du dép. de la Manche, série H, n° 15357 bis.*)

5 juillet 1425, lorsque Yolande d'Aragon qui, de concert avec Arthur, comte de Richemont, conjurait la perte du président de Provence depuis le mois de mai précédent (Id., *Biographie* Didot, art. Louvet), parvint à faire révoquer tous les pouvoirs de Jean Louvet, le bâtard fut naturellement enveloppé dans la disgrâce de son beau-père ; et c'est surtout à cette circonstance qu'il faut attribuer sa révocation comme capitaine du Mont-Saint-Michel et son remplacement par Louis d'Estouteville. Toutefois, les expressions dont se sert Charles VII : « pour aucunes choses dont sommes infourmés, lesquelles pourroient grandement touchier *le peril et dangier d'une grant partie de nostre seignourie* », suggèrent une autre explication. Jean, bâtard d'Orléans, témoigna toujours un dévouement absolu à Charles, duc d'Orléans, son frère légitime, son bienfaiteur et son protecteur, prisonnier en Angleterre. Or, nous avons un traité où Charles, plus soucieux de recouvrer sa liberté que de sauvegarder les intérêts de son pays, s'engage à faire reconnaitre Henri VI comme vrai roi de France et souverain seigneur, « pro vero rege Franciæ et domino eorum supremo », non seulement dans ses apanages, mais encore à la Rochelle et au Mont-Saint-Michel. Ce traité, il est vrai, porte la date du 14 août 1433 (Rymer, IV, pars III et IV, 197 à 199) ; mais la mention du Mont-Saint-Michel ne semble-t-elle pas indiquer que les premières bases des négociations avaient dû être posées vers le milieu de 1425, après la levée du siège de cette place, alors que le bâtard d'Orléans, qui n'avait rien à refuser au duc Charles, était encore capitaine de la célèbre forteresse dont les héroïques défenseurs venaient de déjouer tous les efforts des Anglais ?

LXXII

1425, 26 novembre, paris

Henri VI ordonne à tous capitaines de forteresses au royaume de France, et spécialement dans le duché de Normandie, à leurs lieutenants ou autres leurs commis : 1° de recevoir au guet celui qui pour la nuit le devra faire ou son suppléant, pourvu que celui-ci ait vingt ans ou au-dessus et soit bien connu en la place ; 2° de donner le mot d'ordre de la nuit en français de telle sorte que ceux qui feront le guet le puissent comprendre ; 3° d'imposer comme amende à ceux qui feront défaut au dit guet, trois blancs, du 1er avril au 1er octobre, quatre blancs, du 1er octobre au 1er avril, le double en cas de récidive ; 4° d'infliger l'emprisonnement et une amende arbitraire à ceux qui feront défaut trois fois successivement ; 5° de mettre aux fers par les pieds pendant toute la journée du lendemain quiconque aura été trouvé la veille dormant pendant le guet ; 6° de n'imposer aucunes prestations à l'habitant, pour réparations de douves et de fossés, sans l'avis du bailli.

Henry [1], par la grace de Dieu roy de France et d'Engleterre, a tous ceulx qui ces presentes lettres verront, salut. Comme par la clameur et grant complainte des gens des bonnes villes et autres, noz subgés de nostre duchié de Normendie et autres noz seigneuries, faicte a nostre très chier et très amé oncle Jehan, regent nostre royaume de France, duc de Bedford, nous avons eu congnoissance que les cappitaines des dictes bonnes villes, places et forteresses de nos diz pais et seigneuries ou aucuns d'eulx leurs lieuxtenans ou commis contraingnent indeuement nos diz subgés a leur paier pour cause et a l'occasion des guetz qui se font es villes, places et forteresses, dont la garde est commise aus diz cappitaines, grans, excessives et importables sommes de deniers, les uns

---

[1]. Nous publions ce mandement d'après un vidimus de Laurent Guedon, lieutenant général de Thomas Maistresson, écuyer, bailli de Caudebec, daté de Caudebec le 24 décembre 1425

plus les autres mains, selon leur voulenté, les prouffiz desquelx aucuns d'iceulx cappitaines baillent pour eulx a ferme pour grans sommes de deniers, et aucuneffois contraingnent nos diz subgés a composer a eulx pour ceste cause et en lievent et exigent grans finances lesquelles ilz atribuent a leur prouffit, et a ce faire tiennent et ymaginent plusieurs soubtives et exquises voyes et manieres contre Dieu, raison et conscience, c'est assavoir en donnant les aucuns des diz cappitaines ou leurs commis aucuneffois, pour le non de la nuit, motz estranges, que par ce bonnement ne peuent rapporter ne entendre ceulx qui ont a faire le dit guet, affin de leur imposer que en oubliant le dit non ilz aient fait faulte, et aucuneffois en faisant la cerche par leur guet, se ilz ne leur respondent hastivement et a cop, leur imposent que ilz dorment, et soubz umbre de ce aucuneffois les batent et traveillent griefment ; et aussi plusieurs des diz cappitaines ou leurs commis refusent et ne vueillent souffrir gaitier ceulx qui le doivent faire, jasoit ce qu'ilz soient a ce souffisans et se offrent a ce pour le voulloir faire et, qui plus est, soubz umbre de reparacions de douves et de fossés, font assembler devers eulx ou leurs commis plusieurs de noz subgés tant et si souvent que il leur plaist et, se ilz ne viennent ou font leur plaisir, les mettent en prison ou ilz les detiennent a grant travail et despense jusques a ce qu'ilz aient d'eulx ce qu'ilx leur vueillent demander, et par ces voyes et autrement en plusieurs manieres traveillent nos diz subgés affin de extorquer et exiger d'eulx grosses et excessives sommes de deniers, et de fait les exigent et extorquent, comme dit est ; a l'occasion desquelx griefs et exactions plusieurs des habitans des bonnes villes sont contrains eulx departir et absenter, par quoy les dictes villes sont diminuées et se diminuent très grandement chascun jour ; et avecques ce plusieurs des diz cappitaines indeuement, de leur propre auctorité, contraingnent souventeffois de faire guet en leurs places les manans et habitans des villages hors des mettes de leurs chasteleries et qui d'ancienneté ne autrement n'y sont tenus ; et se iceulx habitans ne le font ou composent avecques eulx a leur plaisir, les batent, navrent et aucuneffois les tuent, ou autrement les traictent tellement et si inhumainement que il leur convient de fuir de nostre dit païs et laissier leurs maisons au très grant dommage et prejudice de nous et de nos diz pais et aussi de nos diz subgés, et plus pourroit estre, se sur ce n'estoit pourveu; — savoir faisons que, pour obvier et pourveoir aux abuz, maulx et dommages dessus diz et plusieurs aultres que iceulx cappitaines, leurs lieuxtenans et commis ont fais et font chascun jour en diverses manieres, nous, par l'advis de nostre dit oncle et par grant et meure deliberacion de conseil, avons ordené et ordenons par ces presentes, par maniere de provision et jusques a ce que par nous ou nostre dit oncle en soit autrement ordené, que d'ores en avant chascun cappitaine, lieutenant ou autre son commis sera tenu recevoir a son guet cellui qui pour la nuit le devra faire en son chief, ou autre pour lui qui soit personne d'aage de vint ans et au dessus, demourant et bien congneu en la ville ou village dont devra estre la personne ordenée pour la nuit pour le dit guet. Et baillera le dit cappitaine, son lieutenant ou commis le nom de la nuit en langage françois ou autre tel que ceulx qui feront le guet puissent raisonnablement entendre. Et se aucun est deffaillant d'estre ou envoyer au dit guet, comme dit est, paiera pour amende du dit deffault au cappitaine de la place, pour la nuit qu'il sera deffaillant, se c'est eu temps d'esté, depuis le premier jour d'avril jusques au premier jour d'octobre, trois blans, et pour le temps d'iver, c'est assavoir depuis le premier jour d'octobre jusques au premier jour d'avril, quatre blans, pour convertir eu sallaire cellui qui aura fait le guet en l'absence du deffaillant et non ailleurs. Et se aucun fait deux deffaulx successivement, il paiera pour le second deffault, selon le temps, double amende et, pour le tiers deffault, paiera semblablement que au second. Se il fait trois deffaulx successivement, si sera avecques ce emprisonné le deffaillant et pugny par le bailli ou viconte du lieu d'amende arbitraire comme de delict commun. Et en oultre avons ordené et ordenons que, se aucuns sont trouvés dormans en faisant leur guet, par tout le jour de l'endemain ilz soient mis es ceps par les piés. Et avecques ce avons deffendu et deffendons très estroictement a tous noz cappitaines et autrez, quelx qu'ilz soient, que, pour reparacions de douves ou de fossés, eulx ou aucuns d'eulx ne convoquent ou assemblent noz subgés sans l'advis de nostre bailli et autres noz officiers du lieu et que, se oultre l'ordonnance dessus dicte, aucun cappitaine, son lieutenant ou commis prent ou lieve aucune chose, il sera constraint a restituer ce qu'il aura plus prins qu'il ne lui est permis par ceste presente ordenance, et a l'amender envers nous du quadruple par retenue sur ses gaiges et, se ilz ne souffisent, par arrest et explectacion de ses autres biens exploittables et sur peine d'en estre autrement très griefment puni, se mestier est. Si donnons en mandement a tous noz bailliz, cappitaines, justiciers… Donné a Paris le xxvie jour de novembre l'an de grace mil quatre cens vint cinq, et de nostre regne le iiiie. Par le roy, a la relacion de monseigneur le regent le royaume de France, duc de Bedford. J. MILET.

(*Bibl. Nat., Quittances, t. 57, n° 520.*)

LXXIII

1425, 28 NOVEMBRE, AVRANCHES

Colin de Brée, de Moidrey, déclare en présence de Jean le Grand, lieutenant général de Vigor de Saint-Gabriel, vicomte d'Avranches, qu'il a vendu à Guillaume Biote, vicomte de Carentan, sept milliers de clou à latte destinés à la couverture en ardoise de trois maisons construites en la bastille d'Ardevon pour le fait du siège du Mont-Saint-Michel.

A touz ceulx qui ces presentes lettres verront, Jehan le Grant, lieutenant general de Vigor de Saint Gabriel, viconte d'Avrenches, salut. Savoir faisons que, le xxviiie jour de novembre l'an mil quatre cens xxv, devant nous au dit lieu d'Avrenches fut present Colin de Brée, de la paroisse de Maidré, qui congnut et confessa avoir vendu a Guillaume Biote, viconte de Carenten, sept milliers de clou a latte pour empleer en la couverture de la pierre ardaise sur troys maisons faictes en la bastille d'Ardevon pour le fait du siege estant devant le Mont Saint Michiel, par le prix de quinze soulz tournois chascun millier du dit clou qui vallent en grosse somme cent cinq soulz tournois. Lesquelz cent cinq soulz tournois le dit Colin congnut et confessa avoir eu et receu du dit viconte pour la cause dessus dicte et en quitta le roy nostre sire, le dit viconte et touz aultres a qui quittance en appartient. En tesmoing desquelles choses nous avons mis a ces presentes le seel dont nous usons eu dit office, et pour gregneur congnoissance et aprobacion, a nostre requeste y a esté mis le grant seel aux causes de la dicte viconté l'an et jour dessus diz. Le Grant.

(*Bibl. Nat., Quittances, t. 57, n° 521.*)

LXXIV

1425, décembre, paris

Rémission octroyée par Henri VI à Pierre le Monté, de Saint-Contest près Caen, qui était allé, depuis le mois de juillet précédent, tenir garnison à Mayenne-la-Juhel sous le baron de Coulonces.

Henry, par la grace de Dieu roy de France et d'Angleterre, savoir faisons a tous presens et advenir nous avoir receu l'umble supplicacion des parens et amis charnelz de Pierre le Monté, povre jeune home laboureur, aagié de xxviii ans ou environ, natif de la parroisse de Saint Contest d'Acye [1] près de Caen, ou diocese de Bayeux, chargié de femme et d'un petit enfant, contenant comme le dit Pierre tout son temps et jeune aage ait esté homme paisible, de bonnes meurs et honneste conversacion, demourant en la dicte parroisse, et fait son labour et marchandise bien et paisiblement, mesmement depuis la conqueste faicte de nostre

---

1. Auj. Saint-Contest, Calvados, arr. et c. Caen.

pays de Normandie par feu nostre très chier seigneur et pére le roy Henry, cui Dieu pardoint, et sans soy estre entremis de fait de guerre en aucune maniere ; et il soit ainsi que, environ le mois de juillet derrain passé, par le conseil et induccion d'un nommé Drouet de Versson qui dist a icellui Pierre que le baron de Coulonsses [1], qui estoit au Maine la Juhés [2], lui mandoit qu'il alast parler a luy au dit lieu du Meine ou autre part ou il seroit, et que il avoit grant voulenté de le veoir, pour le plaisir que le dit Pierre lui avoit fait de lui avoir donné une martre privée, ainsi qu'il passoit pardevant l'ostel du pére du dit Pierre, icellui Pierre, qui est jeune, non cuidant lors gueres mesprendre, ala au dit lieu du Meine la Juhés, ou il a depuis esté en la compaignie de plusieurs gens de guerre tenans le parti contraire a nous. Pendant lequel temps qu'il a esté en leur compaignie, il a esté present ou ilz ont fait plusieurs courses en villes et sur noz subgiez, prins prisonniers et mis a raençon aucuns de nos diz subgiez, merchans, gens de guerre et autres, desquelles raençons icellui suppliant a eu pour sa part et porcion de xxx a xl livres tournois ou environ en toutes choses, ne scet qui sont les personnes de qui il les a eues. Lequel Pierre, adverti de la desobeissance et mesprison qu'il commettoit envers nous, et

1. Jean de la Haye, seigneur de Coulonces (Calvados, arr. et c. Vire), dit le baron de Coulonces, parce qu'il était chevalier banneret, fils de Guillaume de la Haye et de Luce de Feuguerolles, petit-fils de Jean de la Haye et de Jeanne Paynel, dame d'Agneaux (Manche, arr. et c. Saint-Lô). Le baron de Coulonces fut dans la vallée de la Vire le principal chef de ce parti national dont Olivier Bachelin est resté la personnification la plus populaire. La baronnie de Coulonces comprenait les neuf prévôtés de Coulonces, de Saint-Manvieu, d'Asnebecq, de Boisnantier en la paroisse de Landelles, de Gouvets, de Margueray, de Saint-Aubin, de Saint-Sever et de Gast (*Arch. Nat.*, P 306, n° 229). Le 1er mars 1418, Henri V confisqua la baronnie de Coulonces valant 800 livres tournois de revenu annuel et la donna à un « chevalier nommé Louis Bourgoise (*Mém. de la Soc. des Ant. de Norm.*, XV, 257, col. 2 ; *Reg. des dons*, p. 12). Un écuyer anglais, Raoul Nevill, fut gratifié le 3 avril suivant du surplus des biens de Jean de la Haye (*Reg. des dons*, p. 15). Le baron de Coulonces avait épousé Alice Malherbe dont les biens furent aussi confisqués et donnés, le 10 janvier 1424, comme nous l'avons déjà fait remarquer (voyez plus haut, p. 140, note 1) à l'anglais Belknap, trésorier et général gouverneur des finances de Henri VI en France et en Normandie.

2. Mayenne la Juhel, ancien nom de la ville de Mayenne, aujourd'hui chef-lieu d'arrondissement du département de ce nom.

le courroux qu'il avoit donné et donnoit a ses pére et mére, femme et parens, meu de pitié et d'amour, a delaissié nos dis ennemis.... Si donnons en mandement par ces presentes au bailli de Caen.... Donné a Paris ou mois de decembre l'an de grace mil cccc et vint cinq, et le quart de nostre regne, soubz nostre seel ordonné en l'absence du grant. Ainsi signé : par le Conseil. Oger.

(Arch. Nat., sect. hist., JJ 173, n° 285.)

LXXV

1425, DÉCEMBRE, PARIS

Rémission octroyée à Jean Berthault, laboureur, de Tribehou, en Cotentin, au sujet d'un meurtre commis en janvier 1425 un soir qu'il allait, suivant une ordonnance de justice, faire le guet une hache de guerre à la main dans l'église de sa paroisse pour résister aux brigands.

Henry, par la grace de Dieu roy de France et d'Angleterre, savoir faisons a tous presens et advenir nous avoir receu l'umble supplicacion de Jehan Berthault, laboureur de bras, de la paroisse de Tribehou [1] ou bailliage de Constentin, chargié de femme et de pluseurs enfans, aagié de trente cinq ans ou environ, contenant comme, ou mois de janvier derrain passé, le dit suppliant, d'une part, et Colin Harace de la dicte paroisse, d'autre, feussent alez pour boire en une taverne en l'ostel de ung nommé Raoul Fantin de la dicte parroisse, tenant lors et a present taverne, ouquel, en la presence de Guillaume Beufs lors ayant avec lui et tenant un papier faisant mencion de l'assiete de certaine taille ou missions touchans les gens de la dicte parroisse, en parlant du fait d'icelle assiete, le dit Harace voult avoir le dit papier. Et le dit suppliant, ayant desplaisance que le dit Harace eust ne emportast icellui papier,

---

1. Manche, arr. Saint-Lô, c. Saint-Jean-de-Daye.

dist au dit Harace que, se il tenoit le dit papier, il ne lui bailleroit pour puissance que il eust, et le dit Harace lui respondi que si feroit. Et lors se meurent paroles arrogantes entre eulx, et après se departirent mal contens l'un de l'autre et s'en alérent chascun en son hostel jusques au soir d'icellui jour. A laquelle heure, qui estoit après soleil couchié, le dit suppliant partit de son dit hostel une hache de guerre en sa main pour cuider aler faire le guet en leur eglise pour resister contre les brigans [1], ainsi que par justice avoit esté ordonné le faire au pays auparavant. En alant a laquelle eglise, non sachant que le dit Harace feust hors de son hostel et n'y pensoit aucunement, trouva le dit Harace qui estoit d'un costé d'une haye ou closture de terre appartenant au dit suppliant, et le dit suppliant de l'autre costé. Et pour ce que le dit Harace prenoit et vouloit emporter une branche de la closture de la haye du dit suppliant au desplaisir d'icellui suppliant, icellui suppliant lui dist qu'il la laissast et qu'il ne l'emporteroit pas; lequel Harace dist que si feroit et icelle et autres et qu'il avoit passé et passeroit par la dicte breche. Et sur ce se meurent parolles arrogantes entre eulx. Entre lesquelles, le dit Harace dist au dit suppliant qu'il estoit soustraiteur de brigans; ou contempt et despit desquelles parolles et force que lui faisoit le dit Harace d'emporter partie de la closture de sa dicte haye contre sa voulenté, le dit suppliant tempté de l'ennemi fery le dit Harace de la dicte hache un cop seul par la teste, a sang, a playe, a test cassé et descouvert. Et depuis fut mené le dit Harace a la dicte eglise par aucuns de ses amis ayant encore bon sens, parole et memoire, et deux jours après ou environ, pour raison d'icellui cop, mort s'ensuy en la personne du dit Harace.... Donné a Paris ou mois de decembre l'an de grace mil IIII^c et vingt

---

[1]. Ces « brigands » ne sont autres que les Normands restés fidèles à la cause française. Si les Anglais, malgré la victoire qu'ils avaient remportée à Verneuil six mois auparavant, faisaient faire le guet dans toutes les églises du Cotentin en janvier 1425, il y a lieu d'en conclure que la sécurité des habitants de cette région était alors bien mal assurée et surtout que le parti national avait conservé beaucoup d'adhérents en basse Normandie. Il ne faut pas oublier d'ailleurs que le siège mis devant le Mont-Saint-Michel depuis les premiers jours de septembre 1424 avait obligé les envahisseurs à diminuer l'effectif des garnisons au moyen desquelles ils tenaient en respect le pays conquis.

cinq, et de nostre regne le quatrieme. Ainsi signé : par le roy, a la relacion du Conseil. NEELLE.

(*Arch. Nat., sect. hist., JJ 173, n° 314, f° 132.*)

LXXVI

1425, 3 DÉCEMBRE, MEHUN-SUR-YÈVRE

Charles VII nomme capitaine du Mont-Saint-Michel Jean, seigneur de Graville, maître des arbalétriers de France, en remplacement de Jean, bâtard d'Orléans, qui s'était fait prêter serment de fidélité par les religieux, les chevaliers et écuyers de la garnison du dit Mont avant d'approvisionner de vivres la forteresse alors affamée par l'ennemi; et le roi de France déclare déchargés de ce serment tous ceux qui l'ont prêté.

Charles, par la grace de Dieu roy de France, a tous ceulx qui ces presentes lettres verront, salut. Comme autreffois par noz lettres patentes, et pour aucunes consideracions qui lors nous mouvoient, nous eussons commis et ordonné Jehan, bastard d'Orliens, cappitaine et garde de la place et forteresse du Mont Saint Michiel a laquelle garde il eust esté receu par les religieux, chevalliers et escuiers de la garnison du dit lieu, et par aucun temps eust joy et usé du dit office, et depuis, pour aucunes causes et consideracions qui ad ce nous ont meu, l'en aions deschargé et y commis nostre amé et feal chevalier Jehan [1], seigneur de Graville, maistre des arballes-

---

[1]. Jean Malet V du nom, sire de Graville et de Marcoussis, avait succédé le 1ᵉʳ août 1425 à Jean de Torsay dans la charge de maître des arbalétriers de France (Anselme, *Hist. généal.*, VIII, 86 et 87). La nomination du seigneur de Graville comme capitaine du Mont-Saint-Michel semble être restée lettre morte, et l'acte, en date du 3 décembre 1425, dont nous publions le texte ci-contre, est le seul où il en soit fait mention. Cette nomination avait sans doute été provoquée par les difficultés que rencontra Louis d'Estouteville pour se faire reconnaître comme capitaine du Mont en remplacement du bâtard d'Orléans; et Charles VII annula sans doute les lettres de provision accordées à Jean Malet dès

triers de France et mandé aus diz religieux, chevaliers et escuiers icelui de Graville recevoir et lui obeir comme cappitaine et non desormaiz recevoir en la dicte place ne donner obeissance au dit bastard d'Orliens ; et il soit ainsi que les diz religieux, chevaliers et escuiers nous aient fait exposer que a la reception du dit bastard il leur ait fait jurer non rendre la dicte place, sinon a nous, nostre ainsné filz en personne ou au dit bastard; et en oultre, pour ce que icelui bastard mist aucunes provisions de vivres et autres choses en la dicte place, qui pour lors en deffaut de vivres estoit en dangier de perdicion, prist serement des diz religieux, chevaliers et escuiers, et lequel, pour la necessité que ilz avoient des diz vivres lesquelx autrement il n'eust point bailliez, lui firent promptement que, ou cas que la dicte place seroit mise en autres mains que du dit bastard, ilz seroient tenus de lui rendre les diz vivres et autres provisions ou leur juste estimacion, desquelles promesses et seremens il prinst d'eulx leurs seellez, que il a encores devers soy ; et pour ce doubtent que, attendue la dicte promesse et ce que nous avons deschargé le dit bastard du dit office de capitaine et garde, en quoy et en toutes autres choses ilz sont prestz de nous obeir, comme raison est, icelui bastard lez vueille contraindre par vertu des dictes promesses et seellez a lui rendre les diz vivres et provisions ou leur juste valeur, combien que iceulx vivres soient pieça despensez, en nous humblement suppliant que, comme ilz aient fait les dictes promesses pour garder la dicte place en nostre obeissance et que tous seremens qui se font en tel cas a nos officiers ou commis a cause de noz places doivent estre entendus avecquez nostre bon plaisir et interpretez par nous, nous leur vueillons sur ce pourveoir de remede et les en garder ou faire garder de reprouche, perte ou dommage, mesmement que les dis vivres n'ont pas esté prins ne exploictiez pour leurs particuliers prouffiz, mez ont esté despensez pour nous et de par nous a la garde de la dicte place. Pour quoy, nous, ces choses considerées, qui ne vouldrions les dessus dis cheoir en aucun in-

---

qu'il eut reçu la nouvelle que Louis d'Estouteville, dont la nomination avait précédé celle du seigneur de Graville, était enfin parvenu à prendre possession de sa capitainerie.

convenient, reprouche ou dommage a cause de nostre service et de la bonne garde de la dicte place, iceulx religieux, chevaliers et escuiers avons deschargiez et deschargeons par ces presentes, des dictes promesses et autres obligacions que ilz ont faictes au dit bastard par leurs seellez et seremens ainsi faiz, comme dessus est dit, a cause de la dicte place, et les en promettons garder de dommage, tenir et faire tenir quittes et paisibles envers le dit bastard et tous autres, sans ce que aucune charge d'onneur, interestz ou dommage leur en puist estre donné, fait ou porté ou aucune chose demandée pour le temps advenir par le dit bastard ne autres quelconques par fourme de procès, represailles ou autre droit d'armes ou autrement, en quelque maniere que ce soit. Si donnons en mandement par ces presentes a tous chiefz de noz guerres, justiciers et officiers, presens et advenir et a chascun d'eulx, comme a lui appartendra, que de nostre presente descharge, declaracion et acquit facent et seuffrent les diz religieux, chevaliers et escuiers jouir et user, sans les souffrir estre travailliez, molestez ou empeschiez a cause des dictes promesses ores ne pour le temps advenir ; ainçois, se aucun empeschement, charge, travail ou molesté leur estoit pour ce donné, le mettent et ramainent ou facent mettre et ramener tantost et sans delay au premier estat et deu, car ainsi nous plaist il estre fait, et aus diz religieux, chevaliers et escuiers l'avons octroié et octroions par ces presentes, ausquelles en tesmoing de ce nous avons fait mettre nostre seel. Donné a Mehun sur Yvre le IIIe jour de decembre l'an de grace mil quatre cens vint cinq, et de nostre regne le quart. Par le roy en son conseil ouquel la royne de Cicile, messeigneurs les contes de Foix et de Vandosme, vous, l'arcevesque de Thoulouze, l'evesque de Laon et autres estoient. ALAIN.

(*Arch. du dép. de la Manche, série H, n° 15364.*)

LXXVII

1426 (n. st.), 1ᵉʳ MARS

Jean Lucas, dit Frerot, de Rouen, donne quittance de 20 sous tournois qui lui ont été alloués à titre de salaire pour porter en toute hâte plusieurs lettres closes adressées par le comte de Suffolk tant aux capitaines de Touques, de Honfleur, de Caudebec qu'à Rouen et relatives au siège mis par les Français devant Saint-James de Beuvron.

A tous ceulx qui ces lettres verront, Jehan d'Anneville, garde du seel des obligacions de la viconté de Coustances, salut. Sachent tous que par devant... tabellion juré au siege du dit lieu de Coustances fut present Jehan Lucas, dit Frerot, de Rouen, qui confessa avoir eu et receu de Girart Pigonche, viconte du dit lieu, la somme de vingt soulz tournois pour porter hastivement plusieurs lettres closes de hault et puissant seigneur monseigneur le conte de Suffolk tant aux cappitaines de Toque, Honnefleu, Caudebec que a Rouen, touchant les nouvelles et fait du siege tenu par les annemis et adversaires du roy nostre sire devant la place de Saint Jame de Bevron : de laquelle somme de xx sous tournois le dit suppliant se tient pour bien content et paié et en quitte le dit viconte et tous aultres. En tesmoing de ce, nous, a la requeste du dit Jehan, avons mis a ces lettres le seel de la dicte viconté, sauf aultrui droit, le premier jour de mars l'an mil cccc vingt et cinq.

(Bibl. Nat., Quittances, t. 57, nº 551.)

LXXVIII

1426, AVRIL, PARIS

Rémission octroyée par Henri VI à Laurent Odion, tabellion, demeurant au Pont-l'Abbé en basse Normandie, sénéchal de la baronnie d'Orglandes pour Jean d'Ouessey, chevalier et baron d'Orglandes, au sujet du meurtre du valet d'un Anglais nommé Fildelin, neveu ou du moins parent de Raoul Nevill, seigneur d'Émondeville.

Henry, par la grace de Dieu roy de France et d'Angleterre, savoir faisons a tous presens et advenir nous avoir receu l'umble supplicacion de Laurens Odion, tabellion pour nous et demourant en la ville de Pont l'Abbé [1] en Constantin, chargié de femme et mesnage, contenant que, le xve jour du mois de mars derrain passé, vint au dit lieu du Pont l'Abbé, en la viconté de Valongnes, ung Anglois nommé Fildelin, qui se dit ou que l'en dit estre nepveu ou parent de Raoul Neuville, chevalier, seigneur d'Emondeville [2], icellui Anglois, acompaignié d'un varlet nommé Guillaume natif, comme il disoit, de nostre bonne ville de Rouen, et d'un petit page, pour soy logier et repaistre au dit lieu du Pont l'Abbé, comme il disoit, lequel Anglois, en soy portant et alant du dit lieu du Pont l'Abbé, ses diz varlet et page en sa compaignie, trouva ung jeune homme nommé Richard le Gigan qui estoit pour gangnier sa journée avecques le dit suppliant, lequel Gigan estoit alé sur le cheval du dit suppliant porter trois ou quatre boisseaux de froment pour mouldre au moulin du dit lieu du Pont l'Abbé. Lequel Anglois, en venant et alant contre les ordonnances royaux et en vilipendant et froissant icelles, print de fait et de force, oultre le gré et voulenté du dit le Gigan, icellui cheval et

---

1. Pont-l'Abbé, auj. section de la commune de Picauville, Manche, arr. Valognes, c. Sainte-Mère-Eglise.
2. Émondeville, Manche, arr. Valognes, c. Montebourg.

donna au dit le Gigan une si grande buffe qu'il le fist cheoir de dessus le dit cheval a terre. Et sacha le dit Anglois son espée sur lui, en lui disant, s'il en parloit et s'il ne laissoit le dit cheval, qu'il lui coupperoit le col. Lequel Gigan, pour doubte qu'il ne le ferist de l'espée, lui laissa aler le dit cheval et s'en ala de pié après. Et tantost le dit Gigan le manda et fist assavoir au dit suppliant, qui estoit en son hostel, afin d'y pourveoir, ouquel hostel du dit suppliant avoit disné le dit jour Jehan d'Oessy, sire du dit lieu d'Oessy [1], chevalier et baron d'Orglandres [2], et plusieurs autres gentilz hommes et gens notables en sa compaignie, et duquel chevalier icellui suppliant estoit et est seneschal en sa dicte baronnie d'Orglandres. Lequel suppliant pria et requist au dit chevalier son maistre qu'il lui pleust lui prester son escuier et parent nommé Jehan de Verdun et deux de ses chevaulx pour aler après icellui Anglois, pour essayer a recouvrer son dit cheval. Lequel chevalier respondi et dist au dit suppliant que il le vouloit bien et qu'il les prenist. Et lors icellui de Verdun et suppliant montérent a cheval pour aler après le dit Anglois. Et en y alant il trouvérent ung jeune gentil homme du dit lieu du Pont l'Abbé dehors es champs a cheval, nommé Jehannin Yon, lequel a longuement demouré a Avranches avec ung des parens de Thomas Bourg, cappitaine du dit

1. La famille d'Ouessy ou d'Ouessey est originaire du comté de Mortain.
2. Orglandes, Manche, arr. Valognes, c. Saint-Sauveur-le-Vicomte. Jean d'Ouessey s'était rallié aux Anglais dès le commencement de 1419, et le 29 avril de cette année Henri V lui avait fait donné les biens confisqués de Jeanne de Brucourt, veuve absente, évalués à 300 livres tournois de revenu annuel (*Mém. de la Soc. des Ant. de Norm*., XXIII, n° 498). La baronnie d'Orglandes était un démembrement de l'ancienne baronnie de Néhou qui avait été partagée entre les trois filles de Guillaume de Vernon. Cette baronnie, quoiqu'elle ne formât qu'un tiers de celle de Néhou, n'en comprenait pas moins 38 paroisses ; et l'on y comptait 6 sièges de plaids, à Orglandes, à Écoqueneauville, à Gouey, à Branville, à Omonville et à la Cambe en Bessin (*Arch. Nat.*, P 2894, n° 486). Le 14 août 1430, en faisant hommage à Henri VI de la baronnie d'Orglandes mouvant du roi de France et d'Angleterre, duc de Normandie, par un tiers de baronnie, Jean d'Ouessey dut reconnaître que cette baronnie lui avait été donnée par Henri V, « *jasoit ce que la dicte baronnie soit de son propre, ainsi qu'il dit.* » (*Ibid.*, P 2672, n° 466). La lettre de rémission octroyée à Laurent Odion nous montre avec quelle hauteur dédaigneuse les hommes d'armes anglais traitaient parfois les gentilshommes normands, même ceux qui avaient fait de bonne heure acte de soumission à la domination étrangère.

lieu. Auquel Jehannin Yon le dit suppliant pria qu'il alast avecques eulx, pour ce qu'il entendoit et parloit bien anglois ; lequel Yon lui respondy qu'il yroit voulentiers. Et lors le dit suppliant chevaucha devant pour atteindre le dit Anglois, son varlet et page, qu'il trouva et attaint a demie lieue loing ou environ du dit lieu du Pont l'Abbé, près une croix nommée la Croix Raimbot. Et quant le dit Anglois advisa le dit suppliant approuchier d'eulx, il se retourna sur lui et lui demanda et dist : « Ou alez vous, villain ? Que querez vous ? » Et lors le dit suppliant lui dist et respondi : « Sire, je suis ycy venu après vous pour mon cheval que vous avez osté a ung de mes servans. Et vous prie qu'il vous plaise a le moy rendre, car je devoie aler dessus convoier le seigneur d'Oessy, mon maistre, lequel a disné a mon hostel. » Et le dit Anglois lui respondy, quand il lui parla du dit chevalier et dist ces motz en substance : « Truch vilain, vous ne l'arez point, et l'emmeneray malgré vostre visage. » Et lors le dit suppliant lui dist : « Sire, ce que vous faictes est contre l'edit et ordonnance de nostre prince et de justice, » en lui disant qu'il lui pleust lui dire avecques qui il estoit, afin qu'il sceust a qui demander son dit cheval. Et icellui Anglois lui respondy et dist ces mots : « Villain, ne congnoissiez point moy ? Par ma foy, je congnois bien vous. Vous estez ung villain. » Et lors icellui Anglois print le dit suppliant au colet de sa robe et le tira très fort, en lui disant : « Vous descendrez, villain. Vous faut il parler a moi a cheval ! » Et le dit suppliant lui dist : « De par Dieu, sire, je descendray voulentiers. » Et en soy descendant, avecques ce que le dit Angloiz le tira très rudement, la celle de son cheval tourna soubz le ventre du dit cheval. Et lors icellui Anglois tira son espée comme demie et dist au dit suppliant, s'il lui disoit riens du monde, qu'il lui copperoit le col. Et le dit suppliant lui respondy : « Sire, je ne vous dy chose par quoy vous ayez cause de me faire aucun desplaisir. » Et lors icellui Angloiz advisa les deux jeunes gentilz hommes qui venoient après le dit suppliant. Et adonc il laissa le dit suppliant et s'en couru a eulx a cheval et tira son espée et en donna trois coups au dit de Verdun de plat par le dos tant et telement que en frappant sur lui il rompy sa dicte espée devers la pointe bien demi pié de long. Et lors le dit de Verdun lui demanda : « Sire, pourquoy me ferez vous? Je suis avecques ung chevalier. » Et le dit Anglois lui respondi : « Aussi suis je avecques ung autre. » Et adonc s'en retourna le dit Angloiz à ses dis varlet et page. Et le dit suppliant lui demanda : « Sire, emmenerez vous mon cheval? Plaise vous a le me laissier, et je vous donneray voulentiers du mien. » Et le dit Anglois ala tousjours, sans respondre aucune chose. Et adoncques icellui suppliant print le chemin tout a pié a aler après eulx, en lui disant : « Sire, soit a pié ou a cheval, je yray après vous pour savoir que vous ferez de mon cheval. » Et lors le dit Anglois retourna et descendy a pié et tira son espée, en disant au dit suppliant : « Villain, je vous tueray ! » et haulça sa dicte espée et admena ung très grant coup de trenche, cuidant ferir sur la teste du dit suppliant lequel se recula et fouy au coup. Et lors le dit suppliant tira son espée pour soy deffendre et pour recevoir les cops du dit Anglois lequel sembloit estre grandement yré et courroucié ou hors de son advis et ramena de rechief un autre grant coup de trenche sur la teste du dit suppliant qui receut icellui coup a son espée telement que l'espée de l'Anglois entra en l'espée du dit suppliant bien demi doy de lé. Et en esludant chay sur le bras senestre du dit suppliant l'espée du dit Anglois de plat et telement que icelle espée rompy tout a travers parmy. Et lors le dit suppliant, en reclamant Dieu de paradis et sa benoite chiere mére, print icellui Anglois au corps et le getta d'estant a terre ; et en choyant le demourant de l'espée du dit Angloix lui chay en la place, laquelle espée le dit suppliant recouvra pour doubte que l'Englois ne l'en ferist plus. Et lors le dit suppliant advisa que le dit Anglois avoit tiré sa dague, et pour crainte qu'il ne le tuast, lui getta le dit suppliant un coup d'espée dont il attaint icellui Anglois par le bras près du coute. Et ainsi comme le dit suppliant se regarda de l'autre costé, advisa le dit Guillaume, varlet du dit Anglois, qui lui cuida donner de son espée de trenche sur la teste. Et après advisa le dit Anglois qui tenoit sa dicte dague par la pointe, faisant maniere de lui getter, auquel Anglois le dit suppliant dist et jura par son serement, que se il le frappoit plus, qu'il le frapperoit, et le deust il tuer. Et alors le dit Anglois advisa son dit varlet qui sai-

PIÈCES DIVERSES

gnoit et ala parler a lui. Et tantost monta a cheval le dit Anglois et revint en l'ostel du dit suppliant ou l'en lui avoit dit que le dit suppliant estoit entré. Et s'efforça le dit Anglois de vouloir bouter le feu ou dit hostel du dit suppliant, s'il n'eust esté refroidié par autres Anglois et moult d'autres gens qui la estoient. Lequel Guillaume, varlet du dit Anglois, lui estant au lit acouchié malade, pour cause de la dicte bateure et coup a lui donné par le dit suppliant, après ce qu'il se fut confessé et adrecé de sa conscience, dist et declaira de sa voulenté, presens plusieurs gens et notables personnes, qu'il pardonnoit et de fait pardonna au dit suppliant sa mort et ce qu'il lui avoit fait, ou cas qu'il yroit de vie a trespas, et que ce qui lui avoit esté fait le dit suppliant l'avoit fait en son defendant, et que, s'il ne se feust deffendu ou fouy hastivement, le dit Fildelin, anglois, son maistre, et lui eussent tué et mis a mort le dit suppliant. Et le lundi prouchain ensuivant xviiie jour du dit mois de mars, pour cause d'icelle blecure et bateure, le dit Guillaume, varlet du dit Anglois, ala de vie a trespas [1]. Pour cause et occasion duquel cas et fait dessus dit.... Si donnons en mandement au bailli de Constantin et vicontes du dit bailliage.... Donné a Paris ou mois d'avril l'an de grace mil cccc et vint six, et de nostre regne le quart. Ainsi signé : es requestes de l'ostel par vous tenues, esquelles l'evesque de Beauvais, les seigneurs de Chastillon et de Rancé et autres estoient. FONTENOY.

(*Arch. Nat.*, sect. hist., JJ 173, n° 399, f°s 192 v° et 193).

---

[1]. Des rixes sanglantes avaient lieu tous les jours entre les hommes d'armes des garnisons anglaises ou leurs valets et les Normands. Le 15 avril 1426, une lettre de rémission fut octroyée au nom de Henri VI à Jean Canu, de Montrabot en la vicomté de Bayeux (Manche, arr. Saint-Lô, c. Torigni), qui avait tué d'un coup de hache le valet de Jean Clifton, homme d'armes anglais, ravisseur du plus beau de ses agneaux (*Arch. Nat.*, JJ 173, n° 426).

LXXIX

1426, 12 AVRIL

Arthur, comte de Richemont, connétable de France, et l'archidiacre de Rennes mandent à Jean Aleaume, receveur des Ponts-de-Cé, de payer sur les deniers de sa recette une somme de 200 livres tournois allouée au baron de Coulonces par le duc de Bretagne.

Le conte de Richemont, connestable de France, et l'arcediacre de Rennes a Jehan Aleaume, receveur des Pons de Scé [1], salut. Veues par nous les lettres de monseigneur le duc ausquelles ces presentes sont attachées soubz l'un de noz signez, nous vous mandons que, en acomplissant et enterinant le contenu d'icelles, vous payez, baillez et delivrez des deniers de vostre recepte au baron de Coulonces [2] nommé es dictes lettres la somme de deux cens livres tournois pour les causes et tout ainsi et par la forme et maniere que mon dit seigneur le duc le veult et mande par ses dictes lettres. Donné le XIIe jour d'avril l'an mil CCCC vint et six, après Pasques. ARTUR [3].

(*Bibl. Nat., Quittances, t. 58, n° 572.*)

1. Les Ponts-de-Cé, Maine-et-Loire, arr. Angers.
2. Voyez plus haut sur ce personnage, p. 230, note 1.
3. Signature autographe. Cinq semaines environ avant la date de ce mandement, le mercredi 6 mars 1426, Richemont s'était fait battre par les Anglais devant la forteresse de Saint-James qu'il assiégeait depuis huit ou dix jours (G. Gruel, dans la collection de Petitot, VIII, 432 à 434; cf. plus haut, p. 29, notes 4 et 5). Dom Morice a publié une montre de Jean de la Haye, baron de Coulonces, reçue à Angers le 3 juillet 1426 (*Preuves de l'hist. de Bret.*, II, 1165).

LXXX

1426, MAI, ROUEN

Rémission octroyée par Henri VI à Jacques Fillie, de Dieppe, accusé de s'être rendu complice, à la suite d'un voyage fait en Bretagne en 1423, des « écumeurs de mer » de Saint-Malo de l'Ile.

Henry, par la grace de Dieu roy de France et d'Angleterre, savoir faisons a tous presens et advenir nous avoir esté exposé de la partie des parens et amis charnelz de Jacques Fillie, fils de feu Michiel Fillie, demourans en la ville de Dieppe, noz vrais subgiez et obeissans, que, en l'an mil ccccxxiii que paix et aliance estoient entre noz hommes et subgez et nostre très chier et très amé oncle le duc de Bretaigne et ses subgiez, et que l'en povoit aler marchandement et autrement de l'un pais en l'autre sans nulle reprehension, le dit Jaquet, qui lors estoit de jeune aage comme de xviii ans ou environ et lequel n'avoit point de pére, entra en un vaissel du dit pais de Bretaigne qui lors estoit venu marchandement en icelle ville de Dieppe, et s'en ala dedans icellui vaissel en icellui pais de Bretaigne, pour y cuidier trouver maistre a demourer marchandement, lequel maistre il ne pot trouver, pour ce qu'il n'estoit pas de la nacion du dit pais de Bretaigne. Et pour ce, par sa jeunesse et son petit sens il fut soudainement meu a passer le pais et aler par terre jusques en la ville de la Rochelle, en laquelle il demoura assez pou de temps, non cognoissant certainement l'inconvenient qui lui en povoit ensuir. Tantost après lesquelles choses, il se party et retray en la dicte ville de Dieppe ou auprès d'icelle, pensant y estre seurement, pour ce qu'il n'avoit porté ne fait aucune guerre a nous ne a nos dis hommes et subgez, dont lui, adverti de l'inconvenient qui a l'occasion de ce qu'il estoit alez en la dicte ville de la Rochelle, comme dit est, lui povoit ensuir, se parti, doubtant rigueur de justice, du dit pais de Dieppe et s'en retourna en icellui pais de Bretaigne, en entencion de y trouver maistre, comme paravant avoit fait, ce qu'il ne pot trouver, mais en ce faisant usa et dissipa et despendi tant pou de chevance qu'il avoit. Pourquoy, après ce, lui, voyant qu'il n'avoit plus de quoy vivre, s'en ala et retray en la ville de Saint Malo de l'Ille et, jasoit ce qu'il n'eust pas lors ne grant temps après entencion ne voulenté d'aler sur la mer en escumerie, neantmoins, par l'ennortement, introduccion et conseil d'aucuns escumeurs lors estans ylec, et qu'il eust fait le serment au temps de la rendue de la dicte ville de Dieppe et de ce prins et eu bullette, le dit Jacquet ala en escumerie deux ou trois fois seulement ou il a aidié a prendre aucuns de noz subgez et obeissans et de leurs biens et merchandises. Pour lesquelles choses..... et si paiera a l'eglise des Carmes de Rouen la somme de dix livres tournois. Si donnons en mandement par ces mesmes presentes aux bailliz de Rouen, de Caux..... Donné a Rouen ou mois de may l'an de grace mil cccc et vint six, et de nostre regne le quart. Ainsi signé : par le conseil estant en l'eschequier. ADAM.

(*Arch. Nat., sect. hist., JJ 173, n° 529.*)

LXXXI

1426, MAI, ROUEN

Sauf-conduit octroyé par Henri VI à Jean de Mathan, fils bâtard de Jean de Mathan, écuyer, homme d'armes de la garnison du Mont-Saint-Michel, fait prisonnier au mois d'août 1424 par Guillaume Godebec, écuyer anglais, enfermé au château de Hambye, puis mis en liberté pendant un mois moyennant une caution de 1,000 écus d'or fournie au comte de Suffolk, capitaine de Hambye, qui assiégeait alors Mayenne, par Philippe de la Haye, chevalier, Jean de Mathan, prêtre, et Guillaume de Mathan, écuyer. Ce sauf-conduit est accordé à la condition que le dit Jean reviendra se constituer prisonnier à Hambye et payera sa rançon fixée à 200 écus, 10 marcs d'argent et une panne de martre.

Henry, par la grace de Dieu roy de France et d'Angleterre, savoir faisons a tous presens et advenir nous avoir esté exposé de la partie de Jehan, filz bastart de feu Jehan de Maton [1], escuier, comme, des environ le temps de la descente faicte a Touque par feu nostre très chier seigneur et pére, cui Dieu pardoint, ou tantost après, icellui exposant, qui estoit de l'aage de douze ans ou environ, se feust retrait pour cause de la guerre es parties de Bretaigne et pays estant hors de l'obeissance de nostre dit feu seigneur et pére, ouquel pays estans hors d'icelle obeissance, tant au Mont Saint Michiel que en plusieurs autres lieux, places et forteresses tenans le parti de noz ennemis et adversaires, icellui exposant ait tousjours depuis continuelment esté et frequenté comme ung des autres tenans icellui parti, sans onques soy estre mis ne rendu en l'obeissance de nostre dit feu seigneur et pére, mais comme tenant son parti contraire a fait, lui et plusieurs autres, voyages, courses, raençonnemens et raencontres, tant de nuit que de jour, en pays boscage et ailleurs ou pais de nostre obeissance et sur plusieurs de noz hommes liges et subgez souldoyers de guerre et autres, en quoy en a eu plusieurs et par plusieurs fois mis a mort; et telement que advenu est que, environ le mois d'aoust derrain passé, icellui exposant et autres escuiers en sa compaignie furent prins par aucuns Anglois et gens d'armes et par eulx menez ou chastel de Hambuye ou icellui exposant fut

---

1. Par acte daté de Vernon le 18 mai 1419, Henri V avait donné à Jean Darmes, écuyer, les biens confisqués de Jean de Mathan et d'Olivier d'Ussy, écuyers rebelles (*Mém. de la Soc. des Ant. de Norm.*, XXIII, n° 579). Guillaume de Mathan refusa, comme Jean de Mathan, de se soumettre aux Anglais; mais il survécut peu à l'occupation étrangère. Raoul de Mathan, fils de Guillaume, prêta serment à Henri V et obtint, le 11 janvier 1421, la restitution des biens de son père (*Ibid.*, n° 905) et notamment de la verge franche de la sergenterie à l'épée de Graye (Calvados, arr. Bayeux, c. Ryes) (*Arch. Nat.*, P 306, n° 99). Deux autres membres de cette famille, Jacques et Jean de Mathan, écuyers, prêtèrent serment de fidélité à Henri V dès les premiers mois de 1419 (*Mém. de la Soc. des Ant. de Norm.*, XXIII, n°s 1252, 379 et 1333; JJ 173, n° 189).

longuement detenu prisonnier, et jusques a ce que, pour savoir qu'il en seroit fait, consideré que onques n'avoit esté rendu, icellui exposant, du consentement et par le moien de Guillaume Godbec, escuier anglois, a qui il estoit prisonnier, fut mené et envoyé en la compaignie et garde d'icellui Godebec son maistre devers nostre très chier et amé cousin le conte de Suffolk, tenant lors le siege a Maine la Juhez, et de ce lui fut baillé saufconduit de par nostre dit cousin durant le temps et terme d'un mois entier, moyennant et parmi ce que de ce faire et de retourner au dit lieu de Hambuie dedans le dit temps d'un mois. Icellui exposant fut plaigé par Phelippe de la Haie [1], chevalier, Jehan de Mathon, prestre, et Guillaume de Mathon, escuier, en la peine de mil escuz d'or alans en cas de deffault a nostre dit cousin le conte, et soubz umbre de ce mesmes que icellui exposant disoit et affermoit par sa foy aux dessus dis, qui a bonne foy et intencion avoient fait la dicte plevine, que son ferme proupos et voulenté estoit de soy mettre et reduire en nostre obeissance et y demourer desormais comme ung de noz vrays et loyaulx subgez, se a ce le voulions recevoir. Et il soit ainsi que, par vertu du dit saufconduit, le dit exposant ait esté mené par son dit maistre devers icellui nostre cousin de Suffolk au dit lieu de Maine pour savoir s'il seroit receu comme prisonnier de guerre ou s'il seroit pugny criminelment, lequel nostre cousin declaira qu'il demouroit et seroit prisonnier de guerre a son dit maistre, et après fut mis a raençon et finance par icellui son maistre a la somme de deux cens escuz, dix mars d'argent et une panne de martres de la valeur de trente escuz. Pour laquelle raençon paier et recouvrer, icellui exposant, par le moien et du consentement de son dit maistre, retourna au Mont Saint Michiel, esperant retourner assez a temps au dit lieu de Hambuie, durant le temps du dit saufonduit, pour paier sa dicte raençon et descharger ses dis pleiges, laquelle chose il ne pot pas faire ne sa finance recouvrer le dit temps, mais tantost après recouvra icelle raençon et finance. Et fut fait, de par

---

1. Philippe de la Haye, seigneur de la Haye Hue (auj. la Haye-Bellefond). Philippe de la Haye était le frère aîné de Jean de la Haye, seigneur de Beaucoudray, l'un des défenseurs du Mont-Saint-Michel.

lui ou ses dis pleiges, supplicacion et requeste tant a nostre dit cousin de Suffolk que a autres, par plusieurs fois, que on lui voulsist donner saufconduit et seurté de venir paier icelle raençon, en deschargant ses dis pleiges de la dicte plevine et soy mettre en nostre obeissance, faire le serment et de ce baillier pleiges, se mestier estoit, a quoy on ne l'a voulu ne osé recevoir ne lui donner le dit saufconduit de soy venir rendre, sans avoir sur ce noz lettres de congié et licence. Et a dit et respondu nostre dit cousin de Suffolk que, se a ce il est receu, il sera content de la dicte plevine, pourveu qu'il se rendist es dictes prisons au dit lieu de Hambuie.... Si donnons en mandement par ces mesmes presentes aux bailliz de Rouen, de Caen, Constantin... Donné a Rouen ou mois de may l'an de grace mil cccc et vint six, et de nostre regne le quart. Ainsi signé : par le conseil estant en l'eschequier. ADAM.

(*Arch. Nat., sect. hist., JJ 173, n° 538.*)

LXXXII

1426, 3 JUIN, MONT-SAINT-MICHEL

Richard Lombart, vicomte d'Avranches, qui a fait dresser des fourches patibulaires dans les grèves du Mont-Saint-Michel pour l'exécution d'un condamné, et Louis d'Estouteville, sire d'Auzebosc et de Moyon, capitaine du Mont-Saint-Michel, qui fait extraire des pierres à bâtir et du « sablon » du rocher du dit Mont pour la construction d'une poterne devant les maisons ayant appartenu à Jamet le Gay, Richard Lombart et Louis d'Estouteville certifient en présence des religieux et du vicaire apostolique de l'abbaye du Mont-Saint-Michel, que l'érection des dites fourches et la dite construction ne portent en rien atteinte aux droits de propriété de l'abbaye.

A touz ceulx qui ces lettres verront, Richart Lombart, viconte d'Avrenches, salut. Savoir faisons que, le tiers jour du moys de jung l'an mil iiii ᶜ ving six, se presentérent devant nous religieux hommes et honnestes les vicaire apostolique et couvent du moustier du Mont Saint Michiel lesquels nous distrent et exposérent que anciennement le duc de Normendie, entre autres choses, avoit donné et aumosné a eulx et le dit moustier la ville, place et rocher du dit lieu du Mont avecquez les greves ad ce appartenans, desquelles choses iceulx religieux disoient avoir, depuys le temps de la dicte donacion, jouy paisiblement et gardé la possession et saisine le temps et espace de quatre cens ans et plus. Non obstant leurs dictes possessions, droiz et saisine, les diz religieux disoient de nouvel avoir esté fait commencier de maçonnerie certaine oeuvre ou edifice, ou dehors de la dicte ville, devant les maisons qui furent feu Jamet le Gey et ailleurs, en leur dit heritage, place et rochier, comme dit est, et par chascun jour avoit esté pris et faisoit l'en prendre, perroier et tyrer en leur dit rocher quarrel, pierres a maçonner et sablon, et en ce faisant, en aucuns lieux depecier et ruyner aucunes edifices faictes par eulx et leurs hommes et subgiez, en diminuant leur droit et apetissement de leur dit rochier. Et avecques ce disoient les diz religieux que de nouvel nous avions fait mettre, lever et asseoir fourches ou gibet en leurs dictes greves, qui unques mès n'estoit advenu au devant de ceste guerre, et fait faire justice de certaine personne lequel avoit esté condampné par jugement en leur dicte ville, fait et entrepris plusieurs autres exploiz non acoustumez estre faiz en la dicte ville au devant de la dicte guerre, en nous requerant que leurs dictes possessions et saisines nous les voulsissions garder et maintenir, offrans a deuement ensaigner du don dessus dit et de leur dicte possession, se mestier estoit, par chartres, confirmacions de princes, tesmoings ou aultrement, comme il appartendroit. Auxquelx religieux nous respondimes que, quant pour le temps de present, nous ne querions estre infourmez de leurs droiz ou possessions plus avant que nous estions, quar nous n'avions fait ou n'entendions faire en la dicte ville ou place aucunes choses en leur prejudice ne de leur dit moustier ne acquerir au roy nostre sire nouvel droit en possession ou aultrement. Et quant estoit des dictes fourches ou gibet mis et levé en leurs dictes greuves, comme dit est, nous l'avions fait par l'auctorité de nostre office et qne bonnement ne povoit ailleurs estre faicte la dicte justice et condampnacion, pour occasion de la dicte guerre. Et en tant que touchoit le sourplus, c'est assavoir la edificacion de l'euvre dessus dicte, prinse de quarrel, pierres a maçonner et sablon, comme dessus est dit, hault et puissant seigneur Louys d'Estoteville[1], sire d'Ausebosc et de Moyon, cappitaine des abbaye, ville et forteresce du dit lieu, par qui commandement et ordenance avoit esté fait ce que dessus est dit, qui present estoit et lequel avoit esté a toutes les choses a nous exposées, comme dit est, dist et respondit aux diz religieux que, par le conseil, deliberacion et avis de plusieurs chevaliers, escuyers et autres notables personnes, il avoit fait commencier la dicte oeuvre ou edifice de maçonnerie et pour ce fait prendre carrel, pierres et sablon pour l'emparement et fortificacion de la dicte ville et place, en laquelle oeuvre ou edifice estoit avisé ou ordonné avoir une huysserie pour saillir et yessir hors gens d'armes de la dicte ville, toutes foiz que mestier seroit, dedens les dictes greves, ou se retraire des dictes greves en la dicte ville. Lesquelles choses il avoit faictes pour le bien du roy nostre dit sire et de la dicte place et par l'auctorité de son dit office, et n'entendoit ou vouloit, en ce faisant, acquerir aulcun droit, seignourie ou possession au roy nostre dit sire ou a aultres, et semblablement vouloit et entendoit estre fait en toutes les oeuvres ou edifices faictes ou a faire en la dicte place, le dit temps de la guerre durant, mès vouloit que la saisine et possession et tout le droit en fust et demourast es diz religieux en l'estat et maniere que eulx l'avoient et possidoient au devant de la dicte guerre. Oultre, les diz religieux firent retenue et protestacion que les choses dessus touchées ne leur feissent ou portassent aulcun prejudice, et surtout et en toutes choses retenoient leurs raisons sauves, et de ce que dit est nous requistrent ces presentes lesquelles nous leur ottroiasmes. En tesmoing desquelles choses nous dessus dit viconte les avons seellées du grant seel aux causes de la dicte viconté en l'an et jour dessus diz. Lombart.

(Arch. du dép. de la Manche, série H, n° 15367.)

1. Cette charte et la suivante permettent de déterminer avec précision la part

LXXXIII

1426, JUILLET, MONT-SAINT-MICHEL

Louis d'Estouteville, sire d'Auzebosc et de Moyon, capitaine du Mont-Saint-Michel, déclare que le fait de la construction d'une tour ronde et d'une poterne dont il a pris l'initiative pour compléter les défenses de la place, ne porte aucune atteinte aux droits de propriété de l'abbaye.

Louys d'Estouteville, sire d'Ausebosc et de Moyon, capitaine pour monseigneur le roy des abbaye, ville et forteresce du Mont Saint Michiel, a tous ceulx qui ces lettres verront, salut. Comme pour l'emparement et fortificacion de ceste dicte place du Mont, eu ad ce l'advis et deliberacion de pluseurs, ayons fait faire aulcunes oeuvres et de present entreprins a faire edifier une maniere de tour ronde avecques une huisserie en icelle pour yssir hors, quant mestier seroit, en l'endroit et yssue des maisons qui furent feu Jamet le Gay la ou encores est une pace ou pavage faicte par icelluy Jamet; et les religieux, vicaire et couvent du moustier du dit lieu soyent venuz pardevers nous la ou nous estions accompaigniez de plusieurs personnes nobles et aultres, en faisant la dicte oeuvre commencer, qui nous ayent signifié que toutes les greves et paces hors la ligne des maisons et generaulment tout le rocher, hors les lieux subjectz en rentes aux diz religieux, sunt l'eritage du dit moustier donné anciennement a icellui avec toutes noblesces, dignitez et libertez que le prince y avoit; et en especial, ou regard des dictes paces ou pavemens qui sunt ou ont esté faiz aux yssues des maisons devers la greve, les diz religieux les ont baillées o rente a qui il leur a pleu, o condicion telle qu'ilz les pevent faire depecer et oster, quant il leur plaist, sans ce que les preneurs puissent aller a l'encontre; et nous ayent iceulx religieux

---

qui revient à Louis d'Estouteville dans les fortifications du Mont-Saint-Michel et la date exacte des constructions dues à son initiative. Cf. Corroyer, *Description du Mont-Saint-Michel*, p. 271 et 273.

particulierement monstré par lettres comment le dit feu Jamet le Gey confessa non avoir ou reclamer aucun droit, possession ou chalenge de edifier ou mesnager sans le consentement, congié et licence des diz religieux a l'endroit de la dicte pace ou nous entendons de present edifier, mès la prist d'eux icellui Jamet le Gey a certaine rente annuelle a la condicion dessus dicte. Et afin que la dicte edificacion par nous entreprise pour monseigneur le roy par auctorité de nostre office et pour la necessité de la guerre ne puisse acquerir aulcun droit, chalenge ou possession a mon dit seigneur le roy ou aultres ou contraire de leurs droitures et privileges anciens, ayent fait iceulx religieux protestacion devant nous que ceste presente edificacion ou aultres par nous faictes ou a faire et toutes aultres innovations non accoustumées estre faictes en ceste dicte place ou devant de ceste guerre ne puist ou doye tourner ou prejudice d'eulx et le dit moustier es temps avenir, et de ce nous ayent requis très instamment leur baillier noz lettres, savoir faisons que nous, sachans que mon dit seigneur le roy leur a donné les siennes lettres generales en ceste matere et toutes aultres touchantes ceste guerre de non y estre prejudiciez, et nous pareillement les nostres en general, qui ne voulons aussi ne n'entendons que edifice ou aultre chose nouvelle que nous façons ou façons faire, pour raison de la guerre, par auctorité de nostre dit office de capitaine ou aultrement, face ou porte prejudice aux diz religieux ou le dit moustier pour le temps avenir, leur en avons donné de rechief et en particulier cestes presentes noz lettres seellées de nostre propre seau pour tesmoing des choses dessus dictes. Ce fut fait au dit lieu du Mont Saint Michiel le. . . . . jour de juillet l'an mil iiii^c vingt six [1].

(Arch. du dép. de la Manche, série H, n° 15368.)

[1]. A la date cette charte, c'est-à-dire vers le milieu de 1426, l'Avranchin était tellement dépeuplé par l'émigration et par la guerre qu'on lit dans un fragment de compte, en date du 20 juin de cette année, qu'à Saint-James et à Pontorson « ne demeure aucune personne, excepté gens de guerre » (*Bibl. Nat.*, Quitt. t. 58, n° 586).

LXXXIV

1426, 27 SEPTEMBRE, PARIS

Rémission octroyée par Henri VI à Thomas Morisse, de Lingreville, qui avait tué deux pages demeurant alors au château de Bricqueville-sur-Mer, lesquels pages étaient au service d'un Anglais nommé Jean Hunt, de la garnison de la Bastille.

Henry, par la grace de Dieu roy de France et d'Angleterre, savoir faisons a tous presens et advenir nous avoir oye l'umble supplicacion de Thomas Morisse, povre homme laboureur de braz chargié de femme et de trois petiz enfans, de la parroisse de Lingreville [1] ou diocese de Coustances, contenant comme, quatre ans a ou environ, le dit suppliant estant en son hostel, escardant de la laine, et tout nu en sa chemise, feussent venuz en son dit hostel deux pages ou varlez, aagiez chascun d'eulx de dix huit ans ou environ, demourans lors ou chastel de Briqueville sur la mer [2], que on disoit estre pages ou varlez d'un nommé Jehan Hoint, Anglois, de la garnison de la Bastille [3], lesquelz deux pages ou varlez, par force et contre le gré et voulenté du dit suppliant et de sa dicte femme, feussent entrez en son dit hostel et, rompu l'uis d'icellui et eulx entrez, commencérent a frapper et batre très fort de leurs espées icellui suppliant et sa dicte femme, et de fait, se icellui suppliant ne se feust mis a defense, l'eussent tué ou au moins très griefment affolé et blecié. Pour laquelle cause et pour obvier a leur mauvais et dampnable propos, eust tant fait qu'il eust osté a l'un des dis pages sa dicte espée, de laquelle, en repellant force contre force, il eust donné plusieurs cops sur les dis pages telement

---

1. Lingreville, Manche, arr. Coutances, c. Montmartin-sur-Mer.
2. Bricqueville-sur-Mer, Manche, arr. Coutances, c. Bréhal. Ces garnisons étaient échelonnées sur tout le littoral de la presqu'île à cause de la terreur qu'inspirait aux Anglais la flotte du Mont-Saint-Michel.
3. Ces mots « la Bastille » désignent peut-être la bastille d'Ardevon ; mais alors l'incident raconté dans la lettre de rémission ne pourrait remonter plus haut que la fin de 1424.

que, a l'occasion d'iceulx, assez tost après ilz alérent de vie a trespassement. Après lequel cas ainsi advenu, icelui suppliant, troublé en son bon sens et entendement, et courroucié du dit cas ainsi avenu, se feust parti lui et sa dicte femme de son hostel et emporté un de leurs petiz enfans, delaissant tous leurs biens sans riens emporter, fors tant seulement son corset ou pourpoint. Et assez tost après les Anglois de la garnison du dit lieu de Briqueville prindrent et emportérent les biens du dit suppliant, ardirent sa maison et une autre qui estoit a un sien voisin........ Si donnons en mandement aux bailli de Constantin et viconte de Coustances. Donné a Paris le xxvii⁰ jour du mois de septembre l'an de grace mil cccc et vint six, et de nostre regne le quart. Ainsi signé : es requestes par vous tenues ou l'evesque de Beauvais, messire Jehan le Clerc, messire Jehan de Courcelles, l'arcediacre de Paris, maistre Pierre de Marigny, maistre Thomas de la Marche et autres estoient. J. MILET.

(Arch. Nat., sect. hist., JJ 173, n⁰ 493.)

LXXXV

1427 (n. st.), 11 JANVIER, PARIS

Henri VI mande aux trésoriers et généraux gouverneurs de ses finances en France et en Normandie de faire payer par Pierre Surreau, son receveur général en Normandie, 3,000 livres tournois à son cousin le comte de Warwick et d'Aumale, qu'il a chargé de mettre le siège devant la ville de Pontorson, de nouveau occupée et fortifiée par l'ennemi, à la tête d'une armée de 600 hommes d'armes et de 1,800 hommes de trait, tous à cheval.

Henry, par la grace de Dieu roy de France et d'Angleterre, a noz amez et feaulx les tresoriers et generaulx gouverneurs de noz finances en France et en Normendie, salut et dilection. Pour ce que presentement, par la deliberacion de nostre conseil, avons ordonné nostre ville de Pontorsson, de nouvel emparée et occuppée par noz ennemis rebelles et desobeissans, estre recouvrée et assiegée par nostre très chier et très amé cousin le conte de Warwyk et d'Aumalle et en sa compaignie, pour ycelluy siege mettre et tenir, avoir le nombre de six cens hommes d'armes et dix huit cens hommes de trait tous a cheval, duquel nombre seront les deux cens lances ordonnées pour les champs soubz son gouvernement, les cent lances envoyées derrenierement de nostre pays d'Angleterre soubz son dit gouvernement pour le temps qu'ilz ont a servir pour le paiement a eulx fait ou dit pays d'Angleterre, cinquante lances qu'il pourra prendre des lances a cheval ordonnées et retenues pour les garnisons gisans es forteresses du pays de Normendie, et du demourant montant a deux cens cinquante lances pour le premier mois et pour le second finant au derrenier jour de mars ou plus durant le dit second mois, s'ilz estoient a siege, trois cens cinquante lances et les archiers, comprins les diz venuz d'Angleterre, nostre dit cousin s'est chargié de finer et de endenter avec aucuns cappitaines par lui advisez aux gaiges acoustumez parmi ce que l'en lui fera prest promptement de la somme de trois mil livres tournois, afin d'en faire prest aux capitaines avec lesquelx il endentera pour le dit fait et siege. Nous vous mandons et expressement enjoingnons que par Pierre Surreau, nostre receveur general de Normendie, et des deniers de sa recepte vous faites promptement faire prest et paiement a nostre dit cousin de la somme de trois mil livres tournois dessus dicte pour prester aux capitaines qu'il retendra pour le dit fait, et au jour de leurs monstres qu'ilz feront pour aler assieger la dicte place, plain paiement pour le premier mois d'icellui siege des dictes deux cens cinquante lances de nouvelle retenue sur leur paiement et aux deux cens lances ordonnées pour tenir les champs, et aussy aux cinquante lances ordonnées estre prinses sur les garnisons gisans en Normendie, et au xve jour du dit mois de mars paiement pour le second mois des trois cens cinquante lances dessus dictes, comprises les cent lances dessus dictes derrenierement venues d'Angleterre, eulx estans a siege, et selon les endenteures qui par nostre dit cousin seront faictes avec les diz capitaines. Et par rapportant ces presentes, avec quittance de nostre dit cousin tant seulement, en tant qu'il touche les dictes trois mil livres tournois de prest, et en tant qu'il touche les autres parties dessus declarées, monstres, reveues, vidimus des endenteures et mandement de nostre dit cousin avec quittance suffisante des capitaines, nous voulons tout ce que par le dit receveur general aura esté paié aux causes dessus dictes estre alloué en ses comptes et rabatu de sa dicte recepte par noz amez et feaulx gens de noz comptes a Paris, auxquelz nous mandons et enjoingnons expressement que ainsi le facent sans contredit ou difficulté quelconques. Donné a Paris le xie jour de janvier l'an de grace mil cccc et vint six, et de nostre regne le cinquiesme, soubz nostre seel ordonné en l'absence du grant. Par le roy, a la relacion du grant Conseil. J. Milet.

(Arch. Nat., sect. hist., K 62, n° 32.)

LXXXVI

1427 (n. st.), 10 mars, Rouen

Hamon Belknap, écuyer, trésorier et général gouverneur des finances de France et Normandie, et Pierre Surreau, receveur général des dites finances en Normandie, mandent aux élus sur le fait des aides à Valognes et à Cherbourg de procéder à l'assiette de 2,340 livres tournois sur les habitants de la vicomté de Valognes pour leur part et portion des 50,000 livres tournois octroyées au roi, tant à Paris qu'à Caen et à Saint-Lô, par la plus grande partie des villes de Normandie, pour le recouvrement de la forteresse de Pontorson récemment emparée et détenuë par l'ennemi.

Hamon Belknap, escuier, tresorier et general gouverneur des finances de France et Normendie, et Pierre Surreau, receveur general des dictes finances en Normendie, commissaires du roy nostre sire en ceste partie, aux esleuz sur le fait des aides a Valloignes et Chierbourg et au viconte du dit lieu ou a leurs lieuxtenans, salut. Receues par nous les lettres du roy nostre sire données a Amiens le IIe jour de ce present mois de mars par lesquelles nous est mandé et commis asseoir, faire cueillir, lever et recevoir la somme de cinquante mil livres tournois octroiée au roy nostre dit seigneur et a son conseil par la plus grant partie des villes du pais et duché de Normendie et pais de conqueste, tant a Paris, Caen et Saint Lo, pour le recouvrement de la ville de Pontorson nouvellement emparée et detenue par les ennemis du dit seigneur, pour laquelle recouvrer ont esté mis sus VI^c lances d'Engleterre et XVIII^c archiers soubz le gouvernment de monseigneur le conte de Warwyck, lieutenant du roy ou dit pais de Normendie : nous, eu conseil et deliberacion sur ce avec plusieurs des conseilliers du roy nostre dit seigneur, affin que le paiement des dictes VI^c lances et XVIII^c archiers estans devant la dicte place de Pontorson [1] et besongnans au recouvrement d'icelle puisse estre entretenu et ce qui desja leur a esté paié par emprunpt estre restitué, avons ordonné et ordonnons par ces presentes estre assis, cueilli et levé la somme de deux mil trois cens XL livres tournois sur les habitans de la dicte ville et viconté de Valloignes et Chierbourg, pour leur cotte part et porcion de la dicte somme de L^m livres tournois, par assiettes deuement par vous faictes sur chascune des villes et parroisses d'icelle viconté, non compris en ce les gens d'eglise, nobles, vivans noblement, frequentans les armes ou qui par importance de corps en sont excusez par la coustume du pais et miserables personnes, lesquelx, selon ce que acoustumé est, en sont exemps. Si vous mandons. . . . Donné a Rouen le X^{mo} jour de mars l'an mil CCCC vint et six. J. BOILEAUE.

(Bibl. Nat., Quittances, t. 58, n° 689.)

1. Cf. Guillaume Gruel, dans la collection de Petitot, VIII, 438 à 441. D'après Gruel, les Anglais mirent le siège devant Pontorson le jeudi gras (27 février) 1427. Voyez plus haut, p. 29, note 1.

LXXXVII

1427 (n. st.), 11 mars, en l'ost devant Pontorson

Richard de Beauchamp, comte de Warwick et d'Aumale, lieutenant général du roi et du régent en Normandie, Anjou, Maine et ès parties de Bretagne, mande à Jean Lenfant et à Robert Holme, écuyers, de recevoir en son lieu et place les montres de 50 hommes d'armes et des archers de la retenue de Jean Fastolf, chevalier, grand-maître d'hôtel du régent, qui servent au siège de Pontorson.

Richard de Beauchamp, conte de Warwyk et d'Aumalle, seigneur le Despensier et de l'Isle, capitaine et lieutenant general du roy et de monseigneur le regent sur le fait de la guerre en Normandie, Anjou, le Maine et es parties de Bretaigne, a noz chiers et bienamez Jehan Nenffant [1] et Robert Holme, escuiers, salut. Savoir vous faisons que, pour ce que bonnement ne povons vacquier ne entendre en nostre personne a prendre, veoir et recevoir les monstres ou reveues de cincquante hommes d'armes et les archiers de la charge et retenue de nostre très chier et bienamé messire Jehan Fastoff, chevalier, grant maistre d'ostel de mon dit seigneur le regent, a lui ordonnez pour le fait du siege de Pontorson, obstant certaines grandes autres occupacions que avons de present pour le fait des guerres du roy nostre dit seigneur es diz païs, nous, confians en vos sens, loyaulté et bonne diligence, vous avons commis et deputez, commettons et deputons..... Donné soubz nostre seel, en nostre ost devant Pontorson le xie jour de mars l'an mil cccc vint et six. Par monseigneur le conte, capitaine et lieutenant general. J. Boulent.

(Bibl. Nat., Quittances, t. 58, n° 691.)

1. Nenffant est pour Lenffant. La substitution de N initial à L résulte d'un vice de prononciation assez répandu que notre scribe a noté servilement. Le 1er octobre 1419, Jean Lenfant, écuyer, fit hommage à Henri V (*Reg. des dons*, p. 124) qui lui concéda le 22 septembre 1421 la sergenterie de Conches (*Mém. de la Soc. des Ant. de Norm.*, XXIII, 1033).

LXXXVIII

1427 (n. st.), 12 AVRIL, PARIS

Henri VI donne à son cousin Guillaume de la Pole, comte de Suffolk et de Dreux, les château et seigneurie de Chanteloup ainsi que la terre et seigneurie de Créances, d'un revenu évalué à 500 livres tournois, situées dans le bailliage de Cotentin, lesquelles seigneuries ont été confisquées sur Jeanne Paynel et Louis d'Estouteville, chevalier, son mari, rebelles.

Henry, par la grace de Dieu roy de France et d'Angleterre, savoir faisons a tous presens et avenir que nous, considerans les grans et notables services que nostre amé et feal cousin Guillaume de la Pole, conte de Suffolk et de Dreux, a faiz le temps passé a feu nostre tres chier seigneur et père, cui Dieu pardoint, tant ou fait de ses guerres comme autrement, fait encore chascun jour a nous et a nostre très chier et très amé oncle Jehan, regent nostre royaume de France, duc de Bedford, en plusieurs et diverses manieres, et esperons que encore face ou temps avenir, a icellui nostre cousin, par l'advis de nostre dit oncle, avons donné, cedé, transporté et delaissié et par la teneur de ces presentes, de nostre grace especial, plaine puissance et auctorité royal, donnons, cedons, transportons et delaissons les chastel, terre et seigneurie de Chantelou [1], ensemble la terre et seigneurie de Creances [2], avecques leurs appartenances et appendances quelzconques, situées et assises ou bailliage de Constantin, en la valeur de cinq cens livres tournois de revenue par chascun an, eu regard a ce qu'elles valoient l'an mil quatre cens et dix, lesquelz chastel, terres et seigneuries jadis furent et appartindrent a Jehanne Paynel et sont de present a nous escheues et appartenans par confiscation, par la rebellion et

---

1. Chanteloup, Manche, arr. Coutances, c. Créances. Chanteloup était la terre patrimoniale dont Jeanne Paynel avait hérité de son père Nicole Paynel. Moyon, Hambye, Bricquebec ne revinrent à Jeanne qu'après la mort de ses oncles et de leur postérité.

2. Créances, Manche, arr. Coutances, c. Lessay.

desobeissance de la dicte Jehanne et de Loys d'Estouteville, chevalier, son mary, commises envers nous et nostre seigneurie, pour iceulx chastel, terres et seigneuries, ensemble leurs dictes appartenances et appendances en la valeur dessus dicte avoir, tenir et possider par nostre dit cousin de Suffolk et ses hoirs masles legitimes venans de lui en directe ligne comme de leur propre chose perpetuelment, hereditablement et a tousjours plainement et paisiblement, en faisant et payant les charges, droiz et devoirs pour ce deulz et acoustumez, pourveu toutesvoies que les dis chastel, terres et seigneurie ne soient de nostre ancien domaine de Normandie, n'excedent la dicte somme de cinq cens livres tournois et n'aient par avant la date de ces presentes esté données a autre personne par feu nostre dit seigneur et pére, nous ou nostre dit oncle. Si donnons en mandement par ces mesmes presentes a noz amez et feaulx gens de noz comptes, tresoriers et generaulx gouverneurs de noz finances en France et en Normandie, au bailli de Constantin.... Donné a Paris le xiie jour d'avril l'an de grace mil iiiic xxvi avant Pasques, et de nostre regne le quint. Ainsi signé : Par le roy, a la relacion de monseigneur le regent de France, duc de Bedford. J. MILET.

(Arch. Nat., sect. hist., JJ 173, n° 634.)

LXXXIX

1427, 20 JUIN, POITIERS

Charles VII fait don d'une somme de 300 francs à maître Nicolas de Voisines, son secrétaire, qu'il a envoyé à deux reprises ravitailler le Mont-Saint-Michel assiégé par terre en janvier, février, mars 1425 (n. st.), et par mer en mai, juin et juillet de la même année.

Charles, par la grace de Dieu roy de France, a nostre amé et feal president de noz comptes l'evesque de Laon, general conseiller sur le fait et gouvernement de noz finances en nostre pays de Languedoc, salut et dilection. Savoir vous faisons que, pour recompenser nostre amé et feal clerc notaire et secretaire maistre Nicolas de Voisines des peines, travaulx et despens qu'il a euz et soustenuz es mois de janvier, fevrier et mars mil ccccxxiiii pour aler advitaillier le Mont Saint Michiel qui lors estoit assiegié par la terre des Anglois noz anciens ennemis, et aussi pour les despens par lui faiz en ung autre voyage que nostre dit secretaire fist es moys de may, juing et juillet ensuivant mil ccccxxv, pour lever le dit siege que les diz Anglois y tenoient par la mer, lequel siege levé et les diz Anglois mors et desconfiz, icellui nostre secretaire advitailla de rechief la dite place, et autres causes a ce nous mouvans, nous a icellui de Voisines, nostre secretaire, avons donné et donnons de grace especial par ces presentes la somme de trois cens livres tournois, a icelle prendre et avoir pour une foiz des deniers de nos dites finances de Languedoc. Si vous mandons et enjoignons que par nostre amé et feal Jehan Seaume, tresorier general de nos dites finances de Languedoc, ou autre par nous commis ou a commettre pour le temps advenir ou dit office de tresorier general, vous des deniers de sa recepte tant ordinaire que extraordinaire faites paier, baillier et delivrer au dit de Voisines ou a son certain mandement la dite somme de trois cens livres tournois, laquelle, par raportant ces presentes et quittance sur ce de nostre dit secretaire seulement, nous voulons estre allouée es comptes et rabatue de la recepte du dit Jehan Seaume ou d'autre qui paiée l'aura par noz amez et feaulx gens de noz comptes, ausquelx nous mandons que ainsi le facent sans aucun contredit ou difficulté, non obstans que des diz voyages n'apparre autrement que par ces presentes... Donné a Poictiers le xx⁰ jour de juing l'an de grace mil cccc vint et sept, et de nostre regne le quart, soubz nostre seel ordonné en l'absence du grant. Par le roy, les seigneurs de Beaumont et de Treignac, le Camus de Beaulieu et plusieurs autres presens. BUDE.

(*Bibl. Nat.*, *Pièces originales*, *au mot* Voisines ; document communiqué par M. Léopold Delisle.)

XC

1427, 16 juillet

Hamon Belknap, écuyer, trésorier et gouverneur général de toutes les finances du roi de France et d'Angleterre, et Pierre Surreau, receveur général des dites finances en Normandie, chargent Jean Josse, écuyer, maréchal de la garnison de Pontorson, et Vigor de Saint-Gabriel, vicomte d'Avranches, de recevoir les montres des 20 hommes d'armes et des 60 archers qui composent la garnison de Tombelaine sous Thomas Burgh, écuyer, capitaine d'Avranches.

Hemon Belknap, escuier, tresorier et general gouverneur de toutes les finances du roy nostre sire tant en France que en Normendie, Pierre Surreau, receveur general des dictes finances en Normendie, et Jehan Chambellan, contrerouleur d'icelle recepte generale, commissaires du roy nostre dit seigneur et de monseigneur le regent le royaume de France duc de Bedford en ceste partie, a Jehan Josse, escuier, mareschal de la garnison de Pontorson, et a Vigor de Saint Gabriel, viconte d'Avrenches, salut. Savoir vous faisons que, pour ce que presentement sommes occuppez en certains grans affaires a nous enchargiez par mon dit seigneur le regent, par quoy vacquer et entendre ne povons de present a aler a Avrenches pour ilec prendre et recevoir les monstres de vint hommes d'armes, c'est assavoir xv a cheval et cinq a pié avec soixante archiers nouvellement ordonnez pour la garde et seurté de Tombelaine en la compaignie et soubz le gouvernement de Thomas Bourg, escuier, capitaine d'Avrenches, nous vous avons commis a icelles monstres des diz xx hommes et lx archiers prendre, veoir et recevoir pour et ou lieu de nous, et vous avons donné et donnons par ces presentes povoir et auctorité de par le roy nostre dit sire et mon dit seigneur le regent de icelles prandre et recevoir en la maniere acoustumée, en nous certiffiant deuement soubz voz signez des noms et seurnoms d'iceulx gens d'armes et de trait, de la maniere de leurs habillemens et de quelz harnois ilz seront deffaillans, comme acoustumé est a faire en tel cas. Si donnons en mandement au dit capitaine et aux dictes gens d'armes et archiers et a chascun d'eulx que en toutes choses touchans ceste presente commission a vous obeissent et entendent diligemment. Donné soubz noz signez le xvie jour de juillet l'an mil cccc vint et sept. J. Boileau.

(Bibl. Nat., Quittances, t. 59, n° 752.)

XCI

1427, 18 août

Noms de divers charretiers, originaires d'un certain nombre de paroisses [1] de la vicomté d'Avranches, qui ont reçu de Guillaume Blancbaston, vicomte de Coutances, 192 livres, à raison de 20 sous tournois par jour et par charette, « pour chascun jour qu'ilz ont servy pour mener de Saint Jame de Bevron a Pontorson [2], durant et après la demolicion de la dicte forteresse de Saint Jame, les artilleries, canons et merrien de portes et garites lors estans au dit lieu de Saint Jame..., comme plus a plain est contenu et desclairé en la certifficacion de hault et puissant seigneur monseigneur de Talbot et de Fournival, capitaine du dit lieu de Pontorson. »

(Bibl. Nat., Quittances, t. 59, n° 761.)

---

1. Ces paroisses sont celles de Sainte-Pience, de « Brasses », de la Chaise, de la Trinité, de Rouffigny, de Chérencé, de Bourguenolles, de Lolif, de la Rochelle, de Tirepied, de Vernix, de Saint-Georges-de-Livoye, de Saint-Jean et Saint-Nicolas, de Saint-Jean-de-la-Haize, de Plomb, de Ducey, Saint-Osvin, de Céaux, de Poilley, des Pas, de Saint-James-de-Beuvron, de la Croix et de Villiers.

2. D'après Guillaume Gruel, Pontorson s'était rendu au Anglais, après un siège qui durait depuis plus de neuf semaines, le 8 mai 1427 (Gruel, dans Petitot, VIII, 411). Le jeudi 17 avril 1427, Jean de la Haye, baron de Coulonces, s'était fait tuer sur les bords d'une petite rivière nommée la Gueintre, au Bas-Courtils, près de l'endroit où elle se jette dans la baie du Mont-Saint-Michel, en voulant porter secours à la place assiégée (Voyez plus haut, p. 29, notes 2 et 3). Cf. du Paz, *Hist. généal. de Bretagne*, p. 258.

XCII

1427, 17 NOVEMBRE

Ordonnance de Henri VI invitant les hommes d'armes, auxquels des fiefs ont été donnés en Normandie, à faire résidence personnelle sur leurs dits fiefs avant le terme de Pâques prochain, sous peine de dépossession, « vu que grant partie de ceulz ausquelz nostre dit seigneur et pére (Henri V) et nous avons fait don et octroy de terres et seigneuries en France et especialment en Normendie, n'ont depuis fait ne font encore les services et devoirs qu'ils sont tenus de faire, par quoy nous a convenu chascun an envoier en nostre dit royaume de France plus grant nombre de gens d'armes et de trait de nostre dit royaume, paiez et souldoiez de noz deniers d'Engleterre, qu'il n'eust convenu, s'ilz eussent esté sur leurs terres et seigneuries. »

(Bibl. Nat., Quittances, t. 59, n° 797.)

XCIII

1428 (n. st.), 9 JANVIER

Richard de Beauchamp, comte de Warwick et d'Aumale, capitaine et lieutenant général par tout le royaume de France, certifie un état des munitions livrées par Jean Harbotel, écuyer, maître des ordonnances de l'artillerie, pour le siège de Pontorson.

Nous Richart de Beauchamp, conte de Warewyk et d'Aumalie, seigneur le Despensier et de l'Isle, capitaine et lieutenant general du roy et de monseigneur le regent le royaume de France, duc de Bedford, par tout le royaume de France, certiffions que pour le fait du siege de Pontorson ont esté baillées et distribuées par Jehan Harbotel, escuier, maistre des ordonnances de l'artillerie de mon dit seigneur le regent, les artilleries et habillemens de guerre qui ensuivent, c'est assavoir : deux mil deux cens livres de pouldre a canon. Item, six milliers cinq cens de trait commun. Item, deux milliers cinq cens de dondaines. Item, quatre milliers deux cens cinquante des dictes dondaines. Item, trante huit pavais. Item, douze pavais qui furent emprumptez a Rouen. Item, quatre pavaisines. Item, ung falot. Item, cent tourteaux. Item, quarante cinq sarpes a bois. Item, quinze congnées a fendre bois. Item, deux engins a poulies doubles. Item, trois engins sangles. Item, soixante livres de fil d'Envers. Item, trente livres d'acier. Item, douze cens livres de fer d'Espaingne. Item, quatre cens peles, c'est assavoir un cent de ferrées, et trois cens non ferrées. Item, deux cens quarante picquois. Item, mil toises de cordaige. Item, ung grant chable. Item, cinq cens fusées. Item, trois cens quarante maillez de plom. Item, douze lanternes et cinq arbalestres rompues et cassées. Toutes lesquelles artilleries et habillemens dessus dis ont esté baillées et distribuées par le dit maistre, par nostre commandement et ordonnance et a sa descharge ; et pour lui valoir en ses comptes lui avons baillées et accordées ces presentes lettres certificatoires ausquelles, en tesmoing de ce, nous avons fait mettre nostre signet le ixe jour de jenvyer l'an mil cccc et vint sept.

(*Bibl. Nat., Quittances, t. 59, n° 740.*)

XCIV

1428 (n. st.), 14 février, paris

Henri VI retient Jean Harpeley, chevalier, bailli du Cotentin, à la charge de 20 hommes d'armes et de 100 archers tous à cheval, pour tenir garnison à Genest ou à Saint-Léonard et bloquer le Mont-Saint-Michel; il mande à ses trésoriers de payer les gens d'armes ainsi retenus pour huit mois sur un subside qui doit être levé ès marches voisines du dit Mont, si toutefois ceux du pays consentent à payer ce subside.

Henry, etc., a nos amez et feaulx conseilliers les tresoriers et generaulx gouverneurs de toutes noz finances tant en

France comme en Normendie, salut et dilection. Savoir faisons que, par l'advis et deliberacion de nostre trés chier et trés amé oncle Jehan, regent notre royaume de France, duc de Bedford, et des gens de nostre grant conseil, nous avons ordonné et retenu, ordonnons et retenons par ces presentes nostre amé et feal chevalier Jehan Harpelay, bailli de Constantin, a la charge de vint hommes d'armes et cent archiers, tous a cheval, pour iceulx establir a Genois ou a Saint Lienart, pour restraindre et contraindre de vivres et autres aides noz ennemis estans au Mont Saint Michiel et faire tous autres exploiz de guerre au prouffit et seurté de noz bons et loyaulx subgez des dictes marches et expeller et extirper les brigans et autres ennemis et adversaires, lesquelz vint hommes d'armes et cent archiers tous a cheval [1], comme dit est, nous voulons estre paiez pour huit mois entiers a compter du jour de leurs premieres monstres, selon la coustume d'Angleterre, des deniers qui ystront de certain aide qui sera mis sus es dictes marches pour ceste cause et autres choses touchans la seurté du dit pais et les exploiz et diligence de guerre qui se fera contre ceulx du dit Mont et autres ennemis voulans opprimer la dicte marche, ou cas toutevoyes que ceulx du pais se consentiront a paier le dit aide. Si voulons et vous mandons que par nostre bien amé Pierre Surreau, receveur general de Normendie, vous faites paier des diz deniers les diz vint hommes d'armes et cent archiers de leurs gaiges et souldées, selon leurs monstres et reveues, de mois

---

1. Le registre de comptabilité de Pierre Surreau, receveur général de Normandie, pour l'exercice de 1428-1429, donne le détail du payement de ces hommes d'armes depuis le 14 février 1428 jusqu'au 8 juillet 1429 (*Bibl. Nat.*, ms. fr. n° 4488, f°ˢ 241 à 244). Le 8 janvier 1428, Eliot Lebret, lieutenant à Saint-Lô de Jean Burnel, vicomte de Carentan, fit savoir que 70 bourgeois de Saint-Lô, parmi lesquels on remarque Colin Varroc, maître Jean Varroc, maître Guillaume Chesnel, maître Jean Letousé, Jean le Jolivet, Thomas Thibout, Guiot Go, Perrin Chouquée, Robin Cauvelande, Jean Bloville, Guillaume Violette, Jean Escourtemer, Guillaume le Jolis, Jourdain le Touroudel, que ces 70 bourgeois, disons-nous, s'étaient portés fort pour tous les autres bourgeois de Saint-Lô du recouvrement de la somme de 130 livres tournois à valoir sur l'aide octroyée par les gens des bonnes villes du Cotentin : 1° pour l'entretien de 20 lances et de 100 archers ; 2° pour la construction d'une bastide à Genest et à Saint-Léonard ; 3° pour le salaire de maître Richard Colibert, charpentier, demeurant près de Coutances, chargé de diriger cette construction (*Bibl. Nat.*, Quitt., t. 60, n° 1014).

en mois, jusques a huit mois continuelment ensuivans à compter du jour de leurs dictes monstres, selon la dicte coustume d'Angleterre. Et, par rapportant ces presentés ou vidimus d'icelles, etc... Donné a Paris le xiiiie jour de fevrier l'an de grace mil cccc vint et sept, et de nostre regne le sixme. Par le roy, a la relacion de monseigneur le regent, duc de Bedford. J. DE RINEL.

(*Bibl. Nat., Quittances, t. 59, n° 838.*)

XCV

1428 (n. st.), 11 MARS, SAINT-LÔ

Renfort de 20 lances et de 100 archers octroyé à Jean Harpeley, bailli du Cotentin, pour presser plus étroitement la garnison française du Mont-Saint-Michel; et vote par treize bourgeois, députés des villes de Coutances, de Carentan, de Valognes et de Saint-Lô, d'une taille de 5,300 livres tournois à répartir entre les vicomtés du bailliage de Cotentin pour l'entretien de 18 de ces lances et de 52 de ces archers.

A tous ceulx qui ces lettres verront, Jehan Burnel, vicomte de Carenten, salut. Comme par trés hault et puissant seigneur monseigneur le regent le royaume de France, duc de Bedford, eussent esté envoiées certaines lettres closes aux bourgois, manans et habitans des bonnes villes du bailliage de Constantin contenant en effect que reverend pére en Dieu monseigneur l'evesque de Coustances [1], maistre Angueran de Campront, chanoine du dit lieu de Coustances, et Benard le Cointe, escuier, nommés en icelles, fussent creus de ce qu'il diroient et raporteroient aux diz bourgoiz et habitans, pour le bien et seigneurie du roy nostre souverain seigneur et du pays, a quoy il avoit esté avisé de mon dit seigneur le regent et par le conseil du roy nostre dit seigneur que, pour

1. Philibert de Montjeu, évêque de Coutances de 1424 à 1439.

reprimer, rebouter et tenir en destresse les adversaires et
ennemis de nostre souverain seigneur qui tiennent et occuppent la place du Mont Saint Michiel et aussi pour abatre et
mettre au neant certains apatists que il vouldroient cueillir,
exercier et lever sur le pays subget du roy nostre dit seigneur, et pour prendre et destruire les brigans qui conversent ou dit pays¹, que c'estoit chose bonne et prouffitable que
noble homme monseigneur Jehan Harpeley, chevalier, bailli
Constantin, eust charge de vint lances et cent archiers oultre et pardessus les gens d'armes de son ordonnance, pour
huit mois a commencer du jour que ilz feroient leurs monstres et fenissans les dis huit mois accomplis, dont es despens
du roy nostre souverain seigneur seroient paiés pour les dis
huit mois deulx lances et quarante huit archiers, et le sourplus montans a dix huit lances et chinquante deulx archiers
seroient paiés es despens des habitans du dit bailliage de
Constantin et ressort ancien d'icellui, et estre le paiement
des dis dix huit lances et chinquante deulx archiers assis
cueilly et levé sur eulx par forme de taille, en cas que a ce
les dis habitans se vouldroient consentir; savoir faisons que
au jour d'ui xɪᵐᵉ de mars l'an mil cccc vingt sept, a Saint
Lo, devant nous viconte dessus dit, après que les choses dessus dictes eurent esté exposées par les dis reverend pére en
Dieu, Campront et Cointe, en la presence de Jehan le Faé,
bourgois de Coustances, ad ce commis et depputé pour la
dicte ville, de maistre Guillaume le Fevre et Guillaume Pois-

---

1. Ces « brigands », dont quelques-uns étaient surtout des Normands rebelles, infestaient particulièrement le grand chemin de Saint-Lô à Carentan. Le 19 mars 1428, Jean Harpeley, bailli du Cotentin, fit payer 15 livres tournois à Eliot Lebret, lieutenant à Saint-Lô du vicomte de Carentan, qui avait passé neuf jours à faire élargir avec des houes et des pics « la cavée d'au dessus du Pont Hebert (Manche, arr. Saint-Lô, c. Saint-de-Daye), tellement que on puisse passer a pié, a cheval et a charrey ». Suivi d'une escorte composée de 7 hommes d'armes pris dans la garnison anglaise de Saint-Lô, Eliot Lebret s'était rendu sur les lieux et avait fait couper ou brûler les taillis qui bordaient en cet endroit le grand chemin de Saint-Lô à Carentan. Le terrain ainsi déblayé, on avait ouvert une tranchée pour élargir la voie, afin que ce chemin fût fait « de si grant largesse que sur icellui chemin les brigans, *ennemis et adversaires du roy*, qui frequentent continuelment tant de jour que de nuyt a guetier les chemins du Pont Hebert, ne s'i puissent desormais embuschier, muchier ne guetier icellui chemin » (*Bibl. Nat.*, Quitt., t. 59, nᵒ 855).

son, bourgois de Carenten, ad ce commis et depputés pour la dicte ville, de maistre Pierres de la Roque et Thomas le Cauf, bourgoiz de Vallongnes, ad ce commis et depputés pour la dicte ville, et de Nicolas Voyer, Raoul Rouillart, Guillaume Jehan, maistre Jehan le Tousé, Thomas Matenot, Jehan le Jollivet, Jehan le Tenneur et Guillaume Cauvin, bourgoiz de Saint Lo, ad ce commis et depputés pour la dicte ville, et de plusieurs des gens et officiers du roy nostre dit seigneur ad ce appellés, iceulx bourgoiz dessus nommés, eu nom que dessus, après ce que par plusieurs journées ilz ourent eu grant deliberacion et advis ensemble, distrent et respondirent que, en obbeissant et en obtemperant aus dictes lettres de mon dit seigneur le regent, ilz se consentoient et estoient d'acord que sur les dis habitans du dit bailliage de Constantin et ressort ancien d'icellui fust prins, assis, cueilli et levey par forme de taille la somme de cinq mille trois cens livres tournois pour les causes qui ensuivent, c'est assavoir : pour le paiement des dictes dix huit lances et chinquante deulx archiers, trois mil neuf cens soixante dix livres tournois a quoy le paiement se povoit monter pour les dis huit mois, au feur de quinze livres tournois par mois pour chascune lance, et de cent soulz par mois pour chascun archier oultre et pardessus ce qui paié doit estre par le roy nostre dit seigneur; et au dit monseigneur le bailli, pour employer a la fortifficacion du logis, tant pour lui que pour ceulx de sa retenue, soit a Genez ou a Saint Lienart, au mielz qu'il verra convenir, et pour plusieurs cousteages qu'il lui esconvendra faire en la besongne, tant en espies, messages que autrement, la somme de sept cens chinquante livres tournois, sans ce que iceulx habitans se consentent que le dit bailli ne autre puisse creer ne imposer aucune autre charge sur eulx a la cause dessus dicte ; et aus dis monseigneur l'evesque, Campront et Cointe, pour avoir esté a Paris pour le fait de la dicte besongne pardevers mon dit seigneur le regent et le conseil du roy nostre dit seigneur ou ilz ont vacqué par le temps et espasse de quarante sept jours; et pour plusieurs fraiz, cousteages et missions par eulx fais et ensuis a cause de ce, la somme de quatre cens chinquante livres tournois, par composicion faicte avesques eulx, laquelle ilz ourent agreable, et pour plusieurs autres frais et missions neccessaires pour le fait de la dicte besongne, tant pour impetrer et pourchassier les lettres de l'acomplissement de ce que dit est, la somme de six vings dix livres tournois y sera mise et employée sur la dicte somme de cinq mille trois cens tournois ; a paier icelle somme a deulx termes, c'est assavoir la moittié eu mois d'avril prouchain venant, et l'autre moittié eu mois de septembre aprés ensuivant. Laquelle somme fut departie par les vicontes du dit bailliage, en la presence du dit monseigneur le bailli et de plusieurs des gens et officiers du roy nostre sire et du consentement des bourgoiz dessus nommés, en la maniere qui ensuit, c'est assavoir : la viconté de Coustances et ressort ancien d'icelle, a la somme de mil cinq cens livres tournois ; la viconté de Carenten et ressort ancien d'icelle, a la somme de mil huit cens livres tournois ; la viconté de Vallongnes et ressort ancien d'icelle, a la somme de douze cens livres tournois ; et les vicontés d'Avrenches et de Mortaing et ressort ancien d'icelles, a la somme de huit cens livres tournois. Donné pour tesmoing de ce, soubz le grant seel aux causes de la dicte viconté de Carenten, en l'an et unziesme jour de mars dessus dis. LEBRET.

(Bibl. Nat., Quittances, t. 59, n° 853.)

XCVI

1428, 9 AVRIL, ROUEN

Mandement adressé par Hamon Belknap, écuyer, trésorier et gouverneur général des finances du roi Henri VI en France et en Normandie, et par Pierre Surreau, receveur général des dites finances en Normandie, au vicomte de Carentan ainsi qu'aux élus sur le fait des aides en la dite vicomté, faisant mention : 1° d'une aide de 120,000 livres tournois octroyée à Rouen au mois de septembre précédent par les trois États de Normandie ; 2° de 3,000 livres tournois votées pour le payement de 4 hommes d'armes et de 100 archers chargés de la protection des chemins en sus de ceux qui avaient été institués l'année précédente ; 3° de

5,300 livres tournois imposées sur les habitants du Cotentin pour l'entretien à Genest ou à Saint-Léonard de 18 hommes d'armes et de 52 archers chargés de bloquer le Mont-Saint-Michel.

Hamon Belknap, escuier, tresorier et general gouverneur des finances du roy nostre sire en France et en Normendie et Pierre Surreau, receveur general des dictes finances en Normendie, commissaires du dit seigneur en ceste partie, aux esleuz sur le fait des aides ordonnez pour la guerre a Carenten et au visconte du dit lieu ou a leurs lieuxtenans, salut. Receues par nous les lettres du roy nostre dit seigneur données a Paris le xvme jour de mars derrenierement passé par lesquelles nous est mandé asseoir, faire cueillir, lever et recevoir, dedens le viiie jour de may prouchainement venant, la somme de soixante mil livres tournois pour le second et derrenier paiement de l'aide des vi^{xx} m tournois octroyé au roy nostre seigneur par les gens des trois Estas du duché de Normendie et pays de conqueste faicte par feu de bonne memoire son feu seigneur et pére, dont Dieu ait l'ame, en l'assemblée faicte a Rouen ou moys de septembre derrenier passé, pour convertir ou paiement des gens d'armes et de trait ordonnez pour ceste presente année a la garde des bonnes villes et forteresses du dit duché et pays de conqueste et expulser les brigans, a ce que les bons et loyaulx subgez du dit seigneur demourant en yceulx puissent seurement faire leurs marchandises et labours ; trois mil livres tournois, pour convertir ou paiement de quatre lances et cent archiers derrain ordonnez pour la garde et seurté des chemins oultre ceux qui dès l'année passée y estoient ordonnez, et deux mil vi^c l livres tournois sur les habitans du bailliage de Coustantin pour la moitié de v^m iii^c livres tournois, par yceulx habitans advisée estre mise sus, cueillie et levée sur eulx a deux termes, pour convertir ou paiement de xviii lances et lii archiers par eulx advisez estre mis a Geneiz [1] ou Saint Lienart [2] près du Mont Saint Michiel, pour destraindre de

---

1. Genest, Manche, arr. Avranches, c. Sartilly.
2. Auj. Saint-Léonard, hameau de la commune de Vains, Manche, arr. et c. Avranches.

vivres et autres choses les ennemis du dit seigneur estans au dit Mont : nous, eue sur ce l'advis et deliberacion.... Donné a Rouen le neuf^{me} jour d'avril l'an mil cccc et vint huit après Pasques. BOILEAUE.

(Arch. Nat., sect. hist., K 63, n° 1.)

XCVII

1428, 10 MAI, PARIS

Commission de capitaine des château et forteresse de Tombelaine donnée pour six mois, commençant le 1er avril 1428, à Thomas Burgh, écuyer, à la charge de 15 hommes d'armes à cheval, de 5 hommes d'armes à pied et de 60 archers.

Jehan, regent le royaume de France, duc de Bedford, a noz très chiers et bienamez les tresoriers et generaulx gouverneurs des finances de France et de Normandie, salut et dilection. Comme nous avons baillié en garde a nostre chier et bien amé Thomas Bourgh, escuier, pour et ou nom de monseigneur le roy, les chastel et forteresse de Thombelayne et d'icellui lieu le aions retenu capitaine pour demi an commençant le premier jour d'avril derrain passé et finissant a la Saint Michel prouchain venant, a la charge de quinze hommes d'armes a cheval sa personne non comprinse, cinq hommes d'armes a pié et soixante archiers montez et arraiez comme il appartient, aux gaiges c'est assavoir : pour homme d'armes a cheval douze deniers d'esterlins avecques regars acoustumez, pour homme d'armes a pié huit deniers d'esterlins, et pour chascun archier six deniers d'esterlins le jour monnoye dessus dicte, en prenant le noble d'Angleterre pour six solz huit deniers d'esterlins d'icelle monnoye, dont icellui capitaine sera tenu de faire monstres... Donné a Paris le dix^{me} jour de may l'an de grace mil cccc vint et huit. Par monseigneur le regent le royaume de France, duc de Bedford. BRADSHAWE.

(*Bibl. Nat., Quittances, t. 59, n° 881.*)

XCVIII

1428, 17 SEPTEMBRE, ROUEN

Mandement de Henri VI prescrivant, en vue du recouvrement du Mont-Saint-Michel et du siège qui doit être mis, au retour de la belle saison, par terre comme par mer, devant cette forteresse, une levée extraordinaire sur tous les contribuables du duché de Normandie montant à 30,000 livres tournois et payable en deux termes, moitié à la Chandeleur 1429, moitié à la Pentecôte suivante.

Henry, etc., a noz chiers et bien amez Hamon Belkanap, escuier, tresorier general de toutes noz finances en France et Normendie, et Pierre Surreau, receveur general de noz dictes finances en Normendie, salut et dileccion. Comme, pour la recouvrance du Mont Saint Michiel[1] qui longuement a esté et est encores tenu par noz ennemis et adversaires qui moult durement ont opprimé et encores oppriment noz bons et loyaulx subgez, soit besoing et expedient d'avoir grosses finances d'argent dont ne pourrions bonnement finer sans l'aide de noz subgez, nous, qui avons conclu de entendre,

---

1. Vers le milieu de 1428, les Français avaient réuni un petit corps d'armée à Montaudin (Mayenne, arr. Mayenne, c. Landivy) d'où ils menaçaient Pontorson ; et vers le 2 septembre de cette année, Thomas Burgh, capitaine d'Avranches, fit porter un message de Saint-Lô au bailli du Cotentin pour lui annoncer que « certains ennemis, par manière de hostilité, estoient assemblés à Montaudin pour venir ou pais de Normendie » (*Bibl. Nat., Quitt., t. 60, n° 933*). C'est alors que les Anglais renforcèrent la garnison de Pontorson. Le 18 septembre 1428, Thomas, sire de Scales, chevalier banneret, fut nommé capitaine de cette forteresse, et l'effectif de la garnison fut porté à 80 hommes d'armes et 240 archers, tous à cheval (*Ibid., n° 957*).

par le plaisir de Nostre Seigneur, la saison d'esté prouchaine, a la dicte recouvrance, tant par sieges qui seront mis par mer et par terre comme autrement, avons ordonné que, pour emploier en l'armée dessus dicte, sera mise sus generalment en nostre dit duché de Normendie et pais de conqueste la somme de trente mil livres tournois[1] pour une foiz, oultre et pardessus les octroys qui derrenierement nous ont esté faiz generalment par noz subgez de noz diz duchié et païs, a laquelle contribueront seulement toutes personnes, de quelque estat ou condicion qu'ilz soient, tant juges, advocas, procureurs, officiers, sergens, monnoyers, arbalestriers et autres quelzconques qui n'ont acoustumé d'estre assiz a taille, exceptez gens d'eglise qui contribueront par autre voye, nobles vivans noblement et frequentans les armes, lesquelz serviront en leurs personnes par autre voye,

---

[1]. Il ne semble pas que le mandement dont nous publions le texte ci-contre ait jamais été mis à exécution. A la fin d'août et dans les premiers jours de septembre 1428 les habitants des bailliages de Caen et de Cotentin avaient voté une aide spéciale de 25,000 livres dont le produit devait être exclusivement affecté au recouvrement du Mont-Saint-Michel. Les réclamations des habitants des autres bailliages de Normandie firent sans doute révoquer l'ordonnance rendue à Rouen le 17 septembre; il est certain du moins que deux mandements en date des 14 septembre 1428 et 22 février 1429 (n. st.) prescrivent de ne lever l'aide spéciale de 25,000 livres, votée pour le recouvrement du Mont-Saint-Michel, que sur les manants des deux bailliages de Caen et de Cotentin (*Bibl. Nat.*, ms. fr. n° 4488, f°s 3, 5 et 6). D'ailleurs, nous avons le compte détaillé de Pierre Surreau, receveur général de Normandie, pour l'année 1429, et l'on y voit que les divers vicomtes de ces deux bailliages sont les seuls qui aient versé dans la caisse de Surreau des sommes provenant de la perception de l'aide spéciale de 25,000 livres (*Ibid.*, f°s 111 à 113, 144 à 151). Nous possédons un état des paroisses sujettes à faire guet en la forteresse de Coutances, daté du mois de septembre 1428, et nous y voyons à quel degré de misère et de dépopulation tant d'exactions accumulées avaient réduit ce beau pays. A Coutances, par exemple, y compris les paroisses de Saint-Pierre, de Saint-Nicolas et les faubourgs, on comptait alors 320 feux seulement; à Nicorps, 29 feux; à Courcy, 60 feux; à Cambernon, 50 feux; à Monthuchon, 20 feux; à la Vendelée et à Servigny, 34 feux, 17 dans chacune de ces deux paroisses; à Saucey, 40 feux; au Homméel, 25 feux; à Ancteville, 35 feux; à Montsurvent, 52 feux; à Muneville-le-Bingard, 80 feux; à Montpinchon, 90 feux, etc. Chaque feu était tenu de faire le guet de 30 nuits en 30 nuits. Les paroisses les plus éloignées de Coutances, telles que Quettreville, où l'on comptait 100 feux, et Marchésieux, dont la population était évaluée à 60 feux, s'exemptaient du guet en payant une redevance annuelle de 10 sous par feu, et le produit de ces redevances s'éleva en 1428 à 764 livres 10 sous tournois (*Bibl. Nat.*, Quitt., t. 60, n° 964).

exceptez aussi ceulx qui ont acoustumé d'estre assiz et imposez a taille sans fraude. Si vous mandons, commandons et enjoignons expressement, en commettant, se mestier est, par ces presentes, que par les esleuz et autres qu'il appartendra et ainsi que adviserez estre a faire pour le mieulx vous faites imposer, asseoir et mettre sur les personnes de la condicion dessus dicte, par juste et egale porcion, ayans regard et consideracion a la faculté et puissance d'un chascun, la dicte somme de trente mil livres tournois, a icelle paier et cueillir a deux termes, c'est assavoir la moitié a la Chandeleur prouchain venant, et l'autre moitié a la Penthecouste après ensuivant, pour emploier et convertir a la dicte recouvrance et non autre part, en contraignant et faisant contraindre tous ceulx qui seront pour ce a contraindre par toutes voyes deues et raisonnables, et ainsi qu'il est acoustumé de faire pour nos propres debtes. Toutevoyes, s'il y a aucuns des dessus diz juges et officiers ou autres qui ayment mieulx contribuer a part liberalement que estre assiz a taille, nous voulons que a ce soient receuz, pourveu qu'ilz baillent aussi grant somme comme ilz feroient s'ilz estoient imposez et non autrement, et que de telz particuliers, s'aucuns en y avoit, recepte soit faicte a part, pour avoir congnoissance de ceulx qui par ceste maniere contribueront... Donné a Rouen le xviie jour de septembre l'an de grace mil cccc vint et huit, et de nostre regne le six[me]. Par le roy, a la relacion de monseigneur le regent, duc de Bedford. J. DE RINEL.

(Bibl. Nat., Quittances, t. 60, n° 946.)

XCIX

1428, 20 SEPTEMBRE

Henri VI mande à ses trésoriers de payer 650 livres tournois à Jean Harpeley, bailli de Cotentin, à titre de complément d'indemnité des dépenses, évaluées à 1,400 livres tournois, que le dit bailli a faites pour la construction d'une bastide à Genest en vue du blocus et du recouvrement du Mont-Saint-Michel.

A messire Jehan Harpeley, chevalier, bailli de Coustantin, lequel s'est trait devers le roy nostre sire et lui a exposé que, pour faire faire une bastide a Genetz près du Mont Saint Michiel pour yllec tenir frontiere contre les ennemis et adversaires qui occupoient et occuppent le dit lieu du Mont Saint Michiel, laquelle bastide il avoit ordonnée et disposée par l'ordonnance de monseigneur le regent le royaume de France, duc de Bedford, et du Conseil du roy nostre dit seigneur, il avoit fraié et despendu une grant somme d'argent montant a xiiii^c livres tournois ou environ, sur quoy il avoit esté restitué de la somme vii^c l livres tournois ou environ, et lui estoit encore deu a ceste cause vi^c l livres tournois; de laquelle somme il ait requis au roy avoir paiement et satisfaction. Pourquoy le roy nostre dit seigneur, par ses dictes lettres adreçans aux tresoriers et generaulx gouverneurs des finances de France et Normendie, données le xxe jour de septembre mil ccccxxviii, expediées le second jour d'octobre ensuivant, a voulu et mandé que par le dit receveur general de Normendie feissent paier et delivrer au dit chevalier ou a son certain commandement la dicte somme de vi^c l livres tournois des deniers de l'aide mis sus pour la recouvrance du dit Mont Saint Michiel et que, par rapportant les dictes lettres et quittance du dit chevalier de la dicte somme de vi^c l livres tournois, icelle seroit allouée es comptes du dit receveur et rabatue de sa recepte sans contredit. Par vertu desquelles lettres et quittance du dit chevalier cy rendû le dit receveur prant cy la dicte somme a lui paié de . . . . vɪ^c ʟ livres tournois.

(*Bibl. Nat., ms. fr., n° 4488, f° 211.*)

C

1429, DU 4 AU 29 AVRIL

Noms des nobles de basse Normandie, passés en revue à Vernon le 4 avril et à Paris le 28 du même mois, qui ont escorté un convoi de vivres destiné au ravitaillement de l'armée anglaise devant Orléans.

Messire Jehan d'Oissy, messire Jehan Fortescu, chevaliers, et Jehan Sauvage, escuier, chiefz de monstres d'aucuns des nobles des vicontez de Coustances, Carenten et Valongnes... — Messire Raoul de Percy, chevalier, et Jehan Ferfil, escuier, chiefs de monstres des nobles de la viconté de Baieux... — Henry d'Esquay, escuier, noble de la dite viconté de Baieux... — Jehan, seigneur et baron de Courcy, escuier, chief de monstres des nobles de la viconté de Faloise... — Thomas de Mondreville, escuier, chief de monstres des nobles de la viconté de Vire. — Messire Thomas du Bois, chevalier, chief de monstres des nobles de la viconté de Caen... — Jehan le Gillart, escuier, chief de monstres des nobles de la viconté d'Auge... — Guillaume de Gouvys, escuier, pour Henry de Gouvys, chief de monstres des nobles de la viconté d'Orbec... — Jehan de Carrel, escuier, chief de monstres des nobles des vicontez d'Argenten et Dempfront .

(*Bibl. nat., ms. fr. n° 4488, f°⁸ 463 à 476.*)

1. Le corps d'armée, convoqué à Vernon par un mandement en date du 29 mars 1429 et recruté parmi les nobles des diverses parties de la Normandie, comprenait 200 hommes d'armes et 600 archers (*Bibl. Nat.*, Quitt., t. 60, n° 1086. Cf. Mantellier, *Hist. du siège d'Orléans*, p. 227.

CI

1429, 6 AVRIL, VERNON

Jean Harpeley, chevalier, bailli du Cotentin, capitaine de 20 hommes d'armes et de 100 archers à cheval postés à Genest pour bloquer le Mont-Saint-Michel, donne quittance à Pierre Surreau, receveur général de Normandie, de 795 livres 16 sous 8 deniers tournois, pour ses gages et ceux des gens d'armes placés sous ses ordres, du 24 février au 23 mars, après montre passée le 22 mars pardevant Vigor de Saint-Gabriel, vicomte d'Avranches, et George Nessefield.

Sachent tous que nous Jehan Harpeley, chevalier, bailli de Constentin et cappitaine de vint hommes d'armes et cent archiers a cheval a nous ordonnez avoir et tenir a Genetz, pour constraindre de vivres et autres necessités les ennemis et adversaires du roy nostre sire estans au Mont Saint Michiel, expulser les brigans et faire autres exploiz de guerre au prouffit du roy nostre sire, confessons avoir eu et receu de Pierre Surreau, receveur general de Normandie, la somme de sept cens quatre vins quinze livres seze solz huit deniers tournois en prest et payement des gages et regars des dis vint hommes d'armes et cent archiers a cheval de nostre dicte retenue, desservis pour ung mois commençant le xxiiiie jour de fevrier et finissant le xxiiie jour de mars ensuivant cccc xxxviii darrain passé tous incluz, dont nous avons fait monstre le xxiie jour du dit mois de mars par devant Vigor de Saint Gabriel, viconte d'Avranches, et George Nesfeld a ce commis. En laquelle somme sont comprins quatre livres tournois qui rabatues nous ont esté par le dit receveur pour deux d'iceulx hommes d'armes deffaillans a la monstre de harnoiz de jambe, pour chascun d'iceulx vint sous tournois pour le dit mois ; ce payement a nous fait par le dit receveur general par vertu des lettres du roy nostre sire données a Rouen le xxe jour de septembre darrain passé, expediées par messeigneurs les tresoriers de France et Normandie. De laquelle somme de vii^c iiii^{xx} xv livres xvi sous viii deniers tournois nous sommes et nous tenons pour contens, et en quittons le roy nostre dit seigneur, le dit receveur et tous autres. En tesmoing de ce, nous avons signé ceste presente quittance de nostre saing manuel et seellée de nostre signe a Vernon le vi^e jour d'avril l'an mil cccc et vint neuf. J. HARPELEY.

(*Arch. du dép. de la Manche, fonds Danquin.*)

CII

1429, 8 AVRIL, PARIS

Henri VI mande à Pierre Surreau, son receveur général de Normandie, en exécution d'une bulle du pape Martin V, de procéder au recouvrement de deux décimes sur les revenus de tous les bénéfices ecclésiastiques de Normandie, lesquels décimes doivent être employés à la défense du pays et spécialement à l'expulsion des gens d'armes ennemis tenant garnison au Mont-Saint-Michel.

Henry, par la grace de Dieu roy de France et d'Angleterre, a nostre amé Pierre Surreau, nostre receveur general de Normandie, salut. Comme par bulles de nostre saint pere le pape octroiées a nous et a nostre très chier et très amé oncle Jehan, regent nostre royaume de France, duc de Bedford, les gens d'eglise de nostre pais de Normandie, par octroiz faiz par eulx, soient tenuz envers nous en deux dixiesmes ou equivalentes sommes pour convertir et emploier a la deffense d'icellui pais et par especial pour l'expulsion de noz adversaires estans en la place du Mont Saint Michiel, et sur ce le proces ait esté deuement fait par nostre amé et feal conseillier l'evesque de Beauvaiz [1], juge apostolique en ceste

---

[1]. Pierre Cauchon, évêque de Beauvais du 4 septembre 1420 à 1431. Le 13 mars 1429, Cauchon, député par le pape Martin V pour présider à la levée du

partie, lequel ait ordené en chascun diocese commissaires et receveurs pour imposer et asseoir, lever, cueillir et recevoir les diz dixiesmes, nous vous mandons et commettons par ces presentes que vous prenez et recevez des diz receveurs ou commis particuliers les deniers des dixiesmes dessus diz en faisant en ayde de droit contraindre a ce tous ceulx qui pour ceste cause seront imposez a paier leur impost par prinse, arrest et detention de leurs biens et temporel, reservez les biens sacrez de l'eglise qui sont exceptez par les dictes bulles, non obstans opposicions ou appellations a ce contraires, et tout selon la forme des proces sur ce faiz ; et les deniers qui en vendront emploiez et convertissiez ou paiement des gens d'armes et de trait et autres choses neccessaires pour les faiz et affaires dessus dictes, selon les monstres et reveues qui

---

double décime octroyé à Henri VI sur les revenus des bénéfices ecclésiastiques de Normandie, avait confié la levée de ce double décime dans le diocèse de Bayeux à Richard Portefaix, chanoine de cette ville, sous la haute surveillance du prieur de Saint-Lô de Rouen et de maître Raoul Roussel, docteur en décret, trésorier et chanoine de Rouen (*Bibl. Nat.*, Quitt., t. 60, n° 1059). Le clergé bas-normand s'opposa de toutes ses forces à la levée de ce double décime. Richard Portefaix, qui appartenait à l'une des meilleures familles du Bessin, eut beau frapper d'excommunication et même d'interdit les gens d'église récalcitrants, il n'était encore parvenu à recouvrer que des sommes insignifiantes dans les premiers mois de 1430 ; et le 19 janvier de cette année, il exhalait en ces termes son mécontentement dans une circulaire datée de Bayeux et adressée à tous les ecclésiastiques du diocèse : « Jampridem alacriter increpati extitimus super hoc quod decimam primo impositam non recepimus, quod tamen culpe nostre minime est imputandum, sed vobis dominis prelatis ac ceteris viris ecclesiasticis qui sentencias suspensionis, excommunicationis et aggravacionis ac etiam interdicti, in vos, collegia vestra ac ecclesias vestras respective latas, non formidatis nec sustinere veremini, in magnum prejudicium animarum vestrarum, prout jam suspensi, excommunicati et aggravati diu extitistis per processum dicti executoris (Pierre Cauchon), in valvis ecclesie Bajocensis et aliis pluribus locis appositum » (*Bibl. Nat*, Quitt., t. 61, n° 1263 ; cf. *Mém. de la Société de l'histoire de Paris et de l'Ile-de-France*, V, 301 à 305). Le clergé normand en général n'aimait pas les Anglais. En 1426, un religieux de l'abbaye de Préaux, Jean de Guilleville, quitta son abbaye et s'enrôla sous les ordres d'un célèbre chef de bande nommé Guillaume ou Guillemin Halley. Ces « outlaws » firent trembler pendant quelque temps la région de Pont-Audemer et des environs (*Arch. Nat.*, JJ 173, n°s 513, 515, 534). Au mois d'avril 1428, quatre religieux de l'ordre des Frères Prêcheurs, du couvent de Caen, étaient prisonniers à Rouen sous l'inculpation d'avoir commis plusieurs crimes de lèse-majesté, et leur prieur maître Jean Jobart réclamait en vain leur mise en liberté (*Bibl. Nat.*, Quitt., t. 59, n° 872).

seront deuement faictes des diz gens d'armes et de trait par les commissaires qui a ce sont ou seront ordenez et commis. Et par rapportant ces presentes... Donné a Paris le viiime jour d'avril l'an de grace mil cccc vint et neuf après Pasques, et de nostre regne le septiesme. Par le roy, a la relacion du conseil tenu par monseigneur le regent, duc de Bedford. J. MILET.

(*Bibl. Nat., Quittances, t. 60, n° 1073.*)

CIII

1429, 15 AVRIL, PARIS

Henri VI mande à ses trésoriers d'employer les 2,500 livres tournois provenant de l'aide spéciale, levée dans les deux bailliages de Caen et de Cotentin, à acheter 11,000 saluts d'or, et de porter en Angleterre la dite somme destinée au payement des gens d'armes et des navires qui doivent assiéger par mer le Mont-Saint-Michel.

A Guillaume Biote, viconte de Caen, et Jehan Anzeré, procureurs des habitans des bailliages de Caen et Constentin, suffisamment fondez quant a ce par vertu de quatre procuracions faictes et passées les xii, xiiii, xviii de fevrier ccccxxviii et le xxviiie d'avril ccccxxix pour les bourgois et habitans des villes de Caen, Baieux, Carenten et Saint Lo es diz bailliages, ausquelx ou nom que dessus a esté baillée et delivrée par Pierre Surreau, receveur general de Normendie, la somme de vint cinq mil livres tournois qui octroyée et accordée avoit esté par les habitans des dis bailliages estre cueillie et levée sur eulx et assise avec et pardessus leurs assietes et impostz des premiers et second paiemens de l'aide de ix^xx^m livres tournois octroyé au roi nostre dit seigneur par les gens des trois Estas du pais et duchié de Normendie en l'assemblée faicte a Rouen au moys de septembre ccccxxviii, pour et en entencion de ycelle somme de xxv^m livres tournois estre convertie et employée ou recouvrement de la place et forteresse du Mont-Saint-Michiel... Par autres lettres du roy nostre dit seigneur données a Paris le xve jour d'avril mil ccccxxix ensuivant est mandé que par ycelui receveur general feust achetée la somme de xi^m salus d'or et ycelle bailliée et delivrée a yceulx procureurs pour la porter ou pays d'Angleterre et convertir ou paiement de certain nombre de gens d'armes et de trait, vaisseaulx et navires neccessaires et convenables lors avisez et ordonnez estre mis sus pour mettre et tenir le dit siege devant le dit Mont par la mer, selon l'ordonnance sur ce faicte, laquelle somme de xi^m salus d'or, avec ce que coustera pour change de monnoie a or, seroit alloée es comptes du dit receveur et rabatue de sa recepte, comme par les dictes cy rendues appert. Pour ce ycy, par vertu des dictes lettres, comptant aus dessus diz procureurs, c'est assavoir en iiii^m salus d'or, au pris de xxvii sous vi deniers tournois piece, v^m v^c livres tournois ; et xix^m v^c livres tournois en blanche monnoie sur le dit impost ordonné estre cueilli es diz bailliages, par quittance des diz deux procureurs faicte le dit viie jour de juing mil ccccxxix cy rendue............ xxv^m livres tournois.

(Bibl. Nat., ms. fr. n° 4488, f°^s 214 et 215.)

CIV

1429, DU 27 MAI AU 3 JUIN

Articles de compte mentionnant des correspondances échangées entre le grand Conseil de Henri VI, d'une part, Robert Jolivet, abbé du Mont-Saint-Michel, et Raoul le Sage, de l'autre, au sujet des préparatifs faits en Angleterre pour le recrutement d'un corps d'armée et l'équipement d'une flotte destinés à assiéger par terre et par mer le Mont-Saint-Michel.

A reverend pére en Dieu monseigneur Robert, abbé du Mont Saint Michiel, conseillier du roy nostre sire, pour le paiement de huit jours commençans le xxviie jour de may ccccxxix et finans le tiers jour de juing ensuivant incluz, qu'il a affermez avoir vacquez au voyage par lui fait de la ville de Rouen es villes de Gamaches et Eu pardevers messeigneurs l'abbé de Fescamp, conseillier, et maistre Jehan de Rinel, secretaire du roy nostre dit seigneur, venans d'Angleterre, et pardevers monseigneur de Saint Pierre [1] estant au dit Gamaches, pour plusieurs besongnes et affaires touchans le bien du roy nostre sire, pour occasion du siege advisé estre mis par mer et par terre devant la place du Mont Saint Michiel occuppée par les ennemis, la garde et seurté des ville et chastel du Crotoy et autres choses touchans le bien d'icellui seigneur, au dit pris de vi livres tournois par jour a lui tauxer, comme dit est dessus ; par quittance de luy faicte le iiiie jour de juing mil ccccxxix cy rendu . . . . . . xlviii livres tournois.

(Bibl. Nat., ms. fr. n° 4488, f°s 625 et 626.)

A Guillaume Poulain, messaigier a cheval, auquel a esté paié la somme de vii livres x sous tournois, pour avoir porté de Rouen a Gamaches en Vimeu, ou mois de may ccccxxix et ou dit mois de juing ensuivant, lettres closes de par monseigneur le chancelier de France et grant Conseil du roy nostre sire adressans a monseigneur l'abbé du Mont Saint Michiel et Raoul le Saige, chevalier, conseilliers d'icellui seigneur ; illec a sejourné trois jours en attendant par leur commandement leurs lettres closes, pour porter d'illec a Paris a mon dit seigneur le chancellier, avec le double des instructions et responces aportées d'Angleterre par messeigneurs

---

1. Raoul le Sage, seigneur de Saint-Pierre (auj. Saint-Pierre-Église, Manche, arr. Cherbourg), fils de Pierre le Sage et d'une Piquet de la Haye, élu du diocèse de Coutances en 1402, maître des requêtes de l'hôtel de Charles VI le 30 juin 1409, gouverneur du Ponthieu en 1413, chancelier du duc de Touraine en 1414, marié avant le 15 novembre 1416 à Jeanne de Hénin, dame de Hénin et de Bossu en Hainaut, seigneur de Laviers et maréchal hérédital de Ponthieu en 1416, rallié aux Anglais dès 1418, conseiller du roi d'Angleterre en 1420, gratifié par Henri V de la seigneurie de Roncheville en 1421 et par Henri VI ou plutôt par Bedford de celle de Gamaches en 1424 (G. Saige, *Note pour servir à l'hist. de la famille Saige ou Sage*, Paris, 1874, p. 15 à 23).

l'abbé de Fescamp, Raoul Bouteiller, chevalier, et maistre Jéhan de Rinel, secretaire d'icellui seigneur, faictes ou dit pays d'Angleterre, sur l'armée et navire ordonné venir mettre le siege par mer devant la place du Mont Saint Michiel, et en icelle ville de Paris a sejourné autres trois jours en attendant par le commandement de mon dit seigneur le chancellier autres lettres closes de lui et du grant Conseil adressans a mes diz seigneurs l'abbé du Mont et Raoul le Saige estans au dit Gamaches; ouquel voiage le dit Poulain a vaqué xii jours, tant en allant, sejournant que retournant. Pour ce cy, par quittance faicte le viiie jour du dit mois de juing mil ccccxxix cy rendue. . . . . . . vii livres x sous tournois.

(*Ibid., f° 723.*)

CV

1429, 8 JUILLET

Articles de compte mentionnant : 1° des préparatifs faits par les garnisons françaises du Mont-Saint-Michel et de la Gravelle pour mettre le siège devant Pontorson; 2° la démolition des fortifications de la dite place et le renforcement de diverses garnisons anglaises, notamment de celles d'Avranches et de Tombelaine, par l'adjonction d'une partie des gens d'armes qui servaient auparavant au dit lieu de Pontorson.

A Guillaume Poulain, messaigier a cheval, auquel a esté paié la somme de xlv sous tournois, pour avoir porté hastivement de la ville de Rouen a Harfleu lettres closes de par le bailly de Constantin adressans a messeigneurs l'abbé du Mont et de Saint Pierre, chevalier, conseilliers du roy nostre sire, touchans certaine armée que l'en disoit que faisoient les ennemis du roy nostre sire estans au Mont Saint Michiel, la Gravelle et autres places pour aller mettre le siege devant

Pontorson... Pour ce icy, par quittance faicte le viii⁶ jour du dit mois de juillet, cy rendue. . . . . xlv sous tournois.
(*Bibl. Nat., ms. fr. n° 4488, f° 733.*)

A Thomas Bourg, escuier, capitaine d'Avranches, lequel par l'ordonnance de monseigneur le bailli de Constantin ait prins et receu en la dicte ville d'Avranches, avec les gens estans soubz lui en garnison de sa retenue ordinaire au dit lieu, Jehan Joxe, escuier, xliii autres hommes d'armes et les archiers tous a cheval en plus grant nombre, du nombre des iiii^{xx} hommes d'armes et les archiers a cheval qui estoient de la retenue et garnison de Pontorson, soubz monseigneur de Scales, chevalier, capitaine du dit lieu, auparavant la demolicion du dit lieu de Pontorson, lesquelx, après la demolicion dessus dicte faicte de la dicte place pour certaines causes au commencement du moys de juillet mil ccccxxix, furent par l'advis du dit monseigneur le bailli de Constantin mis et ordonnez en diverses places. Entre lesquelles, ont esté mis en la dicte ville d'Avranches le dit Jehan Joxe, xliii autres hommes d'armes et les archiers par l'ordonnance de mes diz seigneurs du Conseil a Rouen, pour la garde, seurté et deffense d'icelle ville, et en la garnison de Tombelaine, iiii hommes d'armes et xxxv archiers a cheval de creue venuz du dit Pontorson, oultre les dictes garnisons ordinaires, pour y servir jusques a la Saint Michiel ensuivant l'an mil ccccxxix ou jusques a ce qu'il autrement en feust ordonné, lesquelx ou partie d'iceulx y ont servy depuis le viii⁶ jour de juillet dessus dit jusques au derrain jour de septembre ensuivant, sans avoir paiement de leurs gaiges fors que durant ledit temps leur a esté fait certain prest, tant en provisions de vivres que en argent, par les vicontes d'Avranches et de Coustances. Et pour ce et autres causes, contenues et declarées es lettres patentes du roy nostre sire données a Paris le viii⁶ jour d'octobre mil ccccxxix, est mandé par ycelles estre paié par le dit receveur general les gaiges et regars des diz hommes d'armes et archiers..., par quittance du dit Thomas Bourg, escuier, faicte le xviii⁶ jour du dit moys d'octobre mil ccccxxix, cy rendue. . . . . mil l livres xvi sous viii deniers tournois.

(*Ibid., f°s 482 et 483.*)

CVI

1429, 8 JUILLET

Montre de la garnison de Tombelaine, composée de 23 lances, dont 17 à cheval et 6 à pied, et de 55 archers, passée par Jean Josse et Vigor de Saint-Gabriel, vicomte d'Avranches, en présence de George Nessefield, contrôleur de la dite garnison.

Ce sont les monstres des gens d'armes et de trait de la garnison de Tombellaine prinses par Jehan Josse et Vigor de Saint Gabriel, vicomte d'Avrenches, a ce commis en la presence de George Nessefeld [1], escuier, contrerouleur de la dicte garnison, pour le mois de juillet, le VIIIe jour du dit moys, l'an mil IIII^c et XXIX.

Lances :

Jehan Nessefild. Guillaume Nessefild [2]. Guillaume Hilleston. Adam Warde. Thomas Boterel. Georges Nessefild. Guillaume Strewde. Thomas de Whirst : les dessus diz armés et ordonnés suffisamment. — Thomas Personne. Hion Sactin. Hion Creston. Jehan Creston. Jehan Sactin. Gieffrei de Whirst. Jehan Lavicton. Christoire de Whirst. Jehan Be-

---

1. Le 28 avril 1419, Henri V avait donné à George Nessefield, écuyer, les biens confisqués de Jean des Pas, écuyer rebelle (*Mém. de la Soc. des Ant. de Norm.*, XXIII, n° 490). Le 8 mai de l'année suivante, George avait été nommé capitaine des château et ville de Vire (*Ibid.*, n° 838), et avait été remplacé dans ces fonctions le 14 janvier 1421 par Walter Fitz-Walter (*Ibid.*, n° 912). Cet office de contrôleur ou d'inspecteur, que George Nessefield remplissait en 1428 auprès de la garnison d'Avranches, était fort important. Les contrôleurs des garnisons anglaises de Normandie ne relevaient que du duc de Bedford avec qui ils correspondaient directement.

2. Le 7 mai 1419, Guillaume Nessefield, écuyer, sans doute l'un des frères de George Nessefield, s'était fait donner par Henri V l'importante seigneurie de Ducey (Manche, arr. Avranches), rapportant annuellement 300 écus, dont Jean de Meulan, chevalier, et Hector de Pontbriant, écuyer absent, se disputaient la possession (*Ibid.*, n° 537 ; *Reg. des dons*, p. 117 et 118). Le 2 décembre 1430, Guillaume Nessefield fit hommage à Henri VI, par acte daté de Rouen, de ce fief de Ducey, sis en la vicomté d'Avranches, qui lui avait été donné dix ans environ auparavant par Henri V (*Arch. Nat.*, P 267², n° 452).

champ. Henry Norton. Robert Crosseby. Jehan Houillier. Jehan Butillier. Guillaume Keif. Robert Yeop. Somme : xxiii lances, xvii a cheval, vi a pié.

Archiers :

Pierres Ourey. Thomas Orien. Thomas Rinston. Jehan Ferding. Jehan Robourg. Guillaume Roussel. Jehan Jaques. Jehan Prestrel. Jehan Esbestre. Henry Armurier. Philippe Basset. Henry Baron. Thomas Mayn. Jehan Allain. Thomas Kouke. Richart Philippe. Thomas Clives. Morice Brom. William Wacesse. William Barbier. Jehan Cherp : les dis archiers ordonnés suffisamment. — Jehan Taillefer. Philippe Rousse. Jehan Perrey. Henry Vigot. Guillaume Bollay. Robert Howton. Jehan Sandrey. Allain Ratford. Jehan de Tieullieres. Raoul Gerves. Ricart Riwerwarde. Ricard Stansford. Jehan Laurier. William Croston. Jehan Laige. Ricart Sandrey. Jehan Brom. Jehan Boutles. Jaquet Bischart. Ricart Branseby. Jehan Broc. Guillaume Brunet. Jehan Vigueroux. Jehan Petit. Robert Walton. Germain Hais. Symonnet le Feivre. Jehan du Bisson. Jehan Tremain. Perrin Hemdis. Thomas Hospas. Thomas Dautid. William Martin. Henry Coucytry. Somme : lv archiers.

(*Arch. Nat., sect. hist., K 63, n° 7⁸.*)

CVII

1429, 13 juillet

Jean Corbissier, lieutenant du maître des eaux et forêts de Gournay et Neufchâtel, donne quittance d'une somme de 88 livres tournois à lui assignée comme indemnité d'un voyage de 44 jours fait en Angleterre, par ordre de Jean, duc de Bedford, en compagnie de Jean Chambellain, contrôleur de la recette générale de Normandie, afin de pourchasser navires et gens de guerre pour mettre le siège par mer devant le Mont-Saint-Michel.

Saichent tuit que je Jehan Corbissier, lieutenant du maistre des eaues et forestz es vicontez de Gournay et Neufchastel, confesse avoir eu et receu de Pierre Surreau, receveur general de Normandie, la somme de quatre vins huit livres tournois a moy tauxée et ordonnée par messeigneurs du grant Conseil du roy nostre sire en Normandie, pour ung voiage par moy fait ou royaume d'Angleterre, par leur ordonnance et commandement, en la compaignie de Jehan Chambellain, contrerolleur de la dicte recepte generale de Normandie, pour ilec soliciter, pourchacier et pourveoir d'avoir naves et gens de gerre pour mettre le siege par mer devant le Mont Saint Michiel, ainsi que advisé estoit par monseigneur le regent et mes diz seigneurs du conseil. Ouquel voyage j'ay vacqué xLIIII jours..., comme il appert par lettres de mandement de mes diz seigneurs données a Rouen le xiie jour de ce present mois... En tesmoing de ce, j'ay seellée ceste presente quittance de mon seel et signée de mon saing manuel le xiiie jour de juillet l'an mil cccc et vint neuf. J. Corbisier.

(*Bibl. Nat.*, *Quittances*, t. *61*, n° *1117*.)

CVIII

1429, 20 juillet

Montre d'un détachement de renfort ajouté pendant un mois à l'effectif ordinaire de la garnison de Coutances, composé de 1 lance à cheval, de 20 archers à cheval avec capeline, trousse, gros pourpoint et épée; montre passée par Jean Green, lieutenant de monseigneur de Talbot, et Fouquet Gaffes, lieutenant de Jean Harpeley, bailli du Cotentin.

Cy ensuit les nons d'une lance et vingt archers a cheval ordonnés par messeigneurs du Conseil du roy nostre sire en Normandie a estre pour ung mois en garnisson a Coustances pour renforchier la garnison du dit lieu de Coustances, icellui moys commenchant le xxe jour de juillet mil cccc vingt neuf. Et premierement

Richart Croford, escuier, lance a cheval, monté et armé bien et suffisamment.

Archiers a cheval :

Jehan de Croville. Colin Tourgis. Guillaume de Wychegenes. Rogier Glassebourc. Guillaume Armercy. James Ahauld. Richart de Lespine. Richart Mente. Jehan Brocquesot. Digon Marlaon. Nicolas Fleschier. Robert Birchiel. Jehan Bissel. Jennequin Franchin. Thomas le Pesant. Simon le Preudomme. Estienne Meriel. Richart Hacgnart. Pierre Morel. Jehan Martin. Tous montés a cheval et habillés de cappeline avecq trousse, gros parpoint et espée.

Tous lesquieulx dessus nommés ont esté par devant nous Jehan Grain, lieutenant de la dicte ville de Coustances pour monseigneur de Tallebost, et Fouquet Gaffes, lieutenant commis de messire Jehan Harppelley, chevalier, bailli de Costentin, commis en ceste partie de mes seigneurs du Conseil du roy nostre sire en Normandie et iceulx veus en monstres, ainsi qu'il est acoustumé faire en tel cas, et selon le contenu en nostre commission, lesquelz sont bien et deuement habillés, ainsi que dessus est dit, et hommes abillés a estre passés a monstre [1]. Et ce certiffions a tous a qui il appartient, tes-

---

[1]. Après la tentative infructueuse des Français contre Paris, les Anglais semblent avoir craint que Jeanne d'Arc n'entreprît une expédition en basse Normandie pour dégager le Mont-Saint-Michel. Il est certain que le duc d'Alençon projeta alors cette expédition ; mais l'opposition des conseillers les plus influents de Charles VII, jaloux de la bonne entente qui n'avait cessé de régner entre la Pucelle et le « beau duc », ne permit pas de réaliser ce projet. « Poy de temps après, lit-on dans la chronique de Perceval de Cagny, le dit d'Alençon assembla gens pour entrer *ou pays de Normendie, vers les marches de Bretaigne et du Maine*, et pour ce faire requist et fist requerre le roy que il lui pleust lui bailler la Pucelle, et que par le moien d'elle plusieurs se metroient en sa compaignie qui ne se bougeroient, se elle ne faisoit le chemin. Messire Regnault de Chartres, le seigneur de la Tremoille, le sire de Gaucourt, qui lors gouvernaient le corps du roy et le fait de sa guerre, ne voldrent oncques consentir ne faire ne souffrir que la Pucelle et le duc d'Alençon fussent ensemble ; ne depuis ne la poeult recouvrer. » (J. Quicherat, *Procès de Jeanne d'Arc*, IV, 30). Ces mots « le pays de Normandie, vers les marches de Bretaigne et du Maine », ne peuvent désigner que l'Avranchin, et l'on comprend d'ailleurs que les Français avaient tout intérêt à opérer d'abord dans cette région où ils pouvaient s'appuyer sur

moings nos saingz manuelz cy mis l'an et jour dessus premiers diz. Grene. Gaffes.

(Arch. Nat., sect. hist., K 63, n° 7¹⁰.)

CIX

1429, 17 AOUT

Article de compte mentionnant le renforcement de la garnison anglaise de Saint-Lô à l'occasion de plusieurs chevauchées faites par les Français devant cette ville pour essayer de la prendre.

A messire Raoul Tesson [1], chevalier, seigneur du Grippon, et a Pierre le Boulengier, clerc du bailliage de Constantin,

l'imprenable forteresse du Mont-Saint-Michel. Quoiqu'il en soit, les Anglais renforcèrent vers le milieu de 1429 toutes leurs garnisons de basse Normandie, « icelles creues mises es moys de juillet, aoust et septembre mil CCCCXXIX, pour la garde et deffense des dictes places et pays de Normendie, a l'occasion du siege d'Orleans qui estoit levé par les ennemis qui lors se mettoient sus a grosse puissance pour conquerir pays » (Bibl. Nat., ms. fr. n° 4488, f° 477). Un chevalier normand rallié aux Anglais, Raoul Bouteiller, fut chargé de tenir les champs et de visiter les places de basse Normandie à la tête de 60 hommes d'armes et de 180 archers (Ibid., f° 478). La garnison de Falaise, dont Talbot était capitaine et Thomas Gower lieutenant, reçut 6 hommes d'armes et 30 archers à cheval de renfort (Ibid., f°s 481 et 482); celle de Coutances, dont Talbot était aussi capitaine, 2 lances à cheval et 70 archers de renfort sous Guillaume de Clamorgan, Richard Crawford et Philippe Guernon, écuyers (Ibid., f°s 485 à 487); celle de Vire, 2 hommes d'armes à cheval et 18 archers de renfort sous Guillaume Nessefield (Ibid., f° 487); celle de Bayeux, 3 lances et 14 archers de renfort sous Guillaume Lindeley (Idid., f° 489); celle de Caen, 6 hommes d'armes à cheval et 30 archers de renfort sous Thomas Hossequinson (Ibid., f° 490). Nous publions ci-dessus les articles de compte où il est fait mention des renforts que reçurent à la même date les garnisons anglaises de Saint-Lô, d'Avranches et de Tombelaine.

1. Raoul Tesson, marié à Béatrix de Ryes (Bibl. Nat., Quitt., t. 59, n° 921), s'était soumis de bonne heure à la domination anglaise. Le 9 avril 1422, il s'était fait donner par Henri V, alors campé avec son armée devant Meaux, les biens confiqués de Jean Tesson, chevalier, son frère, qui s'était retiré en France où il était mort plutôt que de prêter serment de fidélité à l'envahisseur (Mém.

auquel Pierre le Boulengier fut ordonné et mandé par mes dis seigneurs du Conseil, ou moys d'aoust mil ccccxxix, qu'il retenist et meist en garnison en la ville de Saint Lo xxx archiers ou arbalestriers pour illec servir a la sauvegarde du dit lieu pour ung moys et depuis, c'est assavoir le xviie jour du dit moys d'aoust ensuivant, mes dis seigneurs, pour l'absence et emprisonnement de monseigneur le conte de Suffolk, capitaine d'icelle ville, et obvier aux inconveniens qui se povoient ensuyr au dit lieu par deffault de y avoir chief et capitaine, mesmes que a ce temps les ennemis en grant nombre avoient couru plusieurs foys devant ycelle ville pour essayer a ycelle prendre, ordonnérent et commisrent le dit messire Raoul Tesson a estre chief et gouverneur de la dicte capitainerie du dit lieu a la charge et retenue de deux hommes d'armes a cheval, lui comprins, et xl archiers ou arbalestriers a cheval, comprins ou dit nombre les xxx archiers ou arbalestriers mis par le dit Boulengier, comme dit est, jusques a ung moys entier commençant le xxie jour du dit moys d'aoust... Cy rendu avec quittance de luy faicte le dit xxie jour d'aoust comptant par la main du vicomte de Carenten... cl livres tournois.

(Bibt. Nat., ms. fr. n° 4488, f° 488.)

de la Soc. des Ant. de Norm., XXIII, n° 1322). Le 11 septembre 1430, Raoul Tesson fit hommage à Henri VI à Rouen de sa seigneurie du Grippon (auj. hameau de la commune des Chambres, Manche, arr. Avranches, c. la Haye-Pesnel), mouvant du roi de France et d'Angleterre, duc de Normandie, à cause de sa vicomté d'Avranches *(Arch. Nat.,* P. 267^2, n° 459). En 1432, le seigneur du Grippon quitta brusquement le parti anglais et se rallia, comme nous le verrons, à la cause française sous l'influence du duc d'Alençon *(Arch. Nat.,* JJ 175, n° 284.)

CX

1429, 18 août, Valognes

Pierre de la Roque, lieutenant du bailli de Cotentin, mande de payer 35 sous à deux messagers qui ont porté de Saint-Lô à Valognes deux mandements des gens du Conseil du roi d'Angleterre séant à Rouen, dont l'un recommande de ne laisser s'embarquer, pour passer la mer, aucuns gens d'armes anglais, gallois ni autres.

Pierre de la Roque, lieutenant general de noble homme monseigneur Jehan Harpelley, chevalier, bailli de Constentin, au viconte de Valloingnes, salut. Nous avons tauxé a Jehan Escourtemer et Estienne Escourtemer, pour leur paine et travail d'estre venus de Saint Lo a Valloingnes et avoir apporté devers nous deux mandemens de nos seigneurs les gens tenans le Conseil du roy nostre sire a Rouen, l'un pour le fait du secours de la ville d'Evreux donné a Rouen; et l'autre, pour garder que aucuns Anglois, Gallois ne autres gens d'armes ne fussent lessiés passer la mer, donné au dit lieu, lesquelx Escourtemer sont venus ensemble, pour la doubte et dangier qui estoit sur le chemin et pour ce que bonnement l'en n'eust peu trouver homme seul qui eust voulu entreprendre le voiaige, la somme de trente cinq soubz tournois. Sy vous mandons... Donné a Valloingnes le xviiie jour d'aoust l'an mil iiii^c xxix [1]. P. DE LA ROQUE.

(Bibl. Nat., Quittances, t. 60, n° 1130.)

---

[1]. Cette pièce, dont nous avons déjà donné le texte (*Mém. de la Soc. de l'hist. de Paris*, V, 305 et 306), est si importante au point de vue de l'histoire de la basse Normandie pendant l'occupation anglaise, que nous croyons devoir la publier ici pour la seconde fois. On y voit que les merveilleux succès de Jeanne d'Arc avaient provoqué, dans les rangs des soudoyers anglais, une panique qui était à son comble vers le milieu de 1429.

CXI

1429, 31 décembre

Rançons payées par André de Semilly et Perrin d'Auxais, de la garnison française du Mont-Saint-Michel, faits prisonniers sur la grève par Édouard Beauchamp et Christophe de Weist, hommes d'armes de la garnison anglaise de Tombelaine.

Edouart Beauchamp a ung prisonnier, nommé Andrieu Samilly, de la garnison du Mont Saint Michiel, rançonné dix huit saluz d'or, prins sur la gréve devant la dicte place de Thombelaine.

Christofle de Weist a ung prisonnier, nommé Perrin d'Aucey, de la garnison du dit lieu du Mont Saint Michiel, rançonné vint saluz d'or, prins sur la gréve devant la dicte place de Thombelaine.

(*Bibl. Nat., Quittances, t. 61, n° 1220.*)

CXII

1430 (n. st.), 15 mars, rouen

Jean, duc de Bedford, régent de France, institue pour deux mois et demi Guillaume de la Pole, comte de Suffolk et de Dreux, lieutenant du roi d'Angleterre ès bailliages de Caen et de Cotentin, avec un détachement de 38 hommes d'armes et de 114 archers payés aux frais du trésor royal, et met sous les ordres du dit comte les 62 hommes d'armes et les 206 archers mis sur pied naguère pour la défense de la basse Normandie et la réduction des forteresses occupées par l'ennemi.

Jehan, regent le royaume de France, duc de Bedford, a nostre très chier et bien amé messire Thomas Blount, chevalier, tresorier et general gouverneur de toutes les finances de monseigneur le roy ou duchié de Normendie, salut et dilection. Comme de nouvel nous ayons fait, ordonné et retenu nostre très chier et très amé cousin Guillaume Pole, conte de Suffolk et de Dreux, lieutenant de monseigneur le roy et le nostre sur le fait de la guerre es bailliaiges de Caen et de Constantin, du jour d'icy jusques au premier jour de juing prouchainement venant, parmi ce que nostre dit cousin aura et tendra continuelment avecques lui et entour sa personne trente huit hommes d'armes et cent et quatorze archiers, tous a cheval, sa personne en ce non comprinse, et les personnes de deux chevaliers bachelers en ce comprinses, pour iceulx tenir, avoir et emploier ou service de mon dit seigneur le roy et le nostre, tant pour chevauchier parmi les dis bailliages pour la sauvegarde et seureté d'iceulx et du pays des basses marches d'environ comme pour la recouvrance de certaines places et forteresses tenues et occuppées ou dit pays par noz ennemis et adversaires, reboutement d'iceulx et leur faire guerre, oultre et pardessus le nombre de soixante deux hommes d'armes et de deux cens et six archiers qui nagueres avoient par nous esté ordonnez estre conduitz et menez pour la recouvrance et seureté du dit pays et reboutement des diz ennemis par les capitaines qui ensuivent, c'est assavoir, par messire Edouard Weure, chevalier, capitaine de Saint Lo, dix hommes d'armes et trente archiers natifz d'Angleterre, sa personne non comprinse; par messire Raoul Tesson, chevalier, cinq hommes d'armes et quinze archiers ou arbalestriers, sa personne comprinse; par messire Guillaume Fortescu, chevalier, quatre hommes d'armes et douze hommes de trait, sa personne comprinse; par messire Jehan Fauc, chevalier, quatre hommes d'armes et douze archiers ou hommes de trait, sa personne comprinse; par messire Robert de Freville, chevalier, seigneur de Pirou, trois hommes d'armes et neuf hommes de trait, sa personne comprinse; par messire Guillaume des Moulins, chevalier, deux hommes et six hommes de trait, sa personne comprinse; par Henry Standisch, escuier, capitaine d'Exmes, vint hommes d'armes et quatre vings archiers, sa personne comprinse; par Emond Charles, escuier, dix hommes d'armes et trente archiers, sa personne comprinse; par Jehan d'Argouges, escuier, deux hommes d'armes et six hommes de trait, sa personne comprinse, et par Guillaume de Clamorgan, escuier, deux hommes d'armes et six hommes de trait, sa personne comprinse, tous a cheval. Lesquelx LXII hommes d'armes et II^c et VI archiers seront et avons ordonné et ordonnons estre d'ores en avant conduitz et menez par nostre dit cousin jusques au dit premier jour de juing prouchain venant. Et se ainsi estoit que les dis capitaines ne feussent fournis, chascun endroit soy, de son dit nombre, nostre dit cousin sera tenu de parfournir tout ce qu'il s'en deffauldra. Pour lesquelx soixante deux hommes d'armes et cent et XIIII archiers et aussi pour ceulx que icellui nostre cousin fournira pour le dit nombre parfournir, s'aucuns en fournist, dont il fera monstres, il aura et prendra gaiges, c'est assavoir : pour chevalier bachellier, deux solz esterlins le jour monnoie d'Angleterre; pour homme d'armes, douze deniers esterlins le jour de la dicte monnoie avecques regards accoustumez; et pour chascun archier, six deniers esterlins le jour d'icelle monnoie, en prenant le noble d'Angleterre pour six solz huit deniers esterlins monnoie dessus dicte ou autre monnoie coursable en France a la valeur. Et avecques ce, afin que icellui nostre cousin se puisse mieulx employer ou dit service et plus honnourablement maintenir et soustenir son estat, il aura et prendra la somme de trois cens trente trois livres six solz huit deniers tournois par chascun mois durant le terme de son dit office de lieutenant, dont prest et paiement lui sera fait tant des dis hommes d'armes et archiers comme pour son dit estat pour ung mois, c'est assavoir : pour XV jours avant la main, incontinent ses premieres monstres faictes des dis hommes d'armes et archiers, lesquelles il sera tenu de faire en la ville de Caen environ le XXIIme jour de ce present mois de mars pardevant les tresorier et receveur generaulx de Normendie ou leurs commis; et pour les autres XV jours, en la fin du dit mois; et pour le seurplus du temps dessus dit, en la fin d'icellui, selon ses monstres ou reveues des finances du duchié de Normendie; iceulx gaiges et regards commençans le jour des dictes premieres monstres, comme par endentures sur ce faictes entre nous et nostre dit cousin ces choses et autres pevent plus a plein apparoir. Nous vous mandons et expressement enjoingnons.... Donné soubz nostre seel a Rouen le quinziesme jour du mois de mars l'an de grace mil quatre cens vint et neuf. Par monseigneur le regent le royaume de France, duc de Bedford. BRADSHAWE.

(Bibl. Nat., Quittances, t. 62, n⁰ 1293.)

CXIII

1430 (n. st.), 3 AVRIL, SAINT-LÔ

Henri Standish, écuyer, capitaine de 20 lances et de 80 archers à cheval du nombre des 180 lances et des 300 archers placés sous les ordres du comte de Suffolk, lieutenant du roi ès bailliages de Caen et de Cotentin, donne quittance de 695 livres 16 sous 8 deniers tournois, pour ses gages et ceux des dits gens d'armes pendant un mois.

Saichent tuit que je Henry Standichs, escuier, capitaine de xx lances et iiii^{xx} archers a cheval du nombre des c lances et iii^c archers a cheval ordonnés par le roy nostre sire a monseigneur le conte de Suffork, lieutenant du roy nostre sire es bailliages de Caen et Coustentin, pour faire guerre aux annemis du roy nostre dit seigneur, confesse avoir eu et receu de Pierre Surreau, receveur general de Normendie, la somme de six cens quatre vings quinze livres seize solz huit deniers tournois, pour le paiement des gaiges et regars de moy et de toutes mes dictes gens pour leur service d'un mois entier commençant au jour d'uy que nous avons fait nos premieres monstres en ceste ville de Saint Lo par devant monseigneur le bailly de Coustentin et Nicolas Fraunceys a ce commis par monseigneur le tresorier de Normendie. De laquelle somme de vi^c iiii^{xx} xv livres xvi sous viii deniers tournois dessus dicte je me tiens pour contens et bien paié et en quitte le roy nostre dit seigneur, le dit receveur general et tous autres. En tesmoing de ce, j'ay seellé ceste presente quittance de mon seel et signé de mon saing manuel a Saint Lo, le IIIe jour d'avril l'an mil cccc et vint neuf avant Pasques. H. Standyss.

(*Arch. Nat., sect. hist., K 63, n⁰ 7²⁹.*)

CXIV

1430 (n. st.), 3 avril, saint-lô

Montre de 5 lances et de 16 archers à cheval de la retenue d'Edmond Charles, écuyer, capitaine de 10 lances et de 30 archers à cheval, du nombre des 100 lances et des 300 archers à cheval, placés sous les ordres du comte de Suffolk et de Dreux, lieutenant du roi en basse Normandie, chargé spécialement de faire la guerre aux ennemis qui tiennent garnison à Montmorel, à Montaudin et au Mont-Saint-Michel.

C'est la monstre de cinq lances et xvi archers a cheval de la retenue Emond Charles, escuier, retenu par le roy nostre sire capitaine de x lances et xxx archers a cheval du nombre des c lances et IIIc archers a cheval ordonnés a monseigneur le conte de Suffork et de Dreux, lieutenant du roy nostre dit seigneur ou bas païs de Normendie, pour faire guerre aux ennemis du roy nostre seigneur estans a Montmorel [1], Montaudain [2], Mont Saint Michiel et ailleurs ou païs d'environ en Avranchin; icelle monstre prinse a Saint Lo le IIIe jour d'avril l'an mil ccccxxix avant Pasques, par nous Jehan Harpelay, chevalier, bailly de Coustentin, et Nicolas Frauncëys, contreroleur des gens d'armes et de trait du dit lieu de Saint Lo, a ce commis par messeigneurs les tresorier et receveur general de Normendie.

---

1. Abbaye située au diocèse d'Avranches dans la commune de Poilley, Manche, arr. Avranches, c. Ducey. Cette abbaye était alors occupée par les Français.

2. Auj. Montaudin, Mayenne, arr. Mayenne, c. Landivy.

Hommes d'armes :

Emond Charles. Guillaume Vaulx. Johan Georges. Guillaume Cambernon. Jehan Guybon.

Archiers :

Guillaume Gotebed. Nicolas Hale. Guillaume Herton. Robert Cusiner. Johan Blak. Perrin Jourdan. Robert Dowlfeld. Robin Tyrel. Johan Vulmare. Thomas Grene. Waulter Johan. Richard Hykys. Robert Othkwold. Smukyn Speik. Thomas Hue. Colin Perier. Thienot Guyays.

Riens rabatu pour la faulte du hernois de jambe, par l'ordonnance de monseigneur le conte, pour les causes contenues en la fin des monstres du dit monseigneur le conte HARPELEY. FFRAUNCEYS.

(*Arch. Nat., sect. hist., K 63, n° 7^{28}.*)

CXV

1430 (n. st.), 3 avril, saint-lô

Montre de Jean Fortescu, chevalier, de 4 lances et de 12 archers à cheval de sa compagnie, du nombre des 100 lances et des 300 archers ordonnés sous le comte de Suffolk pour faire guerre aux ennemis étant à Montmorel, à Montaudin, au Mont-Saint-Michel et ailleurs dans l'Avranchin.

Monstre de IIII lances et XII archiers a cheval de la retenue de messire Jehan Fortescu, chevalier, du nombre des C lances et III^c archiers ordonnez soubz le gouvernement de monseigneur le conte de Suffork, lieutenant du roy sur le fait de sa guerre ou bas pays de Normandie, pour faire guerre aux ennemis du roy nostre sire estans a Montmorel, Montaudain, Mont Saint Michiel et ailleurs au pays d'Avranchin, prise a Saint Lo le IIIe jour d'avril mil CCCC vint neuf avant Pasques par nous Jehan Harpelay, chevalier, bailli de Coustantin, et Nicolas Françoys, contrerolleur de la garnison du dit lieu de Saint Lo, a ce commis par messeigneurs les tresorier et receveur general de Normandie. Premierement

Hommes d'armes :

Messire Jehan Fortescu, chevalier. Thomas du Bosc. Jehan Martyn. Guillaume Vauquelin, sans hernois de jambe.

Archiers :

Jehan Neel. Colin Josset l'Aisné. Guillaume Poisson. Colin Josset le Jeune. Simon Poulet. Jehan de Beuseville. Jehan le Noir. Jehan Regnault. Thomas Parker. Perrin Blessot. Johan Moureton. Johan Pilet. Noel Lemperiere.

Riens rabatu pour la faulte du hernois de jambe par l'ordonnance de monseigneur le conte, pour les causes contenues en la fin des monstres du dit monseigneur le conte. En tesmoing de ce, nous avons signé ces presentes de noz saings manuelz, l'an et jour dessus diz. J. HARPELEY. FFRAUNCEYS.

(*Bibl. Nat.*, *Titres scellés de Clairambault, vol. 162, f° 4655 v°.*)

CXVI

1430, 15 MAI

Quittance de Robert de Fréville, écuyer, seigneur de Pirou, homme d'armes du nombre des 100 lances et des 320 archers mis sur pied sous les ordres du comte de Suffolk pour la protection et défense de la basse Normandie.

Sachent tuit que je Robert de Freville [1], escuier, seigneur

---

1. Le 9 août 1430, Robert de Fréville, écuyer, fit hommage au roi Henri VI à Rouen : 1° du fief de Pirou (Manche, arr. Coutances, c. Lessay), mouvant de la vicomté de Coutances ; 2° du fief de Montbray (Manche, arr. Saint-Lô, c.

de Pirou, confesse avoir eu et receu de Pierre Surreau, receveur general de Normandie, la somme de dix neuf livres quinze solz dix deniers tournoiz, en prest et payement des gages et regars de ung homme d'armes à cheval et ung archier, moy non comprins, du nombre des c lances et III c xx archiers ordonnez estre en la basse Normandie soubz monseigneur le conte de Suffolk, lieutenant du roy nostre sire es bailliages de Caen et Constantin, pour la proteccion et deffense de la dicte basse Normandie, pour leur service en icelle basse marche d'un mois commençant le premier jour de may present, dont j'ay fait monstres le xe jour du dit mois pardevant Thomas de Clamorgan, viconte de Coustances et Jehan Grene, escuier a ce commis. De laquelle somme de XIX livres XV sous X deniers tournois, je suis et me tien pour contens et bien paié et en ay quité et quite par ces presentes le roy nostre sire, le dit receveur general et tous autres. En tesmoing de ce, j'ay signé ceste presente quittance de mon saing manuel et seellée de mon seel le xve jour de may l'an mil CCCC et trente. BLONDEL.

(Bibl. Nat., Titres scellés de Clairambault, vol 162, f° 4691.)

Percy), mouvant de la vicomté de Vire (*Arch. Nat.*, P 267², n° 467). Jacquemine de la Haye, fille de Philippe de la Haye, seigneur de Pirou et de Montbray, et veuve de Fouques du Merle, frère de l'un des défenseurs du Mont-Saint-Michel, avait apporté ces deux seigneuries à Robert de Fréville, son second mari. (*Ibid.*, P 306, n° 216).

CXVII

1431, 10 DÉCEMBRE, MANTES

Rémission octroyée par Henri VI à Jean Donnillet, tailleur d'habits à Notre-Dame-de-Cenilly en Cotentin, mis ès fers et jeté au fond d'une basse fosse pour avoir dit en état d'ivresse, un lundi qu'il était allé au marché de Coutances, aux gardiens de la porte d'entrée de la dite ville de Coutances que, quoiqu'il eût été fait prisonnier deux fois par les Armagnacs, il aimait mieux le roi Charles de France que Henri d'Angleterre.

Henry, par la grace de Dieu roy de France et d'Angleterre, savoir faisons a tous presens et advenir nous avoir receu l'umble supplicacion de Jehan Donnillet, povre simple homme cousturier [1], de la parroisse Nostre Dame de Cenillie [2] ou bailliage de Coustentin, ancien homme, aagié de LV ans ou environ, chargié de femme et de sept petiz enfans, detenu prisonnier en noz prisons a Coustances, contenant comme, ou mois de septembre derrain passé, il feust venu a un jour de lundi au merchié au dit lieu de Coustances, ou il avoit a besoingnier, et la avecques autres de sa congnoissance feust alé boire en la taverne telement et si largement qu'il feust cheu en yvresse et en tel estat que par trop boire il ne savoit qu'il disoit ne qu'il faisoit, mais aloit ce dit jour par les rues de la dicte ville de Coustances sans chaperon comme un fol desmesuré; et ce dit jour, en yssant a la porte d'icele ville par l'aide de deux de ses voisins qui l'emmenoient et tenoient par dessoubz ses deux aisselles, pour ce qu'il ne se povoit soustenir ne aler par chemin pour la grant charge du vin qu'il avoit trop prins, lui estant ainsi abuvré, dist aux portiers de la dicte porte qu'il avoit esté prisonnier par deux foiz des Armignaz [3], mais encore les amoit il mieulx qu'il ne faisoit les Anglois et amoit mieulx le roy de France Charles

---

1. Cousturier, tailleur d'habits
2. Notre-Dame-de-Cenilly, Manche, arr. Coutances, c. Cerisy-la-Salle.
3. Armagnacs ou partisans de Charles VII.

qu'il ne faisoit le roy Henry d'Angleterre. Pour laquele cause, les diz portiers menérent le dit povre suppliant devers le lieutenant du capitaine de la dicte ville, lequel demanda a icelui suppliant lequel il amoit mieulx ou le roy Henry ou le roy Charles; et il respondi, comme a tesmoingnié le dit lieutenant, que il amoit mieulx le roy Charles. Et par tant le dit lieutenant le eust envoié pardevers le viconte du dit lieu de Coustances par lequel il fu interrogué et examiné se il avoit dit et confessé les dictes paroles par lui avoir esté dictes. Sur quoy a esté par le dit viconte tesmoingnié que, combien que il l'eust adverti et lui recité ce que dit est, si avoit il devant lui confessé avoir dit les dictes paroles. Et pour celle cause le dit viconte le eust envoié et fait mettre prisonnier en nos dictes prisons au dit liu ou il a pour ce esté detenu par l'espace de deux mois ou environ es fers et en la fosse a grant povreté et misère. Et pour le dit cas icelui suppliant a esté mis en jugement es assises du dit Coustances. Et les choses dessus dictes recitées et tesmoingnées par le dit viconte en la presence du dit suppliant et pour savoir qu'il en estoit, a esté le dit suppliant prins par serement et juré de dire et raporter la verité de ce qui en estoit : lequel a raporté et dit ou deposé par le serement qu'il lui fu enjoinct que il ne savoit ne n'avoit aucun memoire que il en eust aucune chose dit ne parlé, ne se il fu mené au dit lieutenant du capitaine ne au dit viconte, et que onques ne les vit ne n'en parla a eulx le dit jour qu'il sceust. Et si fu tesmoingnié par le geolier des dictes prisons que il estoit alé l'endemain devers lui en la fosse ou il estoit es fers, mais il l'avoit trouvé encore endormy, et lorsque il l'avoit esveillié, avoit esté icelui suppliant tout esmerveillié ou il estoit. Et quant il se trouva ylec enferré et en la dicte fosse, commença a plourer et a demander qui l'avoit mis ylec et pourquoy il y estoit. Après lesqueles choses ainsi faictes, et que on lui ot demandé se il s'en raportoit aux tesmoings qui avoient oy ce qu'il avoit dit des dictes paroles, il respondi que oil et n'en sauvoit aucun, en jurant par son ame que il nous amoit mieulx que il ne faisoit les autres noz adversaires. Sur quoy le lieutenant du bailli du dit Coustantin, qui tenoit les dictes assises, examina plusieurs tesmoings qui deposérent qu'il avoit dit les dictes paroles; mais aussi deposérent que le dit suppliant estoit adonc en l'estat et yvresse dessus dicte... Si donnons en mandement par ces mesmes presentes aus diz bailli de Coustantin et viconte de Coustances... Donné a Mante le dix^{me} jour de decembre l'an de grace mil ccccxxxi, et de nostre regne le xie. Ainsi signé es requestes tenues du commandement et ordonnance de monseigneur le gouvernant et regent le royaume de France duc de Bedford, esqueles l'archevesque de Rouen, l'evesque d'Evreux, l'abbé du Mont Saint Michiel, le seigneur de Saint Pierre et plusieurs autres estoient. J. DE DROSAY.

(*Arch. Nat., sect. hist., JJ 175, n° 194.*)

CXVIII

1431, 21 DÉCEMBRE, PARIS

Rémission octroyée par Henri VI à Raoul Jouvin, laboureur, demeurant en basse Normandie, inculpé de complicité dans le meurtre d'un Anglais noyé dans les «douits» de la Feuillie par Colin Mingret, sergent royal à Périers, Colin le Breton et autres.

Henry, par la grace de Dieu roy de France et d'Angleterre, savoir faisons a tous presens et advenir nous avoir receu l'umble supplicacion de Raoul Jouvin, povre simple homme de labour, chargié de femme et d'un enfant, contenant comme, après le recouvrement et conqueste faicte par feu nostre très chier seigneur et pére, que Dieu absoille, de noz pais et duchié de Normandie, icelui suppliant feust demourant par long temps en nostre obeissance en son hostel lui et sa dicte femme, comme bon et loyal subget, et pendant le temps d'icele demeure, c'est assavoir puis six ans ença ou environ, feust venu de nuit en son hostel Colin Maingret, lors nostre sergent en la sergenterie de Periers [1], et eust

---

1. Périers, Manche, chef-lieu de canton de l'arrondissement de Coutances.

fait commandement de par nous au dit suppliant de aler avec lui et en la compaignie de plusieurs autres. Lequel suppliant, en obeissant au dit commandement, s'en feust parti de son dit hostel et alé avec le dit Maingret et autres en l'ostel d'un nommé Colin le Breton, ne savoit la cause pourquoy, ouquel hostel estoient logiez deux Anglois et un Normant. Et quant ilz vindrent devant le dit hostel du dit Breton, icelui Maingret et autres de la compaignie distrent au dit suppliant : « Il y a ceans des Anglois qui ont fait plusieurs malefachons en ma sergenterie, et pour ce il les convient prendre et tuer. » Et lors le dit suppliant respondi au dit Maingret et autres de sa compaignie par tele maniere : « Je ne fu onque a murdrir ne ne seray, tant comme je vive. Et m'en vueil aler, car se je eusse cuidié ce que vous me dittes, je n'eusse onques parti de mon hostel, et n'avez pas bien fait de me y faire venir. » Et le dit Maingret et autres de la dicte compaignie distrent au dit suppliant qu'ilz le tueroient, ou il seroit avec eulx. Et lors le dit Maingret, qui tenoit un bouge [1], s'efforça d'en fraper le dit suppliant ; et semblablement les autres compaignons lui distrent que ilz le tueroient, se il n'entroit avec eulx. Et lors le dit suppliant, pour doubte et crainte de ce que dit est, entra avec les dessus diz ou dit hostel ou estoient les diz deux Anglois et Normant. Et baillérent icelui Maingret et autres compaignons au dit suppliant la chandele a porter. Et après vindrent en la chambre ou estoient les diz Anglois et Normant et les prindrent et mistrent hors du dit hostel, en disant que icelui suppliant en feroit la punicion, lequel suppliant, ce oyant, se eschappa d'avec eulx. Et lors menérent aux douis [2] de la Fuillie [3] les diz Anglois et Normant, ouquel lieu les diz Maingret et autres de sa compaignie les getterent en iceulx douis, c'est assavoir l'un d'iceulx Anglois et Normant, et l'autre Anglois leur eschapa. Et tantost après icelui Anglois, qui estoit eschapé, dist a la justice comme le

---

1. Sorte de faucille ou de serpe emmanchée à l'extrémité d'un bâton.
2. « Douit » signifie encore aujourd'hui, dans divers patois, un lavoir établi sur un cours d'eau.
3. La Feuillie, Manche, arr. Coutances, c. Lessay. Ces « douits » ont subsisté jusqu'à nos jours sur le bord de la rivière d'Ay.

cas dessus dit avoit esté fait par les dessus diz, et que le dit suppliant avoit esté avec eulx. Et combien que de son fait n'ait eu autre chose que dit est, neantmoins doubtant rigueur de la justice, icelui suppliant s'en absenta et s'en ala demourer au pais de Bretaigne et encores demeure... Si donnons en mandement par ces mesmes presentes au bailli de Coustantin... Donné a Paris le xxie jour du mois de decembre l'an de grace mil ccccxxxi, et de nostre regne le xme. Ainsi signé : es requestes par vous tenues ou les evesques de Beauvais et de Noyon, le conte de Warrewik, les abbez de Fescamp et du Mont Saint Michiel, le grant maistre d'ostel, le chambellan, le sire de Saint Pierre et plusieurs autres estoient. J. Milet.

(*Arch. Nat., sect. hist., JJ 175, n° 47.*)

CXIX

1432 (n. st.), 26 février, Avranches

Rémission octroyée par Robert de Willoughby, comte de Vendôme et de Beaumont, seigneur de Willoughby et de Beaumesnil, lieutenant du roi Henri VI et du régent duc de Bedford ès basses marches de Normandie, à Colin Gillebert, laboureur, de la Rochelle en la vicomté d'Avranches, naguères demeurant à Tombelaine avec un des soudoyers de la garnison de cette place, détenu dans les prisons d'Avranches pour avoir payé rançon à un brigand, nommé Toustain, demeurant à « Mausson », et pour avoir eu des accointances sur le plat pays avec les ennemis.

Robert de Wylughby, conte de Vendosme et de Beaumont, seigneur de Wylughby et de Beaumesnil, lieutenant du roy nostre souverain seigneur et de monseigneur le regent le royaume de France duc de Bedford en Normandie et es basses marches du dit pais, savoir faisons a tous presens et advenir nous avoir receu l'umble supplicacion d'aucuns des parens et amis de Colin Gillebert, de la parroisse de la Rochelle[1] en la viconté d'Avrenches, povre homme de labour aagié de xviii ans ou environ, chargié de femme et enfans, contenant que, depuis n'a gaires, le dist Gillebert feust demourant a la place de Tombelaine avec un des souldoiers d'icele, et en alant a son adventure fu rançonné sur les champs par un brigant nommé Toustain, pour lors demourant a Mausson, qui le voulu faire mourir et getter en la riviere, et pour eviter le peril de mort en quoy il estoit, icelui Gillebert se accorda a servir et demourer avec le dit Toustain, sans plus retourner au dit lieu de Tombelaine, et par ce moien le dit Gillebert, non sachant avoir offensé, s'en feust alé demourer sur le plat pays, et aucunes foiz a conversé avec les ennemis du roy nostre dit seigneur, sans faire ou porter fait de guerre a aucuns des subgez du dit seigneur ne demourer en aucune forteresce occuppée par les dis ennemis, si non par le temps et espace de demy an ; et cependant, depuis n'a gaires, le dit Guillebert a esté prins d'aucuns des subgez du roy nostre dit seigneur et amené prisonnier es prisons d'Avrenches ou il est encore detenu..., par vertu du povoir a nous donné et commis en ceste partie par le roy nostre dit seigneur par ses lettres patentes données a Rouen le xiiiie jour de novembre derrain passé... Si donnons en mandement aux bailli de Coustantin et viconte d'Avrenches... Donné a Avrenches le xxvie jour de fevrier l'an de grace mil ccccxxxi [2].

(*Arch. Nat., sect. hist., JJ 175, n° 122.*)

1. Manche, arr. Avranches, c. la Haye-Pesnel.
2. La confirmation de cette lettre de rémission par Henri VI ou plutôt par le duc de Bedford, est datée de Paris le 7 juin 1432.

CXX

1432, 26 AVRIL, TOMBELAINE

George Nessefield, contrôleur des gens d'armes et de trait de la garnison de Tombelaine, donne quittance de 67 livres 12 sous 4 deniers tournois, pour ses gages et ceux de deux archers pendant les mois d'octobre, de novembre et de décembre 1431.

Sachent tuit que je George Nessefeld, contreroleur des gens d'armes et de trait de la garnison de Thombelaine, confesse avoir eu et receu de Pierre Surreau, receveur general de Normandie, la somme de soixante sept livres douze solz quatre deniers tournois en prest et payement des gages et regart de moy et de deux archiers [1] de ma compaingnie a moy ordonnés avoir et tenir au dit lieu de Thombelaine pour l'exercice de mon dit office et sauvegarde du dit lieu, desservis par les mois d'octobre, novembre et decembre darrain passez, au pris pour ma personne jusques au premier du dit mois de decembre acoustumé a homme d'armes a cheval, et depuis le dit premier jour de decembre jusques en la fin d'icelui mois au pris acoustumé a homme d'armes a pié, et pour les dis deux archiers au pris acoustumé, dont j'ay fait monstre avec les autres gens d'armes et de trait de la dicte garnison comme il appartient, le dit payement a moy fait selon l'ordonnance du roy nostre sire sur ce faicte. De laquelle somme de LXVII livres XII sous IIII deniers tournois je suis content et bien paié et en quitte par ces presentes le roy nostre dit seigneur, le dit receveur et tous autres. En tesmoing de ce, j'ay seellé ces presentes de mon seel le XXVIe jour d'avril l'an mil CCCC et trente deux.

(Arch. Nat., sect. hist., K 63, n° 19².)

---

1. Ces deux archers étaient attachés spécialement à la personne du contrôleur et le secondaient dans l'exercice de sa charge.

CXXI

1432, 5 mai, Tombelaine

Montre de 22 lances à cheval, de 8 lances à pied et de 78 archers, composant l'effectif de la garnison de Tombelaine, sous les ordres de Guillaume de la Pole, comte de Suffolk, capitaine du dit lieu.

C'est la monstre ou reveue des gens d'armes et de trait de la garnison de Tumbelaine de la retenue de monseigneur le conte de Suffolk, cappitaine du dit lieu de Tumbelaine, prinse au dit lieu le ve jour de may par Vigor de Saint Gabriel, viconte d'Avranches, et Jehan Boby, commissaires de messeigneurs les tresorier et receveur general de Normendie, pour le dit moys de may mil quatre cens trente et deux, present Georges Nessefeld, escuier, contrerolleur de la dicte garnison. Premierement

Lances a cheval :

Thomas Chisval, lieutenant de Tombelaine. Jamys Claydun. George Nessefeld. Hew Croxton. Johan Bechein. Cristor Birdefley. Roger Chadurton. Haukyn Breton. Thomas Farclouf. Laurens Kay. William Stroud. Harry Chadurton. Johan Croxton. Cristor Adewyst. Johan Buttiller. Thomas Owen. Thomas Symson. Gybon Swynbique. Laurens Farclouf. Robin Talbot. Johan Taillefer, normant [1] : xxii lances à cheval.

---

[1]. Ce Jean Taillefer, mentionné ici comme Normand, était sans doute originaire du village de la Terregatte, en la vicomté d'Avranches, subdivisé en deux paroisses, Saint-Laurent et Saint-Aubin, où les chefs de douze familles de gentilshommes tenant fiefs dans ce village s'appelaient « les Douze Pair de la Terregatte » (Voyez plus haut, p. 112, note 2). Les noms de ces Douze Pairs figurent encore dans un état de la noblesse de Normandie dressé en 1463, et l'on distingue parmi eux un Guillaume Taillefer (*Recherche de Montfaut*, édit. Labbey de la Roque, p. 65 et 66.)

Lances a pié :

Gyfferay de Wyst. Hygyn Holt. Robert Ecop. William Launey. Ricart Stanfort. William Rasbothum. William Dowse. Thomas Alissandre : viii lances a pié.

Archiers :

Harr Darby. Ricart Bulloc. William Clerc. William Amdurston. Thomas Couk. Hew Wilkynson. Davy Poves. William Harreson. Johan Willym. Johan Howden. Thomas Gyffray. Thomas Horspas. Johan Mumror. Johan Gerid. Johan Alayn. Johan of War. Thomas Chambir. Johan Agaz. William Hopwod. Harr Johan. Johan Budil. Johan Dodistom. Johan Gayton. William Martin. Johan Boresop. William Johanson. William Crissewell. Thomas Marchal. Johan Oswestir. Ricart Colman. Perrin Befnaise. William Lisburel. Johan Lofievre. Johan Proude. Johan Huchonson. Johan Bischart. Johan Doewray. Ricart Alliby. William Meaux. Colin Perot. Thomas Rixton. William Barbur. Johan Win. Roger Hordley. Johan Jacques. Rauf Dik. Nicolas Broun. Roger Stevenson. Johan Cherman. Johan Saudir. Herr Mumror, alment, et est canonnier. Johan Bloundel. Thomas Clives. Johan Chorlay. Adam Johanson. Robert Standich. Johan Gripmaker. Thomas Gayn. Johan Gallanton. Thomas Dautre. William Martin. Robert Johanson. Ricart Hippis. Michel Morel. Johan of Scabil. Henry Barum. Roger Hill. Symkyn Heron. William François. Johan of Bolton. Johan du Bisson. Walter Ofton. Johan Brodwey. Ricart Barton. William Herley. Johan Stançon. Ricart Weston. Johan Esceller : lxxviii archiers. Vigor. Boby.

(*Bibl. Nat.*, *Titres scellés de Clairambault*, vol. *201*, f° *8420.*)

CXXII

1432, 8 JUIN, ANGERS

Jean II, duc d'Alençon, comte du Perche, vicomte de Beaumont, lieutenant général du roi Charles VII, donne pendant un an aux vicaire et religieux de l'abbaye du Mont-Saint-Michel, réduits par l'occupation anglaise et la désertion de leur abbé à un tel degré de pauvreté qu'ils ont dû vendre la plupart des joyaux et calices de leur église, le produit des contributions militaires, impôts et subsides mis par les gens d'armes de la garnison du Mont sur toutes les terres et paroisses appartenant à la dite abbaye.

Jehan, duc d'Alençon, conte du Perche et viconte de Beaumont, lieutenant general de monseigneur le roy, a tous ceulx qui ces presentes lettres verront, salut. De la partie de noz chiers et bien amez en Dieu les religieux, vicaire et couvent de l'eglise et monastere du Mont Saint Michiel ou peril de la mer nous a esté exposé en griefvement complaingnant comme, pour acquitter et maintenir leurs loyautez envers mon dit seigneur le roy et la couronne de France et pour garder et tenir le dit monastere en la bonne et vraye obeissance de mon dit seigneur, ilz aient depuis l'enccommencement de ces presentes guerres souffert et soustenu moult de grans pertes et dommages, et par longue continuacion, pour avoir leur vie et sustentacion, aient degasté et consummé tous leurs biens et mesmement la plus part des joyaulx et calices de la dicte eglise parceque leurs rentes et revenues sont et ont esté de long temps occuppées et empeschées par les Anglois, anciens ennemis de ce royaume, et aussi que leur abbé, tenant et favorisant le dampnable party des dis ennemis, prend et applique a son singulier proffit tout ce qu'il peut ravir et avoir des dictes rentes et revenues, en tant que iceulx religieux, en continuant le divin service et eulx continuelment tenans en leur dit monastere, sont venuz et cheuz en grant povreté et indigence, et pour ce se feussent japieça traiz les aucuns d'iceulx religieux pardevers mon dit seigneur le roy pour lui dire et remoustrer le povre et piteux estat de la dicte eglise, requerans sa gracieuse provision. A quoy mon dit seigneur, aiant regart a la bonne loyauté que tousjours ont eue et gardée les dis religieux envers luy et la dicte couronne et a leurs pertes et dommages dessus dis, voulant leur pourveoir de bon et convenable remede, inclinant a leur supplicacion et requeste, leur eust laissié, donné et octroié jusques a certain temps les appastiz, impostz, aides et subsides de toutes et chascunes les parroisses des baronnies et terres d'Ardevon, Genez, Saint Paer et de Bretheville, icelles parroisses plus a plain declairées es lettres[1] de mon dit seigneur le roy sur ce octroiées aus dis religieus estans encores en vertu, et lesquelles ilz ont pardevers eulx. Ce neantmoins, et jasoit ce que par icelles soit expressement commandé a tous chiefz de guerre, capitaines et autres tenans le party de mon dit seigneur que aux parroissiens, manans et habitans des dictes parroisses ne demandent aucuns appastiz ou autre exaction de finance, mais en seuffrent et laissent les diz religieux joir et user paisiblement selon le don et octroy a eulx fait par mon dit seigneur, pluseurs capitaines et autres gens de guerre qui de leur auctorité se sont retraiz en aucunes places et forteresces puis n'a gaires emparées et autres tenans ce dit party, non voulans obeir aux lettres de mon dit seigneur, ont prins et chascun jour prengnent pluseurs des manans et habitans d'icelles parroisses, les courent, pillent et raençonnent a grosses et excessives sommes de finances a eulx importables et si griefvement les traictent et oppriment qu'il leur convient par neccessité laisser et abandonner le pais et leurs maisons et demeures en grant esclande et lesion de justice et de la chose publique, ou grief prejudice et dommage et comme total destruction de l'estat, gouvernement et soustien des dis religieux et monastere lequel par ce leur convendra du tout laisser et abandonner et autre part querir leur vie dont s'ensuivroit l'intermission et cessement du divin service qui tant devotement et en grant honneur et reverence est acoustumé estre fait en la dicte eglise, se sur ce ne leur est pourveu de remede convenable, ainsi qu'ilz nous ont fait exposer, en

---

1. Voyez plus haut ces lettres, p. 195 à 198.

nous humblement requerant icelluy. Pour ce est il que nous, considerans la grant, bonne diligence et ferme perseverance que les diz religieux ont eu et tousjours ont envers mon dit seigneur le roy et sa seigneurie, sans aucunement varier en si grandes adversitez et molestacions des ennemis, comme chascun peut savoir, voulans a nostre povoir les y entretenir et garder, et les lettres de mon dit seigneur le roy a eulx octroiées avoir et sortir leur plein et entier effect, ainsi que raison est, a iceulx religieux, par vertu de nostre lieutenance et de l'autorité et commission a nous baillée par mon dit seigneur, tant sur le fait et gouvernement de sa guerre et de la distribucion et partiement des appastiz de la frontiere que autrement, avons donné, octroié et delaissé, donnons, octroions et delaissons par ces presentes jusques a ung an acomply prochainement venant tous et chascuns les appastiz, impostz, aides et subsides de toutes les parroisses tenues d'eulx et du dit monastere, expressement et determineement declairées et nommées es dictes lettres de mon dit seigneur le roy, a celle fin et intencion que les dis religieux puissent avoir aucun aide et confort des dictes parroisses et terres pour aidier a la sustentacion de leur vie et continuacion du dit divin service et ad ce qu'ilz n'aient cause de laissier et abandonner la dicte eglise et aussi que les subgiz et habitans des dictes parroisses, par les oppressions dessus dictes, n'aient cause d'abandonner le pais et leurs habitacions. Si donnons en mandemant a tous chiefz de guerre, capitaines, chevaliers, escuiers, gens d'armes et de trait et autres suivans la guerre, obeissans et subgiz de mon dit seigneur le roy et nostres que du contenu es dictes lettres de mon dit seigneur, ensemble de ces presentes, facent, seuffrent et laissent les dis religieux, leurs dis hommes et subgiz, parroissiens et habitans des dictes parroisses joir et user pleinement et paisiblement, sans aucunement les travaillier ne aucun d'eulx molester, endommager ou empeschier au contraire, en leur deffendant et très estroictement enjoingnant par vertu de l'auctorité dessus dicte que les dis parroissiens et habitans ilz ne courent, pillent, raençonnent ou appasticent ne autrement les griefvent ou endommagent en quelque maniere que ce soit. Et pour ce que peut estre aucuns rebelles et desobeissans qui le temps passé ont tant acoustumé les pilleries et desordonnées exactions sur le peuple vouldroient, en continuant leur mauvais et dampnable propos, aler a l'encontre des lettres de mon dit seigneur le roy et nostres, nous avons commis et ordonné, commettons et ordonnons par ces presentes Fougieres, nostre poursuivant, et en son absence le premier herault, sergent ou trompette de guerre qui sur ce sera requis de la partie des dis religieux ou de leurs dis hommes et subgiz, toutes et quantes foiz que mestier sera, il se transporte aux lieux et places que lui feront savoir et signiffieront les dis religieux, leurs hommes et subgiz, et illec face lecture et exhibicion des dictes lettres royaulx et nostres, et s'aucuns delitz ou attemptaz estoient ou avoient esté faiz, commis ou perpetrez a l'encontre d'icelles, face exprès commandement par mon dit seigneur et nous a tous ceulx qu'il appartendra que tantost et sanz delay ilz le reparent et remettent au premier estat et deu, et en cas d'opposicion, reffuz ou delay, assigne jour brief et compettent aux opposans, reffusans ou delaians, sur certaines et grosses peines, a comparoir personelment pardevant nous ou noz commis ad ce, pour dire les causes de leur opposicion, reffuz ou delay, respondre au procureur de mon dit seigneur le roy et nostres a teles fins qu'ilz vouldront contre eulx et chascun d'eulx dire et proposer, et pour faire aux parties, icelles oyes, bon et brief acomplissement de justice, en certiffiant en ce cas des jours assignez et de tout ce que fait y aura esté nous ou noz dis commis. Mandons aussi a tous capitaines, justiciers, officiers et autres [qu'il] appartenra, au dit nostre poursuivant ou autres faisant et exploittant ceste presente commission, pour l'enterinement des dictes lettres, obeir et entendre et leur prester et donner aide et faveur, en tant que mestier seroit, car ainsi le voulons et nous plaist estre fait, et de l'auctorité que dessus aus dis religieux l'avons octroié et octroions de grace especial par ces presentes, non obstant quelzconques lettres ou impetracions au contraire, et au vidimus de ces presentes voulons pleine foy estre adjoustée. Donné a Angiers le VIIIme jour de juing l'an mil CCCC trente deux. Par monseigneur le duc, lieutenant general, en son Conseil. BOUVIER.

(Arch. du dép. de la Manche, série H, n° 15014.)

CXXIII

1432, 10 JUIN

Robert Josel, lieutenant général de Hue Spencer, écuyer, bailli du Cotentin, mande au vicomte de Coutances de payer 20 sous tournois à Martin Morisse, messager à pied, pour avoir porté de Coutances à Valognes une lettre close adressée par le lieutenant du capitaine du dit lieu de Coutances au seigneur de Saint-Pierre afin de lui annoncer que les ennemis s'assemblent ès basses marches pour venir mettre le siège devant Avranches.

Robert Josel, lieutenant general de Hue Spencier, escuier, bailli de Costentin, au viconte de Coustances ou a son lieutenant, salut. Nous vous mandons que, des deniers de vostre recepte, vous paiez et delivrez a Martin Morisse, messagier a pié, la somme de vint solz tournois que tauxés lui avons pour sa paine et sallaire d'estre alé [porter] du dit lieu de Coustances a Vallongnes, par vostre commandement et ordonnance et par la deliberacion de l'advocat et conseil du roy nostre sire au dit lieu de Coustances, unes lettres closes adressantes a monseigneur de Saint Pierre, conseiller du roy nostre sire, a lui rescriptes par le lieutenant du cappitaine du dit lieu de Coustances et vous faisant mencion que par le lieutenant du capitaine et viconte d'Avrenches vous avoit esté rescript qu'ilz avoient eu nouvelles que les ennemis et adverssaires du roy nostre sire se assembloient es basses marches pour venir mettre siege devant la dicte ville d'Avranches. Euquel voiage le dit Martin a vacqué, tant en alant, sejournant au dit lieu de Vallongnes a atendre certaines lettres closes que rescripvoit mon dit seigneur de Saint Pierre aus dis lieutenant et viconte d'Avranches et a messire Gieffroi Fauvel, pour plusieurs causes touchans grandement le prouffit du roy nostre dit seigneur et seureté de son pays, que retournant au dit lieu de Coustances, par l'espace de deux jours et demy commençans le ve jour du mois de juing derrain passé, comme tesmoingné nous a esté par vous des diz advocat et conseulz d'icellui seigneur. Et par rapportant ces presentes aveques quittance souffisant, nous requerons a nosseigneurs les gens des comptes a Paris que icelle somme vous aloent en vostre prochain compte et rabatent de vostre recepte, ainsy qu'il appartendra. Donné pour tesmoing de ce, soubz nostre seel dont nous usons eu dit office de lieutenant, l'an mil CCCC° XXXII le xme jour de juing. DIXNIS.

(*Arch. du dép. de la Manche, fonds Danquin.*)

CXXIV

1432, 18 JUIN, VALOGNES

Robert Jolivet, abbé du Mont-Saint-Michel, et Raoul le Sage, seigneur de Saint-Pierre, de Roncheville et de Laviers, conseillers du roi Henri VI, mandent à Robert Josel, lieutenant du bailli de Cotentin, à Jean Green, lieutenant du capitaine de Coutances, et à Richard Butet, substitut du procureur du roi au bailliage de Cotentin, de recevoir les montres de 51 hommes d'armes et de 153 archers ordonnés sur les marches de l'Avranchin.

Robert, par la permission divine humble abbé du Mont Saint Michel, et Raoul le Sage, chevalier, seigneur de Saint Pierre, de Roncheville[1] et de Laviers[2], conseilliers du roy

1. Roncheville, auj. hameau de Saint-Martin-aux-Chartrains, Calvados, arr. et c. Pont-l'Évêque. Le 12 juillet 1421, par acte daté de Mantes, Henri V avait donné à Raoul le Sage la seigneurie de Roncheville, naguère confisquée sur Gui, mineur, héritier du seigneur de la Roche-Guyon, et Perrette de la Rivière, mère du dit Gui, rebelles, concédée ensuite à Thomas, duc de Clarence, devenue vacante par la mort de ce dernier tué à la bataille de Baugé (*Mém. de la Soc. des Ant. de Norm.*, XXIII, n° 1005; *Arch. Nat.*, P 263, n° 48). Au moyen âge Roncheville formait une paroisse dont l'église était sous l'invocation de saint Nicolas. Le seigneur prenait le titre de vicomte de Roncheville et prétendait être le premier baron de Normandie; il devait un service de cinq chevaliers en temps de guerre et avait le privilège de « porter le draghon au duc de Normandie en son ost » (*Arch. Nat.*, P 277¹, n° 1; *Gallia christiana*, XI, Instrumenta, col. 316, n° 1). Le vicomte de Roncheville avait dans sa juridiction la ville de Honfleur où il possédait un hôtel dit *hôtel de Roncheville*. Aussi, Henri V, dans l'acte de donation précité, eut soin d'excepter et de se réserver la ville de Honfleur (*Arch. Nat.*, JJ 175, n° 58). La seigneurie, vicomté et baronnie de Roncheville dépendait de la vicomté d'Auge et du bailliage de Rouen.

2. Auj. Laviers-le-Grand ou Grand-Laviers, Somme, arr. et c. Abbeville.

nostre sire, a Robert Josel, lieutenant general de Hue Spencier, escuier, bailli de Costentin, lequel est encorres a venir en son dit bailliage, Jehan Grene, escuier, lieutenant du cappitaine de Coustances, et Richart Butet, substitu du procureur du roy nostre dit seigneur au dit bailliage, salut. Pour ce que vacquier et entendre ne povons a aller prendre et recevoir les monstres et reveues de cinquante une lances cheval et les archiers a l'aferant, de nouvel par l'ordonnance de monseigneur le gouvernant et regent le royaume de France, duc de Bedfford, par nous ordonnés servir le roy nostre dit seigneur sur les champs es marches d'Avrenchain et ailleurs en la basse marche de Normendie contre et au reboutement des adversaires du roy nostre dit seigneur qui de present sont et se mettent sus vers icelles marches en intencion de grever le roy nostre dit seigneur, ses pays et subgés, du nombre de III^c lances et IX^c archiers a cheval nagueres ordonnés soubs le sire de Willeby pour le recouvrement de Bonsmoulins[1], Chaillouel[2] et autres places lors occuppées par les dis adversaires, lequel sires de Willeby a nagueres mené devers mon dit seigneur le regent au siege de Laigni[3] grant partie des dictes gens, c'est assavoir : soubs messire Raoul Tesson, chevalier baneret, xxi lances et les archiers a l'aferant, dont il aura et finera dix lances et les archiers ; messire Thomas de Thiboutot, chevalier, cinq lances et les archiers, leurs personnes comprinses ; et messire Jean Fortescu, chevalier bacheler, six autres lances et les archiers, sa personne et un autre chevalier bacheler comprins ; soubz messire Guillaume Crafford, xx lances et les archiers, lui comprins ; et soubs messire Thierry de Robessart, chevalier, deux lances et les archiers, lui comprins, pour un mois commençant le jour de leurs premieres monstres, nous vous avons commis et commettons par ces presentes et chascun de vous a icelles monstres et reveues prendre et recevoir pour le dit mois. Si vous mandons et a chascun de vous que a icelles monstres et reveues prendre et recevoir vous

---

1. Bonmoulins, Orne, arr. Mortagne, c. Moulins-la-Marche.
2. Auj. Chailloué, Orne, arr. Alençon, c. Sées.
3. Lagny, Seine-et-Marne, arr. Meaux. Sur le siège de Lagny, voyez plus haut, p. 34, note 2.

vacquiés et entendez diligenment en passant a icelles ceulx que en voz consciences vous verrez estre suffisanment a passer, et cassant ceux qui seront a casser. Et certiffiez deuement des noms et surnoms des dictes gens, de la maniere de leurs habillemens, comme accoustumé est de faire en tel cas... Donné a Valloignes, soubs noz signés, le xviiie jour de juing l'an mil iiii^c trente deux. J. de Cruce.

(*Bibl. Nat., Quittances, t. 64, n° 1844.*)

CXXV

1432, 19 juin, Loches

Charles VII mande à tous huissiers, sergents, hérauts et poursuivants d'armes ou « trompilles », d'ajourner à comparaître devant le duc d'Alençon, lieutenant général en Normandie, ou devant le Parlement séant à Poitiers, quiconque voudrait empêcher les vicaire et religieux de l'abbaye du Mont-Saint-Michel de jouir du produit des contributions militaires levées sur leurs baronnies d'Ardevon et de Genest, notamment le capitaine de Laval.

Charles, par la grace de Dieu roy de France, au premier nostre huissier ou sergent d'armes, herault, poursuivant d'armes ou trompille qui sur ce sera requis, salut. Noz bien amez les vicaire, religieux et couvent de l'abbaye du Mont Saint Michiel nous ont fait exposer, en compleignant, disans que, combien que pour leur aidier a vivre et a soustenir leur estat et continuer le service divin en la dicte eglise, pour honneur et reverence de Dieu et de monseigneur saint Michiel, nous leur ayons octroyez et donnez tous les appatiz des terres et seigneuries de la dicte eglise, c'est assavoir en la baronnie d'Ardevon, Ardevon, Huysnes, les Pas, Beauvoir, Tanu, Curé, Vessé, la Croix, Ceaulx, Marcé, Villiers et Saint Benoist de Bevron; en la baronnie de Genez, Genez, Bacillie, Dragié, Saint Jehan le Thomas, Saint Michiel des

Loupx et Boullon et d'autres contenus en noz lettres [1] sur ce faictes pour certain temps declairé en icelles, et que ayons expressement mandé a tous noz chiefz de guerre, capitaines, justiciers et officiers les en faire et souffrir joir et user; neantmoins pluseurs capitaines et gens de guerre de nostre service leur ont donné et donnent chascun jour sur ce pluseurs destourbiers et empeschemens, contreignent leurs hommes de leurs dictes terres a leur paier et bailler les dis appatiz, les prennent et lievent de fait, ameinent leurs diz hommes prisonniers et autrement les y troublent et empeschent tellement qu'ilz n'en pevent joir et en ont souffert et souffrent pluseurs neccessitez, et mesmement les capitaines des places de Laval [2] et d'autres voisines des dictes terres et seigneuries, en leur très grant prejudice et dommage, comme ilz nous ont fait remoustrer, requerans nostre provision. Pour ce est il que nous, eu sur ce consideracion et a la grant charge que les diz supplians ont a supporter pour avoir leur vivre, estat et sustentacion et pour la continuacion du divin service, et aussi que de present ilz n'ont comme nulles revenues ou prouffiz dont ilz puissent vivre, voulans nos dictes lettres d'octroy sur les diz appatiz leur estre enterinées selon leur teneur, te mandons et commettons par ces presentes que tu faces exprès commandement de par nous a tous capitaines et gens de guerre de nostre dit service, tant du dit lieu de Laval que autres, ou a leurs lieuxtenans et a tous autres qu'il appartendra, que plus ne troublent ou empeschent les diz supplians ou fait des diz appatiz, mais les leur laissent avoir, lever et recevoir, tout selon la forme et teneur de nos dictes lettres, sans aucunement donner ou souffrir donner aux hommes et subgiez de leurs dictes terres aucun empeschement au contraire; ainçois, s'ilz en avoient prins aucuns a prisonniers ou autrement leur avoient mis ou donné empeschement, les delivrent avecques leurs biens et les diz empeschemens mettent a plaine delivrance, en leur signiffiant la teneur de nos dictes lettres et icelles publiant

---

1. Cf. p. 195 à 198, 309 à 312.
2. Le 9 mars 1428, Talbot s'était rendu maître de Laval par escalade, mais le 25 septembre de l'année suivante cette ville avait été reprise par les Français sous les ordres de Raoul du Bouchet

par cry public, se mestier est, es lieux et places ou il appartiendra et dont tu seras requis, a ce que aucun n'en puisse pretendre ignorance. Et ou cas que aucuns en seront reffusans ou se y opposeront, adjourne les sur certaines et grans peines a comparoir a certain brief jour par devant nostre très chier et très amé nepveu, le duc d'Alençon, nostre lieutenant general, sur le fait de la guerre eu duchié de Normendie et es pais marchissans, ou en nostre court de parlement a Poictiers, pour en veoir ordonner, comme il appartendra de raison, en certiffiant deuement nostre dit lieutenant ou les gens de nostre dit parlement de ce que fait en auras, ausquelz nous mandons que sur ce facent et donnent aus diz religieux et couvent bonne et briefve provision. De ce faire te donnons plain povoir, auctorité, commission et mandement especial, mandons et commandons a tous noz justiciers, officiers et subgiez que a toy en ceste partie obeissent et entendent diligemment. Donné a Loches le xixe jour de juing l'an de grace mil cccc trente deux, et de nostre regne le dix^{me}. Par le roy. COURTAILLES.

(Arch. du dép. de la Manche, série H, n° 15015)

CXXVI

1432, 5 JUILLET

Robert Jolivet, abbé du Mont-Saint-Michel, et Raoul le Sage, chevalier, seigneur de Saint-Pierre, vicomte de Roncheville, maréchal hérédital de Ponthieu, conseillers et commissaires du roi Henri VI, en vertu d'une délégation du dit roi datée de Paris le 14 février précédent, accordent des lettres de grâce à Richard le Pegny, naguère rebelle, qui est venu faire sa soumission.

A tous ceulx qui ces lettres verront, Robert, par la permission divine abbé du Mont Saint Michiel, et Raoul le

Saige, chevalier, seigneur de Saint Pierre [1], viconte de Roncheville [2], mareschal heredital de Pontieu, conseillers et commissaires du roy nostre sire en ceste partie, selon ce qu'il appert par nostre commission dont la teneur ensuit :

Henry, par la grace de Dieu roy de France et d'Angleterre, a tous ceulx que ces presentes lettres verront, salut. Savoir vous faisons que nous, singulierement confians es grans sens, loyaulté et bonne diligence de noz amez et feaulx conseilliers, l'abbé du Mont Saint Michiel, Jehan Ffastolf, grant maistre d'ostel de nostre très chier et très amé oncle Jehan, gouvernant et regent nostre royaume de France, duc de Bedford, et Raoul le Saige, chevalier, seigneur de Saint Pierre, iceulx ou les deux d'iceulx, par l'advis et deliberacion de nostre dit oncle, avons commis et commettons et leur avons donné et donnons plain povoir, auctorité et mandement especial de traictier, communiquer, appoinctier et conclure afin de venir en nostre obeissance et subgeccion avec tous seigneurs, ducs, contes, barons, chevaliers, escuiers et autres, qui vouldront venir soubz iceles noz subgeccion et obeissance, de les y recevoir pour et ou nom de nous, de prendre d'eulx le serement d'estre et demourer noz bons et loyaulx vassaulx, subgez et obeissans, et generalment de faire toutes autres choses, pour le bien de nous et de nostre seigneurie, qui sont en tel cas requises et neccessaires, promettant en parole de roy avoir aggreable, ferme et estable tout ce qui par les dessus diz ou les deux d'iceulx sera fait, traictié, appoinctié et accordé es choses dessus dictes, leurs circonstances et dependances. En tesmoing de ce, nous avons fait mettre nostre seel a ces presentes. Donné en nostre ville de Paris le xiiiie jour de fevrier l'an de grace mil cccxxxi, et de nostre regne le dix^{me}.

Salut. Savoir faisons que, aujourd'uy cinq^{me} jour de juillet mil ccccxxxii, devant nous s'est comparu Richard le Pegny, lequel nous receusmes en l'obeissance du roy nostre dit seigneur par vertu de nostre commission, et de lui receusmes le serement d'estre et demourer vray, obeissant et subgiet du roy nostre dit seigneur, de garder et tenir la paix final

---

1. Auj. Saint-Pierre-Église, Manche, arr. Cherbourg.
2. Sur Roncheville, voyez plus haut, p. 314, note 1.

faicte entre les royaumes de France et d'Angleterre et vivre soubz icele obeissance et subgeccion. Si donnons en mandement a tous les officiers et subgez du roy nostre dit seigneur, prions et requerons tous autres seigneurs, capitaines de gens d'armes et de trait, gardes de villes et forteresces, pons, ports et passages, que le dit Richard le Pegny, sa femme, enfans et serviteurs noz subgez, avec tous leurs biens et choses quelzconques, ilz facent, seuffrent et laissent estre et demourer en la dicte obeissance et subgeccion, sans leur donner ne souffrir estre fait, mis ou donné aucun destourbier ou empeschement en corps ou biens ne autrement en aucune maniere. Et sera tenu prendre le dit Richard le Pegny lettre de confirmacion [1] du roy nostre dit seigneur de ceste presente grace, dedens un an a compter du jour de la date de ces presentes. En tesmoing de ce, nous avons mis noz seaulx a ces presentes faictes le cinq^{me} jour de juillet l'an de grace mil CCCCXXXII [2].

(Arch. Nat., sect. hist., JJ 175, n° 193.)

CXXVII

1432, 25 juillet, amboise

Charles VII confisque et donne aux religieux, prieur et couvent du Mont-Saint-Michel, tous les biens acquis en Normandie et ailleurs par frère Robert Jolivet, leur abbé, qui s'est rendu coupable du crime de lèse-majesté en embrassant le parti des Anglais.

Charles, par la grace de Dieu roy de France, savoir faisons a touz presens et avenir que noz bien amez les reli-

---

[1]. Cette confirmation, où se trouvent vidimées les deux pièces dont nous venons de donner le texte, est datée de Mantes le dimanche 30 novembre 1432.
[2]. Cette pièce est dépourvue de date de lieu, mais comme elle concerne un habitant de Saint-Lo, Robert Jolivet et Raoul le Sage se trouvaient sans doute dans cette ville au moment où elle fut délivrée, c'est-à-dire le 5 juillet 1432.

gieux, prieur et couvent du Mont Saint Michiel nous ont humblement fait dire et remoustrer que frére Robert, a present abbé du dit lieu du Mont Saint Michiel, est tout notoirement demourant en l'obeissance de noz anciens ennemis les Anglois et de leur Conseil, en les soustenant, confortant et favorisant de tout son povoir a l'encontre de nous, par quoy il a commis crime de lese magesté et par ce forfait et confisqué envers nous corps et biens pour en povoir par nous disposer et ordonner a nostre bon plaisir et voulenté, en nous humblement requerant que, attendu ce que dit est et que leur dit abbé prent et reçoit ou fait prendre, cueillir, lever et recevoir pour et ou nom de lui tous les cens, rentes, revenues de la dicte abbaie et aussi celles que les diz religieux, prieur et couvent ont ou pais de Normendie et ailleurs en l'obeissance de nos diz ennemis et d'iceulx fait a son plaisir et voulenté, sans ce qu'il en ait mis ne emploié aucune chose en la dicte abbaie ne en plusieurs autres choses qu'il est tenu de faire aus diz religieux, prieur et couvent, il leur a convenu vendre et engaiger plusieurs des joyaulx et reliques de leur eglise et eulx endebter en plusieurs lieux, qu'il nous plaise leur donner et octroier toutes les rentes, revenues, cens, heritaiges et autres biens que le dit Robert, abbé du dit lieu du Mont Saint Michiel, puet avoir acquis ou dit pais de Normendie et ailleurs en l'obeissance des diz ennemis, lesquelles rentes, revenues, cens et autres heritaiges, ainsi acquises par le dit abbé, de raison leur devroient et doivent appartenir, attendu mesmement qu'il a prins toutes leurs revenues et est leur abbé, se n'estoit le dit crime de lese magesté par lui ainsi commis, comme dessus est dit. Pourquoy nous, ces choses considerées, la grant et bonne loyauté que les diz religieux, prieur et couvent ont tousjours eue et encores ont envers nous, tant a garder le dit lieu du Mont Saint Michiel en nostre bonne et vraye obeissance comme autrement en plusieurs manieres, les grans pertes et dommaiges que ilz ont eues et soustenues en leurs heritaiges, cens, rentes et revenues qu'ilz ont ou dit pais de Normendie et ailleurs, pour leur loyauté garder envers nous, et aussi que de raison les choses acquises par leur dit pére abbé ont esté et sont faictes en partie de la revenue des heritaiges, cens et rentes qu'ilz avoient et ont en l'obeissance des diz ennemis, et leur doit appartenir, se n'estoit la dicte confiscation, aus diz religieux, prieur et couvent, pour ces causes et autres qui ad ce nous ont meu et meuvent, avons ou cas dessus dit donné, cedé et transporté et delaissié, donnons, cedons, transportons et delaissons de grace especial, pleine puissance et auctorité royal, par ces presentes, tous les heritaiges, cens, rentes et revenues quelzconques que le dit frére Robert, leur abbé, puet avoir acquises en la duchié de Normendie et ailleurs en nostre royaume en l'obeissance des diz ennemis, pour en joyr et user a tousjours par les diz religieux, prieur et couvent, en prendre, cueillir, lever et percevoir les fruiz, revenues et emolumens et en faire et disposer comme de leur propre chose, en faisant les hommaiges et paiant toutesvoies les cens, rentes, revenues et droiz et devoirs, s'aucuns en sont pour ce deuz, et ou il appartendra. Si donnons en mandement par ces mesmes presentes a noz amez feaulx gens de nos comptes, tresoriers et generaulx conseilliers par nous ordonnez sur le fait et gouvernement de toutes nos finances, aux baillifz de Coustentin[1] et d'Evreux et a touz noz autres justiciers ou a leurs lieuxtenans, presens et avenir, et a chascun d'eulx, se comme a lui appartendra, que de noz presens don, cession et transport facent, seuffrent et laissent les diz religieux, prieur et couvent du dit lieu du Mont Saint Michiel joyr et user pleinement et paisiblement a tousjours comme de leur propre chose, et les en mettent ou facent mettre en possession et saisine, sans leur y mettre ou donner ne souffrir estre mis ou donné aucun destourbier ou empeschement au contraire..... Donné a Amboise le vint cinq^{me} jour de juillet l'an de grace mil quatre cens trente deux, et de nostre regne le dix^{me}.

(*Arch. du dép. de la Manche, série H, n° 15016.*)

1. Voyez l'introduction, p. ix et x.

FIN DU TOME PREMIER
DE LA CHRONIQUE DU MONT-SAINT-MICHEL

ERRATA

Page 11, note 4, *au lieu de* : Nojent, *lisez* Nogent.
— 21, ligne 8, — : Sub... Pardus, *lisez* SVb... PardVs.
— 22, ligne 6, *après* : forteresses, *ajoutez* : du dit conte.
— 27, — 12, en note, *au lieu de* : XXX et XXXI, *lisez* XXXIII et XXXIV.
— 27, note 1, ligne 4, *au lieu de* : XXXIX, *lisez* XLV.
— 27, — 1, — 6, — : XXXIX, *lisez* XLII.
— 27, — 3, — 7, — : XLVI à XLIX, *lisez* LVII à LX.
— 27, note 3, — 13, — : L, *lisez* LXI.
— 28, ligne 14, en note, — : XLV et LIII, *lisez* LVI et LXIV.
— 28, ligne 16, en note, — : XL, *lisez* LXXI.
— 28, — 19, — — : LIII, *lisez* LXIV.
— 28, — 20, — — : LII, *lisez* LXIII.
— 28, note 1, lignes 15 et 16, *au lieu de* : XVII, LI, LVI, LXVI, *lisez* XVIII, LII, LV, LVIII, LIX, LXII, LXVII, LXIX, LXXX.
— 29, ligne 11, *au lieu de* : arCVs, *lisez* aCtVs.
— 32, — 6, — : IVVenIs, *lisez* IVnIVs.
— 43, note 2, ligne 11, ces mots : ou de Broons, sont à supprimer.
— 48, les lignes 10 à 22, en note, sont à supprimer.
— 48, note 2, ligne 10, *au lieu de* : XCIV, *lisez* CXVII.
— 75, — 6, — 2, — : proposition, *lisez* préposition.
— 107, lignes 5 et 7, *au lieu de* : appatissements, *lisez* « appatissements » ou contributions militaires.
— 205, note 1, ligne 3, *au lieu de* : de ce mois, *lisez* du mois précédent.
— 238, note 2, ligne 3, — : avait fait donné, *lisez* avait donné.
— 258, note 1, ligne 1, — : c. Créances, *lisez* c. Bréhal.
— 266, n° XCV, — 2 du texte, *au lieu de* : trés, *lisez* très.
— 267, note 1, — 6, *au lieu de* : Saint-de-Daye, *lisez* Saint-Jean-de-Daye.
— 269, ligne 7, *au lieu de* : aprés, *lisez* après.
— 273, note 1, ligne 22, *au lieu de* : Saucey, *lisez* Saussey.

www.ingramcontent.com/pod-product-compliance
Lightning Source LLC
Chambersburg PA
CBHW060451170426
43199CB00011B/1160